Bruneck
Brunico
Lüsner Alpe
St. Lorenzen
S. Lorenzo
Olang
Valdaora
Hochrast
2436
Drau
Toblach
Dobbiaco
Lüsen
Luson
Plose
2504
Kronplatz
2272
Maurer-K.
2567
Pragser
Wildsee
Sarlkopf
2379
Haunold
2943
SEXTENER
DOLOMITEN
Peitlerkofel
2874
St. Martin
S. Martina
St. Vigil
S. Vigilio
Hohe Gaisl
3139
Drei Zinnen
2998
Zwölfer-Kg.
3094
Comelico
Superiore
Geislerspitzen
3025
Zehner Sp.
3023
KREUZKOFEL GR.
M. Cristallo
3216
Cma Cadini
2839
Croda
da Campo
2700
Chiampani
2670
Tofana
di mezzo
3244
Corvara
Langkofel
3181
Piz d. Boe
3151
Pso
di Falzarego
2105
Cortina
d'Ampezzo
Auronzo
di Cadore
Sellajoch
Pta Sorapis
3205
Cimon
del Froppa
2932
M. Popera
Valgrande
2512
M. Averau
2648
Arabba
Passo
Pordoi
Lago
di Fedaia
Lozzo
M. Piova
2316
Canazei
Marmolada
3342
M. Pelmo
3168
M. Antelao
3263
Calalzo
di Cadore
Selva
di Cadore
San Vito
di Cadore
Passo
della Mauria
1298
Lago di Pieve
di Cadore
Pta Vallacia
2639
Pta dell'Uomo
3003
Lago
d'Alleghe
M. Civetta
3218
Pieve
di Cadore
Valle
di Cadore
M. Pera
2334
Cma dei Preti
2703
Canale
Cimon della Stia
2391
Forno
di Zoldo
Sasso di
Bosconero
2437
M. Moiazza
2868
Sasso
di Mezzodi
2035
M. Agner
2872
M. Tamer
2547
M. Lodina
1998
Lago
di Paneveggio
Pso di Rolle
1989
PALE
DI S. MARTINO
Agordo
M. Talvena
2542
Cimolais
Lago
d. Vaiont
Longarone
S. Martino
di Castrozza
Cda
Grande
2837
Cma del Balcon
2667
Col Nudo
2472
Cma Folga
2436
Gosaldo
M. Alto
2069
M. Dolada
1938
Barcis
Tonadico
Cimon
d'Fradusta
Ponte
M. Cavallo
2250
Lago
d. Mis.
Mezzano
Belluno
M. Pizzocco
2185
M. Remezza
2229
Farra
d'Alpago
L. di
S. Croce
M. Croseraz
1694
M. Pavione
2335
Sedico
F. Piave

Franz Hauleitner

Das große Buch der Dolomiten-Höhenwege

Franz Hauleitner

Das große Buch der Dolomiten-Höhenwege

AUF DEN ZEHN FERNWANDERWEGEN ZWISCHEN PUSTERTAL UND GARDASEE

Rother

Titelfoto (Schutzumschlag):

Am Monte Gusela in der Nuvolaugruppe. Blick nach Nordwesten auf Monte Averau und Monte Nuvolau (mit Hütte). Dahinter der Gipfel des Kleinen Lagazuoi.

Bild gegenüber Titel:

Das Rifugio Brentei mit den lotrechten Wänden der unmittelbar darüber aufragenden Cima Brenta.

Bildnachweis: Sämtliche Aufnahmen dieses Bandes stammen von Franz Hauleitner.

Bergverlag Rudolf Rother GmbH, München

1. Auflage 1988
ISBN 3-7633-7239-3
Lektorat: Heinrich Bauregger
Graphische Gestaltung: Wolfgang Hartmann
Kartenskizzen: Klaus Becker
Reproduktionen: E & R Repro, Donauwörth
Panorama auf dem Vorsatz: mit freundlicher Genehmigung von Mairs Geographischem Verlag, Ostfildern
Gesamtherstellung Rother Druck GmbH, München
2198/5258

Inhalt

Vorwort

Höhenwege, jene großzügigen Durchquerungen ganzer Bergräume und Gebiete, sie gewinnen in den letzten Jahrzehnten immer mehr an Beliebtheit und Bedeutung. Denn viel eher als einfache Bergtouren, bei denen man oft nur allzu früh wieder in die Talregion zurückkehrt, sind sie ein Mittel, um sich voll von der Last des Alltags zu lösen und das Schöne an der Natur intensiver als sonst in sich aufzunehmen. Solch befreiendes Gehen in luftiger Höhe, bei dem er hinter und unter sich Täler und Menschen gelassen hat, es gehört zu den großen Sehnsüchten des Bergwanderers!
Die Dolomiten – beliebteste und meistbesuchte Region der Alpen – mit ihren wildzerklüfteten Felsrevieren, isoliert aufragenden Bergkolossen und den dazwischen eingebetteten, traumversponnenen Lärchen- und Wiesenzonen versprechen unerhörten Abwechslungsreichtum und somit Wandererlebnisse ganz besonderer Art. Gibt es etwas Herrlicheres, als sie auf großangelegten Höhenrouten zu durchstreifen?
Angeregt durch eine neuartige Idee des bekannten Belluneser Alpinisten und Schriftstellers Piero Rossi haben Mitte der 60er Jahre die Fremdenverkehrsvereine von Belluno und Südtirol diesen Gedanken aufgegriffen und mit einigen bergbegeisterten Männern vorerst sieben Nord-Süd-Weitwanderwege durch die Dolomiten geschaffen. Zusammen mit drei erst in jüngster Zeit fertiggestellten Routen kann dieser faszinierende Bergraum heute auf insgesamt zehn verschiedenen Höhenwegen durchquert werden. Den großen Kammlinien folgend sind diese Wege so konzipiert, daß gerade die interessantesten Dolomitengebiete berührt werden. Hinzu kommt, daß sich fast jede Teilstrecke zwischen zwei bewirtschafteten Stützpunkten bewegt, so daß man sich die Mitnahme größerer Proviantmengen ersparen kann. Dennoch handelt es sich um keine Promenadenwege! Für alle diese Begehungen sind Ausdauer, Trittsicherheit, Schwindelfreiheit und Klettererfahrung, kurz, bergsteigerische Übung notwendig. Einige wenige Routen bleiben sogar nur wirklich versierten und besonders ausdauernden Hochtouristen vorbehalten.
Die Verschiedenheit der Landschaftscharaktere verbietet einen Vergleich der Wege untereinander. Es gibt keinen schönsten oder eindrucksvollsten Dolomiten-Höhenweg, durch dessen Begehung man sich sozusagen alle übrigen ersparen könnte. Jede Route ist in ihrer Art einzigartig, und wer sagen kann, einen Großteil dieser Anlagen zu kennen, hat sicherlich einen umfassenden Einblick in die Dolomiten, in diese herrlichste Felsregion der Südalpen, erhalten.
Über die Wege Nr. 1 bis 6 sind neben einem Bildband bereits zahlreiche Wanderführer sowie viele sonstige Abhandlungen und Berichte erschienen. Bisher fehlte jedoch eine auf Landschaft, Kultur und Entstehungsgeschichte sämtlicher zehn Höhenrouten ausgerichtete Publikation. Das vorliegende Buch ist als Ergänzung zu den im Bergverlag Rudolf Rother verlegten (und noch geplanten) Höhenwegführern gedacht, einerseits als Anregung für beabsichtigte Begehungen, andererseits zur Erinnerung an ein solches Unternehmen. Der Autor will damit den Lesern eine weitere Unterlage zu einem noch besseren Verständnis dieser einzigartigen Fernwanderwege durch die Dolomiten in die Hände legen. Er ist wie immer für jede positiv gemeinte Kritik und Anregung dankbar.

Wien, im Herbst 1987

Dr. Franz Hauleitner

Hinweise

Höhenunterschiede
Hier ist nicht der Höhenunterschied zwischen Ausgangs- und Endpunkt, sondern immer die gesamte, im An- wie im Abstieg zu bewältigende Höhendifferenz gemeint.

Zeitangaben
Es wird stets die Gesamtzeit, also die vom letzten Etappenstützpunkt bis zur betreffenden Stelle benötigte Zeit angegeben. Es handelt sich also um k e i n e Zwischenzeiten!.

Abkürzungen

A	=	Abschnitt
Biv.	=	Bivacco
C.	=	Cima
CAI	=	Club Alpino Italiano
EPT	=	Ente Provinciale per il Turismo (Fremdenverkehrsamt)
Forc.	=	Forcella
HU	=	Höhenunterschied in Metern
m	=	Meter
M.	=	Monte
Rif.	=	Rifugio
SAT	=	Società degli Alpinisti Tridentini
Std.	=	Stunde(n)
V	=	Variante(n)

Dolomiten-Höhenroute 1

DER KLASSISCHE WEG
Vom Pragser Wildsee nach Belluno

„Ein gigantischer Weg. Eine Wanderung, wie sie großartiger nicht sein könnte. Eine wahre Eroberung der Dolomiten, ein Schauen und Schwelgen und Träumen. Noch nie wurde dieser märchenhafte und gleichsam erregende, hinreißende Weg von Nord nach Süd durch die Dolomiten in diesem Ablauf beschrieben. Und noch nie haben sich die Dolomitenkenner darüber ausgelassen. Gewiß werden viele der Teilstrecken jeden Sommer von zahlreichen Wanderern begangen, aber fast alle begnügten sich bisher allein mit Bruchstücken aus dem Herz der Dolomiten. Jeder der 150 Wanderkilometer wird dem Bergfreund, der sich mit riesigen Steilwänden in der Tat nicht anfreunden will, faszinieren und zutiefst beeindrucken“. Diese von wahrer Bergbegeisterung kündenden Zeilen schrieb Toni Hiebeler, damals Chefredakteur der Zeitschrift „Alpinismus“, vor fast 22 Jahren, als er seiner Leserschaft diesen ersten und für längere Zeit einzigen Dolomiten-Höhenweg vorstellte.

Unter den bisher geschaffenen 10 Höhenrouten hat die Nr. 1 eine ganz besondere Stellung nicht nur infolge ihres Primats, sondern vor allem wegen der idealen Linienführung durch eine der herrlichsten Gegenden der Alpen. Sie gilt aus diesen Gründen heute als die „Klassische Route“.

Die östliche Dolomitenhälfte zeigt, weit mehr als der Westbereich, unregelmäßigen, stockartigen Aufbau. Umgekehrt hat man es hier mit einer gewaltigen, einheitlichen Dolomitmasse zu tun, in der Einschübe aus Fremdgestein größtenteils fehlen. Durch eine wahrhaft phantastische Landschaft, in der kolossale Bergmassive und monumentale Felsbastionen neben verträumten Almweiden, schrägstehenden Riesennadeln und himmelragende Wände über märchenhaft-lieblichen Lärchenwiesen aufragen, führt hier die Höhenroute Nr. 1. Aus dem südtirolischen Pustertal leitet sie nach der im unteren Piavetal, nahe der venetianischen Tiefebene gelegenen, von südlicher Betriebsamkeit erfüllten Provinzhauptstadt Belluno. Sie folgt dabei dem unmittelbar neben der Talfurche Val Badia/Val Cordevole in Nord-Süd-Richtung verlaufenden Hauptkamm der Östlichen Dolomiten.

Abgesehen von den letzten (vermeidbaren) Teilstrecken liegen die Schwierigkeiten und möglichen Gefahren auf Route Nr. 1 erheblich unter denen der anderen Wege. Bis zu den Gefilden der

Der Pragser Wildsee mit dem Seekofel darüber, Startplatz zum Dolomiten-Höhenweg Nr. 1.

Schiara gilt sie als „hochalpiner Promenadenweg“, der auch von Durchschnittswanderern und selbst mit Kinderbegleitung begangen werden kann. Höhenroute Nr. 1 zählt heute mit Weg Nr. 2 zu den am stärksten frequentierten Weitwanderwegen in den Südalpen. Leider machen sich an ihr gewisse Formen der Übererschließung trotz Schaffung von Naturparks und Landschaftsschutzgebieten immer stärker bemerkbar. Es ist zu hoffen, daß gravierende Eingriffe von Menschenhand – sei es durch den Bau weiterer Straßen oder Seilbahnen, sei es durch Errichtung weiterer Unterkünfte – in Zukunft unterbleiben und so diese Prachtroute auch kommenden Generationen noch Mußestunden bereitet.

Ein wahres Juwel alpiner Schönheit markiert den Beginn des Höhenweges – der nahe Niederdorf/Welsberg am eigentlichen Dolomiten-Nordrand gelegene Pragser Wildsee. Die großartig-herbe Landschaft rund um den dunkelgrünen See, in denen sich die über 1000 Meter hohen Nordwände des Seekofels spiegeln, begleitet uns hinauf bis zur Porta Sora al Forn. Dort präsentiert sich unvermittelt das zauberhafte sagenumwobene Reich von Fosses und Sennes, ein ausgedehntes Hochplateau „zwischen den Bergen“.

Losgelöst von allem Irdisch-Alltäglichen wird nun unsere Wanderung zum beschaulichen Höhenbummel, zu einem „Spaziergang über den Wolken“. Von ernster epischer Weite ist da die Landschaft. Hier gibt es keine Talschau, hemmen keine ungeschlachten Dolomitmassen den Blick! Durch Zirbenbestände, liebliche Wiesenmulden, durch Latschen und über Karrenfelder gelangen wir, an den einladenden Schutzhäusern von Biella, Sennes und

△ In enormen Plattenschüssen fällt der Seekofel nach Süden ab. Davor die gleichnamige Hütte.

◁ Im Gebiet der grünen Sennes-Hochfläche. Im Süden die Croda-Camin-Gruppe.

Fodara Vedla vorbei, schließlich nach Pederü. Hier, am Endpunkt einer Zufahrtsstraße von St. Vigil (Enneberg), kann man vorübergehend wieder Lärm und Hektik unserer übertechnisierten Zeit verspüren.
Zwar ist der nun folgenden Straßenwanderung durch das Vallone di Rudo kein sonderlicher Reiz abzugewinnen, hat man aber endlich die Fanes-Hochfläche erreicht, dann enthüllt sich ein für Dolomiten-Verhältnisse ungewöhnlich weitflächiges Bergland, in dem Großartigkeit nicht durch geballte Felsenwucht, sondern in Form überdimensionaler Geröllhänge, endloser Karrenflächen sowie schrägstehender Schichtplatten und ausladender, trapezförmiger Gipfel erreicht wird. Die hier dazwischen eingelagerten kleinen Seen, der malerische Grünsee in unmittelbarer Nähe von La Varella- und Faneshütte darf als Musterbeispiel gelten, geben dem Gebiet etwas Unwirkliches, Märchenhaftes!
Der lange, vielfach gewundene, über Limojoch, Tadegajoch und Forcella del Lago führende und dabei ständig an Höhe gewinnende Anstieg zum Kleinen Lagazuoi ist im wahrsten Sinne des Wortes eine Läuterung, ein „Gang zum Licht“. Bis jetzt haben wir das phantastisch-bizarre Reich der Zentraldolomiten ja noch nicht gesehen, sind uns ihre gewaltigen Felshäupter und Monumentalbauten verborgen geblieben. Am Gipfel des Kleinen Lagazuoi erfüllen sich jedoch auch hochgestellte Erwartungen! Hier enthüllt sich, für den von Norden kommenden Höhenweggeher weit beeindruckender als für den von Süden per Seilbahn anreisenden Gast, ein unerhörtes unerwartetes Panorama. Aus mittlerer Höhe und gebührendem Abstand überschaut man

△ Inmitten herrlich grüner Almweiden steht die einladende Senneshütte.

▷ Nahe der Faneshütte liegt der malerische Grünsee. Über ihm die mächtige Eisengabelspitze.

den gesamten dolomitischen Kernbereich in einzigartiger Weise. Als Glanzstücke seien die wuchtigen Blöcke der Tofanen, die gewaltigen Burgen des Pelmo und der Civetta sowie die mit ihrem sammetweichen Gletschermantel in fast überirdischer Schönheit dastehende Marmolada erwähnt.

Beachtlichen Abwechslungsreichtum und vielfältige Landschaftsbilder kennzeichnen die folgenden Etappen des Höhenweges. Nachdem man dem sommerlichen Trubel im Bereich des Falzaregopasses entgangen ist, wird im Anstieg zum Monte Nuvolau eine eigenartige, gegliederte Karrenhochfläche durchwandert, bevor man unter dem stumpfen Felsturm des Monte Averau herum die Forcella Nuvolau und zuletzt das aussichtsreich gelegene und deshalb vielbesuchte Schutzhaus am Gipfel des Monte Nuvolau erreicht. An dieser Stelle wird man sich bestimmt wundern, daß wohl eine Variante, nicht aber die Hauptroute dem in südlicher Richtung gegen Pelmo und Civetta führenden Kamm treu bleibt. Dies hat seinen Grund darin, daß bei Festlegung der Hauptroute eines Dolomiten-Höhenweges in erster Linie besondere landschaftliche Schönheiten bei möglichst geringer technischer Schwierigkeit und erst an zweiter Stelle ideale Linienführung ausschlaggebend sind.

Deshalb wird die Höhenroute vorübergehend rückläufig. Nochmals an der Forcella Nuvolau vorbei geht es in aussichtsreicher Wanderung den Tofanen und jenen eigenwillig geformten, unmittelbar aus sanften Wiesen aufragenden Cinque Torri („Fünf Türme") entgegen, wo man in der gleichnamigen

△ Im Reich der Civetta: Monte Coldai und der gleichnamige See — ein klassisches Dolomitenbild!

◁ Blick von Südosten auf Monte Averau und Monte Nuvolau. Dahinter der Kleine Lagazuoi.

▷ An den Ufern des Lago Federa nahe dem Rifugio Palmieri. Im Hintergrund der Becco di Mezzodi.

Hütte nicht nur Unterkunft, sondern auch ausgezeichnete Verpflegung findet. Ein kurzer Abstieg gegen den Rio Costeana bringt nach Traversierung der Ponte di Rocurto in das stille, abseits gelegene Valle Formin. Zauberhaftes Wiesengrün, schlanke Fichten und das darüber verwegen kühn in die Lüfte ragende Dolomitengetürm der Croda-da-Lago-Gruppe formen da ein Bild von seltener Schönheit und Harmonie.

Von begeisternden Blicken zu den Riesen der Ampezzaner Dolomiten begleitet, gelangt man durch schönen Bergwald hinauf zu dem unter den Ostwänden der Croda da Lago gelegenen Federasee – mit dem sich in seinen Fluten spiegelnden Becco di Mezzodi, dem „Uhrzeiger von Cortina", wohl eines der bekanntesten Dolomitenmotive!
Keine Rede davon, daß mit dem bisher gesehenen die Höhepunkte der Route vorbei wären. Im Gegenteil! Wer im Laufe der nun folgenden Etappe die Forcella Col Duro erreicht, dem präsentiert sich die nahegerückte Gralsburg des Monte Pelmo in derart überwältigender Pracht, daß man gewillt ist, alles zuvor genossene als schwachen Abglanz, als „Vorbereitung" zu sehen. Tatsächlich gehört die Höhenwanderung im Schatten von Pelmo und Civetta zum Großartigsten, was man in den Dolomiten überhaupt unternehmen kann. Zum Beispiel jener am Fuß der über 1000 Meter hohen und fast sechs Kilometer breiten Civetta-Nordwestwand auf balkonartiger Rampe entlangführende Weg. Er ist einmalig und ohne Gegenstück in den Alpen. Oder der Bergraum um die Vazzolèrhütte an der Westseite der Civettagruppe, seine himmelragenden Türme und unnahbaren Wände – wo gibt es ähnliches im weiten Dolomitenland!
Hier verläßt man die den deutschsprachigen Bergsteigern gerade noch vertrauten Gebiete der Östlichen Dolomiten. Erst viel weiter im Süden, im Bereich der Schiaragruppe, betritt man wieder geläufigere Regionen. Dazwischen liegen die Bezirke von Moiazza, Tamèr, Prampèr und Talvena, kaum besuchte Berge mit fremdklingenden Namen, aber reinstes Dolomitenland, das durch die Höhenroute Nr. 1 erst in das Bewußtsein der Bergsteiger und Wanderer gerückt ist.
Der am Rifugio Vazzolèr ansetzende lange Übergang zum Duranpaß führt ständig an den West- und Südwestabstürzen der Moiazzagruppe entlang. Es ist eine faszinierende Höhenwanderung über dem Val Cordevole, auf Proszeniumslogen der Palagruppe, den Agordiner Bergen gegenüber. Am Passo Duran betreten wir dann das einsame Reich der Prampèr-Dolomiten. Als König über die weltverlassenen Berge beiderseits der Prampéra ragt der Monte Tamèr zwischen Val Zoldana und Val Cordevole auf. Ursprüngliche Fauna und Flora, wild überwucherte Steiganlagen und grenzenlose Stille, sie sind typisch für viele Gebiete der Südalpen und besonders für diese wenig bekannte, stark vernachlässigte Gegend. Die Prampèr-Dolomiten prunken nicht mit Superlativen. Hier gibt es weder 1000-Meter-Wände noch besonders markante Berggestalten. Hier fehlen berühmte Kletterrouten ebenso wie die heute so beliebten gesicherten Steiganlagen. Dafür aber bietet diese Gruppe einen noch völlig intakten Dolomitenbereich!
Hoch über abgrundtiefen Talschluchten, an endlosen Geröllhängen entlang, durch dschungelartigen Strauchbestand, führt der Höhenweg an der Westseite des Tamèr-Massivs südwärts, bis bald nach der Forcella Mos-

Der Schiara entgegen! Im Anstieg von der Forcella La Varetta zum Bivacco Marmol mit Blick auf Monte Schiara und Gusèla del Vescovà.

Die am Piave gelegene Provinzhauptstadt Belluno ist Endstation der Dolomiten-Höhenroute Nr. 1. Von Norden grüßt die felsgewaltige Schiara.

chesin das kleine gemütliche Rifugio Pramperèt erreicht wird. Das Haus ist letzter bewirtschafteter Stützpunkt vor dem südlichsten Dolomitenrevier, der Schiaragruppe. Um dieses zu erreichen, muß zunächst noch das in weiträumige Kare und Kämme gegliederten Massiv des Monte Talvena überschritten werden. Bald nach der Forcella La Varetta enthüllt sich der großartig gegliederte Nordabsturz des Schiarastocks mit dem verwegen gegen den Himmel ragenden Finger der Gusela del Vescová – bei Schneelage ein erhabenes Bild von geradezu westalpinem Format!

Danach eine bedeutende Verzweigung: Stellte die Hauptroute bisher keine Probleme – ab hier gibt es sie! Die Überschreitung des Schiaramassivs, vor allem die sehr exponierte Via ferrata Màrmol, bringt Schwierigkeiten des 2. Grades und verlangt geübte Bergsteiger mit Klettererfahrung, Trittsicherheit und Schwindelfreiheit. Nichts desto weniger dürfen diese Abschnitte als ein letzter Höhepunkt der Route gewertet werden. Wer sich den Anforderungen nicht gewachsen fühlt, muß hier den Hauptweg verlassen. Ein problemloser Abstieg durch das großartige Val del Vescovà nach La Muda und eine anschließende Busfahrt nach Belluno beenden in solchen Fällen die lange Höhenwanderung.

An der Hauptroute ergeben sich bis zur Forcella del Marmol zunächst noch keine allzu großen Schwierigkeiten. Erst der Zugang zu dem am Ostgrat des Monte Schiara stehenden Bivacco Marmol hat einige ungesicherte Felspassagen im 2. Schwierigkeitsbereich und setzt Können sowie gute Wetterverhältnisse voraus.

So wie am Beginn des Hochweges, an der Porta Sora al Forn, schlagartig die Kolossalbauten der Zentraldolomiten in Erscheinung treten, so stehen wir am Bivacco Marmol unversehens vor dem Südabsturz der Kalkhochalpen: abgrundtief drunten das in dschungelhaftes Grün getauchte Val d'Ardo, das sich bis hinaus nach Belluno erstreckt. In weiter südlicher Ferne gewahrt man – sofern man Glück mit dem Wetter hat – die Adria mit den Lagunen von Venedig und seinem berühmten Campanile. Die nun ansetzende, durch die 700 Meter hohe und fast senkrechte Südwand des Monte Schiara hinabführende Via ferrata Marmol bringt dem Freund gesicherter Steiganlagen höchste Genüsse, dem weniger Geübten aber Gefahren und Ängste. Hat man endlich das am Wandfuß stehende Rifugio 7° Alpini erreicht, so sind alle Schwierigkeiten vorbei! Ein zwar langer und etwas mühsamer, aber problemloser Abstieg durch das Val d'Ardo entläßt uns in die befreiende Weite des von südlicher Betriebsamkeit, Licht und Wärme erfüllten Piavetales. Bei den Case Bortot erinnert ein am 7. September 1985 enthüllter Gedenkstein an die Mitbegründer dieser wundervollen Route, Mario Brovelli, Toni Hiebeler und Piero Rossi. Die kurze Busfahrt vom kleinen Vorort Bolzano nach Belluno beschließt das sicherlich unvergeßliche Erlebnis einer Begehung des *Dolomiten-Höhenweges Nr. 1.*

Die Entstehung der Dolomiten-Höhenroute Nr. 1

Es muß als fast epochemachende Tat eines einzelnen angesehen werden, als der Belluneser Arzt, Alpinschriftsteller und Funktionär am Verkehrsamt in Belluno, Dr. Piero Rossi († 29.1.1983), nach 1960 mit der Konzipierung einer großangelegten, durch die Östlichen Dolomiten führenden Höhenroute begann. Zwar waren im Südtiroler Dolomitenanteil, etwa zwischen Bozen, Cortina und Sexten, schon sehr viel früher Durchquerungen unternommen worden, das revolutionäre an der Idee Rossis war der einheitliche, einer durchlaufenden Kammlinie folgende Nord-Süd-Verlauf jener geplanten Route. Unverkennbar ist da natürlich der Hintergedanke, aus dem seit jeher vielbesuchten nördlichen Dolomitenbereich Bergwanderer in die damals noch absolut ungeläufigen südlichen, italienisch-bellunesischen Dolomitengefilde zu locken. Daß damit ein sehr gewichtiger Beitrag zur Völkerverständigung zwischen Nord und Süd – das in den 60er und 70er Jahren sich zuspitzende Südtirolproblem mag in Erinnerung gerufen werden – geleistet wurde, sei erwähnt.

Mit dieser fundamentalen Idee Rossis – es handelt sich um eine Übertragung des aus den Westalpen stammenden Haute-Route-Gedankens auf die Dolomiten – war es natürlich nicht getan. Da die geplante Höhenroute neben den bereits stark frequentierten nördlichen Bezirken auch kaum erschlossenes südliches Dolomitenland berühren sollte, mußte dort von vornherein mit dem Bau etlicher neuer Steiganlagen gerechnet werden. Dieses Problem wurde später von den Belluneser Bergfreunden in vorbildlicher Weise gelöst.

Die Riesenburg des Monte Pelmo von Westen (Malga Vescovà) gesehen.

Rossis Idee fiel in eine Zeit verstärkten Interesses am Alpinismus in Italien und ferner in eine Epoche, in der man sich in Belluno von Seiten der Fremdenverkehrsverbände dem Landschaftspotential im südlichen Dolomitenbereich bewußt wurde und sich um den Zustrom ausländischer Gäste bemühte. Die Erschließung der nahe der Provinzhauptstadt gelegenen, vormals so gut wie unbekannten Schiaragruppe durch mehrere kühne Eisenwege und durch eine bewirtschaftete Schutzhütte ist diesem Trend zu verdanken.

Piero Rossi war in den 60er Jahren kein Unbekannter mehr. Neben zahlreichen Erstbegehungen in den Belluneser Bergen lag die Herausgabe eines ausgezeichneten Spezialführers über die erwähnte Schiaragruppe (1. Auflage 1958) hinter ihm. Damit hatte dieses Gebiet, als erstes im südöstlichen Dolomitenanteil, eine umfassende führermäßige Bearbeitung erhalten.

In dieser Zeit des aufkeimenden „Alpinbewußtseins“ in Italien gründete Toni Hiebeler († 2.11.1984) in München die bis 1973 auch von ihm redigierte Zeitschrift „Alpinismus“. Damals (1963) begannen sich auch Beziehungen zwischen ihrer Redaktion und dem bereits international bekannten Piero Rossi zu entwickeln. So wurde die Höhenwegidee von „Alpinismus“ aufgegriffen und eine Reihe von bewährten Bergsteigern und Bergwanderern mit der Begehung der Route und der Bearbeitung eines entsprechenden Führers betraut. Unter ihnen befanden sich neben Piero Rossi und Toni Hiebeler auch Margret und Siegfried Sched, Helmut Dumler sowie der Garmischer Bergführer und Alpinschriftsteller Sigi Lechner. Mit Unterstützung des CAI (Club Alpino Italiano) und des EPT (Ente Provinciale per il Turismo) wurde der nördliche Wegabschnitt schon in den Jahren 1963 bis 1965 markiert und zum Teil auch schon mit dem bekannten Dreieckszeichen versehen.

Südlich davon, in den früher kaum besuchten Bergen von Moiazza und Pramper, rang man jedoch lange um die ideale Höhenweglinie. Neben den Belluneser Gebietskennern Piero Rossi und Giovanni Angelini unternahm hier auch Sigi Lechner († 27.7.1974) verschiedene Erkundungen (1). Nach Errichtung etlicher neuer Steiganlagen wurde dieser südliche Höhenwegabschnitt teilweise eigenhändig von den erwähnten Fachleuten markiert.

Nach Abschluß dieser Arbeiten propagierte man die Route 1966 im Februarheft des „Alpinismus“ (2), während Piero Rossi zum selben Zeitpunkt den Höhenweg in „Le Alpi Venete“ (3) dem italienischen Alpinpublikum vorstellte. Damit lagen die ersten Veröffentlichungen über Dolomiten-Höhenwege überhaupt vor.

Während einer im Frühjahr 1966 in Belluno stattfindenden Konferenz, an der die Herren Prof. Giovanni Angelini, Dr. Mario Brovelli, Armando Da Roit und Sigi Lechner teilnahmen, wurde die einheitliche Markierung mit der Ziffer 1 im blauen Dreieck (künftig Symbol für alle Dolomiten-Höhenwege) beschlossen. Außerdem sollte jeder Begeher dieses Weitwanderweges ein Abzeichen erhalten.

Der gewünschte und vorhergesagte Erfolg dieses Prachtweges durch die schönsten Gebiete der Dolomiten stellte sich schon im Sommer 1966 ein. Bereits am Abend des 5. Juli konnte Sigi Lechner zusammen mit italienischen Freunden im Albergo Taverna (Belluno) die ersten Begeher, Gerda Hoffmann und Ulrich Görn aus Bayern, begrüßen. Trotz langer Schlechtwetterperioden hatten 1966 schon an die hundert Touristen Belluno erreicht.

An der Via ferrata Marmol in der Südwand des Monte Schiara. Die Strecke bildet den Abschluß und die Bewährungsprobe am Höhenweg Nr. 1.

Bedingt durch den außerordentlichen Anklang, den dieser Höhenweg schon im Entstehungsjahr zunächst unter deutschsprachigen Bergsteigern gefunden hatte, begann man sich in Belluno nicht nur für eine intensive Propagierung einzusetzen, man dachte auch an die Schaffung weiterer Wege! So legte Dr. Mario Brovelli († 22.1.1980), Arzt und damals Funktionär des Verkehrsamtes Belluno, noch im September 1966 Entwürfe für vier andere, überwiegend durch die Dolomiten der Provinz Belluno führende Höhenrouten vor (6).

Im Frühjahr 1967 erschien in den Monatsmitteilungen des Club Alpino Italiano eine von Piero Rossi verfaßte Kurzbeschreibung der Route Nr. 1 (8), die später auch als Separatdruck auf den Markt kam. Der erste italienische Führer über diese „Klassische Route" wurde erst 1969 aufgelegt (10).

Es ist auffallend, daß mit Ausnahme der Wege Nr. 5, 6 und 7 die deutschsprachigen Führerpublikationen stets vor den italienischen erschienen sind. Der Vorwurf, die Deutschen hätten mit ihren verfrühten Publikationen Verwirrung gestiftet, ist lange Zeit nicht verstummt. Es darf aber andererseits nicht übersehen werden, daß auch die Italiener in ihren Höhenwegführern den Verlauf der Hauptrouten von Auflage zu Auflage verändert und verbessert haben.

Eine nach Vorlagen von Sigi Lechner zusammengestellte Übersicht über die Entstehungsgeschichte der Höhenroute Nr. 1 aus der Hand des Autors (11) darf als gewisser Abschluß dieser Erschließungswelle angesehen werden.

Als Marksteine der darauffolgenden Jahre wäre noch die Herausgabe eines knappgehaltenen deutschsprachigen Führerwerkes durch das Verkehrsamt Belluno (15) sowie die Aufnahme von Höhenroute Nr. 1 in den die Wege 1–3 umfassenden Dolomiten-Höhenwegführer (16) des Autors zu erwähnen.

Obwohl der Verlauf der Route Nr. 1, wie übrigens auch der aller anderen Wege, seit den Jahren ihrer Entstehung gewissen Veränderungen unterworfen war, hat diese vielleicht beliebteste Dolomiten-Hochroute nichts von ihrer Faszination und Großartigkeit verloren. Sie vermittelt nach wie vor eines der herrlichsten Wandererlebnisse in den Südalpen!

Literaturnachweis:

1) *Sigi Lechner: „Aus den Belluneser Bergen", in: „Alpinismus" 12/65.*
2) *Margret und Siegfried Sched, Piero Rossi, Sigi Lechner, Helmut Dumler, Toni Hiebeler: „Vom Pustertal nach Belluno" (Weg Nr. 1), Führer aus: „Alpinismus" 2/66.*
3) *Piero Rossi: „L'Alta Via delle Dolomiti" (Weg Nr. 1), in: „Le Alpi Venete" 2/66, S. 139–142.*
4) *Sigi Lechner: „Höhenweg-Wanderungen in den Östlichen Dolomiten" (Weg Nr. 1), in: „Österreichische Bergsteigerzeitung" 6/66.*
5) *Piero Rossi: „Dalla Pusteria a Belluno" (Weg Nr. 1), in: „Le Vie dei Monti" 7/66, S. 10–13.*
6) *Mario Brovelli: „Le Alte Vie delle Dolomiti", in: „Lo Scarpone", 1.9.1966.*
7) *Sigi Lechner: „Über die erste Dolomiten-Haute-Route", in: „Österreichische Bergsteigerzeitung" 1/67.*
8) *Piero Rossi: „Alta Via delle Dolomiti N. 1", in: „Rivista Mensile del CAI" 3/67.*
9/ *Piero Rossi: „La haute route des Dolomites n. 1", in: „La montagne et Alpinisme" 4/67.*
10) *Piero Rossi: „Alta Via delle Dolomiti N. 1", Führer, erschienen bei Tamari Editori, Bologna, 1. Aufl. 1969, 5. Aufl. 1985.*
11) *Franz Hauleitner: „Über die Entstehung der neuen Alta Via delle Dolomiti N. 1", in: „Österreichische Bergsteigerzeitung" 4/69.*
12) *Sigi Lechner: „Le Alte Vie delle Dolomiti", in: „Rivista Mensile del CAI", 7/69, S. 300–305.*
13) *Claudio Cima: „Le Alte Vie delle Dolomiti", in: „Rassegna Alpina" 16/70, S. 182–187.*
14) *Piero Rossi: „Neues über die Dolomiten-Wanderung 1", in: „Alpinismus" 6/70.*
15) *Piero Rossi: „Dolomiten-Höhenroute Nr. 1", Führer, herausgegeben vom Verkehrsamt Belluno, 1. Aufl. 1972, letzte Aufl. 1985.*
16) *Franz Hauleitner: „Dolomiten-Höhenwege Nr. 1–3", Führer, erschienen im Bergverlag Rudolf Rother, München, 1. Aufl. 1975, 5. Aufl. 1985.*
17) *Franz Hauleitner: „Die Dolomiten-Höhenwege" (Nr. 1 bis 6), in: „Alpinismus" 9/76, S. 20 bis 21.*
18) *Helmut Dumler: „Die Weitwanderwege der Dolomiten" (Bildband über die Routen Nr. 1 bis 6), Bruckmann-Verlag, München 1985.*
19) *Claudio Cima: „Alta Via delle Dolomiti da Lago die BRAIES a Belluno", Edizioni Turistiche Geografica, Primiero 1986.*

Tita Sommariva – Herrscher auf Pramperèt

Zu den eigenartigsten Persönlichkeiten unter den Hüttenwarten der Dolomiten gehört der aus Forno die Zoldo stammende, in den Nachkriegsjahren in Wien als Eisverkäufer tätige Tita Sommariva. Ausgerüstet mit viel Mut und Selbstbewußtsein begann dieser eigenwillige Mann in den 30er Jahren ein Gebiet im Alleingang durch eine Schutzhütte zu erschließen, das damals im großen Reigen der Dolomiten noch so gut wie unbekannt war. Sein Hüttchen an der Forcella di Pramperèt war lange Zeit die einzige bewirtschaftete Unterkunft im Bereich der Belluneser Dolomiten. Ein Hort des Friedens, ein Stützpunkt für Individualisten inmitten einer kaum erschlossenen Landschaft, die vor Schaffung der Höhenroute Nr. 1 so gut wie nie von deutschsprachigen Bergsteigern aufgesucht wurde.

Tita hat in den Jahren, in denen er seine Hütte bewirtschaftete, alles Material mit Hilfe eines Maultiers von Forno di Zoldo her selbst zum Haus gebracht. Als absoluter Herrscher über das Gebiet der Prampera wurde jeder Eindringling von ihm zur Rede gestellt, nach Herkunft und Plänen befragt und schließlich mit zahlreichen Ermahnungen und Ratschlägen bedacht, wieder des Weges geschickt. Es konnte aber auch passieren, daß er Leute mit ungehobeltem Auftreten, mit ungepflegtem Äußeren oder mit langen Haaren, aber auch Damen mit Shorts etc. abwies und ihnen jeden Zutritt zu seiner Hütte verweigerte.

Im Zuge von Führerarbeiten im Raum der Zoldiner und Belluneser Dolomiten konnte ich diesen interessanten Menschen schon 1964 kennenlernen. Auch der Erschließer der südlichen Dolomiten-Höhenroute Nr. 1, Sigi Lechner, war mit ihm seit seinen ersten Erkundungen im Jahre 1963 in tiefer Freundschaft verbunden. Nach einer gemeinsamen Begehung der Zoldiner Variante des Höhenweges und einem dabei durchgestandenen heftigen Gewitter erschienen wir in ziemlich unansehnlichen Zustand bei der Pramperèthütte. Sigi klopfte an, Tita trat vor die Tür, musterte uns und rief: „Fort mit euch, Landstreicher kommen mir nicht in die Hütte! Zuerst Schuhe reinigen, dann Kleider säubern und Haare kämmen, erst dann wieder anklopfen!“ Sprach's, verschwand und verschloß die Tür! Mir ist bis heute nicht klar, ob es Tita damals vielleicht nicht doch gewußt hatte, mit wem er es zu tun hatte. Jedenfalls gelang es Sigi erst nach längeren Versuchen und nach Ablegen der Regenkleidung erkannt zu werden, worauf sich beide in die Arme fielen.

Von eigenem Reiz war auch der Aufenthalt auf Pramperèt. Da sich der Schlafraum direkt über Küche und Gastzimmer befand, ergab sich dadurch eine besondere Einheit zwischen Hüttenwart und seinen Gästen. Einfach, aber kräftig waren die dargereichten Speisen. Polenta und alle möglichen Schafsgerichte wie Gulasch, Kutteln, Leber usw. standen auf der Speisekarte. Bei einem Glas Rotwein konnte der sonst so rauhe Tita leutselig werden. Die Gespräche mit ihm waren trotz gewisser Sprachschwierigkeiten anregend und ließen Stunden in Minutenschnelle vergehen.

An einen besonderen Vorfall erinnere ich mich noch recht gut. Aus dem Val del Grisol kommend hatte ich am späten Abend die Hütte erreicht. Nach Titas neuester „Verordnung“ mußten die Bergschuhe unter einem kleinen Dach vor der Hütte abgestellt werden. Während der Nacht erfolgte ein Wettersturz. Es regnete in Strömen. Als ich am Morgen in die Schuhe schlüpfen wollte, standen sie randvoll mit Wasser! Tita hatte direkt unter dem Dach auch den von mir übersehenen Abfluß der Regenrinne angebracht, deren Inhalt sich zur Gänze in meine Schuhe ergossen hatte.

Mit der Verpachtung des Hauses durch den alternden Sommariva an den Club Alpino Italiano nach 1975 ging die Tätigkeit eines Mannes zu Ende, der nicht nur viel zur Erschließung der Berge von Tamèr, Pramper und Talvena beigetragen hatte, sondern selbst schon Bestandteil der Gegend war – die Ära eines Zoldiner Originals.

Aus den Tagen der Entstehung der Alta Via Nr. 1: Ganz rechts Tita Sommariva, weiter links Sigi Lechner (mit Pfeife) und der Autor.

Zum geplanten „Nationalpark Belluneser Dolomiten“

Die Südostecke der Dolomiten, also ihr überwiegend italienischer, bellunesischer Anteil, gilt als ursprüngliches, auch heute noch wenig erschlossenes und besuchtes Bergland. Dazu gehören die Dolomiten um die Provinzhauptstadt Belluno, die Feltriner Alpen und die südlichen Bereiche der Agordiner und Zoldiner Alpen. Grandiose Schluchten- und Talsysteme, übermächtig aus südlichen Wald- und Sträucherdschungel aufragende Felskolosse, märchenhafte Lärchenhaine oder Wiesenoasen – sie sind typisch für viele Gegenden in den Südalpen. Aber hier kommen eine noch völlig intakte, unberührte Fauna und Flora sowie das weitgehende Fehlen menschlicher Eingriffe hinzu. Es finden sich ganz besonders seltene Pflanzen, aber auch Tiere, die in den meisten anderen Gebieten Europas bereits ausgestorben oder zumindest stark bedroht sind. Daß deutschsprachige Bergsteiger den italienischen Dolomitenbereich stets als untergeordnet angesehen und deshalb vernachlässigt haben, aber auch das über Jahrzehnte anhaltende, äußerst geringe Interesse am Alpinismus in Italien, all diese Fakten mögen Grund und Ursache dafür gewesen sein, daß sich hier im wesentlichen ein Dolomitenland im Urzustand erhalten hat. Jeder Höhenwegbegeher, der aus dem überlaufenen dolomitischen Norden nach Süden vordringt, wird Zeuge dieses im ersten Moment überraschenden Phänomens. Jetzt, in einer Zeit der rücksichtslosen Naturvernichtung, einer aggressiven Übererschließung, wie sie die Welt noch nicht gesehen hat, jetzt erst gewinnen solche in nahezu paradiesischem Zustand erhaltene Regionen immer mehr an Wert und Bedeutung!

Die Notwendigkeit, Landschaftsschongebiete beziehungsweise Zufluchtsstätten für Pflanze und Tier zu schaffen, hat bereits im vorigen Jahrhundert in den Vereinigten Staaten von Amerika zur Gründung verschiedener Parks geführt. Bedingt durch eine zunehmende Industrialisierung hat sich vor etwa 30 Jahren diese Frage auch anderen Ländern und Gebieten gestellt. Die in Italien bisher geschaffenen Naturreservate sind alles Institutionen der Nachkriegszeit. Sie haben ihre Funktion allerdings im Laufe der Jahre wieder verloren. Die Ursachen dafür waren falsche Planung, oft auch politischer oder wirtschaftlicher Druck sowie ein geringes Verständnis besonders der ansässigen Bevölkerung für solche Einrichtungen.

In allerjüngster Zeit aber scheint tatsächlich ein Umdenken stattzufinden. Man geht daran, die unversehrte Natur als teures Gut anzusehen. Man erkennt, daß es nicht lohnt, bedenkenlos Gewinn herauszuschlagen, daß jede Veränderung, jeder Eingriff an ihr einer Zerstörung, einer Beeinträchtigung des landschaftlichen und ökologischen Gefüges gleichkommt.

Das Projekt eines „Nationalparks Belluneser Dolomiten“ (so benannt, weil er zur Gänze innerhalb der Provinz Belluno liegt) wurde im Jahre 1963 durch Piero Rossi und Giovanni Angelini ins Auge gefaßt. Die vielen anstehenden Probleme und Fragen, die in Zusammenhang mit einem solchen großzügigen Plan auftauchen, haben bisher die Schaffung dieses dringend erwünschten Naturreservats im Südosten der Dolomiten verhindert.

Der neue Nationalpark soll in der ersten Ausbauphase eine Größe von etwa 30000 bis 40000 ha haben. Dabei werden die Kerngebiete der Feltriner Dolomiten (Vette Feltrine, Cimonega, Brandol-Erera, Pizzocco), der Monti del Sole (Pizzon, Ferucgruppe) sowie der Schiara- und Talvenagruppe einbezogen. Zu einem späteren Zeitpunkt sollen auch die weiter im Norden gelegenen Prampèr-Dolomiten (Támer – San Sebastiano, Prampèr – Spiz di Mezzodi) und ein Teil der Bosconerogruppe angegliedert werden. Im Endzustand soll der Park eine Fläche von etwa 50000 ha umfassen.

Innerhalb des Nationalparks sind drei Zonen vorgesehen:

1) *Vollständiges Naturreservat*
   In ihm soll die gesamte Natur in ihrer ursprünglichen Form erhalten werden. Das Gebiet bleibt Wissenschaftlern vorbehalten und ist für den öffentlichen Besuch gesperrt. Es soll etwa 1/20 der gesamten Parkfläche umfassen.
2) *Allgemeines Naturreservat*
   Es umfaßt den größten Teil des Parks und ist für alle Besucher und Interessenten offen.
3) *Peripheres Naturreservat*
   Gemeint ist ein Randgebiet, das der Aufnahme, der Erholung, aber auch der Information des anreisenden Parkbesuchers dienen soll. Auch in ihm soll der bestehende Landschaftscharakter erhalten bleiben. Es soll etwa 1/10 der gesamten Parkfläche umfassen.

Es ist zu hoffen, daß dieses Parkprojekt in nicht mehr allzu ferner Zukunft Wirklichkeit wird und so dieses letzte, in Urzustand verharrende Dolomitengebiet vor Eingriffen durch den Menschen ein für allemal verschont bleibt.

Die Wiesenoase des Piano dei Palui in den Prampèr-Dolomiten, überragt von den Felskolossen der Spiz di Mezzodi. Das Gebiet soll zu einem späteren Zeitpunkt dem „Nationalpark Belluneser Dolomiten“ angegliedert werden. Es wird von einer Variante zum Höhenweg Nr. 1 berührt.

1

Charakteristika

Grossraum:
Östliche Dolomiten
Ausgangspunkt:
Pragser Wildsee, 1494 m
Endpunkt:
Belluno, 389 m
Weglänge:
150 km
Horizontaldistanz Pragser Wildsee – Belluno:
60 km
Mittlere Begehungsdauer:
13 Tage
Mittlere (maximale) Etappenlänge:
2 ¼ (6) Stunden
Mittlere (grösste) Anstiegshöhe pro Etappe:
290 (1010) Meter
Höchster (tiefster) Punkt der Route:
2750 (389) Meter
Maximale Schwierigkeit:
Kletterei im Grad II
Zahl der berührten Gebirgsgruppen:
11
Zahl der bewirtschafteten (unbewirtschafteten) Etappenstützpunkte:
21 (2)
Zahl der berührten Pässe:
3
Beste Begehungszeit:
Anfang Juli bis Ende September
Mittlere Öffnungszeit der Schutzhütten:
20. Juni bis 20. September

◁ Das Rifugio Cinque Torri in der Nuvolaugruppe mit den Felsbastionen der Tofana di Mezzo.

▽ Kurz vor dem Erreichen des Rifugio Pramperèt hat man einen faszinierenden Blick auf den nordöstlich aufragenden Antelao.

Berührte Gebirgsgruppen: Pragser und Enneberger Dolomiten, Fanesgruppe, Fanisgruppe, Nuvolaugruppe, Croda da Lago, Rocchettagruppe, Pelmogruppe, Civettagruppe, Moiazzagruppe, Prampèr-Dolomiten, Schiaragruppe.

Die Wanderung von Hütte zu Hütte: Pragser Wildsee (+) – Seekofelhütte – Senneshütte – Schutzhaus Fodara Vedla – Berghotel Pederü – Faneshütte – Rif. Lagazuoi – Passo Falzarego (x) – Rif. Nuvolau – Rif. Cinque Torri – Rif. Palmieri – Rif. Città di Fiume – Passo Staulanza (+) – Rif. Coldai – Rif. Tissi – Rif. Vazzolèr – Rif. Carestiato – Passo Duran (+) – Rif. Pramperèt – Biv. Renzo Dal Mas – Biv. Marmol – Rif. 7° Alpini – Bolzano Bellunese – Belluno.

Begehung der Höhenroute in grösseren Teilstrecken: Pragser Wildsee – Passo Falzarego (3 Tage), Passo Falzarego – Rif. Coldai (Abstieg nach Alleghe, 4 Tage), Rif. Coldai – Passo Duran (2–3 Tage), Passo Duran – Belluno (4–5 Tage).

Mögliche Gipfelbesteigungen: Seekofel, Senneser Karspitze, M. Sella di Sennes, Sasso della Para, Punta Camin, Eisengabelspitze, Antonispitze, Neunerspitze, Zehnerspitze, La Varella, Conturines, M. Castello, M. Cavallo, C. Campestrin, M. Lagazuoi Piccolo, Punta Gallina, M. Averau, M. Nuvolau, M. Gusela, M. Formin, La Rocchetta, Corvo Alto, Punta della Puina, M. Crot, M. Fernazza, Roa Bianca, M. Coldai, M. Civetta, Col Negro, C. di Col Rean, M. Alto di Pelsa, C. delle Sasse, C. Moiazza Sud, M. Framont, M. Tàmer, C. di San Sebastiano, C. de le Balanzole, C. de Zita, M. Talvena, C. Nerville, M. Schiara, M. Pelf, M. Serva.

Beurteilung der Höhenroute: Das für Wanderer mit einiger Klettererfahrung großzügigste Unternehmen in den östlichen Dolomiten. Eine der eindrucksvollsten und deshalb am stärksten frequentierten Höhenrouten in den Südalpen. Gut bezeichneter, mit Ausnahme der Schiara-Durchquerung technisch einfacher Weitwanderweg. Wegen zahlreicher Stützpunkte (teilweise extrem kurze Etappenlängen) kaum anstrengendes Unternehmen.

Schwierigkeiten: Bis zur Schiaragruppe keinerlei technische Probleme. Route Nr. 1 gilt deshalb bis dorthin als einfachster aller Dolomiten-Höhenwege. Meist gut bezeichnete Wege, Steige, abschnittsweise auch ungeteerte Bergstraßen. Die Schwierigkeiten der abschließenden Schiara-Durchquerung liegen weit über denen der restlichen Höhenroute. Mehrere Felspassagen sowie die Begehung der durch Drahtseile, Leitern, Eisenklammern usw. gesicherten, über die 800 Meter hohe Schiara-Südwand hinabführenden „Via ferrata del Màrmol“ verlangen klettertüchtige Bergsteiger. Der Schwierigkeitsgrad II wird jedoch an keiner dieser Stellen überschritten. Die zwei in Frage kommenden schwierigen Abschnitte im Bereich der Schiaragruppe können auf einfacher Variante vermieden werden.

Anforderungen: Für eine Gesamtbegehung entlang der Hauptroute sind Ausdauer sowie Erfahrung im mäßig schwierigen (II) Felsgelände erforderlich. Trittsicherheit und Schwindelfreiheit sind Voraussetzung. Die Bewältigung mittellanger Wegstrecken (4–5 Stunden) darf keine Probleme bereiten. Bis zur Schiaragruppe bietet der Höhenweg jedoch keinerlei Schwierigkeiten. Diese Strecke kann, bei einiger Ausdauer, auch von weniger geübten Wanderern, von älteren Leuten oder von Kindern begangen werden.

Abzeichen: Begeher der Dolomiten-Höhenroute Nr. 1 erhalten nach Vorlage sämtlicher auf einem Blatt Papier gesammelter Hüttenstempel bei der Kurverwaltung (Azienda Turismo) in Belluno ein Abzeichen.

Höhenwegführer: Franz Hauleitner, „Dolomiten-Höhenwege Nr. 1–3“, Bergverlag Rudolf Rother, 5. Auflage, München 1985. Piero Rossi: „Alta Via delle Dolomiti No. 1“, Tamari Editori, Bologna, 1985. Piero Rossi: „Dolomiten-Höhenweg Nr. 1“, Landesfremdenverkehrsamt Belluno (ital. und deutsche Ausgabe) 1985.

Wanderführer (für einfache Gipfelbesteigungen): Reihe der „Kleinen Führer“ des Bergverlages Rudolf Rother über die Gebiete Pragser und Enneberger Dolomiten mit Fanesgruppe und Dürrenstein, Ampezzaner Dolomiten, Zoldiner und Belluneser Dolomiten.

Karten: Kompaß-Wanderkarte 1 : 50 000, Blätter 57, 55, 77. Freytag & Berndt – Wanderkarte 1 : 50 000, Blätter S 3 und S 5 (südliche Wegabschnitte nicht enthalten!). Tabacco-Wanderkarte 1 : 50 000, Blätter 1 und 4. Carta d'Italia 1 : 50 000, Blätter „Dobbiaco“, „Cortina d'Ampezzo“, „Longarone“, „Belluno“.
Geografica-Wanderkarte 1 : 25 000, Blätter 1 und 3 (südliche Wegabschnitte nicht enthalten!).

\+ Unterkünfte vorhanden
x keine Unterkunftsmöglichkeit

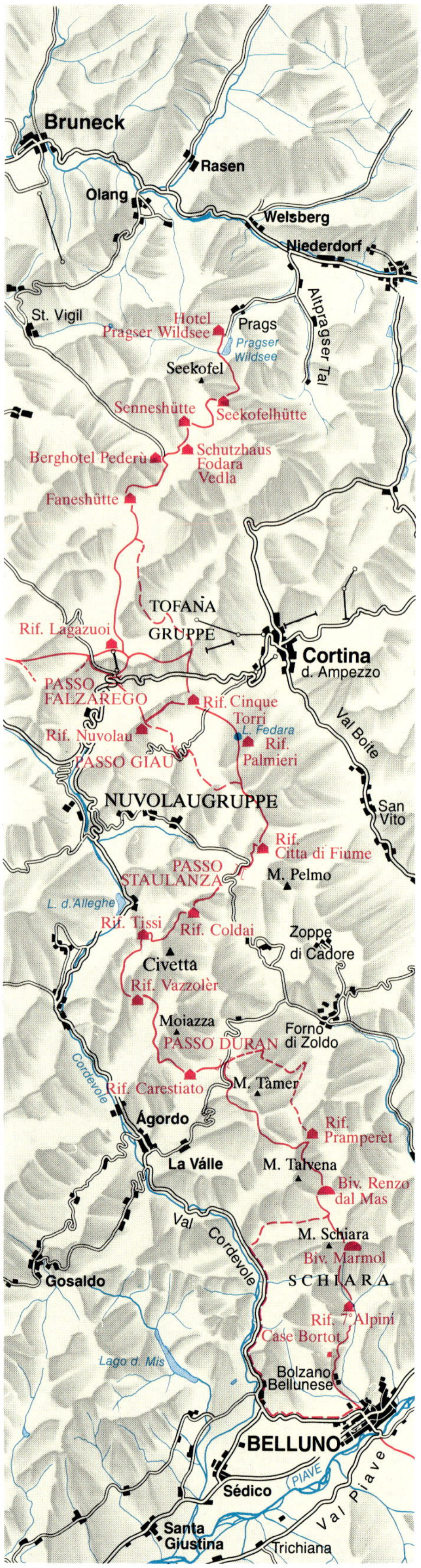

Wegübersicht

Ab-schnitt	Gebiet	Ausgangspunkt Zielpunkt	Gehzeit Std.	HU	Varianten
1	Pragser Dolomiten	Pragser Wildsee Seekofelhütte	3½–4	— ↓ 900 ↑	
2	Pragser Dolomiten	Seekofelhütte Senneshütte	1	200 ↓ — ↑	
3	Pragser Dolomiten	Senneshütte Schutzhaus Fodara Vedla	½–¾	150 ↓ — ↑	
4	Pragser Dolomiten	Schutzhaus Fodara Vedla Berghotel Pederü	1	420 ↓ — ↑	V 1
5	Fanesgruppe	Berghotel Pederü Faneshütte	1½–2	— ↓ 510 ↑	
6	Fanes- und Fanisgruppe	Faneshütte Rif. Lagazuoi	4½–6	300 ↓ 1010 ↑	V 2
7	Fanis- und Nuvolaugruppe	Rif. Lagazuoi Rif. Nuvolau	2½–3	650 ↓ 470 ↑	
8	Nuvolaugruppe	Rif. Nuvolau Rif. Cinque Torri	¾–1	440 ↓ — ↑	
9	Nuvolaugruppe und Croda da Lago	Rif. Cinque Torri Rif. Palmieri	2½–3	430 ↓ 340 ↑	V 3
10	Croda da Lago und Rocchettagruppe	Rif. Palmieri Rif. Città di Fiume	2–2½	380 ↓ 290 ↑	
11	Pelmogruppe	Rif. Città di Fiume Passo Staulanza	1½	200 ↓ — ↑	
12	Civettagruppe	Passo Staulanza Rif. Coldai	2½–2¾	150 ↓ 510 ↑	
13	Civettagruppe	Rif. Coldai Rif. Tissi	1½–2	50 ↓ 200 ↑	
14	Civettagruppe	Rif. Tissi Rif. Vazzolèr	1½–2	610 ↓ 60 ↑	
15	Moiazzagruppe	Rif. Vazzolèr Rif. Carestiato	4–4½	370 ↓ 500 ↑	
16	Moiazzagruppe	Rif. Carestiato Passo Duran	¾–1	240 ↓ — ↑	
17	Pramper̀-Dolomiten	Passo Duran Rif. Pramperèt	4–5	180 ↓ 320 ↑	V 4
18	Pramper̀-Dolomiten	Rif. Pramperèt Biv. Renzo Dal Mas	2¾–3	760 ↓ 540 ↑	
19	Pramper̀-Dolomiten und Schiaragruppe	Biv. Renzo Dal Mas Biv. Marmol	3½–4	130 ↓ 780 ↑	
20	Schiaragruppe	Biv. Marmol Rif. 7° Alpini	2–2½	790 ↓ — ↑	V 5
21	Schiaragruppe	Rif. 7° Alpini Bolzano Bellunese	3–3½	950 ↓ — ↑	
22	Schiaragruppe	Bolzano Bellunese Belluno	5 km Bus	— —	

Das reizende Bergdorf Villagrande mit dem kolossalen Monte Pelmo im Hintergrund. Unter seinen Nordwänden führt Route 1 nach rechts zum Passo Staulanza.

Vom Pragser Wildsee nach Belluno

Entlang der Höhenroute Nr. 1 von Nord nach Süd durch die östlichen Dolomiten

Tourensteckbrief

Pragser Wildsee, 1494 m. Romantischer Gebirgssee unter den Wänden des Seekofels. Am Nordufer das Hotel Pragser Wildsee (160 Betten, vom 15. Mai bis 30. September geöffnet). Anreise mit Bus oder eigenem Kfz von Welsberg oder Niederdorf.	*Varianten*
A 1 Pragser Wildsee – Seekofelhütte *Wegverlauf, Gehzeiten:* Hotel Pragser Wildsee – Nabiges Loch, 1¾ Std. – Porta Sora al Forn, 2380 m – Seekofelhütte, 3½–4 Std. *Anforderungen:* Unschwieriger, aber etwas anstrengender Anstieg zur Hochfläche der Fossesalpe. *Höhenunterschiede:* 900 m ↑ *Gipfelbesteigungen:* Seekofel, 2810 m.	
Seekofelhütte (Rif. Biella), 2327 m. CAI Treviso, 12 Betten, 28 Lager, vom 1. Juli bis 25. (30.) September bewirtschaftet.	
A 2 Seekofelhütte – Senneshütte *Wegverlauf, Gehzeiten:* Seekofelhütte – Fossesalpe – Senneshütte, 1 Std. *Anforderungen:* Bequeme aussichtsreiche Höhenwanderung. *Höhenunterschiede:* 200 m ↓ *Gipfelbesteigungen:* Seekofel, 2810 m, Senneser Karspitze, 2659 m, Monte Sella di Sennes, 2787 m.	
Senneshütte, 2122 m. Privat, 60 Betten, bewirtschaftet vom 10. Juni bis 5. Oktober.	
A 3 Senneshütte – Schutzhaus Fodara Vedla *Wegverlauf, Gehzeiten:* Senneshütte – Sennes-Hochfläche – Schutzhaus Fodara Vedla, ½–¾ Std. *Anforderungen:* Einfache Hochflächenwanderung auf Fahrstraße bzw. auf gut bez. Weg. *Höhenunterschiede:* 150 m ↓ *Gipfelbesteigungen:* M. Sella di Sennes, 2787 m, Sasso della Para, 2462 m, Punta Camin, 2610 m.	
Schutzhaus Fodara Vedla, 1966 m. Privat, 22 Betten, 10 Lager, vom 10. Juni bis 20. Oktober bewirtschaftet.	
A 4 Schutzhaus Fodara Vedla – Berghotel Pederü *Wegverlauf, Gehzeiten:* Schutzhaus Fodara Vedla – Berghotel Pederü, 1 Std. *Anforderungen:* Bequemer Abstieg auf schottriger Bergstraße in das innere Rautal. *Höhenunterschiede:* 420 m ↓ *Gipfelbesteigungen:* Keine.	↑
Berghotel Pederü, 1548 m. Privat, 25 Betten, geöffnet vom 1. Juni bis 20. Oktober.	V 1
A 5 Berghotel Pederü – Faneshütte *Wegverlauf, Gehzeiten:* Berghotel Pederü – Vallone di Rudo – Pischodelsee, 1819 m – Faneshütte, 1½–2 Std. *Anforderungen:* Etwas einförmiger Anstieg auf schottriger Bergstraße. *Höhenunterschiede:* 510 m ↑ *Gipfelbesteigungen:* Punta Camin, 2610 m, Eisengabelspitze, 2534 m, Antonispitze, 2655 m.	↓
Faneshütte, 2060 m. Privat, 44 Betten, 35 Lager, vom 1. Juni bis 6. (10.) Oktober bewirtschaftet.	
A 6 Faneshütte – Rif. Lagazuoi *Wegverlauf, Gehzeiten:* Faneshütte – Limojoch, 2172 m – Große Fanesalpe, 2102 m, ¾ Std. – Tadegajoch, 2157 m, 1–1¼ Std. – Forc. del Lago, 2486 m, 2½–3 Std. – Lago di Lagazuoi, 2182 m – Rif. Lagazuoi, 4½–6 Std. *Anforderungen:* Längste Teilstrecke der Höhenroute. Besonders abwechslungsreiche Wanderung über mehrere Scharten und Pässe. Im Abstieg von der Forc. del Lago zum Lago di Lagazuoi im Frühsommer (Altschnee) Pickel empfehlenswert. *Höhenunterschiede:* 300 m ↓, 1010 m ↑ *Gipfelbesteigungen:* Neunerspitze, 2968 m, Zehnerspitze, 3026 m, La Varella, 3055 m, Conturines, 3064 m, M. Castello, 2817 m, M. Cavallo, 2912 m, Cima Campestrin, 2910 m.	↑ V 2

Das Bivacco Renzo dal Mas am Südabhang der Talvenagruppe (Pramper-Dolomiten).

Pragser und Enneberger Dolomiten

Die zwischen Gadertal im Westen und Höhlensteintal im Osten gelegenen Pragser und Enneberger Dolomiten bilden mit ihrem Kerngebiet von Fosses und Sennes eine weite, gewellte grüne Hochfläche. Aus ihr treten nur am Rande profiliertere Felsmassive hervor. So etwa das gewaltige Felskastell der Hohen Gaisl im Osten oder die nach Norden pultförmig vorgeschobenen und dorthin in über 1000 Meter hohen Wänden abfallenden Erhebungen der Senneser Karspitze oder des Seekofels. Am Fuß dieses großartigen Steilabfalls, im Hintergrund des Innerprager Tales, am Grunde eines von himmelragenden Wänden flankierten Dolinentrichters, ruht das „funkelnde Kleinod" des Pragser Wildsees, dem Startplatz zur Höhenroute Nr. 1.

Das Gebiet von Fosses und Sennes ist, so überlaufen einzelne Gipfel im Hochsommer auch sein mögen, noch überraschend wenig erschlossen. Der Hauch des teilweise noch Unerforschten liegt über diesen Bergen. Und das im Reich der Zentraldolomiten, im Herzen Südtirols! Zugegeben, es fehlen die typisch dolomitischen filigranen Felsbauten, die „Ausgelassenheit" dieses phantastischen Kalkgebirges. Von ruhiger, herber Größe ist hier das Landschaftsbild. Nichtsdestoweniger erweisen sich die Berge von Prags und Enneberg als ideales Wandergebiet für jedermann. Die vorhandenen zahlreichen Kriegsfahrwege mögen den Ästheten zwar stören, sind aber für weniger orientierungsfähige Wanderer, vor allem bei schlechten Wetterverhältnissen, ein wahrer Segen. Für den allgemeinen Verkehr gesperrt, wurde über sie ein Jeep-Zubringerdienst von Pederü zu den Schutzhütten Munt de Sennes, Sennes, Fodara Vedla, Fanes und La Varella eingerichtet. Als Teilgebiet des Naturparks Fanes – Sennes – Prags wird ja eine weitere Erschließung ausbleiben, so daß hier ein Naturreservat von wunderbarem landschaftlichem Reiz künftigen Generationen erhalten bleibt.

Fanes- und Fanisgruppe

Als südliche Fortsetzung der Hochflächen von Fosses und Sennes, aber landschaftlich völlig anders gestaltet, erweist sich das Gebiet um Klein- und Groß-Fanes. Auch hier ist es ein weites Plateau mit diesmal jedoch nach Westen und Südwesten pultförmig ansteigenden Randerhebungen, die in grandiosen Wänden das Hochabtei mächtig überragen. War im Bereich von Sennes noch der vegetationsbedingte ausgeglichenere, liebliche Eindruck dominant, so finden wir ihn hier nur im Umkreis der Alpen Klein- und Groß-Fanes. Die Wiesenschale um Klein-Fanes mit dem Juwel des Grünsees inmitten und den ihn umgebenden malerischen Zirben und eigenartigen Felsschichtungen bildet mit den Schutzhütten von Fanes und La Varella ein im Hochsommer vielbesuchtes Ausflugsziel. Verläßt man aber die heimelige Wiesenoase um den Grünsee und steigt westwärts gegen Heiligkreuzkofel, Zehner- oder Neunerspitze an, so befindet man sich im Nu in einer fast vegetationslosen, durch Kahlheit und Öde schockierenden Hochgebirgslandschaft. Gewaltige Schuttströme, schräge Riesenplatten und darüber aufragende Karstgipfel, sie zaubern ein Bild faszinierender, aber elementarer Härte!

Der nord-süd-orientierte, lange Felskamm der Fanisgruppe besitzt durch seine reiche Gliederung in prächtige Felsmassive, wuchtige Türme und Kanten echt dolomitisches Gepräge. An der den Höhenwegbegehern zur Schau gestellten Westseite lassen sich oft Kletterer beobachten. Das südlichste Bollwerk dieser kleinen Gruppe, der Kleine Lagazuoi, ist ein berühmter, im Dolomitenkrieg 1915–18 hart umkämpfter Berg. An der Cengia Martini (Südwand) standen sich italienische und österreichische Vorposten unmittelbar gegenüber. Zahlreiche Kriegsreste sowie das Vorhandensein eines interessanten Stollens („Galleria del Lagazuoi", Begehung möglich) erinnern an die Ereignisse dieser Jahre.

Die Faneshütte liegt inmitten von Wiesen und Zirbenbeständen — ein ideales Wandergebiet!

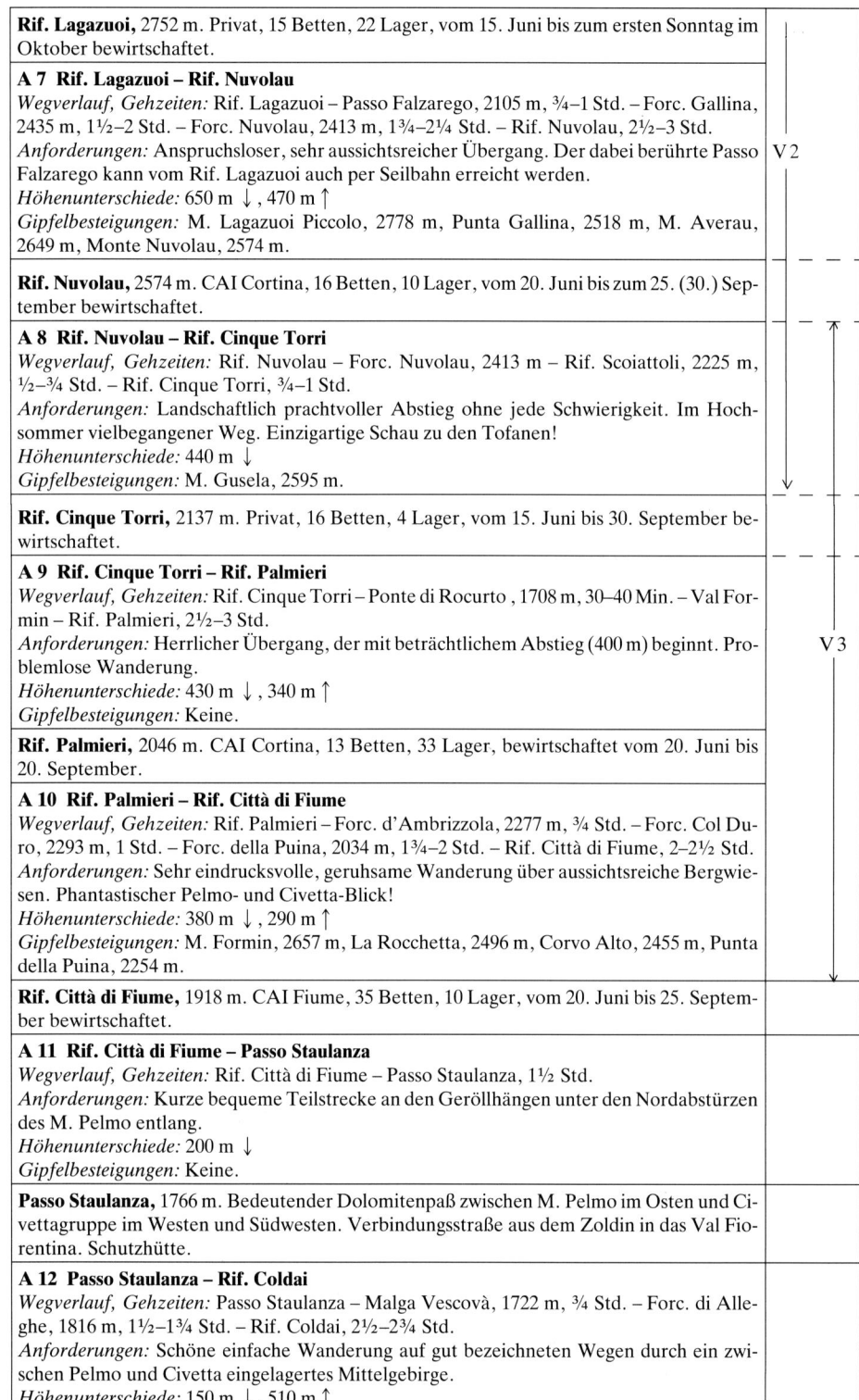

Rif. Lagazuoi, 2752 m. Privat, 15 Betten, 22 Lager, vom 15. Juni bis zum ersten Sonntag im Oktober bewirtschaftet.	
A 7 Rif. Lagazuoi – Rif. Nuvolau *Wegverlauf, Gehzeiten:* Rif. Lagazuoi – Passo Falzarego, 2105 m, ¾–1 Std. – Forc. Gallina, 2435 m, 1½–2 Std. – Forc. Nuvolau, 2413 m, 1¾–2¼ Std. – Rif. Nuvolau, 2½–3 Std. *Anforderungen:* Anspruchsloser, sehr aussichtsreicher Übergang. Der dabei berührte Passo Falzarego kann vom Rif. Lagazuoi auch per Seilbahn erreicht werden. *Höhenunterschiede:* 650 m ↓, 470 m ↑ *Gipfelbesteigungen:* M. Lagazuoi Piccolo, 2778 m, Punta Gallina, 2518 m, M. Averau, 2649 m, Monte Nuvolau, 2574 m.	V 2
Rif. Nuvolau, 2574 m. CAI Cortina, 16 Betten, 10 Lager, vom 20. Juni bis zum 25. (30.) September bewirtschaftet.	
A 8 Rif. Nuvolau – Rif. Cinque Torri *Wegverlauf, Gehzeiten:* Rif. Nuvolau – Forc. Nuvolau, 2413 m – Rif. Scoiattoli, 2225 m, ½–¾ Std. – Rif. Cinque Torri, ¾–1 Std. *Anforderungen:* Landschaftlich prachtvoller Abstieg ohne jede Schwierigkeit. Im Hochsommer vielbegangener Weg. Einzigartige Schau zu den Tofanen! *Höhenunterschiede:* 440 m ↓ *Gipfelbesteigungen:* M. Gusela, 2595 m.	
Rif. Cinque Torri, 2137 m. Privat, 16 Betten, 4 Lager, vom 15. Juni bis 30. September bewirtschaftet.	
A 9 Rif. Cinque Torri – Rif. Palmieri *Wegverlauf, Gehzeiten:* Rif. Cinque Torri – Ponte di Rocurto, 1708 m, 30–40 Min. – Val Formin – Rif. Palmieri, 2½–3 Std. *Anforderungen:* Herrlicher Übergang, der mit beträchtlichem Abstieg (400 m) beginnt. Problemlose Wanderung. *Höhenunterschiede:* 430 m ↓, 340 m ↑ *Gipfelbesteigungen:* Keine.	V 3
Rif. Palmieri, 2046 m. CAI Cortina, 13 Betten, 33 Lager, bewirtschaftet vom 20. Juni bis 20. September.	
A 10 Rif. Palmieri – Rif. Città di Fiume *Wegverlauf, Gehzeiten:* Rif. Palmieri – Forc. d'Ambrizzola, 2277 m, ¾ Std. – Forc. Col Duro, 2293 m, 1 Std. – Forc. della Puina, 2034 m, 1¾–2 Std. – Rif. Città di Fiume, 2–2½ Std. *Anforderungen:* Sehr eindrucksvolle, geruhsame Wanderung über aussichtsreiche Bergwiesen. Phantastischer Pelmo- und Civetta-Blick! *Höhenunterschiede:* 380 m ↓, 290 m ↑ *Gipfelbesteigungen:* M. Formin, 2657 m, La Rocchetta, 2496 m, Corvo Alto, 2455 m, Punta della Puina, 2254 m.	
Rif. Città di Fiume, 1918 m. CAI Fiume, 35 Betten, 10 Lager, vom 20. Juni bis 25. September bewirtschaftet.	
A 11 Rif. Città di Fiume – Passo Staulanza *Wegverlauf, Gehzeiten:* Rif. Città di Fiume – Passo Staulanza, 1½ Std. *Anforderungen:* Kurze bequeme Teilstrecke an den Geröllhängen unter den Nordabstürzen des M. Pelmo entlang. *Höhenunterschiede:* 200 m ↓ *Gipfelbesteigungen:* Keine.	
Passo Staulanza, 1766 m. Bedeutender Dolomitenpaß zwischen M. Pelmo im Osten und Civettagruppe im Westen und Südwesten. Verbindungsstraße aus dem Zoldin in das Val Fiorentina. Schutzhütte.	
A 12 Passo Staulanza – Rif. Coldai *Wegverlauf, Gehzeiten:* Passo Staulanza – Malga Vescovà, 1722 m, ¾ Std. – Forc. di Alleghe, 1816 m, 1½–1¾ Std. – Rif. Coldai, 2½–2¾ Std. *Anforderungen:* Schöne einfache Wanderung auf gut bezeichneten Wegen durch ein zwischen Pelmo und Civetta eingelagertes Mittelgebirge. *Höhenunterschiede:* 150 m ↓, 510 m ↑ *Gipfelbesteigungen:* M. Crot, 2158 m, M. Fernazza, 2101 m, Roa Bianca, 1960 m.	

Nuvolaugruppe

Zu den am stärksten besuchten und auch erschlossenen Gegenden in den Dolomiten zählt die bekannte Nuvolaugruppe. Ihr vom Falzaregopaß in Südostrichtung gegen den Passo Giau ziehender Hauptkamm fällt nach Südwesten in langer, einheitlicher Felsmauer, nach Norden und Nordosten in geneigter, zum Teil begrünter Karrenfläche ab. Durch die Nähe der Dolomiten-Metropole Cortina weist die Gruppe besonders starke Zeichen der modernen alpinen Übererschließung auf. Lift- und Seilbahnanlagen, unschöne Skiabfahrtstrassen, Straßen sowie eine Unmenge von Restaurants und Schutzhäusern beeinflussen Charakter und Bild der Landschaft.

Dennoch bietet eine Durchwanderung der Gruppe wegen der unglaublichen Vielfalt der gebotenen Szenerien und der prächtigen Ausblicke zu den umliegenden Dolomitenbezirken immer noch ein erregendes Abenteuer. Die höchste Erhebung, der Monte Averau, ist ein kühner Felsturm, der über eine kurze Via ferrata bestiegen werden kann. Dagegen bildet der Monte Nuvolau (Schutzhaus!) mit dem benachbarten, etwas höheren Monte Gusela einen schmalen flachen Grat, der vor allem von Süden, aus der Umgebung des Passo Giau, beeindruckt.

Ein wahrhaft merkwürdiges Gebilde stellen die unmittelbar aus anmutigen Wiesen aufragenden Cinque Torri (Fünf Türme), am Ostabfall der Nuvolaugruppe gegen Cortina, dar. Von der an ihrer Südseite stehenden, gleichnamigen Hütte lassen sich prächtige Ausflüge, aber auch viele lohnende Kletterfahrten, an diesem von Cortineser Bergsteigern vielbesuchten Turmlabyrinth, unternehmen. Die im Norden breit und erhaben dastehenden Tofanen bilden dabei den beeindruckenden Hintergrund!

1

Croda da Lago und Rocchetta

Zwischen Nuvolaugruppe und Pelmo erstreckt sich ein vielgestaltiges, formenreiches Felsgebirge. Seine Untergruppen und markantesten Erhebungen finden sich interessanterweise nicht entlang des von Norden nach Süden verlaufenden Hauptkammes, sondern an den von ihm abzweigenden Seitenästen. Dazu gehören die nach Westen, gegen Val Fiorentina, weisende Cernegruppe, die nach Norden schauende Turmreihe des Croda da Lago sowie die nach Osten, gegen Val Boite, orientierte Rocchettagruppe. Von den erwähnten Gebieten werden allerdings nur die beiden letztgenannten von der Hauptroute des Höhenweges Nr. 1 berührt. Die verheißungsvoll über den tiefblauen Fluten des Lago Federa aufragenden Türme des Croda da Lago bilden mit dem isoliert stehenden Felshorn des Becco di Mezzodi, dem „Uhrzeiger von Cortina", ein klassisches Dolomitenbild. Die Anstiege auf die zahlreichen Gipfel dieser Gruppe zählen zu den beliebtesten und frequentiertesten im Südalpenraum, was vor allem aus der bequemen Erreichbarkeit der Stützpunkte zu erklären ist. Auch die weiter im Süden gelegene Rocchettagruppe hat typisch dolomitischen Charakter und bietet vor allem an ihren Südwänden viele lohnende Kletteranstiege mit der immensen Felsmasse des Monte Pelmo als Blickfang.

Am Weg zum Rifugio Città di Fiume taucht nahe der Forcella Col Duro der gewaltige Monte Pelmo auf — ein unvergeßlicher Moment!

Rif. Coldai, 2132 m. CAI Venezia, 60 Betten, 30 Lager, vom 20. Juni bis 30. September bewirtschaftet.	
A 13 Rif. Coldai – Rif. Tissi *Wegverlauf, Gehzeiten:* Rif. Coldai – Forc. Coldai, 2191 m – Forc. di Col Negro , 2203 m, 20–30 Min. – Rif. Tissi 1½–2 Std. *Anforderungen:* Vielbegangene, über eine der Civetta-Nordwestwand vorgelagerte Höhenrampe führende Teilstrecke. Mit A 14 landschaftlicher Höhepunkt der Route Nr. 1. Keine Schwierigkeiten. *Höhenunterschiede:* 50 m ↓ , 200 m ↑ *Gipfelbesteigungen:* M. Coldai, 2396 m, M. Civetta, 3220 m, Col Negro, 2248 m, C. di Col Rean, 2281 m.	
Rif. Tissi, 2250 m. CAI Belluno, 44 Betten, 15 Lager, vom 20. Juni bis 20. September bewirtschaftet.	
A 14 Rif. Tissi – Rif. Vazzolèr *Wegverlauf, Gehzeiten:* Rif. Tissi – Cas. di Col Rean, 1895 m – Sella di Pelsa, 1954 m, ¾–1 Std. – Rif. Vazzolèr, 1½–2 Std. *Anforderungen:* Bequeme Wanderung. Einer der eindrucksvollsten Abschnitte der Höhenroute Nr. 1. Gewaltige Felsszenerien! *Höhenunterschiede:* 610 m ↓ , 60 m ↑ *Gipfelbesteigungen:* M. Alto di Pelsa, 2417 m.	
Rif. Vazzolèr, 1714 m. CAI Conegliano, 30 Betten, 50 Lager, bewirtschaftet vom 10. Juni bis 20. September.	
A 15 Rif. Vazzolèr – Rif. Carestiato *Wegverlauf, Gehzeiten:* Rif. Vazzollèr – Forc. Col Palanzin, 1½–2 Std. – Forc. Col dell'Orso, 2–2½ Std. – Forc. del Camp, 1933 m, 2½–3 Std. – Rif. Carestiato, 4–4½ Std. *Anforderungen:* Besonders aussichtsreiche, lange Höhenwanderung an der Ostseite der Moiazzagruppe entlang. Stets gut bezeichnete Wege. Keine Schwierigkeiten. *Höhenunterschiede:* 370 m ↓ , 500 m ↑ *Gipfelbesteigung:* M. Civetta, 3220 m, C. delle Sasse, 2878 m, C. Moiazza Sud, 2878 m, M. Framont, 2294 m.	
Rif. Carestiato, 1834 m. CAI Agordo, 35 Lager, bewirtschaftet vom 20. Juni bis 30. September	
A 16 Rif. Carestiato – Passo Duran *Wegverlauf, Gehzeiten:* Rif. Carestiato – Cas. del Duran, 1744 m, 10–15 Min. – Passo Duran, ¾–1 Std. *Anforderungen:* Einfacher Abstieg entlang einer bezeichneten Naturstraße. *Höhenunterschiede:* 240 m ↓ *Gipfelbesteigungen:* Keine.	
Passo Duran, 1601 m. Wenig bekannter, aber wichtiger Dolomitenpaß zwischen Civetta-Moiazza-Gruppe im Nordwesten und Prampèr-Dolomiten im Südosten. Zwei Schutzhäuser.	
A 17 Passo Duran – Rif. Pramperèt *Wegverlauf, Gehzeiten:* Passo Duran – Malga Calleda Vecchia, 1493 m, 20 Min. – Forc. Dagarei, 1620 m, ¾–1 Std. – Cas. Moschesin, 1800 m, 2½–3 Std. – Forc. del Moschesin, 1940 m, 3¼–4 Std. – Rif. Pramperèt, 4–5 Std. *Anforderungen:* Abwechslungsreicher Höhenweg an der Ostseite der Tàmergruppe entlang. Lange, aber problemlose Wanderung. Interessante Einblicke in einen kaum bekannten Dolomitenbereich. *Höhenunterschiede:* 180 m ↓ , 320 m ↑ *Gipfelbesteigungen:* M. Tàmer, 2547 m, C. di San Sebastiano, 2420 m.	V 4
Rif. Pramperèt, 1857 m. Privat, an den CAI Oderzo verpachtet, 37 Lager, bewirtschaftet vom 20. Juni bis 20. September.	
A 18 Rif. Pramperèt – Biv. Renzo Dal Mas *Wegverlauf, Gehzeiten:* Rif. Pramperèt – Portèla del Piazedèl, 2097 m, ¾ Std. – Forc. Sud de Van de Zita, 2395 m, 1¾–2 Std. – Biv. Renzo Dal Mas, 2¾–3 Std. *Anforderungen:* Unschwierige Etappe, auf welcher das Massiv des M. Talvena überschritten wird. Einsames Bergland. Vorsicht bei Nebel! *Höhenunterschiede:* 760 m ↓ , 540 m ↑ *Gipfelbesteigungen:* C. de le Balanzole, 2142 m, C. de Zita, 2465 m, M. Talvena, 2542 m.	
Biv. Renzo Dal Mas, 1632 m. CAI Longarone, 8 Lager, unbewirtschaftet, aber stets geöffnet.	

Pelmogruppe

Der gewaltige, völlig isoliert aus den umliegenden Tälern aufragende Monte Pelmo erweist sich neben der Civetta nicht nur als landschaftlicher Höhepunkt von Route Nr. 1, sondern auch als Hauptanziehungspunkt der an edlen Bergformen überreichen Zoldiner Dolomiten. Wie kaum ein anderer Gipfel vermag der Pelmo durch Form, Masse und Position die Aufmerksamkeit des Bergwanderers auf sich zu lenken. Von welcher Seite man ihn auch betrachtet, immer wird man von dieser grandiosen, aus grünen Matten frei gegen den Himmel ragenden „Götterburg" begeistert, ja fasziniert sein. Die Besteigung von der nicht am Höhenweg gelegenen Veneziahütte ist wider jede Erwartung nicht allzu schwierig und kann jedem trittsicheren, schwindelfreien und einigermaßen klettergewandten Bergsteiger wärmstens empfohlen werden. Unter dem gewaltigen, fast tausend Meter hohen Nordabsturz des Berges entlangführend, gewährt Höhenroute Nr. 1 Einblick in eine der ganz großen Dolomitenwände, dem Schauplatz zahlreicher Gipfelsiege, aber auch vieler Bergtragödien.

Civetta-Moiazza-Gruppe

Mit dem benachbarten Monte Pelmo und den Tofanen muß das Civetta-Moiazza-Massiv als das großartigste Felsrevier innerhalb der östlichen Dolomiten angesehen werden. Hier erreicht der Dolomiten-Höhenweg Nr. 1 seinen absoluten landschaftlichen Höhepunkt. Die am Passo Staulanza ansetzende Civettagruppe verläuft bis zur Forcella d'Alleghe als begrünter Mittelgebirgsrücken, dann als gewaltiger, mehrfach verzweigter Felskamm bis zur Forcella delle Sasse. Die über sechs Kilometer breite, an die 1200 Meter hohe Civetta-Nordwestwand, die

„Wand aller Wände", mit ihren unzähligen Führen und herrlichen Turmgestalten, stempelt dieses Gebiet zu einem Eldorado der Kletterer, der Extrembergsteiger und Felsakrobaten. Aber auch Durchschnittsbergsteiger und Wanderer kommen hier auf ihre Rechnung! Eine Reihe von gesicherten Steiganlagen – unter ihnen die berühmten Vie ferrate Tissi und Alleghesi – ermöglichen Wanddurchstiege, die früher ausschließlich Kletterern vorbehalten waren. Außerdem ist die Gruppe dem einfachen Wanderer durch zahlreiche Übergänge erschlossen, von denen die unter der Civetta-Nordwestwand entlangführende Wegstrecke (Route Nr. 1) durch ihre besondere Schönheit hervorsticht.

An der erwähnten Forcella delle Sasse setzt nach Süden die noch weniger bekannte Moiazzagruppe an. Das Gebiet zeigt zwar nicht ganz die mächtigen Formationen der Civetta, weist aber Strukturen – z. B. stockwerkartige Gliederung des Zentralmassivs – auf, die besonders interessante Routenführungen zulassen. Erst der Bau des Rifugio Carestiato (1950) und vor allem die Schaffung des Dolomiten-Höhenweges Nr. 1 haben dieses Bergland einem größeren Bergsteigerkreis erschlossen. Die seit 1976 existierende, kühne und extrem lange „Via ferrata Costantini" stellt immer noch das „non plus ultra" unter den gesicherten Klettersteigen der Dolomiten dar!

Das mehrgipfelige Massiv des Monte Tàmer von Süden gesehen.

Pramper-Dolomiten

Dieses Bergland im Süden des Duranpasses gilt als eine der entlegensten und unberührtesten Regionen der südlichen Dolomiten. Durch den Mangel an besonders auffallenden Bergformen, aber auch an bewirtschafteten Unterkünften, hat das Gebiet seine Ursprünglichkeit bis zum heutigen Tag bewahrt. Erst mit Schaffung der Dolomiten-Höhenroute Nr. 1 (1966) gelangten deutschsprachige Alpinisten in diese früher fast unbekannte Dolomitengruppe. Als ihr bester Kenner gilt heute der Belluneser Arzt Giovanni Angelini. Er hat durch hervorragende Monographien und Führer auf diesen interessanten Dolomitenbezirk aufmerksam gemacht. Wegen des scheinbaren Fehlens alpinistischer oder landschaftlicher Superlative blieb das Bergreich aber weiterhin Stiefkind unter den südlichen Gruppen der Dolomiten. Das Landschaftsbild der Pramper-Dolomiten zeigt sich aus der Ferne gemäßigt und wenig einladend. Der Betrachter sucht da vergebens die steingewordene Großartigkeit des Monte Pelmo oder der Civetta. Man vermißt besonders markante Berggestalten, es fehlen die 1000-Meter-Wände! Wer sich jedoch mit Liebe und Interesse diesen Bergen nähert, wird abseits des immer bedrohlichere Ausmaße annehmenden Dolomitenrummels wahre Glanzpunkte alpiner Schönheit finden.

Tàmer-, Talvena- und Prampèrgruppe bilden den herrlichen, das Val Prampèr hufeisenförmig umfassenden Komplex der Prampèr-Dolomiten. Der Monte Tàmer – er ist mit 2550 Meter die höchste Erhebung der Region – stellt eine noch viel zu wenig bekannte ideale Aussichtswarte dar. Dasselbe gilt für den weiter im Süden aufragenden Monte Talvena, dessen Massiv, aus jüngeren Gesteinen der Kreidezeit gebildet, nicht gerade typisch dolomitisch erscheint. Die nordöstlich der Forcella Pramperèt ansetzende Prampèrgruppe präsentiert sich als wild zerklüftetes Bergreich. Hier hat sich die kleine Untergruppe der Spiz di Mezzodi in jüngster Zeit zu einem bevorzugten Klettergebiet der Belluneser entwickelt.

Eine bewirtschaftete Unterkunft und vier ständig geöffnete Biwakhütten stehen heute als Stützpunkte zur Verfü-

A 19 Biv. Renzo Dal Mas – Biv. Màrmol *Wegverlauf, Gehzeiten:* Biv. Renzo Dal Mas – Forc. La Varetta, 1704 m, ¾–1 Std. – Casonet de Nerville, 1641 m, 1½–1¾ Std. – Forc. del Màrmol, 2262 m, 3¼–3½ Std. – Biv. Màrmol, 3½–4 Std. *Anforderungen:* Mit A 20 weitaus schwierigste Teilstrecke der Höhenroute Nr. 1. Im Anstieg zur Forc. del Màrmol bzw. von ihr zum Biv. Màrmol Kletterpassagen (ungesichert) im 1. und 2. Schwierigkeitsgrad. Bei Schlechtwetter, Schnee, Vereisung oder Nässe gefährlich. Nur für klettergewandte, erfahrene Bergsteiger. *Höhenunterschiede:* 130 m ↓, 780 m ↑ *Gipfelbesteigungen:* C. Nerville, 2076 m, M. Schiara, 2565 m.	↑
Biv. Màrmol, 2266 m. CAI Dolo. Stets geöffneter, aber unbewirtschafteter Stürzpunkt; 9 Lager.	
A 20 Biv. Màrmol – Rif. 7° Alpini *Wegverlauf, Gehzeiten:* Biv. Màrmol – Schiara-Südwand („Via ferrata del Màrmol) – Rif. 7° Alpini, 2–2½ Std. *Anforderungen:* Mit A 19 weitaus schwierigste Teilstrecke der Höhenroute Nr. 1. Die Begehung der kühn angelegten, über die nahezu senkrechte, 800 Meter hohe Südwand des M. Schiara hinabführende „Via ferrata del Màrmol" erfordert klettererfahrene Bergsteiger. Beherrschung des 2. Schwierigkeitsgrades nötig. Bei schlechten Wetterverhältnissen, Schnee oder Vereisung gefährlich! *Höhenunterschiede:* 790 m ↓ *Gipfelbesteigungen:* Keine.	V 5
Rif. 7° Alpini, 1490 m. CAI Belluno, 50 Lager, vom 15. Juni bis 20. (30.) September bewirtschaftet.	
A 21 Rif. 7° Alpini – Bolzano Bellunese *Wegverlauf, Gehzeiten:* Rif. 7° Alpini – Val d'Ardo – Case Bortòt, 694 m, 2¼–2½ Std. – Bolzano Bellunese, 3–3½ Std. *Anforderungen:* Letzte Gehstrecke des Höhenweges. Langer Abstieg durch die grüne Talschlucht des Val d'Ardo. Stets breiter, zum Teil schlechter schottriger Weg. *Höhenunterschiede:* 950 m ↓ *Gipfelbesteigungen:* M. Pelf, 2502 m, M. Serva, 2133 m.	
Bolzano Bellunese, 541 m. Am Südrand des Schiara-Massivs auf aussichtsreicher Wiesenschulter über dem Piavetal gelegenes Erholungsdorf. Gasthöfe.	
A 22 Bolzano Bellunese – Belluno *Wegverlauf:* Bolzano Bellunese – Vezzano – Belluno (5 km). *Anforderungen:* Fahrt mit Bus oder Taxi. *Gipfelbesteigungen:* Keine.	↓
Belluno, 389 m. An der Mündung des Torrente Ardo in den Piave gelegene Provinzhauptstadt und Bischofssitz. Zahlreiche kunstgeschichtliche Sehenswürdigkeiten. Mehrere Hotels. Endstation der Dolomiten-Höhenroute Nr. 1. Rückreise mit Bus nach Niederdorf und zum Pragser Wildsee.	

Der Schiara-Zentralstock von Süden, aus der Gegend von Belluno betrachtet. Ganz links die Nadel der Gusèla del Vescovà, in Bildmitte der Monte Schiara und rechts der Monte Pelf.

gung und erschließen ein Gebiet, dessen Name erst in das Bewußtsein der heutigen Bergsteigergeneration gelangen muß.

Schiaragruppe

Dieses südlichste Bollwerk der Östlichen Dolomiten gleicht einem letzten Aufbäumen, einem letzten Aufgebot aller zur Verfügung stehender Pracht der Südalpen. Der Name Schiara (sprich: Skiara) hat nichts mit Schi (ital. Sci) zu tun, sondern ist eine Dialektbezeichnung für Ring. Tatsächlich bildet das mächtige Schiaramassiv ein nach Süden geöffnetes gewaltiges Halbrund, das von Belluno eingesehen werden kann und so namensgebend war. Charakteristisch nicht nur für diese Gruppe, sondern überhaupt für viele Gebiete der südlichen Dolomiten sind abgrundtiefe Schluchten, an tropische Dschungel erinnernde Wälder, verträumte Wiesenoasen und eine noch völlig unberührte Fauna und Flora.

„Die Schiaragruppe verdankt ihren Ruf den gesicherten Steiganlagen" – dieser Ausspruch eines bekannten Dolomitenspezialisten ist nicht ganz zu widerlegen. Ohne die kühnen, durch die 700 Meter hohe Südwand des Monte Schiara führenden Eisenwege, wäre dieser südliche Dolomitenbezirk noch ebenso unbekannt wie die benachbarten Gruppen. Das zwischen Cordevole und Piave gelegene Massiv kulminiert im Monte Schiara, der mit 2565 Meter höchsten Erhebung der gesamten südlichen Dolomiten. Sein Erstbesteiger, der Münchner Gottfried Merzbacher, hat diesen Berg 1879 als eine der prächtigsten Aussichtswarten der Alpen gewürdigt. Trotzdem geriet die Gruppe

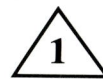

Das Rifugio 7° Alpini im inneren Val d'Ardo ist der letzte Stützpunkt am Dolomiten-Höhenweg Nr. 1.

Varianten	Variante zur Hauptroute
V 1 Schutzhaus Fodara Vedla – Faneshütte *Wegverlauf:* Schutzhaus Fodara Vedla – Sentiero Bandalse – Pischodelsee (Vallone di Rudo) – Faneshütte. *Anforderungen:* Querung der außerordentlich steilen Westflanke des Castello Bancdalse. Anspruchsvolle Abkürzungsvariante, durch welche der beträchtliche Abstieg zum Berghotel Pederü vermieden wird. Landschaftlich der Hauptroute überlegen. Nur für absolut trittsichere Wanderer (Hartschutthänge). Im Frühsommer bei Schneelage gefährlich! *Gehzeit:* 2–2½ Std.	A 4/A 5
V 2 Faneshütte – Rif. Cinque Torri *Wegverlauf:* Faneshütte – Limojoch – Große Fanesalpe – Biv. Monte Castello – Forc. Casale – Malga Travenanzes – Masarè – Rif. Giussani – Vallon – Rif. Dibona – Große Dolomitenstraße – Rif. Cinque Torri. *Anforderungen:* Besonders großartiger Übergang durch das Gebiet der Tofanen. Verglichen mit der Hauptroute weit umständlicher und vor allem schwieriger (teilweise gesicherte Steiganlage). Nur für ausdauernde und trainierte Bergsteiger bei guten Verhältnissen! Die Strecke kann durch Nächtigung am Rif. Giussani auf zwei Etappen aufgeteilt werden. *Gesamtgehzeit:* 10–12 Std., davon 4½–6 Std. bis zum Rif. Giussani.	A 6–A 8
V 3 Rif. Nuvolau – Rif. Città di Fiume *Wegverlauf:* Rif. Nuvolau – Passo di Giau – Forc. di Giau – Forc. d'Ambrizzola – Forc. Col Duro – Rif. Città di Fiume. *Anforderungen:* Dem Hauptkamm folgender, direkter Übergang vom Rif. Nuvolau zum Rif. Città di Fiume. Landschaftlich nicht ganz so schön wie die Hauptroute. Nur bei guten Verhältnissen ratsam! *Gehzeit:* 4½–5½ Std.	A 8–A 10
V 4 Passo Duran – Rif. Pramperèt *Wegverlauf:* Passo Duran – Forc. delle Val dei Barance – Biv. Baita Angelini – Cas. San Bastian – Col de Michiel – Pian dei Palui (Val Pramper) – Rif. Pramperèt. *Anforderungen:* Abenteuerliche, interessante Wanderung („Variante Zoldana“) an der Nord- und Ostseite der Tàmergruppe entlang. Ebenso schön, aber länger und beschwerlicher als die Hauptroute. Nur für geübte, ausdauernde Bergsteiger! *Gehzeit:* 6–7 Std.	A 17
V 5 Biv. Renzo Dal Mas – Belluno *Wegverlauf:* Biv. Renzo Dal Mas – Forc. La Varetta – Rif. Bianchet – Val del Vescovà – La Muda (Val Cordevole) – Belluno. *Anforderungen:* Sehr wichtige und bedeutsame Variante für all jene, die sich der Überschreitung des Schiara-Massivs nicht gewachsen fühlen. Unschwierige Wanderung bzw. Abstieg durch das großartige Val del Vescovà nach La Muda im Cordevoletal. Von dort Busfahrt nach Belluno. *Gehzeit bis La Muda:* 3¾–4½ Std.	A 19–A 22

zugunsten nördlich gelegener Regionen später wieder in Vergessenheit. Piero Rossi machte durch seinen Spezialführer „I Monti di Belluno“ (1958) erstmals größere italienische Bergsteigerkreise auf das Gebiet aufmerksam. Später rühmte Toni Hiebeler in verschiedenen deutschsprachigen Arbeiten die Schönheit dieser Berge, bis schließlich ein Auswahl-Kletterführer (1964) sowie die Publikationen über Höhenweg Nr. 1 die Schiaragruppe als ideales Betätigungsfeld für Kletterer und Wanderer international bekannt machten.
Heute ist die Schiara ein unter Klettersteig-Liebhabern bevorzugtes Gebiet. Doch nur das Kernstück, der große „Ring“, das Amphitheater des inneren Val d'Ardo rund um das Rifugio 7° Alpini, ist gut erschlossen. In ihren Trabanten und Randgebieten zeigt sich die Gruppe in der gleichen ursprünglichen Schönheit und Wildheit wie alle übrigen südlichen Dolomitenbezirke – als Eldorado für Entdecker und Einsamkeitssucher!

Dolomiten-Höhenroute 2

WEG DER SAGEN UND LEGENDEN

Von Brixen nach Feltre

Auch im Bereich der westlichen Dolomiten gibt es von Nord nach Süd streichende Gebirgskämme, die sich für Höhenweganlagen hervorragend eignen. Dem längsten dieser Äste – er beginnt im oberen Eisacktal nahe der alttirolischen Stadt Brixen und endet am Unterlauf des Piave unweit des südlich anmutenden venetianischen Kleinstädtchens Feltre – folgt die Höhenroute Nr. 2. Landschaftlich dem Weg Nr. 1 durchaus ebenbürtig, aber im gesamten doch etwas anspruchsvoller, erscheint sie für Wanderer mit etwas gehobeneren Ansprüchen bestens geeignet und besitzt alle Vorzüge eines großen Weitwanderweges.

Fasziniert an der besprochenen Route Nr. 1 die ununterbrochene Vielfalt großartiger, monumentaler dolomitischer Szenerien, so führt die Höhenroute Nr. 2 mitunter auch durch gemäßigtes, geologisch gar nicht zu den Dolomiten zählendes Bergland. Eben weil sich an diesem Weg Liebliches und Großartiges in rascher Folge ablösen, wird diese Wanderung zu einem besonders abwechslungsreichen Gang dem Süden, der Sonne zu.

Am Bindelweg. Blick von einer Scharte im Padonkamm auf Langkofelgruppe und Pordoijoch.

Italienische Bergfreunde nennen diese Höhenroute liebevoll „Weg der Sagen und Legenden", werden doch Gebiete durchwandert, über die sich zahlreiche Erzählungen angenehmer wie schauriger Art erhalten haben. Dies trifft auf den tirolischen, deutschsprachigen Dolomitenbezirk ebenso zu wie auf den südlichen, italienischen Anteil, wo etwa auf den einsamen Hochkaren der Vette Feltrine Hexen und Teufel ihr Unwesen getrieben haben sollen. Für den empfindsamen Wanderer bedeutet dies, daß ihn auf seinen Streifzügen nicht nur Landschaft, Bergabenteuer und Erlebnis, sondern auch ein Stück alten Volksgutes begleiten.

Es beginnt mit einem eindrucksvollen Auftakt, der Auffahrt von Brixen mit Bus oder Seilbahn in das von Skiläufern wie Wanderern gleichermaßen geschätzte, weitflächige Gebiet der Plose. Hier, am Scheitel eines zwar geographisch, nicht aber geologisch zu den Dolomiten gehörenden Massivs, erschließt sich ein Bergpanorama von unerwarteter Größe und Weite: im Westen und Norden das gleißende Halbrund der Zentralalpen und südlich – im stärksten Gegensatz dazu – die verheißungsvoll aufragende, wildzerklüftete Gipfelreihe der Dolomiten.

Nach beschaulicher Wanderung über

die ausgedehnten Wiesenflächen der Plose erreicht man die Peitlerscharte, das eigentliche „Tor“ in das wunderbare Reich der Dolomiten. Hier erst beginnt der bezaubernde Höhengang zwischen den Felskolossen. An jeder Bergkante, nach jedem kürzeren Wegabschnitt öffnen sich neue Blickpunkte, zeigen sich neue Motive. An den wildgezackten Geislerspitzen vorbei gelangt man nach etwas steilem und mühsamem Anstieg zur Roascharte. Hier betritt man die einsame Hochfläche der Puezgruppe, wo weite Karrenflächen oder öde, durch Gesteine aus

▷ Das Ciampaijoch in der Puezgruppe.

▷▷ Der Sellastock von Norden (Grödner Joch).

▽ Höhenweg Nr. 2 führt über die Gampenwiesen dem Felskastell des Peitlerkofels entgegen.

der Kreidezeit geformte Kare den Eindruck einer »Mondlandschaft« erwekken. Dem mächtigen Sellastock entgegen erreicht man, durch das Felslabyrinth der Cirspitzen absteigend, schließlich das Grödner Joch. Durch die wilde Felsschlucht des Val Setus wird sodann das große, um das Sellamassiv herumführende Terrassenband gewonnen. Hier kann man sich an der herrlich gelegenen Pisciadùhütte von den durchgestandenen Strapazen dieses Steilanstiegs erholen.

Dann geht es weiter, durch das Val Tita empor, zur völlig kahlen Karrenhochfläche dieses Massivs, deren trostlose Weite und urwelthafter Ernst so manchen, an lieblichere Gefilde gewöhnten Wanderer befremden mögen.

An der Forcella Pordoi steht man dann wie gebannt, den gleißenden Firnfeldern der Marmolada gegenüber. Ihre wahre Schönheit enthüllt allerdings erst der nachfolgende, durch das kontrastreich-dunkelfelsige Eruptivgestein der Padongruppe führende, berühmte Bindelweg. Bei der Marmoladahütte trennen sich vorübergehend die Wege.

ne, verträumte Hochfläche von Zingari Alti und lassen den radikalen Wunsch nach einem das gesamte Dolomitengebiet umfassenden Natur-Schonraum aufkommen.

Am Passo Valles betritt man endgültig das Reich der Pala, deren Durchwanderung sicherlich einen der Höhepunkte des Unternehmens darstellt. Immer großartiger recken sich am Weg zur Mulazhütte abweisende glattwandige Dolomittürme gegen den Himmel und in der Umgebung des Passo Farangole dürfte wohl der Begriff „wildschöne Pala" geprägt worden sein. Welch ein

◁ Bindelweg und Marmolada.

◁◁ Torre und Cima Pisciadù von Norden.

▽ Blick von Westen gegen die zentrale Marmoladagruppe und auf das Contrinhaus.

Geübte können die landschaftlich schönere, aber auch bedeutend anspruchsvollere und nur bei sehr guten Wetter- und Schneeverhältnissen ausführbare Hauptroute über die Marmoladascharte, das Rifugio Contrin und den Passo Cirelle zum Passo Pellegrino wählen. Sonst folgt man der zwar langen, aber problemlosen Strecke über die Malga Ciapela und die Forca Rossa nach San Pellegrino.

Schon hat man weit im Süden die gewaltigen Dolomitbauten der Pala geschaut und kann den Eintritt in dieses phantastische Felsrevier kaum erwarten. Doch führt unsere Route vorerst noch durch ein in keiner Weise dolomitisch anmutendes Bergland, nämlich durch das Pophyr- und Granitgebiet der Cima Bocche. Aber gerade aus dieser Sicht wirken die entfernt im Norden und Süden ragenden Dolomitenmauern umso eindrucksvoller. Leider hat die Wahnsinnstat eines Seilbahnbaues auf den Col Margherita hier viel von der einstigen Ursprünglichkeit zerstört! Häßliche Skiabfahrtstrassen durchziehen heute die früher so schö-

△ Das Val Canali in der südlichen Palagruppe. Es wird von Höhenroute Nr. 2 berührt.

◁ Die Bergstation der Rosetta-Seilbahn mit dem im Norden aufragenden Cimone della Pala.

Gegensatz dazu dann die Landschaft im Bereich der ausgedehnten Pala-Hochfläche, von der aus gesehen die bisher bewunderten Felstürme der Gruppe nur Randerhebungen darstellen! Der Übergang vom Rifugio Rosetta zur Pradidali bietet trotz der Kürze eine nicht enden wollende Folge herrlichster, großartigster Dolomitenbilder, als deren glanzvollstes wohl der Anblick der Cima Canali vom Passo di Ball in Erinnerung bleiben wird. Nicht weniger eindrucksvoll dann die Durchwanderung der durch ihre besonders wilden Bergformen bekannten südlichen Palagruppe vom Rifugio Pradidali über die Trevisohütte zum Ceredapaß. Nicht so stark besucht und bekannt wie die nördlichen und zentralen Bezirke, harrt dieses zerklüftete Felsenreich stellenweise noch seiner Erschließung. Wer nun glaubt, daß im Süden des Passo Cereda die dolomitische Großartigkeit zu Ende wäre, der irrt! Wild, ja unvergleichlich schön sind jene Berge von Brandol, Pizzocco oder Cimonega, sind überhaupt die südlichen Dolomitenzonen, deren steilflankige, abgrundtiefe, von dichtem Sträucherdschungel bedeckte Täler mit solchen des Himalajas oder der Anden verglichen werden können. So zählt die abschließende Durchwanderung der Feltriner Dolomiten sicherlich zum eindrucksvollsten, was diese Höhenroute bietet. Am einsamen Kar „Pian della Regina“, am gewaltigen Sass de Mura – ein so gut wie unbekannter Dolomitenriese von beeindruckender Gestalt und Größe – vorbei, gelangt man so zum Rifugio Bruno Boz. Es wurde nach einem einheimischen Jäger benannt, der in unmittelbarer Nähe an steilen Grashalden ausgleitend den Bergtod fand. Erst hier wird das Landschaftsbild gemäßigter, voralpiner, aber noch lange nicht einförmig! Durch die interessante Untergruppe der Vette Feltrine wandert man an eigenartigen Wiesenkaren, sogenannten „Buse“, an pilzförmigen Felsen oder am merkwürdigen, sagenumwobenen „Piazza del Diavolo“ vorbei zum Rifugio Dal Piaz. Nun erst liegt das Ende des langen Weitwanderweges vor, nein, unter uns. Denn aus dem Piavetal herauf grüßt Feltre, im Süden in weiter Ferne an klaren Tagen auch das Meer!

Über die Entstehung des Weges

Es wurde schon darauf hingewiesen, daß die Idee, nord-süd-orientierte Weitwanderwege durch die Dolomiten zu schaffen, auf den bekannten Belluneser Bergsteiger und Journalisten Dr. Piero Rossi († 29.1.1983) zurückgeht. Diesen Plan hatte auch der damalige Redakteur der deutschen Zeitschrift „Alpinismus", Toni Hiebeler, aufgegriffen. Im Jahre 1966 wurde von ihm die Route Nr. 1 propagiert. Es ist verständlich, daß das Verkehrsamt in Belluno (EPT) sowie die Sektion Belluno des Club Alpino Italiano (CAI) dieses Vorhaben unterstützten, war man doch seit jeher an einem stärkeren Besuch vor allem deutschsprachiger Alpinisten in dem bis dahin vernachlässigten Dolomitengebiet von Belluno interessiert. Etwa zur gleichen Zeit als in Deutschland Pläne für weitere Dolomiten-Höhenwege reiften, legte auch der Belluneser Arzt und Hauptfunktionär des EPT Belluno, Dr. Mario Brovelli († 22.1.1980), Höhenweg-Entwürfe vor (1). Im Auftrag der Redaktion des „Alpinismus" erfolgte im Sommer 1966 dann eine erste Begehung der Route Nr. 2 bis zur Palagruppe durch die Münchner Bergsteigerin Gerhild Rother. Daneben nahm der Garmischer Bergführer und Alpinschriftsteller Sigi Lechner († 27.7.1974) die restliche Erkundung dieses Weges durch die Bereiche der südlichen Pala und die damals noch völlig unbekannten Feltriner Dolomiten vor. Da der Autor zu dieser Zeit gerade mit Arbeiten an einem Führerwerk über die Feltriner Berge beschäftigt war, kamen ihm auch die Begehungen dieses damals bereits 70jährigen Bergsteigers zu Ohren. Als erster deutschsprachiger Alpinist hat Lechner den Südkamm der Pala sowie die gesamten Feltriner Dolomiten bis zum Passo Croce d'Aune auf einer vormals noch unbezeichneten, zum Teil auch weglosen Route durchquert (2, 3). Nach diesen Begehungen und den anschließenden systematischen Markierungsarbeiten durch die Sektionen des Südtiroler Alpenvereins (AVS) und des Club Alpino Italiano (CAI) konnte im Jahre 1969 auch dieser Höhenweg propagiert werden. Es erschienen ein „Alpinismus"-Führer (4) aus der Feder Sigi Lechners und Gerhild Rothers sowie ein von Sigi Lechner und Mario Brovelli bearbeiteter Kurzführer des EPT Belluno (5).

Aus einer sich in diesen Jahren entwikkelnden Freundschaft zwischen Sigi Lechner und dem Autor entstammt der im Jahre 1971 vom Bruckmann-Verlag herausgegebene Leporelloführer über die Route Nr. 2 (6). Der Autor hatte das Glück mit diesem sympathischen Menschen zahlreiche Bergfahrten, Neubegehungen von Wegabschnitten usw. unternehmen zu können. Lechner

◁ Der Passo delle Farangole (Pala).

▽ Das Bivacco Feltre — Walter Bodo in den Feltriner Dolomiten.

war ein bergsteigender Romantiker, ein äußerst naturverbundener, empfindsamer Mensch voller Ideale bis ins hohe Alter. Mit den meisten Hüttenleuten, mit vielen Funktionären des CAI, EPT und AVS aber auch mit zahlreichen Höhenwegbegehern verband ihn tiefe Freundschaft. Er liebte die Romantik alpiner Biwaknächte. Seine geliebte Pfeife schmauchend in das glimmernde Lagerfeuer schauend, so konnte er Stunden verbringen. Unterwegs auf seinen Lieblingshöhenwegen Nr. 1 und 2, hörte man ihn oft schon von Ferne jodeln und der Duft seines Pfeifenrauches kündigte ihn schon von weitem an.

Im Jahre 1973 veröffentlichte Sigi Lechner dann gemeinsam mit seinem gleichaltrigen Freund Mario Brovelli einen Spezialführer über die Route Nr. 2 (10). Der Einladung des Autors zur Mitarbeit an einer deutschsprachigen Führerpublikation über diesen Weg hat Lechner wohl infolge seines schon angegriffenen Gesundheitszustandes nicht mehr Folge geleistet. 1974 erschien im Juliheft des „Alpinismus" (11) Lechners letzter Bericht über den, von ihm so geschätzten Höhenweg. Als ersten Teil einer führermäßigen Darstellung aller zehn Dolomiten-Höhenwege veröffentlichte der Autor im Jahre 1975 seinen Dolomiten-Höhenwegführer Nr. 1–3 (12), während Mario Brovelli den mit Sigi Lechner erarbeiteten Spezialführer nun im neuen Verlag auch in deutscher Sprache herausgab (14).

Jährlich wandern rund tausend Menschen über diese Route dem Süden entgegen. Viele von ihnen geben sich mit Teilbegehungen zufrieden, den meisten aber gelingt das gesamte Unternehmen, wie es die Statistiken des CAI und EPT in Belluno dokumentieren. Die stetig steigenden Begeherzahlen, die begeisterten Berichte passionierter Wanderer sind Beweise dafür, daß diese Höhenroute Eindrücke vermittelt, die zum Schönsten gehören, was man in den Dolomiten erleben kann.

Blick von Süden auf den gewaltigen Felsbau des Sass de Mura, die höchste Erhebung der Feltriner Dolomiten. Ihm zu Füßen befindet sich das Rifugio Bruno Boz.

Literaturnachweis:

1) *Mario Brovelli: „Le Alte Vie delle Dolomiti", in: „Lo Scarpone", 1.9.1966.*
2) *Sigi Lechner: „Von Stunden der Wahrheit auch in den Bergen" (1. Teil: Weg Nr. 2), in: „Österreichische Bergsteigerzeitung" 10/67.*
3) *Sigi Lechner: „Die Hochwege der Dolomiten – eine neue Mode des Alpinismus" (Weg Nr. 2), in: „Österreichische Bergsteigerzeitung" 9/68.*
4) *Gerhild Rother, Sigi Lechner: „Von Brixen nach Feltre" (Weg Nr. 2), Führer, in: „Alpinismus" 7/69.*
5) *Sigi Lechner, Mario Brovelli: „Dolomiten-Höhenroute Nr. 2", Führer, herausgegeben vom Verkehrsamt Belluno (ital. und deutsche Ausgabe), 1 Aufl. 1969, letzte Aufl. 1985.*
6) *Sigi Lechner: „Westliche Dolomiten – auf Höhenwegen von Brixen nach Feltre" (Weg Nr. 2), Leporelloführer, Bruckmann-Verlag, München 1971.*
7) *Mario Brovelli: „L'Alta Via delle Dolomiti N. 2", in: „Le Alpi Venete" 1/69, S. 55–56.*
8) *Sigi Lechner: „Le Alte Vie delle Dolomiti", in: „Rivista Mensile del CAI" 7/69, S. 300–305.*
9) *Claudio Cima: „Le Alte Vie delle Dolomiti", in: „Rassegna Alpina" 16/70, S. 182–187.*
10) *Mario Brovelli, Sigi Lechner: „Alta Via delle Legende" (Weg Nr. 2), Führer, erschienen bei Tamari Editori, Bologna 1973.*
11) *Sigi Lechner: „Weg der Legenden – von Brixen nach Feltre" (Weg Nr. 2), in: „Alpinismus" 7/74, S. 37–41.*
12) *Franz Hauleitner: „Dolomiten-Höhenwege Nr. 1–3", Führer, erschienen im Bergverlag Rudolf Rother, München, 1. Aufl. 1975, 5. Aufl. 1985.*
13) *Franz Hauleitner: „Die Dolomiten-Höhenwege" (Nr. 1 bis 6), in: „Alpinismus" 9/76, S. 20–21.*
14) *Mario Brovelli, Sigi Lechner: „Der Weg der Sagen" (Weg Nr. 2), Führer, erschienen im Verlag Ghedina, Cortina 1978.*
15) *Piero Rossi: „La haute route n. 2 des Dolomites", in: „La montagne et Alpinisme" 2/79, S. 64–73.*
16) *Helmut Dumler: „Die Weitwanderwege der Dolomiten" (Bildband über die Routen Nr. 1 bis 6), Bruckmann-Verlag, München 1985.*

Mit Sigi Lechner auf Wegerkundung in den Feltriner Alpen

Es war bald nach Fertigstellung der Dolomiten-Höhenroute Nr. 2, als mich der damals bereits 71jähriger Freund ersuchte, mit ihm eine Umgehungsvariante zum Wegabschnitt Rifugio Boz – Rifugio Dal Piaz zu erkunden. Da ich ohnehin in den „Feltrinern" zu tun hatte, konnte ich zusagen. Als Treffpunkt wurde das reizvoll gelegene Rifugio Fonteghi (Val Noana) gewählt. Es ging, wie mir Lechner mitteilte, um das Auffinden eines vielleicht vorhandenen Steiges aus dem Val di Stua zur Sella Vederna. Alles übrige, die Strecke vom Rifugio Boz zum Rifugio Fonteghi sowie das Wegstück von Vederna zur Piazhütte wäre möglich und schon begangen worden.

Am späten Nachmitag eines regnerisch-trüben Oktobertages setzten wir uns in Richtung Val di Stua in Bewegung. Wir wollten in einem von mir Jahre zuvor entdeckten Holzhüttchen auf Maso Val Stua di Sotto nächtigen und anderntags den vielleicht vorhandenen Steig ausfindig machen. An der Hütte angelangt, begann ich aber sofort mit der systematischen Erforschung des Geländes, genauer, der westlichen Talseite des Val di Stua, während Lechner das Häuschen inzwischen wohnlich einrichtete. Nach längerem Suchen konnte ich eine alte verfallene Wegtrasse ausfindig machen, die zweifelsohne gegen Vederna anstieg. Ich kehrte freudig zu unserem Hüttchen zurück, wo Lechner, da es bereits dämmerte, ein großes Lagerfeuer entfacht hatte und mich mit heißem Tee versorgte. Auch das Wetter hatte sich gebessert. Über den einsamen Regionen der Vette Feltrine wölbte sich ein makellos blauer Himmel! Die oft tiefschürfenden Gespräche mit meinem fast 50 Jahre älteren, ständig pfeiferauchenden Freund, der funkelnde Sternenhimmel, das knisternde Lagerfeuer – all dies ist mir in unauslöschlicher Erinnerung geblieben und zählt zu den schönsten Eindrücken meiner frühen Bergsteigerzeit.

Zu später Stunde machte ich es mir im Heu im Innenraum der Hütte gemütlich. Sigi wollte und konnte in solchen Nächten aus innerer Unruhe nicht schlafen. Das Lagerfeuer hütend durchkramte er die Nacht hindurch seinen Rucksack unzählige Male, sei es, um etwas zu suchen, sei es aus reiner Bewegungstherapie. Jedenfalls wurde ich etwa gegen vier Uhr früh durch heftiges Gepolter und durch den lauten Ruf: „Franz, das Hüttl brennt" geweckt. Ich lief ins Freie und sah Sigis Bemühungen, eine in Brand geratene, von der Hütte abstehende Latte zu löschen. Ein paar vom nahen Bächlein herangetragene Kübel Wasser, und das kleine Feuer war eingedämmt. Da es bereits hell wurde, beschlossen wir in Richtung Sella Vederna aufzubrechen.

Wir stiegen zunächst gegen das Val di Stua ab. An der gegenüberliegenden Seite hielten wir Ausschau nach der von mir am Vorabend erkundeten Wegtrasse. Aber es war, als sei der ganze Hang über Nacht durch Zauberhand verändert worden. Kreuz- und querliegende Bäume, dichtes Gestrüpp. Keine Spur von Wegtrasse! Das Wetter hatte sich inzwischen wieder verschlechtert und es begann leicht zu regnen. Nach langem vergeblichem Suchen entschlossen wir uns, das Unternehmen abzubrechen. Lechner hatte noch andere Pläne und ich wurde am Abend im nahen Val Canzoi erwartet.

Als Sigi und ich im Sommer des darauffolgenden Jahres wieder in das Val di Stua kamen, bereitete das Auffinden der von mir seinerzeit entdeckten Wegtrasse keinerlei Schwierigkeit. Übermüdung und vor allem das Dämmerlicht am frühen Morgen nach jener Hüttl-Nacht dürften damals Ursache für das Scheitern gewesen sein. Es hatte uns von Anfang an erheblich zu weit talauf, im Einzugsgebiet des Val di Stua suchen lassen.

Die Route wurde in Anwesenheit Lechners wenige Wochen später von Mitgliedern des CAI markiert und ist heute eine wichtige Variante auf der Strecke vom Passo Cereda nach Feltre.

Sigi Lechner während seiner Arbeiten an den Höhenwegen Nr. 1 und 2.

Die Sage vom Berggeist Mazzarol

DER ALTE WANDERER

Noch einmal möcht' ich die Wege geh'n
durch mein Tal mit Wäldern und Wiesen,
noch einmal möcht' ich ganz nahe seh'n
seine Wasser, die hurtig fließen.
Noch einmal stieg ich den Almen zu,
um auf den Matten zu liegen,
mit allen Gipfeln auf Du und Du,
die ich einstmals freudig bestiegen.
Noch einmal möcht' ich zum Bergdorf zieh'n,
wo die Glocken so wundervoll klingen,
wo schon die Blumen des Südens blüh'n
und die Mädchen ihr Liebeslied singen.
Noch einmal, nein, oft noch will ich geh'n
zwischen Felsen und uralten Bäumen,
und dort vom Einst, von der Jugend schön
im stillen Wandern zu träumen …

Sigi Lechner

◁ Sigi Lechner auf Erkundungstour im Reich der Civetta.

In den Bergen um Feltre lebte – und lebt angeblich noch – ein kleines Männchen, das von den Einheimischen Mazzarol genannt wird. Niemand weiß, wo es sich aufhält. Daß es existiert, darüber besteht kein Zweifel!

Einzigartig ist das Aussehen dieses Zwerges: Er ist hager, hat kluge Gesichtszüge mit lebhaft blitzenden Augen. Er hat rote Haare, ein rotes Gesicht, rote Füße und Hände, kurz alles an ihm ist rot. Er ist stets eilenden Schrittes unterwegs und wenn einer genau in seiner Spur geht, wird er durch magische Kraft, durch unwiderstehliche, übernatürliche Gewalt gezwungen, den Fußstapfen des Männchens zu folgen, solange, bis er seine Behausung erreicht hat. Viele werden, durch die Laune des roten Männchens genarrt, auf unzugängliche Felsen oder hohe Bäume gelockt, ohne sich später erklären zu können, wie oder weshalb sie dorthin gekommen sind…

Eines Tages, wir wissen nicht in welchem Jahre oder Jahrhundert es geschah, geriet ein kleines Mädchen auf die schicksalhafte Spur des Mazzarol. Aus innerem Zwang folgte es einem ihm unbekannten Weg über Abgründe und Felsen hinweg durch die Täler, Schluchten und Wälder der Vette Feltrine. Lange mühte es sich so dahin, ohne je zu rasten. Im Licht der Mondsichel erblickte es schließlich den langen Schatten einer menschlichen Gestalt. Das Mädchen fürchtete sich davor und seine Angst wuchs, als der Schatten ihm mit seinem Arm winkte. Aber es hatte keine Kraft zu fliehen, es mußte ihm nachgehen, und bei Tagesanbruch befand sich das Kind auf einem steilen Berg und am Eingang zu einer großen Höhle.

Dort wartete schon das rote Männchen. Eine Schar Ziegen leckte Salz aus seiner Hand. Das Salz war rot. Das Männchen näherte sich dem erschöpften Kind, das sich auf einem Felsen niedergelassen hatte und gab ihm Milch zu trinken, die es in einen seiner Schuhe gemolken hatte. Das Mädchen trank davon und fühlte sich gestärkt. Das vertrauenerweckende Aussehen des Gastgebers beruhigte das Kind. Der Mazzarol lud es in seine Behausung, wo er ihm sagte, daß er ein guter Berggeist sei, der die Menschen lehren wolle, Milch zu verarbeiten. Er riet ihm, genau achtzugeben.

Vor den Augen des erstaunten Mädchens bereitete der Zwerg aus Milch Butter, Topfen und die verschiedensten Käsesorten. Von allem kostete das Kind. Während aber das Männchen fleißig schaffte, wurde dem Mädchen bange und es lief weg.

Der Mazzarol lief ihm nach, aber umsonst, das Mädchen kehrte nicht wieder zurück. Da schrie er erbost: „Geh nur, wenn Du noch einen Augenblick gewartet hättest, hätte ich dich gelehrt, wie man aus Milch einen Trank bereitet, der euch Menschen ewig jung und gesund erhält!"

▷ Die Nordgruppe der Pala aus der Gegend von Fuchiade gesehen. Links Campanili dei Lastei, Cima Zopel, Cima di Campido und Cima Focobon. Rechts Monte Mulaz und Cimone della Pala. Die Strecke zum Rifugio Mulaz verläuft vom rechts gelegenen Passo Valles über begrünte Kämme und an den Abhängen des Monte Mulaz entlang nach links in das Val Focobon.

Charakteristika

GROSSRAUM:
Westliche Dolomiten
AUSGANGSPUNKT:
Brixen, 561 m
ENDPUNKT:
Feltre, 325 m
WEGLÄNGE:
185 km
HORIZONTALDISTANZ BRIXEN – FELTRE:
80 km
MITTLERE BEGEHUNGSDAUER:
15 Tage
MITTLERE (MAXIMALE) ETAPPENLÄNGE:
2 ¾ (6) Stunden
MITTLERE (GRÖSSTE) ANSTIEGSHÖHE PRO ETAPPE:
430 (900) Meter
HÖCHSTER (TIEFSTER) PUNKT DER ROUTE:
2910 (325) Meter
MAXIMALE SCHWIERIGKEIT:
Kletterei im Grad II
ZAHL DER BERÜHRTEN GEBIRGSGRUPPEN:
10

◁ Die „Traversata delle Rocchette“ am Weg zum Passo Cereda vermittelt Einblicke in das wilde Gefüge der südlichen Palagruppe.

▽ Die Puezgruppe vom nördlichen Ringband der Sella.

ZAHL DER BEWIRTSCHAFTETEN (UNBEWIRTSCHAFTETEN) ETAPPENSTÜTZPUNKTE:
21 (1)
ZAHL DER BERÜHRTEN PÄSSE:
7
BESTE BEGEHUNGSZEIT:
Anfang Juli bis Ende September
MITTLERE ÖFFNUNGSZEIT DER SCHUTZHÜTTEN:
20. Juni bis 20. September

BERÜHRTE GEBIRGSGRUPPEN: Plosegruppe (x), Peitlerkofelgruppe, Geislergruppe, Puezgruppe, Sellagruppe, Padongruppe (x), Marmoladagruppe, Bocchegruppe (x), Palagruppe, Feltriner Dolomiten.

DIE WANDERUNG VON HÜTTE ZU HÜTTE: Brixen – Plosehütte – Schlüterhütte – Puezhütte – Grödner Joch⁺ – Pisciadùhütte – Boèhütte – Pordoijoch⁺ – Rif. Castiglioni – Passo Pellegrino⁺ – Passo Valles⁺ – Rif. Mulaz – Rif. Rosetta – Rif. Pradidali – Rif. Treviso – Passo Cereda⁺ – Biv. Feltre – Rif. Boz – Rif. Dal Piaz – Passo Croce d'Aune⁺ – Feltre.

BEGEHUNG DER HÖHENROUTE IN GRÖSSEREN TEILSTRECKEN: Brixen – Grödner Joch (3 Tage), Grödner Joch – Pordoijoch (2 Tage), Pordoijoch – Passo Pellegrino (2–3 Tage), Passo Pellegrino – Passo Cereda (4–5 Tage), Passo Cereda – Feltre (3 Tage).

MÖGLICHE GIPFELBESTEIGUNGEN: Gr. Pfannberg, Peitlerkofel, Sobutsch, Piz Doledes, Puezspitzen, Puezkofel, Sass Songher, C. Pisciadù, Zwischenkofel, Piz Boè, Sass Pordoi, Col del Cuc, Sasso Capello, Marmolada, C. Ombretta, Sasso Vernale, C. Ombrettola, C. Cadine, C. Bocche, Col Margherita, M. Pradazzo, C. Venegia, C. Venegiotta, M. Mulaz, C. Rosetta, C. Corona, C. Vezzana, C. di Roda, C. di Fradusta, Croda Grande, C. Feltraio, Dalaibol, M. Vierte, M. Neva, Piz di Sagron, Sass de Mura, M. Colsento, Sasso Scarnia, M. Ramezza, C. Dodici, M. Pavione, M. Magazon, M. Avena.

BEURTEILUNG DER HÖHENROUTE: Das für Wanderer großzügigste Unternehmen in den westlichen Dolomiten. Eine der schönsten Höhenrouten der Südalpen. Durchwegs bezeichneter, technisch relativ einfacher, wegen zahlreicher Stützpunkte (geringe Etappenlängen) nicht übermäßig anstrengender Weitwanderweg.

SCHWIERIGKEITEN: Einer der einfachsten Dolomiten-Höhenwege. Vorwiegend trassierte Steige, kurzzeitig aber auch einfache Felspassagen (zum Teil durch Drahtseile gesichert). Der Schwierigkeitsgrad II wird an keiner dieser Stellen überschritten. Im Frühsommer können besonders an dieser Route noch verschneite Steilrinnen Probleme bereiten.

ANFORDERUNGEN: Nur für geübte und ausdauernde Wanderer mit einiger Erfahrung im mäßig schwierigen Felsgelände. Die Bewältigung mittellanger Wegstrecken (4 bis 5 Stunden) darf keine Probleme bereiten. Schwindelfreiheit und Trittsicherheit sind Voraussetzung. Übung bei Bewältigung steiler Hartschneerinnen (Pickel im Frühsommer nicht vergessen!) sowie Klettererfahrung (Passagen im 2. Schwierigkeitsgrad) nötig.

ABZEICHEN: Begeher der Dolomiten-Höhenroute Nr. 2 erhalten nach Vorweis sämtlicher auf einem Blatt Papier gesammelter Hüttenstempel bei der Kurverwaltung (Azienda Turismo) in Feltre ein Abzeichen.

HÖHENWEGFÜHRER: Franz Hauleitner, „Dolomiten Höhenwege Nr. 1–3“, Bergverlag Rudolf Rother, München 1985. M. Brovelli, S. Lechner, „Dolomiten-Höhenweg Nr. 2“ („Weg der Sagen“), Edizioni Ghedina, Cortina 1978. M. Brovelli, S. Lechner, „Alta Via delle Legende“ (Nr. 2), Tamari Editori, Bologna 1973. M. Brovelli, S. Lechner, „Dolomiten-Höhenweg Nr. 2“, Landesfremdenverkehrsamt, Belluno 1981.

WANDERFÜHRER (FÜR EINFACHE GIPFELBESTEIGUNGEN): Reihe der „Kleinen Führer“ des Bergverlages Rudolf Rother über die Gebiete Peitlerkofel- und Plosegruppe, Hochabteital, Grödner Tal, Oberes Eisacktal, Marmolada und Fassaner Dolomiten, Palagruppe, Feltriner Dolomiten.

KARTEN: Kompaß-Wanderkarte 1 : 50 000, Blätter 56, 59, 76. Freytag & Berndt-Wanderkarte 1 : 50 000, Blätter S 4 und S 5 (südliche Wegabschnitte nicht enthalten!).
Tabacco-Wanderkarte 1 : 50 000, Blätter 2, 4, 9.
Carta d'Italia 1 : 50 000, Blätter „Brunico“, „Marmolada“, „S. Martino di Castrozza“, „Feltre“.
Geografica-Wanderkarte 1 : 25 000, Blätter 5, 6, 10 (südliche Wegabschnitte nicht enthalten!).

(x) geologisch nicht zu den Dolomiten zählende Berggruppen
\+ Unterkünfte vorhanden

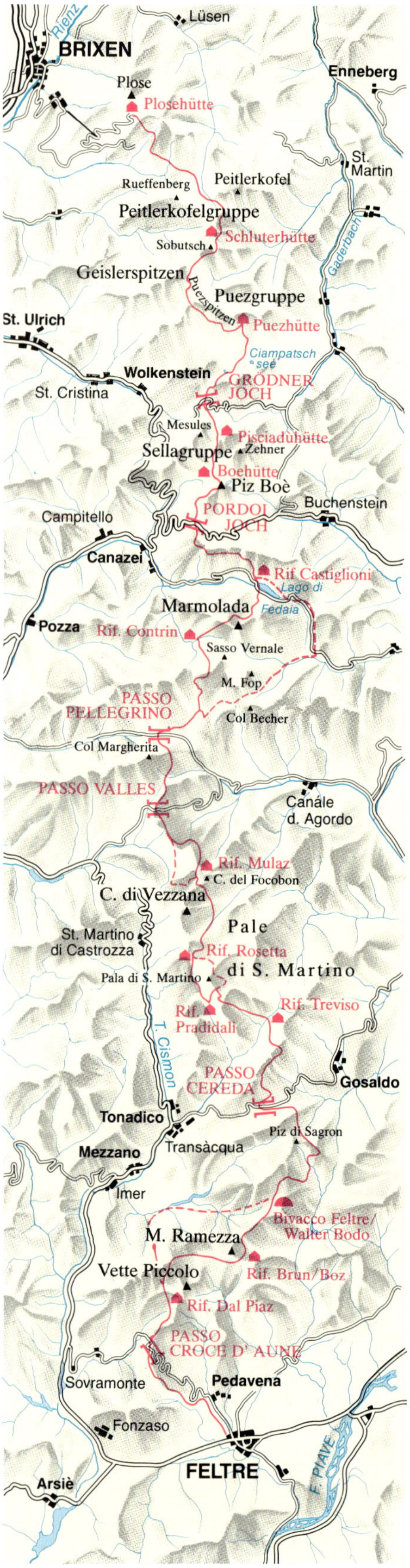

Wegübersicht

Abschnitt	Gebiet	Ausgangspunkt Zielpunkt	Gehzeit Std.	HU	Varianten
1	Plosegruppe	Brixen Plosehütte	Seilbahn	—	↑ V 1 ↓
2	Plose- und Peitlerkofelgruppe	Plosehütte Schlüterhütte	3½–4	630 ↓ 500 ↑	
3	Geisler- und Puezgruppe	Schlüterhütte Puezhütte	5–6	600 ↓ 800 ↑	V 2
4	Puezgruppe	Puezhütte Grödner Joch	2½–3	415 ↓ 180 ↑	
5	Sellagruppe	Grödner Joch Pisciadùhütte	1½	— ↓ 450 ↑	
6	Sellagruppe	Pisciadùhütte Boèhütte	2–2½	130 ↓ 380 ↑	
7	Sellagruppe	Boèhütte Pordoijoch	1¼–1½	630 ↓ — ↑	
8	Padongruppe	Pordoijoch Rif. Castiglioni	2½–3	360 ↓ 200 ↑	
9	Marmoladagruppe	Rif. Castiglioni Rif. Contrin	4–5	870 ↓ 850 ↑	↑ V 3 ↓
10	Marmoladagruppe	Rif. Contrin Passo Pellegrino	3–3½	760 ↓ 660 ↑	
11	Bocchegruppe	Passo Pellegrino Passo Valles	1¾–2	250 ↓ 360 ↑	
12	Palagruppe	Passo Valles Rif. Mulaz	3–3½	150 ↓ 690 ↑	V 4
13	Palagruppe	Rif. Mulaz Rif. Rosetta	4–4½	500 ↓ 510 ↑	
14	Palagruppe	Rif. Rosetta Rif. Pradidali	1¾	465 ↓ 165 ↑	V 5
15	Palagruppe	Rif. Pradidali Rif. Treviso	3–3½	1300 ↓ 620 ↑	
16	Palagruppe	Rif. Treviso Passo Cereda	3½–4	880 ↓ 620 ↑	
17	Feltriner Dolomiten	Passo Cereda Biv. Feltre	5–5½	330 ↓ 900 ↑	
18	Feltriner Dolomiten	Biv. Feltre Rif. Boz	2–2½	500 ↓ 300 ↑	
19	Feltriner Dolomiten	Rif. Boz Rif. Dal Piaz	5½–6	200 ↓ 750 ↑	V 6, V 7
20	Feltriner Dolomiten	Rif. Dal Piaz Passo Croce d'Aune	1–1½	980 ↓ — ↑	
21	Feltriner Dolomiten	Passo Croce d'Aune Feltre	10 km Bus	—	

Die stimmungsvolle Bergkapelle beim Rifugio Contrin (Marmoladagruppe) mit den Südabstürzen des Gran Vernel darüber.

Durch die schönsten Gebiete der westlichen Dolomiten

Dolomiten-Höhenweg Nr. 2

Tourensteckbrief

	Varianten
Brixen, 561 m. Alte Bischofsstadt am Vereinigungspunkt von Rienz und Eisack. Restaurants, Hotels. Anreise über die Brennerbahn oder Brenner-Autobahn.	*Varianten*
A 1 Brixen – Plosehütte Auffahrt mit Seilbahn nach Kreuztal, 2016 m, dann zu Fuß zur Plosehütte. Ist die Bahn nicht in Betrieb, mit Bus bis Palmschoß, 1894 m, und weiter zu Fuß über Kreuztal zur Plosehütte, 1½–1¾ Std.	↑
Plosehütte, 2447 m. CAI Brixen, 24 Betten, 36 Lager; ganzjährig bewirtschaftet.	V 1
A 2 Plosehütte – Schlüterhütte *Wegverlauf, Gehzeiten:* Plosehütte – Halsl, 1866 m, 1½–1¾ Std. – Schartenbachtal – Peitlerscharte, 2361 m, 3–3½ Std. – Kreuzkofeljoch, 2344 m – Schlüterhütte, 3½–4 Std. *Anforderungen:* Unschwierige Wanderung. Etwas mühsamer Steilanstieg zur Peitlerscharte. *Höhenunterschiede:* 630 m ↓, 500 m ↑ *Gipfelbesteigungen:* Großer Pfannberg, 2547 m, Peitlerkofel, 2874 m.	↓
Schlüterhütte, 2301 m. CAI Brixen, 50 Betten, 18 Lager; bewirtschaftet vom 20. Juni bis 1. Oktober.	
A 3 Schlüterhütte – Puezhütte *Wegverlauf, Gehzeiten:* Schlüterhütte – Kreuzjoch, 2294 m, 1 Std. – Forc. Roa, 2616 m, 2½–3 Std. – Forc. Forces di Sielles, 2505 m, 3½–4 Std. – Puezhütte, 5–6 Std. *Anforderungen:* Langer, anstrengender Übergang. Bei Hartschnee (Frühsommer) im Anstieg zur Forc. Roa Pickel ratsam. Gesicherte Felspassage über der Forc. Forces de Sielles. *Höhenunterschiede:* 600 m ↓, 800 m ↑. *Gipfelbesteigungen:* Sobutsch, 2486 m, Piz Doledes, 2909 m, Puezspitzen, 2913 m, 2918 m.	V 2
Puezhütte, 2475 m. CAI Bozen, 83 Betten, 21 Lager; vom 20. Juni bis 30. September bewirtschaftet.	
A 4 Puezhütte – Grödner Joch *Wegverlauf, Gehzeiten:* Puezhütte – Ciampaijoch, 2388 m, ¾ Std. – Crespeinajoch, 2528 m, 1½ Std. – Cirjoch, 2466 mm, 1¾–2 Std. – Grödner Joch, 2½–3 Std. *Anforderungen:* Bequeme Wanderung über das kahle Puez-Plateau. Prächtige Landschaftsbilder. Vorsicht bei Nebel! *Höhenunterschiede:* 415 m ↓, 180 m ↑. *Gipfelbesteigungen:* Puezkofel, 2723 m, Sass Songher, 2665 m.	
Grödner Joch, 2137 m. Wichtiger Dolomitenpaß zwischen Puezgruppe im Norden und Sellagruppe im Süden. Mehrere Hotels an der vielbefahrenen Großen Dolomitenstraße.	
A 5 Grödner Joch – Pisciadùhütte *Wegverlauf, Gehzeiten:* Grödner Joch – Val Setus – Pisciadùhütte, 1½ Std. *Anforderungen:* Kurzer, aber steiler Anstieg durch die wilde Schlucht des Val Setus zum großen Terrassenband der Sella. Teilweise gesicherte Anlage. Vorsicht bei Vereisung bzw. bei Altschnee im Frühsommer (Pickel ratsam). *Höhenunterschiede:* 450 m ↑. *Gipfelbesteigungen:* C. Pisciadù, 2985 m.	
Pisciadùhütte, 2583 m. CAI Bologna, 18 Betten, 12 Lager; vom 1. Juli bis 25. September bewirtschaftet.	
A 6 Pisciadùhütte – Boèhütte *Wegverlauf, Gehzeiten:* Pisciadùhütte – Val de Tita – Sella-Hochfläche – Zwischenkofel, 2908 m – Boèhütte, 2–2½ Std. *Anforderungen:* Zunächst Steilanstieg auf das Sella-Plateau (einzelne kurze gesicherte Felspassagen), später unschwierige Hochflächenwanderung. Vorsicht bei Schlechtwetter (Nebel)! *Höhenunterschiede:* 130 m ↓, 380 m ↑. *Gipfelbesteigungen:* C. Pisciadù, 2985 m, Zwischenkofel, 2908 m.	

Der Dom zu Brixen, Jahrhunderte hindurch Sitz der Bischöfe von Tirol.

Plose- und Peitlerkofelgruppe

Diese zwei in jeder Hinsicht stark gegensätzlichen Berggebiete bilden die äußerste Nordwestecke des mächtigen Dolomiten-Quadrats. Zählt die kristalline Plose mit ihren weiten, sanft abfallenden Hängen und Wiesenflächen trotz geographischer Zugehörigkeit zu den Dolomiten gesteinsmäßig noch zu den Zentralalpen, so darf der im Südosten von ihr, zwischen Eisack- und Gadertal aufragende Peitlerkofel als wuchtiges nördliches Bollwerk der Dolomiten angesehen werden. Die Höhen der Plose und des Peitlerkofels – übrigens ein Teilgebiet des Naturparks Puez-Geisler-Gruppe – sind ausnahmslos prächtige Aussichtswarten, die auch von weniger geübten Bergsteigern erreicht werden können. Ein prädestiniertes Wandergebiet also, bei dem vergletscherte Urgesteinsalpen im Westen und Norden sowie das bizarre Filigran der Dolomiten im Osten und Süden den wirkungsvollen Hintergrund abgeben.

Geisler- und Puezgruppe

Obgleich Höhenroute Nr. 2 die felsgewaltige Geislergruppe nur streift, genießt man zwischen Kreuzjoch und Forcella Forces de Sielles doch prächtige Einblicke in dieses vielgestaltige Türme-Labyrinth. Die grandiosen, gegen das Villnößtal gerichteten Nordabstürze der Gruppe zählen zu den Prunkstücken der Dolomiten. Aber auch die gegen das Grödner Tal schauende Südseite zeigt eindrucksvolle Wandbildungen. Hier ist das Reich anspruchsvoller Felsmänner, kühner Kletterer. Der Wanderer findet besonders an dem nach Westen auslaufenden Kamm des Raschötz ein reiches Betätigungsfeld!
Ganz anders die im Osten der Roascharte anschließende Puezgruppe. Relativ junge Gesteine aus der Kreidezeit haben eine Hochfläche geformt, die mit ihren vegetationslosen Karen und Gipfeln den Eindruck einer Mondlandschaft erweckt. Und doch hat man es mit einer ganz und gar typischen Dolomit-Formation zu tun. Gerade an der Höhenroute Nr. 2 werden noch mehrere Bergräume dieser Art berührt. Ein großartiger Canon, das Langtal, teilt die Puezgruppe, die im gewissen Sinne als Miniaturausgabe der Sella angesehen werden kann, in eine östliche und eine westliche Hälfte. Vor allem der Ostteil besitzt ausgesprochenen Hochflächencharakter, während im Nordwesten und Süden doch mächtige Berggestalten am Plateaurand aufragen. Geisler- und Puezgruppe sind heute Teilgebiet eines großen Naturparks und unterstehen somit einem strengen Landschaftsschutz!

Sellagruppe

In dem von Norden nach Süden streichenden Hauptkamm der westlichen Dolomiten ist zwischen Grödner Joch und Pordoijoch ein Plateaugebirge von gewaltigen Dimensionen eingebettet, die Sella. Dieser behäbig-breite Stock wird durch ein umlaufendes Geröllband (Raibler Schichten) in zwei Ebenen geteilt. Ist der Sockel aus kompaktem Schlerndolomit aufgebaut, so läßt das obere Stockwerk an seiner reichen Bänderung den Hauptdolomit (Dachsteinkalk) erkennen. Merkwürdigerweise besteht die höchste Erhebung, der Piz Boè, 3152 m, aus aufgeschobenen jüngeren Schichten des Jura.
Nur von zwei ausgeprägteren Talsystemen durchdrungen, besitzt das Massiv ausgesprochen burgartigen Charakter. Von landschaftlicher Seite sind nicht so sehr die oft gewaltigen Randmauern dieser Sella-Festung das Besondere, als vielmehr die beklemmende Öde der

Der imposante Sellastock vom nördlich gelegenen Cirjoch (Puezgruppe) gesehen. Höhenweg Nr. 2 führt vom Grödner Joch her durch die enge Kluft des Val Setus zur Pisciadùhütte empor.

Blick von Südosten gegen den Sass Pordoi (Sellagruppe).

Boèhütte, 2873 m. CAI-SAT Trento, 60 Lager, bewirtschaftet vom 20. Juni bis 20. September.	
A 7 Boèhütte – Pordoijoch *Wegverlauf, Gehzeiten:* Boèhütte – Pordoischarte, 2849 m, ¾ Std. – Pordoijoch 1¼–1½ Std. *Anforderungen:* Unschwierige Wanderung über das einförmige Sella-Plateau (Vorsicht bei Nebel!). Von der Pordoischarte Steilabstieg durch breite Geröllrinne (im Frühsommer bei Altschnee Pickel ratsam) und über anschließende Wiesen zum Pordoijoch. *Höhenunterschiede:* 630 m ↓. *Gipfelbesteigungen:* Piz Boè, 3152 m, Sass Pordoi, 2952 m.	
Pordoijoch, 2242 m. Bedeutender Dolomitenpaß zwischen Sellagruppe im Norden und Padongruppe im Süden. Über den Paß führt die Große Dolomitenstraße. Mehrere Hotels.	
A 8 Pordoijoch – Rif. Castiglioni *Wegverlauf, Gehzeiten:* Pordoijoch – Bindelweg – Rif. Vial del Pan, 2432 m – Rif. Castiglioni, 2½–3 Std. *Anforderungen:* Einer der bekanntesten und frequentiertesten Übergänge in den Dolomiten. Bequeme Höhenwanderung auf gut bezeichnetem Weg. Wunderbarer Marmolada-Blick! *Höhenunterschiede:* 360 m ↓, 200 m ↑. *Gipfelbesteigungen:* Col del Cuc, 2558 m, Sasso Capello, 2559 m.	
Rif. E. Castiglioni, 2044 m. CAI Milano, 50 Betten, 30 Lager; ganzjährig bewirtschaftet.	
A 9 Rif. Castiglioni – Rif. Contrin *Wegverlauf, Gehzeiten:* Rif. Castiglioni – Seilbahn – Rif. Pian Fiacconi, 2626 m – Forc. della Marmolada, 2910 m, 1½–2 Std. – Rif. Contrin, 4–5 Std. *Anforderungen:* Langer, hochalpiner Übergang. Nur für geübte Bergsteiger bei guten Wetter- und Schneeverhältnissen. Im Frühsommer (Altschnee) u.U. gefährlich, ebenso bei Ausaperung des Marmolada-Gletschers im Herbst. Pickel, manchmal auch Steigeisen erforderlich. *Höhenunterschiede:* 870 m ↓, 850 m ↑. *Gipfelbesteigungen:* Marmolada di Penia, 3343 m.	↑
Rifugio Contrin, 2016 m. Associazione Nazionale Alpini (A.N.A.), 30 Betten, 70 Lager; vom 20. Juni bis 20. September bewirtschaftet.	V 3
A 10 Rif. Contrin – Passo Pellegrino *Wegverlauf, Gehzeiten:* Rif. Contrin – Passo delle Cirelle, 2686 m, 1½–1¾ Std. – Fuchiade, 1982 m, 2¼–2½ Std. – Passo Pellegrino, 3–3½ Std. *Anforderungen:* Vielbegangene, nicht übermäßig lange, vor allem unschwierige Etappe. Im Abstieg vom Passo delle Cirelle nach Fuchiade Vorsicht bei Altschnee im Frühsommer (Absturzgefahr, Pickel ratsam!). *Höhenunterschiede:* 760 m ↓, 660 m ↑. *Gipfelbesteigungen:* C. Ombretta, 2983 m, Sasso Vernale, 3054 m, C. Ombrettola, 2922 m, C. Cadine, 2681 m.	↓
Passo Pellegrino, 1919 m. Besonders im Winter (Skigebiet) stark besuchter Paß zwischen Marmoladagruppe im Norden und Bocchegruppe im Süden. Mehrere Hotels.	
A 11 Passo Pellegrino – Passo Valles *Wegverlauf, Gehzeiten:* Passo Pellegrino – Forcella di Pradazzo, 2220 m, 1–1¼ Std. – Passo Valles, 1¾–2 Std. *Anforderungen:* Bequemer Übergang auf gut bezeichneten Wegen. *Höhenunterschiede:* 250 m ↓, 360 m ↑. *Gipfelbesteigungen:* C. Bocche, 2745 m, Col Margherita, 2550 m, M. Pradazzo, 2279 m.	
Passo Valles, 2031 m. Mit Kfz erreichbarer Dolomitenpaß zwischen Palagruppe im Süden und Bocchegruppe im Norden. Schutzhütte.	
A 12 Passo Valles – Rif. Mulaz *Wegverlauf, Gehzeiten:* Passo Valles – Forcella di Venegia, 2217 m, ¾ Std. – Passo Venegiotta, 2303 m, 1¼–1½ Std. – Rif. Mulaz, 3–3½ Std. *Anforderungen:* Unschwieriger Übergang mittlerer Länge. *Höhenunterschiede:* 150 m ↓, 690 m ↑. *Gipfelbesteigungen:* C. Venegia, 2305 m, C. Venegiotta, 2401 m, Monte Mulaz, 2906 m.	V 4

Karrenhochfläche. Wer dieses lebensfeindliche, kahle Plateau durchquert und zuletzt von der Pordoischarte nach Süden absteigt, wird das erste Grün in der Umgebung des Pordoijoches freudig begrüßen!

Padon- und Marmoladagruppe

Zwischen den hellen Dolomit-Riffen der Sella und der Marmolada ist ein ostwest-orientierter Kamm eingelagert, der, im stärksten Kontrast dazu, aus dunkelfelsigem, von samtenem Grün überzogenem Eruptivgestein aufgebaut ist. Es handelt sich um die Padongruppe, die ihre (geologische) Fortset-

Von besonderer Anmut ist die Landschaft um das herrlich gelegene Rifugio Fuchiade in der südlichen Marmoladagruppe. Im Norden Passo delle Cirelle und Punta Zigole.

zung in einem Teilbereich der nordöstlichen Pala (Sanson-Gebiet) findet. Eine der herrlichsten Teilstrecken der Höhenroute, der berühmte Bindelweg, führt an der Südseite dieser Gruppe entlang und verbindet das Pordoijoch mit der Paßlandschaft von Fedaia. Von ihm kann man, weite Wiesenhänge querend, die hellfelsige und obendrein vergletscherte Marmolada gegenüber bewundern – ein Bild des Lichts, der Versuchung!

Der lange, wenig verästelte Gebirgszug der Marmoladagruppe wird aus ziemlich kompaktem Riffkalk gebildet. Das Massiv besitzt eher herben Landschaftscharakter und weist starke Ähnlichkeit mit manchen Gegenden in den Nördlichen Kalkalpen auf. Gut erschlossen und bekannt ist nur der Zentralstock, die eigentliche „Königin Marmolada". Mit stattlichen 3343 Metern stellt die Marmolada di Penia die höchste Erhebung der Dolomiten dar – ein breiter, pultförmiger Monumentalbau mit 5 Kilometer breiter, fast 1000 Meter hoher Südwand und geneigter, großteils vergletscherter Nordflanke. Die nach Osten und Westen auslaufenden Felskämme der Gruppe werden im Gegensatz zum Zentralmassiv selten besucht und auch von unserem Höhenweg nicht berührt.

Bocchegruppe

Im Süden des Pellegrinopasses ist zwischen Marmolada und Pala noch die kleinräumige Bocchegruppe eingelagert. Sie wird von Route Nr. 2 allerdings nur im äußersten Osten gestreift. Es handelt sich um ein aus Quarzpophyr gebildetes Bergland, dessen von eiszeitlichen Gletschern glattgeschliffene Felsplatten und Blöcke an Granitformationen der Zentralalpen erinnern. Leider wurde hier durch rücksichtslose Erschließung viel von der einstigen Ursprünglichkeit zerstört. Nur in dem weiter westlich gelegenen, Bocche-Zentralmassiv („Naturpark Paneveggio") findet man, allerdings abseits der Höhenroute, noch unversehrte Gebirgslandschaft.

Der Lago di Cavia im Gebiet der Cima Bocche. Im Osten darüber die Höhen der Civetta- und Moiazzagruppe.

Rifugio Mulaz, 2571 m. CAI Venezia, 20 Betten, 30 Lager; bewirtschaftet vom 26. Juni bis 20. September.	
A 13 Rif. Mulaz – Rif. Rosetta *Wegverlauf, Gehzeiten:* Rif. Mulaz – Passo delle Farangole, 2814 m, 1–1¼ Std. – Pian dei Cantoni – Rif. Rosetta, 4–4½ Std. *Anforderungen:* Ziemlich langer, anstrengender und stellenweise exponierter Steig. Einige gesicherte Felspassagen. Trittsicherheit und Schwindelfreiheit erforderlich. Im Frühsommer (Altschnee) Pickel ratsam. *Höhenunterschiede:* 500 m ↓, 510 m ↑. *Gipfelbesteigungen:* M. Mulaz, 2906 m.	
Rifugio Rosetta, 2581 m. CAI-SAT Trento, 40 Betten, 40 Lager; bewirtschaftet vom 20. Juni bis 30. September.	
A 14 Rif. Rosetta – Rif. Pradidali *Wegverlauf, Gehzeiten:* Rif. Rosetta – Col della Fede, 2276 m, ¾ Std. – Passo di Ball, 2443 m, 1½ Std. – Rif. Pradidali, 1¾ Std. *Anforderungen:* Unschwierige, kurze, vielbegangene Teilstrecke. Landschaftlich einmalig schön! *Höhenunterschiede:* 465 m ↓, 165 m ↑. *Gipfelbesteigungen:* C. della Rosetta, 2743 m, C. Corona, 2768 m, C. Vezzana, 3192 m, C. di Roda, 2694 m.	V 5
Rifugio Pradidali, 2278 m. CAI Treviso, 60 Lager; bewirtschaftet vom 20. Juni bis 20. September.	
A 15 Rif. Pradidali – Rif. Treviso *Wegverlauf, Gehzeiten:* Rif. Pradidali – Passo delle Lede, 2695 m, 1¼ Std. – Bivacco Minazio, 2250 m, 1¾–2 Std. – Rif. Treviso, 3–3½ Std. *Anforderungen:* Im Anstieg zum Passo delle Lede an einer gutgegliederten, 70 Meter hohen Wand schwierigste Stelle der Höhenroute (II, freie Kletterei), sonst unschwierig. Trittsicherheit und Schwindelfreiheit am gesamten Übergang nötig. Beträchtliche Höhenunterschiede (1300 m Abstieg in das innere Val Canali!). *Höhenunterschiede:* 1300 m ↓, 620 m ↑. *Gipfelbesteigungen:* C. di Fradusta, 2939 m.	
Rifugio Treviso, 1631 m. CAI Treviso, 16 Betten, 19 Lager; vom 1. Juni bis zum 5. Oktober bewirtschaftet.	
A 16 Rif. Treviso – Passo Cereda *Wegverlauf, Gehzeiten:* Rif. Treviso – Forc. d'Oltro, 2094 m, 1½ Std. – Traversata delle Rocchette – Regade, 1683 m – Passo Cereda, 3½–4 Std. *Anforderungen:* Prachtvoller, relativ einfacher Übergang. Zunächst mühsamer Steilanstieg zur Forc. d'Oltro (im Frühsommer bei Altschnee Pickel ratsam), später problemlose Höhenwanderung an steilen Grashängen (Steig) entlang. Vorsicht bei Nässe. Trittsicherheit erforderlich! *Höhenunterschiede:* 880 m ↓, 620 m ↑. *Gipfelbesteigungen:* Croda Grande, 2849 m, C. Feltraio, 2295 m, Dalaibol, 2070 m.	
Passo Cereda, 1361 m. Wenig bekannter Dolomitenpaß zwischen Palagruppe im Norden und Feltriner Dolomiten im Süden. Schutzhütte.	
A 17 Passo Cereda – Biv. Feltre *Wegverlauf, Gehzeiten:* Passo Cereda – Mattiuzzi, 1201 m, 1 Std. – Banca Intaiada – Forc. di Comedon, 2100 m, 4–4½ Std. – Biv. Feltre, 5–5½ Std. *Anforderungen:* Anspruchsvoller, teilweise durch Drahtseile gesicherter Übergang. Beträchtlicher Steilanstieg zur Forc. di Comedon. Im Frühsommer Pickel ratsam. Einsames, unbekanntes Berggebiet. *Höhenunterschiede:* 330 m ↓, 900 m ↑. *Gipfelbesteigungen:* Piz di Sagron, 2486 m.	
Bivacco Feltre – Walter Bodo, 1930 m. CAI Feltre, 23 Lager; unbewirtschaftete, aber ständig geöffnete Unterkunft.	
A 18 Biv. Feltre – Rif. Boz *Wegverlauf, Gehzeiten:* Biv. Feltre – Forc. Col dei Becchi, unkotiert, ¾–1 Std. – Traversata Cimonega – Pass de Mura, 1867 m, 1¾–2 Std. – Rif. Boz, 2–2½ Std. *Anforderungen:* Kurze, an den steilen Südhängen der Cimonegagruppe entlangführender, eindrucksvoller Übergang. Einige leichte Felspassagen (z.T. Drahtseile) . Trittsicherheit und Schwindelfreiheit erforderlich. *Höhenunterschiede:* 500 m ↓, 300 m ↑. *Gipfelbesteigungen:* M. Vierte, 1960 m, M. Neva, 2228 m, Sass de Mura, 2457 m.	

Palagruppe

Südlich des Passo Valles setzt das mächtige Atollgebirge der Pala an, eine der größten und vielgestaltigsten Dolomitenregionen. Um ein über 2500 Meter hohes und über 50 Quadratkilometer großes, zentrales Hochplateau gruppieren sich als Randerhebungen die eigentlichen, vielbesuchten Felsbezirke. Phantastisch die Gipfelreihe der nördlichen Pala, die auch die höchste Erhebung, die 3192 Meter hohe Cima della Vezzana, aufwirft und einen der bekanntesten und schönsten Berge der Alpen birgt, den Cimone della Pala. Kaum weniger eindrucksvoll die gewaltigen Massive am West- und Südrand der Hochfläche mit den grandiosen Felsgebilden der Pala di San Martino, der Cima Canali und der teilweise vergletscherten Cima di Fradusta.
Die durch die Talfurche Val Canali/Valle d'Angheraz/Valle di San Lucano vom Zentralmassiv getrennte südöstliche Palagruppe wird von Höhenweg Nr. 2 ebenfalls berührt. Es handelt sich um ein relativ wenig bekanntes, aber außergewöhnlich wildes, dem zentralen Bereich stellenweise noch überlegenes Gebirge mit großartigen Wänden, Pfeilern, Kanten und Schluchten. Hier findet der Neulandsucher noch ein reiches Betätigungsfeld. Der eigentliche Südrand der Palagruppe wird am Passo Cereda erreicht, jener weiten grünen Senke zwischen Primör und Agordino.

Im anstrengenden 1300-Meter-Abstieg vom Passo delle Lede zum Rifugio Treviso. Der Blick fällt vom Bivacco Minazio über das Val Canali hinweg auf Pala della Madonna und Cima d'Oltro (südliche Palagruppe).

2

Rifugio Bruno Boz, 1718 m. CAI Feltre, 37 Lager; vom 15. Juni bis 15. September bewirtschaftet (sonst offenes Biwak).	
A 19 Rif. Boz – Rif. Dal Piaz *Wegverlauf, Gehzeiten:* Rif. Boz – Passo Finestra, 1766 m, ¾ Std. – Traversata delle Vette Feltrine – Passo Pietena, 2094 m, 5–5½ Std. – Rif. Dal Piaz, 5½–6 Std. *Anforderungen:* Sehr langer, anstrengender Übergang. Keine übermäßig großen Schwierigkeiten, aber Trittsicherheit und Schwindelfreiheit erforderlich. Bei Schlechtwetter abzuraten. *Höhenunterschiede:* 200 m ↓, 750 m ↑. *Gipfelbesteigungen:* M. Colsento, 2051 m, Sasso Scarnia, 2220 m, M. Ramezza, 2229 m, C. Dodici, 2367 m, M. Pavione, 2335 m.	V 6, V 7
Rifugio Dal Piaz, 1990 m. CAI Feltre, 40 Lager; bewirtschaftet vom 1. Juni bis 30. September.	
A 20 Rif. Dal Piaz – Passo Croce d'Aune *Wegverlauf, Gehzeiten:* Rif. Dal Piaz – Passo Croce d'Aune, 1–1½ Std. *Anforderungen:* Anspruchsloser, bequemer Abstieg auf gut bezeichnetem Weg. *Höhenunterschiede:* 980 m ↓. *Gipfelbesteigungen:* M. Magazon, 1837 m.	
Passo Croce d'Aune, 1015 m. Im Bereich der Vette Feltrine gelegener südlichster Dolomitenpaß. Mehrere Hotels.	
A 21 Passo Croce d'Aune – Feltre *Wegverlauf:* Passo Croce d'Aune – Pedavena – Feltre. *Anforderungen:* Fahrt mit Bus oder Taxi. *Gipfelbesteigungen:* M. Avena, 1454 m.	
Feltre, 325 m. Stark südlich anmutendes schönes Städtchen am Piaveknie. Endstation der Dolomiten-Höhenroute Nr. 2. Mehrere Hotels. Rückreise mit Bus nach Brixen.	

Feltriner Dolomiten

Im Süden des Ceredapasses erhebt sich mächtig das vielverzweigte Massiv der Feltriner Alpen. Es gibt in den Dolomiten wohl kaum eine Region, die bisher so vernachlässigt wurde wie die der Monti del Sole und der Feltriner Berge. Sogar Dolomitenspezialisten halten sie für eine Untergruppe der Pala und degradieren sie so zu einem Vorgebirge. Daß dies nicht zutrifft, daß jene Berge einen völlig eigenen Charakter haben, der dem der Palagruppe durchaus ebenbürtig ist, wird jeder Kenner bestätigen. Hier paart sich die Großartigkeit nördlicher Gruppen mit dem Lieblichen, Zarten, aber auch Wilden und Schaurigen südlicher Gefilde.

Von den Teilgebieten der Feltriner Dolomiten werden an der Höhenroute Nr. 2 die Cimonegagruppe und die im Südwesten anschließenden Vette Feltrine durchwandert. Die „Cimonega" ist das Kernstück und der Hauptanziehungspunkt der Feltriner Alpen. Hier überwiegen großartige dolomitische Felspartien und prächtige Bergformen. Anders die Vette Feltrine! Bei ihnen haben wir ein langgestrecktes Hochplateau vor uns, aus dem eigenartige, scharfkantige Graspyramiden hervorragen. Zwischen diesen sind weite grüne Hochkare, sogenannte „Buse" eingelagert. Nach Norden fällt der gesamte Stock in einer fast 10 Kilometer breiten Wand gegen Val Nagaoni/Val Noana und zum Primörer Becken, nach Süden in gegliederten Flanken gegen das Piavetal ab. So enden die westlichen Dolomiten nahe bei Feltre als ein teilweise noch der Erschließung harrendes, einsames Bergland.

Die eigenartigen Graspyramiden der Vette Feltrine mit Vallazza, Monte Pavione und Col di Luna vom südlich gelegenen Monte Avena gesehen.

Varianten	Variante zur Hauptroute
V 1 Brixen – Schlüterhütte *Wegverlauf:* Brixen – Palmschoß – Sporthotel – Schatzerhütte – Peitlerscharte – Schlüterhütte. *Anforderungen:* Unschwierige Abkürzungsvariante, der Hauptroute unterlegen. Buszufahrt von Brixen bis Sporthotel, dann zu Fuß. *Gehzeit ab Sporthotel:* 3–3½ Std.	A 1/A 2
V 2 Schlüterhütte – Puezhütte *Wegverlauf:* Schlüterhütte – Forcella Roa – Sella Nivea – Puezhütte. *Anforderungen:* Anspruchsvolle Variante, schöner als die Hauptroute. Nur für geübte Bergsteiger (gesicherte Steiganlage) bei guten Verhältnissen. *Gehzeit:* 4–5 Std.	A 3
V 3 Rif. Castiglioni – Passo Pellegrino *Wegverlauf:* Rif. Castiglioni – Malga Ciapela – Passo Forca Rossa – Fuchiade – Passo Pellegrino. *Anforderungen:* Langer, aber unschwieriger Übergang. Bedeutend weniger schön als die Hauptroute. Immer dann anzuraten, wenn eine Überschreitung der Marmoladascharte nicht in Frage kommt. *Gehzeit:* 6–7 Std.	A 9/A 10
V 4 Passo Valles – Rif. Mulaz *Wegverlauf:* Passo Valles – Forcella di Venegia – Malga Venegiotta – Passo del Mulaz – Rif. Mulaz. *Anforderungen:* Problemlose Wanderung, der Hauptroute etwa gleichwertig. *Gehzeit:* 3–3½ Std.	A 12
V 5 Rif. Rosetta – Rif. Pradidali *Wegverlauf:* Rif. Rosetta – Passo Pradidali – Rif. Pradidali. *Anforderungen:* Kürzer, aber bedeutend weniger eindrucksvoll als die Hauptroute. *Gehzeit:* 1½ Std.	A 14
V 6 Rif. Boz – Rif. Dal Piaz *Wegverlauf:* Rif. Boz – Passo d'Alvis – M. Colsento – Passo Finestra – Rif. Dal Piaz. *Anforderungen:* Etwas länger und anspruchsvoller, aber auch aussichtsreicher als die Hauptroute. *Gehzeit:* 6–6¾ Std.	A 19
V 7 Rif. Boz – Rif. Dal Piaz *Wegverlauf:* Rif. Boz – Rif. Fonteghi – Val di Stua – Sella Vederna – Passo Pavione – Rif. Dal Piaz. *Anforderungen:* Bedeutend länger, aber einfacher als die Hauptroute. Dann zu empfehlen, wenn A 19 wegen Schlechtwetter etc. nicht begangen werden kann. *Gehzeit:* 8½–10 Std.	A 19

△△ An steilen Flanken entlang: die Strecke vom Passo delle Farangole zum Rifugio Rosetta mit Pala-Hochfläche und Torcia di Val Grande.

△ Am Weg zum Rifugio Dal Piaz vermittelt bald nach dem Passo Finestra ein alter Kriegssteig Wandergenüsse hoch über dem Val Canzoi!

◁ Das Rifugio Dal Piaz am Westrand der Vette Feltrine. Im Süden die Kämme des Monte Grappa.

Dolomiten-Höhenroute 3

WEG DER GEMSEN

Von Toblach oder Niederdorf nach Longarone

Zu den unkonventionellsten, aber vielleicht gerade deshalb besonders beliebten Höhenwegen zählt die durch den östlichen Dolomitenbereich führende Route Nr. 3. Bleibt der westlich von ihr in gerader Südrichtung verlaufende Weg Nr. 1 dem Hauptkamm treu, so folgt Hochroute Nr. 3 mehreren, nach Südosten gerichteten Seitenästen. Zwischen ihnen müssen zweimal Talabstiege in Kauf genommen werden, die aber gleichzeitig zu einer gewissen Auflokkerung der Wanderung beitragen. Die Route beginnt in den Pustertaler Urlaubsorten Toblach beziehungsweise Niederdorf und endet 20 Kilometer nördlich von Belluno, in dem durch die furchtbare Vajont-Katastrophe weltbekannt gewordenen, am Piave gelegenen Ort Longarone.

An der Höhenroute Nr. 3 werden besonders schroffe, durch Schutzhütten oder Weganlagen nur wenig erschlossene Gebiete, durchwandert. Dadurch ergeben sich nicht nur im Durchschnitt längere Etappen, sondern auch etwas höhere technische Anforderungen.

Zu den wuchtigsten Bergen an der Alta Via N. 3 gehört der Monte Pelmo. Er stellt hier seine Ostseite zur Schau.

Höhenweg Nr. 3 ist demnach anspruchsvoller als die Routen Nr. 1 und 2. Ausreichendes Training sowie Hochgebirgs- und Klettererfahrung (Felspassagen bis zum Schwierigkeitsgrad II) sind deshalb für seine Begehung unerläßlich!

Die sich in ununterbrochener Folge aneinanderreihenden, durchwegs dolomitischen Felsmassive lassen nur in Übergangsbereichen, etwa im Gebiet der Plätzwiese, in der Umgebung von San Vito di Cadore, an der weiten Forcella Ciandolada oder am Passo Cibiana, lieblichere Landschaftscharaktere zu. Sogar im sonst gemäßigten Mittelgebirge des Monte Rite findet man eine wüste Sträucher- und Latschenwildnis vor, aus der es, wäre nicht das rote Band des Höhenweges, kein Entrinnen gäbe! Steht man bei den Höhenwegen Nr. 1 und 2 den großen Felsmassiven und Bergkolossen noch in Distanz gegenüber, so wandert man hier stellenweise mitten durch sie hindurch. Der Freund wuchtiger Szenerien mit himmelragenden Wänden und kühnen Steiganlagen, er kommt hier noch mehr auf seine Rechnung als auf den Hochwegen Nr. 1 und 2.

Entlang der Route werden vielfach entlegene Täler und Kare berührt, in de-

nen man – häufiger als sonst in den Dolomiten – größeren Gamsrudel begegnen kann. Aber auch sonst trifft man hier noch viele rar gewordenen Pflanzen und Tiere. Die Höhenroute Nr. 3 hat deshalb den schmückenden Beinamen „Weg der Gemsen" erhalten.
Das große Wandererlebnis beginnt mit drei aufeinanderfolgenden, anstrengenden 6-Stunden-Etappen. Die erste von ihnen bringt die Durchquerung der Dürrensteingruppe mit Einblicken in ein vor der Existenz des Höhenweges kaum oder nie gesehenes Berggebiet. Läßt der zwar abwechslungsreiche, aber doch etwas anstrengende 1000-Meter-Anstieg aus dem Pustertal zum Suessattel vorerst nur Ausblicke gegen die vergletscherten Zentralalpen zu, so ändert sich das schlagartig mit dem Erreichen der Westschulter des Sarlkofels. Übermächtig taucht nun im Süden die grandiose Festung des Dürrenstein auf, rechts flankiert von der nicht minder großartigen Hohen Gaisl. Dieser überaus eindrucksvollen Gebirgskulisse geht es, einem Höhenrücken folgend, über herrliche Wiesen völlig hindernislos entgegen. Man passiert dabei die Senken des Sarlriedels und des Flodigsattels, umgeht die Schulter der Kirchler Schroppen und erreicht nach langwieriger Querung der steilen Westflanken des Dürrenstein die lieblichen Gefilde der Plätzwiese.
Hier formen die im Süden, über weiten kupierten Matten dastehenden Türme der Cristallogruppe ein Bild, das an Harmonie und Größe seinesgleichen sucht!
Nicht lange hält uns diese Fata Morgana! Eine anstrengende Teilstrecke liegt vor uns, auf der es gilt, über zum Teil durch senkrechte Wände führende Kriegssteige die 1000 Meter tiefer gelegene Sohle des Höhlensteintales und aus ihr, dem kühn angelegten „Pionierweg" folgend, das Hochplateau des Monte Piana zu erreichen. Wer dort nicht begeistert ist von all dem Schönen, das da die weiten Wiesenflächen im Kreisrund umgibt, dem ist kaum noch zu helfen! Im Norden die Gletscher der Zentralalpen, im Osten das zu Stein gewordene Monument der Drei Zinnen mit dem bizarren Getürm

◁ An der ersten Etappe dieser Höhenroute steht man ganz im Banne des mächtigen Dürrenstein.

△ Die lieblichen Gefilde der Plätzwiese vor der erhabenen Kulisse der Cristallogruppe im Süden.

▷ Die Dürrensteinhütte am Südostrand der Plätzwiese. Dahinter Piz Popena und Monte Cristallo.

der Cadinigruppe rechts davon, im Süden verheißungsvoll die gewaltigen Hochburgen Sorapis, Marmarole und Antelao, im Südwesten die Kolossalbauten des Monte Cristallo, im Westen und Nordwesten Hohe Gaisl und Dürrenstein – man fühlt sich ohne Übertreibung auf einer „Insel der Seligen". Doch täuscht nicht diese selige Ruhe? Erinnern nicht Drahtverhaue, Stollen, Laufgräben, verfallene Baracken und Laufgräben – sie wurden in den Jahren 1977 bis 1982 vom „Verein der Dolomitenfreunde" teilweise freigelegt oder neuerrichtet und zu einem Freilichtmuseum ausgebaut, das entlang eines „Historischen Rundwanderweges" (1 Tag) besichtigt werden kann – an die schweren blutigen Kämpfe im Dolomitenkrieg 1915–18. Damals war der Nordgipfel des Monte Piana von den Öster-

Am Weg vom Monte Piana in das Gebiet des Sorapis wird auch die Sella di Popena (mit dem verfallenen Rifugio Popena) berührt.

◁ Die Gedenkkapelle am Monte Piana. Im Osten das Massiv der Drei Zinnen aus ungewohnter Perspektive. Links dahinter der Paternkofel.

reichern, der um 4 Meter höhere Südgipfel von den Italienern besetzt.

Die nun folgende, nochmals sehr anstrengende Etappe bringt in abwechslungsreicher Wanderung durch das lange, von Schuttströmen durchsetzte Val Popena Alta zur Sella di Popena und weiter zum Passo Tre Croci, wo man den Trubel am Rande der Großen Dolomitenstraße vorübergehend zu spüren bekommt. Gleichzeitig betreten wir das grandiose Felsenreich des Sorapis. Entlang unserer Wanderroute enthüllen sich erst nach und nach die Geheimnisse dieser Gruppe, lernen wir ihre entlegenen Winkel und weltfernen Kare kennen. Da ist zunächst das felsstarrende Amphitheater des Sorapiskessels, in dessen kleinem See sich der unerhört kühne Dito del Dio („Gottesfinger") spiegelt. Dann die lebensfeindliche Öde des ein „Stockwerk" höheren, ringsum abgeschlossenen Kares „Tondi di Sorapis", aus dem die riesige Schutt-Terrasse der „Cengia del Banco" hinaus in die sonnige Weite der Croda-Marcora-Südwand leitet. Hier – hoch über den Ortschaften des Boitetales, den Recken des Cadore (Bosconero, Pelmo, Croda da Lago, Nuvolau, Tofanen) gegenüber – beginnt ein hochalpiner Wandelgang ohnegleichen. Er endet ebenso unvermittelt wie begonnen in einer schaurig-düsteren, von senkrechten Wänden flankierten Steilschlucht. Als einzigen Ausweg bringt da die kühne Anlage der „Via Attrezzato Francesco Berti" über eine nahezu senkrechte Wand hinauf an den Südostgrat der Croda Marcora und zum nahen Bivacco Slataper. Daß für eine gefahrlose Begehung dieses anspruchsvollen, sehr exponierten Klettersteiges entsprechende Bergerfahrung, vor allem Kletterkenntnisse (Passagen im Schwierigkeitsgrad II) nötig sind, sei hier ausdrücklich betont. Ungeübte oder gar ängstliche Bergfreunde haben da nichts zu suchen!

Im Gegensatz zu dem soeben bewältigten, bietet der nun folgende Abstieg zum Rifugio San Marco und weiter in das Val Boite keinerlei Schwierigkeit, sondern ausschließlich landschaftlichen Genuß. Ist es im weiträumigen Felskar „Fond di Rusecco" noch die fast heroische Kulisse der Marmarole, die da fasziniert, so hat man im Umkreis des über dem Boitetal thronenden Rifugio San Marco neben dem plattengepanzerten Antelao vor allem die grandiose Burg des Monte Pelmo vor Augen. Zu seinen Füßen gewahrt man die reizvoll gelegene Veneziahütte, den nach San Vito di Cadore nächsten Stützpunkt an unserer Höhenroute.

Hatten wir bisher vertrautere Dolomitengefilde durchwandert, so betreten wir südlich des Monte Pelmo ein auch gewiegten Kennern kaum bekanntes Gebiet. Ein guter Karrenweg, der sich später zu einer Naturstraße verbreitert, führt da an den Südhängen des Monte Penna entlang in die liebliche Wiesenmulde um die Tabia di Fies und weiter, an der Forcella Ciandolada vorbei, zum Rifugio Talamini. Es ist dies eine bezaubernd schöne, ganz bequeme Wanderung hoch über der Talschaft des Zoldin mit ihren nahezu vergessenen Dolomitenbezirken von Prampèr und Tàmer im Süden darüber. Das Rifugio Talamini war ja noch vor einigen Jahren eine in erster Linie für Jäger bestimmte, recht primitive Unterkunft. Sie wurde in letzter Zeit zu einer fast ganzjährig bewirtschafteten Schutzhütte umgestaltet. Durch die neue, unmittelbar neben dem Haus vorbeiführende Verbindungsstraße Vodo – Zoppe ist allerdings viel von der hier einstmals anzutreffenden Stille und Romantik verlorengegangen.

An unserer Höhenroute wird nun das Massiv des Monte Rite gegen den Cibianapaß überschritten. Wer glaubt, daß es sich da um eine harmlose Mittelgebirgswanderung handelt, der irrt gewaltig! Vor nicht allzu langer Zeit war nämlich eine Durchquerung dieses Gebietes noch völlig unmöglich! Erst mit Schaffung des Höhenweges Nr. 3 wurde hier eine Steiganlage – ihre Begehung erfordert trotz Wegspur und Markierung gehörigen Orientierungssinn und Ausdauer – errichtet, die durch dichtesten Latschen- und Sträucherdschungel zur Kammhöhe des Monte Rite und weiter zum Passo Cibiana führt.

Es ist ein wahrhaft erhebender und auch befreiender Augenblick, wenn man nach diesen anstrengenden Wegstunden schließlich den dichten Vegetationsgürtel verläßt und über Wiesen die aussichtsreiche Forcella Deona erreicht. Hier präsentieren sich im Norden die gewaltigen Häupter der Tofanen, des Cristallo, des Sorapis und des Antelao in selten geschauter Perspektive, während im Süden, wild und bizarr, das phantastische Felsrevier der Bosconerogruppe vor uns liegt.

Das eigentliche „Tor zu den Wundern von Bosconero“ ist jedoch die weiter südlich gelegene Forcella de le Ciavazole. Sie gibt den Blick auf die gewaltigen Recken Sasso di Bosconero, Sasso di Toanella und Rocchetta Alta di Bosconero frei. Dieses herrliche Hochgebirgsbild zeigt sich besonders schön von der etwas höher gelegenen Westschulter des Sfornoi Nord!

Die Forcella Ciandolada mit dem Antelao.

▷ Der vom großen Touristenstrom noch kaum berührte Gebirgsort Forno di Zoldo. Im Hintergrund die Felsrecken der Bosconerogruppe.

Das direkt unter den himmelragenden, über 700 Meter hohen Nordwänden der Rocchetta Alta gelegene, erst vor kurzem zu einer bewirtschafteten Unterkunft umgebaute Rifugio Bosconero ist Ausgangspunkt für die letzte große und anstrengende Etappe der Route, der Gesamtüberschreitung des etwa 6 Kilometer langen (Luftlinie!) südlichen Bosconerokammes. Es ist dies ein wahrer Hochgenuß, eine Wanderung losgelöst von allem „Irdischen“, ein nicht enden wollender Höhengang zwischen den Tälern des Piave und der Maè mit imponierender Schau zu den Südlichen Karnischen Alpen und zur Schiara! Nach langem Abstieg an den weiten Südflanken der Cima dell'Albero entlang endet Route Nr. 3 schließlich in Longarone, dem durch die Überschwemmungskatastrophe aus dem Jahre 1963 (siehe Seite 150) schwergeprüften Ort im Piavetal.

3

Entstehungsgeschichte

Erste Ansätze für eine dritte Nord-Süd-Route durch die Dolomiten gehen schon auf das Jahr 1966 zurück. Damals, kurz nach der Eröffnung von Höhenweg Nr. 1, legte der Belluneser Arzt und Funktionär des EPT in Belluno, Dr. Mario Brovelli († 22.1.1980), Pläne für zunächst vier (später fünf) weitere Routen vor.

Es stand von vornherein fest, daß sich die Wege Nr. 3 und 4 ausschließlich im Bereich der östlichen Dolomiten und hier möglichst innerhalb der Provinz Belluno bewegen sollten. Weil aber ihr Hauptkamm bereits durch Route Nr. 1 belegt war, hatte man für die noch zu schaffenden Wege nur einzelne Seitenäste zur Verfügung, sofern man nicht durch Talabstiege von einem auf den anderen Kamm wechseln wollte. Dies erschien bei längeren, großzügigeren Wanderwegen unvermeidbar. Da aber die einzelnen Dolomitengruppen ohnehin durch markante Senken und Pässe voneinander getrennt werden, müssen solche Abstiege nicht unbedingt als Beeinträchtigung einer Höhenwanderung empfunden werden.

Bei Weg Nr. 3 existierte entlang der Strecke Pustertal – Piavetal (Longarone) kein von Natur eindeutig vorgezeichneter Wegverlauf. Man mußte sich erst nach und nach an d i e Ideallösung herantasten. Mehrfache Änderungen an der Höhenweglinie in den Jahren der Entstehung dieser Weitwanderroute waren die Folge.

Nach den ersten Entwürfen Mario Brovellis aus dem Jahre 1966 (1) hätte Höhenroute Nr. 3 von Innichen weg durch die Sextener Dolomiten sowie, in ziemlich umständlicher Linie, durch das Sorapis- und Antelaomassiv nach San Vito di Cadore und weiter durch die Rite- und Bosconerogruppe nach Longarone führen sollen. Dieser Verlauf ist nur im südlichen Abschnitt mit der späteren Route Nr. 3, sonst aber mit der heutigen Route Nr. 4 identisch.

In einer drei Jahre später erschienenen Publikation (2) wurde die seinerzeit konzipierte Route in ihrem Nordbereich nach Westen, zu den Pragser Dolomiten, verlegt, wobei als Startplatz – wie bei Hochweg Nr. 1 – der Pragser Wildsee vorgesehen war. Von ihm hätte man über die Plätzwiese und durch das Val Grande zum Passo Tre Croci und weiter auf der ursprünglichen, aber verbesserten und vereinfachten Route nach Longarone gelangen sollen.

Ein Jahr danach (1970) findet man in einem von Claudio Cima nach den neuesten Erkundungen Mario Brovellis verfaßten Bericht (3) – er enthält übrigens erstmals insgesamt sechs vorgesehene Dolomiten-Höhenwege – Toblach als Ausgangspunkt für Route Nr. 3. Der Verlauf: Toblach – Plätzwiese – Monte Piana – Val Popena – Passo Tre Croci – Rifugio Vandelli – Cengia del Banco – Bivacco Slataper – Rifugio San Marco – San Vito di Cadore. Somit hatte, zumindest auf dem Papier, Höhenweg Nr. 3 auch in seinem Nordbereich endgültige Gestalt angenommen, wenngleich bei Claudio Cima keine Fortsetzung in Richtung Longarone vorgesehen war.

Obwohl also in Belluno noch sehr ernsthaft über einen möglichst optimalen Verlauf nachgedacht und auch ständig neue Lösungen vorgelegt wurden, erschien 1971, als Fortsetzung der mit den Höhenwegen Nr. 1 und 2 seinerzeit begonnenen Serie, ein deutschsprachiger Führer (5) aus der Feder Franz Pangerls. In dieser reichlich verfrühten Publikation wurde die Strecke Passo Tre Croci – Longarone in Anlehnung an die Vorarbeiten Mario Brovellis beschrieben. Allerdings mußten einige gröbere Abweichungen von der geplanten Wegführung vorgenommen werden, da es südlich des Monte Pelmo noch keine oder nur unbezeichnete Steiganlagen gab. Der Führer erschien unter dem Titel „Dolomiten-Höhenweg Nr. 4“. Er wurde in Anlehnung an die Arbeit von C. Cima (3) abgefaßt, in welcher der südliche Wegabschnitt (ab Vodo di Cadore) der späteren Route Nr. 3, der Nordteil der Route Nr. 4 entspricht.

Mit den bisherigen Arbeiten Mario Brovellis und Claudio Cimas (2, 3) war die Höhenroute in groben Zügen festgelegt. Dennoch bestanden noch eine Reihe von Teilproblemen: Im Gebiet des Monte Rite, also zwischen Forcella Ciandolada und Passo Cibiana, fehlte eine durchgehende Steiganlage. Im dichten Strauch- und Latschendschungel an der Nordseite dieses Berges gelang es, nach alten militärischen Karten, eine verfallene, stark überwucherte Kriegsstraße ausfindig zu machen und diese vom Unterholz zu befreien – Tätigkeiten, die unter der Führung der beiden aus Belluno stammenden Gebietskenner Giovanni und Valentino Angelini durchgeführt wurden.

Fast noch größere Schwierigkeiten boten sich in der damals noch völlig unwegsamen Bosconerogruppe. Hier mußte zunächst ein neuer Übergang geschaffen werden, der vom Passo Cibiana über die Forcella de le Ciavazole zum Rifugio Bosconero (damals noch Biwak) bringt. Den Bau und die Markierung des teilweise an steilsten Bergflanken entlangführenden Verbindungsweges vom Rifugio Bosconero über das Bivacco Tovanella nach Longarone nahmen wieder die Brüder Angelini sowie der Belluneser Bergsteiger Bruno Tolot († 20.09.87) vor.

Ein nach wie vor ungelöstes Problem war die Festlegung des günstigsten Wegverlaufes im Bereich des Dürrensteins. Im Herbst des Jahres 1971 wurde dieses Gebiet von mehreren Alpinisten

auf verschiedenen Routen nochmals erkundet. Während der Autor nach einer einfachen Überschreitungsmöglichkeit des Dürrenstein-Massivs Ausschau hielt, versuchte Mario Brovelli die Gruppe im Westen zu umgehen. Wegtrassen oder Markierungen gab es weder da noch dort!
Da sich die Führe Brovellis als die einfachere und weniger anstrengende erwies, wurde unter Aufsicht Herbert Hilschers (Alpenverein Südtirol) durch Alpini-Soldaten dann jene Steiganlage geschaffen, auf der es heute möglich ist, das Dürrensteinmassiv hoch über dem Altpragser Tal, ohne Bewältigung allzu großer Höhenunterschiede zu umwandern und so direkt zur Plätzwiese zu gelangen.
Somit stand einer endgültigen Festlegung des genauen Wegverlaufes nichts mehr im Wege. Gemeinsam mit dem Bearbeiter der Dolomiten-Höhenwege Nr. 4 bis 6, Toni Sanmarchi, veröffentlichte Mario Brovelli gegen Ende des Jahres 1972 einen entsprechenden, abschließenden Artikel in der Zeitschrift „Le Alpi Venete" (6).
Obwohl 1972 die größten Probleme bereits gelöst waren, zogen sich Wegebau- und Markierungsarbeiten noch bis in das Jahr 1974 hin. Erst ab diesem Zeitpunkt konnte an eine führermäßige Beschreibung des neuen Weitwanderweges gedacht werden. 1975, also neun Jahre nach Propagierung von Route Nr. 1 und sechs Jahre nach jener von Route Nr. 2, erschien der von Mario Brovelli und Bruno Tolot verfaßte italienische Höhenwegführer (7) nahezu gleichzeitig mit dem deutschsprachigen, die Wege Nr. 1 bis 3 umfassenden Führer (8) des Autors.
Die Schaffung der Dolomiten-Höhenroute Nr. 3 ist, ähnlich wie die von Weg Nr. 1, einer Einzelperson, nämlich Mario Brovelli zu verdanken. Er hat damals, als schon alter Mann, unter beachtlichen Mühen einen Weg entstehen lassen, der heute den großen Höhenrouten Nr. 1 und 2 nicht nur würdig zur Seite steht, sondern sie vielleicht von landschaftlicher, sicher aber von alpinistischer Seite noch übertrifft. Mario Brovelli darf als der eigentliche Begründer von Route Nr. 3 gelten!
Wie der Verlauf, so wurde auch der Untertitel dieses Höhenweges mehrmals geändert. In der ersten Veröffentlichung Brovellis (1) noch „Via del Cadore" benannt, erhielt die Route später (3) die Bezeichnung „Via dei Laghi Alpini". Wäre der Titel „Cadore-Höhenweg" noch zu verstehen gewesen (er trifft allerdings auch auf die Wege Nr. 4 und 5 zu), so hätte die von Claudio Cima vorgeschlagene Benennung „Weg der Bergseen" in keiner Weise entsprochen. Es werden nämlich zwischen Pustertal und Longarone nur zwei echte Bergseen, Dürrensee und Lago di Sorapis, berührt. Das sind weniger als an den meisten anderen Alte Vie! Zum „Weg der Gemsen" wurde die Höhenroute Nr. 3 erst mit dem Erscheinen des von Mario Brovelli und Bruno Tolot verfaßten Führers (7) im Jahre 1975.

Blick aus den Westhängen des Dürrensteins auf Plätzwiese und Cristallogruppe.

Literaturnachweis:

1) *Mario Brovelli: „Le Alte Vie delle Dolomiti", in: „Lo Scarpone", 1.9.1966.*
2) *Mario Brovelli: „L'Alta Via delle Dolomiti N. 2", in: „Le Alpi Venete", 2/69, S. 55/56.*
3) *Claudio Cima: „Le Alte Vie delle Dolomiti", in: „Rassegna Alpina" 16/70, S. 182–187.*
4) *Franz Pangerl: „Vom Pustertal zum Piave – Alta Via delle Dolomiti N. 4", Führer, in: „Alpinismus" 6/71.*
5) *Franz Hauleitner: „Dolomiten-Höhenroute Nr. 3", in: „Der Bergsteiger" 10/72, S. 618 bis 620.*
6) *Mario Brovelli, Toni Sanmarchi: „La situazione delle Alte Vie delle Dolomiti", in: „Le Alpi Venete" 2/72, S. 169/170.*
7) *Mario Brovelli, Bruno Tolot: „Alta Via dei Camosci" (Weg 3), Führer, Edizioni Ghedina, Cortina 1975 (deutschsprachige Ausgabe 1976).*
8) *Franz Hauleitner: „Dolomiten-Höhenwege Nr. 1–3", Führer, erschienen im Bergverlag Rudolf Rother, München, 1. Aufl. 1975, 5. Aufl. 1985.*
9) *Franz Hauleitner: „Neuer Weg am Dürrenstein", in: „Alpinismus" 8/75, S. 44/45.*
10) *Franz Hauleitner: „Der Monte Rite", in: „Alpinismus" 9/75, S. 20/21*
11) *Franz Hauleitner: „Die Dolomiten-Höhenwege", in: „Alpinismus" 9/76, S. 20/21.*
12) *Helmut Dumler: „Die Weitwanderwege der Dolomiten" (Bildband über die Routen Nr. 1 bis 6), Bruckmann-Verlag, München 1985.*

Unruhige Nacht an der Casera Bosconero

Es war noch vor der offiziellen Eröffnung dieser Höhenroute, als ich, mit herbstlichen Gelände- und Fotografierarbeiten in den südlichen Dolomiten beschäftigt, unter anderen die Casera Bosconero als Standquartier für Kundfahrten in die großartige Felsenwelt der Bosconerogruppe auserkoren hatte. Da dieses Gebiet unter Kletterern schon damals hohes Ansehen genoß, war die als Biwak geführte Unterkunft nicht immer im besten Zustand. Vor allem gab es rund um das Haus alle möglichen Kleintiere, die sich an den von den Besuchern zurückgelassenen Abfällen gütlich taten.
Ich war in den Nachmittagsstunden vom Lago di Pontesèi zum Bivacco angestiegen. An der Hütte angelangt, hinterließ ich – als einziger Gast – den Großteils meines Gepäcks und Proviants und zog gleich auf Fotopirsch in Richtung Forcella de le Ciavazole los. Als ich nach etwa zwei Stunden wieder an der Casera anlangte und, hungrig wie ein Wolf, das verdiente Abendbrot einnehmen wollte, wurde ich böse überrascht: der auf meiner Liegestatt deponierte Freßsack war aufgerissen, der Inhalt lag auf der Matratze und am Boden verstreut; vor allem das Brot war angeknabbert und von innen her ausgehöhlt. Es bestand kein Zweifel, hier hatten Hüttenmäuse oder Ratten ihre Werk getan!
Trotz einer gewissen Abneigung gegen diese Tiere, warf ich, da ich ja jeden Bissen dringend benötigte, nur die angefressenen Teile des Eßvorrats weg und verstaute sodann den Proviant, in frische Plastikhüllen verpackt, tief in meinem Rucksack. Nachdem damit Laune und Appetit geschwunden waren, legte ich mich – nicht ohne vorher den Raum nach jenen unliebsamen Gästen abgesucht zu haben – zur Ruhe.
Nach anfänglichem Tiefschlaf wurde ich bald durch heftige Sprunggeräusche geweckt! Offensichtlich veranstalteten die Nager, von einem Bett zum anderen hüpfend, ein recht unterhaltsames Nachlaufspiel. Ein kräftiger Schrei in die Dunkelheit genügte, um diese Tiere augenblicklich in ihre Behausung verschwinden zu lassen.
Mit Mühe fand ich meine verdiente Nachtruhe wieder. Ich mochte kaum 30 Minuten geschlafen haben, als ich durch einen gewaltigen Satz geweckt wurde, der quer über mein Lager erfolgt war. Ich begann laut zu fluchen, was natürlich das Rattenvolk sofort wieder in ihr Versteck brachte. So ging es eine Zeit lang weiter, bis mir klar wurde, daß es diese äußerst geruchsempfindlichen Tiere sehr wohl auf meinen inhaltsschweren Rucksack abgesehen hatten. So stand ich auf, holte den Proviant hervor und verwahrte ihn in einer großen, gut verschließbaren Metallkiste, in der sich – wohl zum Schutze vor diesen Unruhestiftern – vorher die Bettdecken befunden hatten.
Nun war längere Zeit Ruhe. Es dauerte nämlich ein Weilchen, bis die verführerischen Gerüche meines Speisevorrats durch die Ritzen der Blechkiste nach außen gedrungen waren. Nach eineinhalb oder zwei Stunden etwa weckten mich unvermittelt einsetzendes Gepolter und Getrampel. Ich dachte zunächst an ein paar verfrüht eintreffende Hüttengäste, doch weit gefehlt! Im Lichtstrahl meiner Taschenlampe sah ich – allerdings nur wenige Sekunden lang – drei oder vier dieser Biester auf der verschlossenen Metallkiste herumtanzen, deren Inhalt sie zwar riechen, aber nicht erreichen konnten!
Nun aber hatte ich genug! Nach gründlicher Überlegung beschloß ich, den Proviant im Freien an einem Baum hängend zu befestigen. Dorthin konnten diese Quälgeister unmöglich gelangen und ich hatte im Hütteninnern meine Ruhe. Tatsächlich brachte das den gewünschten Erfolg, nicht nur in dieser Nacht, sondern auch bei allen meinen weiteren Besuchen dieser Biwakhütte.
Im Jahre 1984 wurde die alte, schon stark verwahrloste Casera Bosconero durch eine gemauerte, den Sommer über sogar bewirtschaftete Schutzhütte ersetzt. Somit sind die „bewegten“ Nächte auf Bosconero ein für allemal vorbei. Dahin sind aber auch jene stillen Hüttenabende und ein gewisser Hauch von Romantik und ursprünglichem Bergerleben. Faktoren, die in der heutigen Zeit – trotz ihrer für verwöhnte Städter oft schockierenden Widerwärtigkeiten – immer mehr an Wert und Bedeutung gewinnen!

▷ Am Weg zur Forcella de le Ciavazole.
▽ Das alte Bivacco Bosconero.

3

Charakteristika

Grossraum:
Östliche Dolomiten
Ausgangspunkt:
Toblach, 1209 m, oder Niederdorf, 1154 m
Endpunkt:
Longarone, 474 m
Weglänge:
120 km
Horizontaldistanz Toblach bzw. Niederdorf – Longarone:
50 km
Mittlere Begehungsdauer:
10 Tage
Mittlere (maximale) Etappenlänge:
3¾ (6 ½) Std.
Mittlere (grösste) Anstiegshöhe pro Etappe:
590 (1370) Meter
Höchster (tiefster) Punkt der Route:
2670 (474) Meter
Maximale Schwierigkeit:
Kletterei im Grad II
Zahl der berührten Gebirgsgruppen:
8

◁◁ Das Sorapismassiv aus dem Boitetal betrachtet. Die imponierende Südwand der Croda Marcora wird von Route 3 in etwa halber Höhe gequert.

◁ Am Weg von der Venezia- zur Talaminihütte. Im Rückblick der Ostpfeiler des Monte Pelmo.

Das Rifugio Venezia mit dem Antelao dahinter.

Zahl der bewirtschafteten (unbewirtschafteten) Etappenstützpunkte:
11 (2)
Zahl der berührten Pässe:
3 (inclusive Plätzwiese)
Beste Begehungszeit:
Anfang Juli bis Ende September
Mittlere Öffnungszeit der Schutzhütten:
20. Juni bis 20. September

Berührte Gebirgsgruppen: Pragser und Enneberger Dolomiten, Monte Piana, Cristallogruppe, Sorapis, Marmarole, Antelao, Pelmo-Rite, Bosconerogruppe.
Die Wanderung von Hütte zu Hütte: Toblach bzw. Niederdorf – Plätzwiese+ – Rif. Bosi – Rif. Vandelli – Biv. Slataper – Rif. San Marco – San Vito di Cadore – Rif. Venezia – Rif. Talamini – Passo Cibiana+ – Rif. Bosconero – Biv. Tovanella – Longarone.
Begehung der Höhenroute in grösseren Teilstrecken: Toblach bzw. Niederdorf – Passo Tre Croci (3 Tage), Passo Tre Croci – San Vito di Cadore (2 Tage), San Vito di Cadore – Longarone (5 Tage).
Mögliche Gipfelbesteigungen: Sarlkofel, Lungkofel, Sarlköfele, Kasamutz, Dürrenstein, Knollkopf, Strudelköpfe, M. Piana, M. Popena, Corno d'Angolo, M. Cristallo, C. di Malquoira, C. del Laudo, Punta Nera, Punta Sorapis, Croda Marcora, C. Bel Pra, Antelao, M. Pelmo, Col del Fer, M. Penna, M. Rite, Sassolungo di Cibiana, Sfornoi Nord, Sasso di Bosconero, C. de la Serra, C. dell'Albero.

Beurteilung der Höhenroute: Östlich von Höhenroute Nr. 1 verlaufender, ebenfalls von Nord nach Süd durch die östlichen Dolomiten führender Weg. Zwar kürzer, aber anspruchsvoller als die Routen Nr. 1 und 2. Abgesehen von den im Durchschnitt längeren Etappen sind auf diesem Weg beträchtliche Höhenunterschiede und ein nicht vermeidbarer Klettersteig im Bereich der Sorapisgruppe zu bewältigen.
Schwierigkeiten: Im Bereich des Dürrenstein und des M. Piana sowie in der Sorapis- und Bosconerogruppe trifft man entlang der Höhenroute wiederholt auf teilweise gesicherte Felspassagen im Schwierigkeitsgrad I. Die durch die Südwände des Sorapismassivs führende „Via Attrezzato Francesco Berti“ stellt den schwierigsten und exponiertesten Wegabschnitt an der Hauptroute dar (Kletterstellen bis zum Schwierigkeitsgrad II). Im Frühsommer können die in nordseitigen Hängen oder Steilrinnen lagernden Schneereste Probleme bereiten.
Anforderungen: Für die Begehung der Dolomiten-Höhenroute Nr. 3, gleichgültig ob entlang der Hauptroute oder über die Varianten, sind absolute Trittsicherheit, Schwindelfreiheit, Ausdauer und Kletterkenntnisse (Beherrschung des 2. Schwierigkeitsgrades) unbedingt erforderlich. An der sehr exponierten und nicht einfachen „Via Attrezzato Francesco Berti“ (Sorapisgruppe) ist für weniger erfahrene Begleiter Seilsicherung angeraten. Auf Steinschlag ist zu achten! Die Begehung mehrerer hintereinanderfolgender sechsstündiger Strecken darf keine Probleme bereiten. Ferner sollte man an steilen, hartgefrorenen Firnfeldern oder Schneerinnen (Pickel, Steigeisen) nicht ganz hilflos sein.
Abzeichen: Begeher der Dolomiten-Höhenroute Nr. 3 erhalten nach Vorweis sämtlicher auf einem Blatt Papier gesammelter Hüttenstempel beim Verkehrsamt (Pro Loco) in Longarone ein Abzeichen.
Höhenwegführer: Franz Hauleitner: „Dolomiten-Höhenwege Nr. 1–3“, Bergverlag Rudolf Rother, München 1985.
Mario Brovelli: „Alta Via dei Camosci“ (Weg Nr. 3), Edizioni Ghedina, Cortina 1975.
Mario Brovelli: „Höhenweg der Gemsen“ (Weg Nr. 3), Verlag Ghedina, Cortina 1976.
Wanderführer (für einfache Gipfelbesteigungen): Reihe der „Kleinen Führer“ des Bergverlages Rudolf Rother über die Gebiete Pragser und Enneberger Dolomiten mit Fanesgruppe und Dürrenstein, Ampezzaner Dolomiten, Zoldiner und Belluneser Dolomiten.
Karten: Kompaß-Wanderkarte 1 : 50000, Blätter 55, 57 und 77. Freytag & Berndt-Wanderkarte 1 : 50000, Blätter S 5 und S 10 (südliche Höhenwegabschnitte nicht enthalten). Tabacco-Wanderkarte 1 : 50010, Blätter 1 und 4.
Carta d'Italia 1 : 50000, Blätter „Dobbiaco“, „Cortina d'Ampezzo“, „Longarone“.
Geografica-Wanderkarte 1 : 25000, Blätter 2, 3 und 4 (nördlichster Wegabschnitt nicht enhalten.

Unterkünfte vorhanden

Wegübersicht

Ab-schnitt	Gebiet	Ausgangspunkt Zielpunkt	Gehzeit Std.	HU	Varianten
1	Pragser Dolomiten	Toblach bzw. Niederdorf Plätzwiese	5½–6½	460 ↓ 1370 ↑	V 1
2	Pragser Dolomiten und M. Piana	Plätzwiese Rif. Bosi	5½–6½	920 ↓ 1120 ↑	↑ V 2
3	M. Piana, Cristallo- und Sorapisgruppe	Rif. Bosi Rif. Vandelli	5½–6	1050 ↓ 800 ↑	↓
4	Sorapisgruppe	Rif. Vandelli Biv. Slataper	4–5	220 ↓ 890 ↑	
5	Sorapis- und Marmarolegruppe	Biv. Slataper Rif. San Marco	1½	780 ↓ — ↑	
6	Marmarole- und Antelaogruppe	Rif. San Marco San Vito di Cadore	1½–2	810 ↓ — ↑	
7	Pelmogruppe	San Vito di Cadore Rif. Venezia	3–3½	— ↓ 940 ↑	
8	Pelmogruppe	Rif. Venezia Rif. Talamini	2¼–2½	350 ↓ 50 ↑	
9	M. Rite	Rif. Talamini Passo Cibiana	3½–4	520 ↓ 470 ↑	V 3
10	Bosconerogruppe	Passo Cibiana Rif. Bosconero	2½–3	540 ↓ 460 ↑	↑
11	Bosconerogruppe	Rif. Bosconero Biv. Tovanella	5–6	820 ↓ 1040 ↑	V 4
12	Bosconerogruppe	Biv. Tovanella Longarone	2½–3	1200 ↓ — ↑	↓

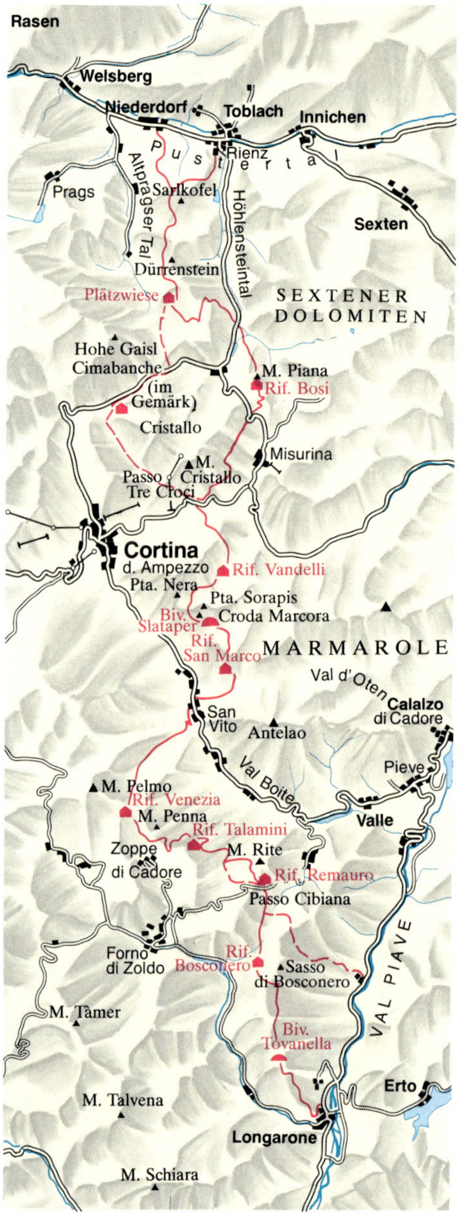

◁ Das Bivacco Campestrin an der Ostseite der Bosconerogruppe wird von einer Variante zur Höhenroute 3 berührt.

▷ Zu den landschaftlichen Höhepunkten an diesem Fernwanderweg zählt die Schau von der Forcella de le Ciavazole (oder von der höher gelegenen Westschulter des Sfornoi Nord) zur zentralen Bosconerogruppe. Im Bild Sasso di Toanella und Rocchetta Alta.

3

Aus dem Pustertal nach Longarone

Auf dem Höhenweg Nr. 3 durch die östlichen Dolomiten

Tourensteckbrief

	Varianten
Toblach, 1209 m, **Niederdorf,** 1154 m. Am Nordrand der Dolomiten, im südtirolischen Pustertal gelegene Sommerfrischen. Hotels, Gasthöfe, Pensionen. Anreise durch das Pustertal mit Bahn, Bus oder eigenem Pkw.	
A 1 Toblach bzw. Niederdorf – Plätzwiese *Wegverlauf, Gehzeiten:* Toblach bzw. Niederdorf – Sarlsattel, 2177 m – Sarlriedel, 2099 m, 2½–3½ Std. – Flodigsattel, 2171 m, 3½–4¼ Std. – Kirchler Schroppen, 2280 m, 4–5 Std. – Plätzwiese, 5½–6½ Std. *Anforderungen:* Sehr lange, anstrengende Wanderung mit beträchtlicher Anstiegshöhe. Trittsicherheit und Schwindelfreiheit erforderlich. Vorsicht bei Altschnee im Frühsommer (Pickel ratsam)! *Höhenunterschiede:* 460 m ↓, 1370 m ↑. *Gipfelbesteigungen:* Sarlkofel, 2378 m, Lungkofel, 2282 m, Sarlköfele, 2314 m, Kasamutz, 2333 m, Dürrenstein, 2839 m.	V 1
Plätzwiese, 1993 m. Weite Paßlandschaft zwischen Dürrenstein im Norden und Hoher Gaisl im Südwesten. Zufahrtsstraßen aus dem Pustertal und dem Höhlensteintal. Mehrere ganzjährig geöffnete Gasthöfe.	
A 2 Plätzwiese – Rif. Bosi *Wegverlauf, Gehzeiten:* Plätzwiese – Dürrensteinhütte – Strudelkopfscharte, 2200 m, 1 Std. – Helltal – Höhlensteintal, 1400 m, 2½–3 Std. – Pionierweg – M. Piana, 2324 m, 5–6 Std. – Rif. Bosi, 5½–6½ Std. *Anforderungen:* Ebenfalls lange, beschwerliche Wanderung mit großen Höhenunterschieden. Teilweise Steiganlagen mitten durch senkrechte Wände. Trittsicherheit und Schwindelfreiheit unbedingt erforderlich. Vorsicht bei Nebel am Gipfel des M. Piana! *Höhenunterschiede:* 920 m ↓, 1120 m ↑. *Gipfelbesteigungen:* Dürrenstein, 2839 m, Knollkopf, 2204 m, Strudelköpfe, 2307 m, M. Piana, 2320 m, 2324 m.	↑ V 2
Rif. Bosi, 2205 m. Privat, 20 Betten, 11 Lager; vom 15. Mai bis 31. Oktober bewirtschaftet.	│
A 3 Rif. Bosi – Rif. Vandelli *Wegverlauf, Gehzeiten:* Rif. Bosi – Forc. Alta, 1984 m, 20 Min. – Val Popena – Sella di Popena, 2241 m, 2½–3 Std. – Passo Tre Coci, 1805 m, 4–4½ Std. – Rif. Vandelli, 5½–6 Std. *Anforderungen:* Wiederum sehr lange Teilstrecke. Verglichen mit den Abschnitten 1, 2 und 4 weniger anstrengend und anspruchsvoll. Landschaftlich vor allem in der zweiten Weghälfte überaus großartig! *Höhenunterschiede:* 1050 m ↓, 800 m ↑. *Gipfelbesteigungen:* M. Popena, 2224 m, Corno d'Angolo, 2430 m, M. Cristallo (C. di Mezzo, 3154 m), C. di Malquoira, 2422 m, C. del Laudo, 2670 m.	↓
Rif. Vandelli, 1928 m. CAI Venezia, 38 Betten, 22 Lager; vom 20. Juni bis 20. September bewirtschaftet.	
A 4 Rif. Vandelli – Biv. Slataper *Wegverlauf, Gehzeiten:* Rif. Vandelli – Tondi di Sorapis – Cengia del Banco – Forc. del Bivacco, 2670 m – Biv. Slataper, 4–5 Std. *Anforderungen:* Großartigster, aber auch technisch anspruchsvollster Abschnitt der Höhenroute. Einzigartige Felsszenerien! An der überaus kühn angelegten, durch die Südwände der Fopa di Mattia und der Croda Marcora führenden gesicherten „Via Attrezzato Francesco Berti" Kletterstellen im Schwierigkeitsgrad II (Seilsicherung ratsam). Nur bei guten Wetterverhältnissen! *Höhenunterschiede:* 220 m ↓, 890 m ↑. *Gipfelbesteigungen:* Punta Nera, 2847 m, Punta Sorapis, 3205 m, Croda Marcora, 3154 m.	
Biv. Slataper, 2600 m. CAI XXX Ottobre/Trieste, 9 L.; unbewirtschaftet, aber stets geöffnet.	
A 5 Biv. Slataper – Rif. San Marco *Wegverlauf, Gehzeiten:* Biv. Slataper – Fond di Rusecco – Forc. Grande, 2255 m, ¾ Std. – Rif. San Marco, 1½ Std. *Anforderungen:* Völlig unschwieriger, landschaftlich beeindruckender Übergang (Abstieg). *Höhenunterschiede:* 780 m ↓. *Gipfelbesteigungen:* C. Bel Pra, 2917 m.	

Der Dürrenstein von Norden, vom Sarlriedel gesehen.

Pragser und Enneberger Dolomiten

Untergruppe des Dürrenstein

Die zwischen Gadertal im Westen und Höhlensteintal im Osten gelegenen Pragser und Enneberger Dolomiten haben in ihrem Zentralbereich eine weite begrünte Hochfläche. Aus ihr treten nur am Rande profilierte Felsmassive hervor, wie etwa das mächtige Kastell der Hohen Gaisl im Osten oder das Riesenpult des Seekofels im Norden. Die östlichste Untergruppe der Pragser Dolomiten bildet das von den übrigen Bezirken durch die Paßlandschaft der Plätzwiese deutlich losgelöste Massiv des Dürrenstein. Dieser in Nord-Süd-Richtung verlaufende Kamm besitzt im alles überragenden Kulminationspunkt Dürrenstein eine der herrlichsten und meistbesuchten Aussichtswarten der östlichen Dolomiten. Der Berg fällt nach Norden und

Osten in gewaltigen Wänden, nach Süden und Südwesten hingegen in harmloser grasiger Flanke ab, über die, von der Plätzwiese her, auch der Normalanstieg erfolgt.
Im starken Gegensatz zu dieser erhabenen Bergmajestät stellt der eigentliche, vom Dürrenstein nach Norden ziehende, etwa 5 Kilometer lange Höhenrükken ein überaus einsames, vor Existenz der Höhenroute Nr. 3 kaum besuchtes Bergland dar. Die diesem Kamm entragenden Höhen sind allesamt leicht erreichbare, meist begrünte Gipfel, bei denen die Anstiegsmühen durch prachtvolle Aussicht gegen die vergletscherten Zentralalpen im Norden ebenso wie zu den übermächtig im Süden vor uns stehenden Felsmassiven des Dürrenstein und der Hohen Gaisl belohnt werden.

Monte Piana und Cristallogruppe

Der im inneren Höhlensteintal, östlich über Schluderbach (Carbonin) isoliert stehende Monte Piana ist nicht nur ein hervorragender Aussichtsberg, sondern auch ein strategisch außergewöhnlich günstig gelegener Punkt, der vollen Überblick nicht nur über die Paßlandschaften von Misurina, Cimabanche und der Plätzwiese, sondern bis hinaus in das Pustertal nach Toblach, gewährt.
Seine etwa ein Quadratkilometer große Hochfläche fällt nach fast allen Seiten in steilen, zum Teil felsigen Flanken ab. Der etwas höhere Südgipfel (Monte Piana, 2324 m) wird durch die weite Forcella di Val dei Castrati vom Nordgipfel (Monte Piana, 2320 m) getrennt.
Der Monte Piana besaß im Dolomitenkrieg 1915–1918 große Bedeutung und war Schauplatz schwerster, blutigster Kampfhandlungen. Dabei war der Nordgipfel von den Österreichern, der Südgipfel von den Italienern besetzt. Der Zugang zum Südgipfel erfolgte etwa entlang der heutigen Zufahrtsstraße, jener zum Nordgipfel vom Dürrensee her über den von den Österreichern errichteten kühnen „Pionierweg“ (Teilstück der Höhenroute).
Am Hochplateau des Monte Piana wurde in den Jahren 1977–1982 vom „Verein der Dolomitenfreunde“ eines der größten Freilichtmuseen Europas geschaffen. Dabei wurden Drahtverhaue, Laufgräben, Unterstände, Stollen usw. freigelegt oder neu errichtet und mittels Stiegen, Beleuchtung etc. zugänglich gemacht. Diese alten Kriegsanlagen können nun entlang eines „Historischen Rundwanderweges“ besichtigt werden.
Die im Südwesten gegenüber dem Monte Piana übermächtig aufragende Gruppe des Monte Cristallo wird von Höhenweg Nr. 3 nur im äußersten Osten, entlang des Val Popena Alta, berührt. Ihre herrlichen Felsgebilde sind in erster Linie ein Eldorado für den Kletterer. Wanderer finden vor allem an der Peripherie der Gruppe, beispielsweise im Bereich des Val Popena oder des Val Grande, interessante Möglichkeiten.

Das stille Val Popena Alta (Cristallogruppe) wird in seinem Hintergrund von den eindrucksvollen Torri di Popena überragt. Ganz links erkennt man die begrünte Sella di Popena, über welche der Höhenweg 3 zum Passo Tre Croci und weiter in das Gebiet des Sorapis führt.

Rif. San Marco, 1823 m. CAI Venezia, 30 Betten, 10 Lager; vom 20. Juni bis 30. September bewirtschaftet.	
A 6 Rif. San Marco – San Vito di Cadore *Wegverlauf, Gehzeiten:* Rif. San Marco – Baita della Zoppa, 1429 m – San Vito di Cadore, 1½–2 Std. *Anforderungen:* Problemloser Abstieg entlang einer in Kehren gegen das Val Boite abwärtsführenden Straße. *Höhenunterschiede:* 810 m ↓. *Gipfelbesteigungen:* Antelao, 3264 m.	
San Vito di Cadore, 1011 m. Urlaubsort im mittleren Val Boite. Zahlreiche Hotels und Pensionen; Geldwechselstuben, Lebensmittelhandlungen. Busverkehr Cortina–Belluno.	
A 7 San Vito di Cadore – Rif. Venezia *Wegverlauf, Gehzeiten:* San Vito di Cadore – Sèrdes, 1000 m, ¼ Std. – Casera Pian di Madier, 1458 m, 1½–2 Std. – Rif. Venezia, 3–3½ Std. *Anforderungen:* Erheblicher Anstieg (1000 m!), großteils durch Wald. Unschwierig. *Höhenunterschiede:* 940 m ↑. *Gipfelbesteigungen:* Keine.	
Rif. Venezia, 1946 m. CAI Venezia, 32 Betten, 40 Lager; vom 20. Juni bis 20. (25.) September bewirtschaftet.	
A 8 Rif. Venezia – Rif. Talamini *Wegverlauf, Gehzeiten:* Rif. Venezia – Tabia di Fiès, 1583 m, 1½ Std. – Forc. Ciandolada – Rif. Talamini, 2¼–2½ Std. *Anforderungen:* Schöner, bequemer Übergang durch die Mittelgebirgslandschaft zwischen M. Pelmo und M. Rite. Großteils Straßenwanderung. *Höhenunterschiede:* 350 m ↓, 50 m ↑. *Gipfelbesteigungen:* M. Pelmo, 3168 m, Col del Fer, 2019 m, M. Penna, 2196 m.	
Rif. Talamini, 1582 m. Privat, 20 Lager, im November und Dezember (bis Weihnachten) geschlossen, sonst stets geöffnet und bewirtschaftet.	
A 9 Rif. Talamini – Passo Cibiana *Wegverlauf, Gehzeiten:* Rif. Talamini – Forc. di Val Inferna, 1735 m, 1¼–1½ Std. – Forc. Deona, 2053 m, 2½–3 Std. – Passo Cibiana, 3½–4 Std. *Anforderungen:* Unschwieriger, wegen großteils verfallener, stark von Vegetation überwucherter Wegtrassen außergewöhnlich beschwerlicher Übergang; einem hochalpinen Unternehmen gleichzusetzen. Wildester südalpiner Latschen- und Sträucherdschungel. Orientierung- und Durchhaltevermögen erforderlich! Von der Forc. Deona weg bequeme Straßenwanderung. *Höhenunterschiede:* 520 m ↓, 470 m ↑. *Gipfelbesteigungen:* M. Rite, 2183 m.	V 3
Passo Cibiana, 1530 m. Wenig bekannter Dolomitenpaß zwischen Pelmo-Rite-Gebiet im Norden und Bosconerogruppe im Süden. Kein Busverkehr. An der Paßhöhe Schutzhütte.	
A 10 Passo Cibiana – Rif. Bosconero *Wegverlauf, Gehzeiten:* Passo Cibiana – Forc. de le Ciavazole, 1994 m, 1¼–1½ Std. – Rif. Bosconero, 2½–3 Std. *Anforderungen:* Nicht übermäßig anstrengender, landschaftlich sehr eindrucksvoller Übergang. Großartige Hochgebirgsszenerien! Vorsicht bei Hartfirn im Abstieg von der Forc. de le Ciavazole nach Süden (Pickel empfehlenswert)! *Höhenunterschiede:* 540 m ↓, 460 m ↑. *Gipfelbesteigungen:* Sassolungo di Cibiana, 2413 m, Sfornoi Nord, 2392 m.	↑
Rif. Bosconero, 1457 m. CAI Venezia, 24 B.; bewirtschaftet vom 20. Juni bis 20. September.	
A 11 Rif. Bosconero – Biv. Tovanella *Wegverlauf, Gehzeiten:* Rif. Bosconero – Forc. de la Toanella, 2150 m, 1½–2 Std. – Forc. del Viàz de le Ponte, 1909 m, 2½–3 Std. – Porta de la Serra, 2050 m, 4½–5½ Std. – Biv. Tovanella, 5–6 Std. *Anforderungen:* Lange, anstrengende und auch technisch anspruchsvolle Etappe mit beträchtlichen Höhenunterschieden. Der Übergang führt durch ein absolut unberührtes Gebiet. Eindrucksvolle Wanderung hoch über Tälern und Schluchten. Trittsicherheit, Schwindelfreiheit und Kletterkönnen (Passagen im 1. Schwierigkeitsgrad) unbedingt erforderlich! Für den Steilanstieg zur Forc. de la Toanella sind im Frühsommer bei Altschnee u. U. Steigeisen und Pickel erforderlich. Vorsicht bei einem Wettersturz (kein Abstieg in die umliegenden Täler!). *Höhenunterschiede:* 820 m ↓, 1040 m ↑. *Gipfelbesteigungen:* Sasso di Bosconero, 2468 m, C. de la Serra, 2140 m.	V 4

Sorapisgruppe mit Marmarole und Antelao

Der mächtige Gebirgsstock des Sorapis beschreibt ein riesiges, nach Norden geöffnetes Halbrund, den „Circo di Sorapis“. Die um ihn gereihten Nordwände der Punta di Sorapis, des Monte della Caccia Grande, der Tre Sorelle und der Croda del Fogo formen jene gewaltige Hochgebirgskulisse, die, als echt dolomitisches Kabinettstück, von Misurina her alljährlich tausendfach bewundert und fotografiert wird. Nach Süden fällt das gesamte Massiv in geschlossener Wandflucht gegen Val Boite ab und bildet dort eines der Schaustücke von Cortina und San Vito.

Bedingt durch ihren außergewöhnlich schroffen Aufbau gibt es in dieser

Gruppe keine einfachen, dem Können eines Wanderers entsprechenden Durchquerungsmöglichkeiten. Einige um den unnahbaren Zentralstock herumführende Eisenwege lösen das Problem dennoch auf überraschend einfache Weise. Daß aber diese gesicherten Steiganlagen solides bergsteigerisches Können und Klettererfahrung voraussetzen, sei ausdrücklich betont.

Ähnlich dem Cristallomassiv werden auch die Gebiete der Marmarole und des Antelao an unserem Höhenweg nicht durchwandert, sondern nur gestreift.

Die Marmarole sind ein Felsenreich von außergewöhnlich ernstem, herbem Charakter, das eher an die Nördlichen Kalkalpen, denn an die Dolomiten erinnert. Die Gruppe ist – trotz der durch sie hindurchführenden Höhenroute Nr. 5 – ein absolut einsames, stiefmütterlich behandeltes Gebiet im Reigen der zentralen Dolomiten geblieben. Ganz anders die gewaltige, plattengepanzerte Pyramide des Antelao, daneben. Als höchste Erhebung der östlichen Dolomiten wird dieser „Riese des Cadore“ relativ häufig, entweder vom Rifugio Galassi oder vom Rifugio San Marco her, bestiegen. Das Unternehmen erfordert aber ebenfalls Übung sowie gute Wetterverhältnisse!

◁ Die wuchtigen Felsmassive des Sorapis und des Antelao von Nordwesten, aus der Gegend von Cortina betrachtet.

▽ Der mächtige Sassolungo di Cibiana (Boscone-rogruppe) vom nördlich gelegenen Passo Cibiana gesehen.

Pelmo - Rite

Wie kaum ein anderer Gipfel in den Dolomiten vermag der Monte Pelmo durch Form, Masse und Position die Aufmerksamkeit des Bergfreundes auf sich zu lenken. Von welcher Seite man ihn auch immer betrachtet, immer wird man von dieser grandiosen, aus grünen Matten frei gegen den Himmel ragenden „Götterburg“ begeistert, ja fasziniert sein. Die Besteigung des Berges ist wider jede Erwartung kein allzu großes Problem und kann jedem trittsicheren, schwindelfreien und einigermaßen klettergewandten Bergsteiger wärmstens empfohlen werden. Aber auch der einfache Wanderer kann den Pelmo auf völlig unschwierigen und gefahrlosen Wegen umrunden und so die

Biv. Tovanella, 1668 m. CAI Longarone, 18 Lager; ganzjährig geöffnet, aber nicht bewirtschaftet.	
A 12 Biv. Tovanella – Longarone *Wegverlauf, Gehzeiten:* Biv. Tovanella – Costa del Dou, 1850 m, ½ Std. – Col Torondol, 1 Std. – Longarone, 2½–3 Std. *Anforderungen:* Langer, aber bequemer, aussichtsreicher Abstieg in das Piavetal. *Höhenunterschiede:* 1200 m ↓. *Gipfelbesteigungen:* C. de la Serra, 2140 m, C. dell'Albero, 2018 m.	↓ V 4
Longarone, 474 m. Durch die furchtbare, 2000 Todesopfer fordernde Vajont-Katastrophe im Jahre 1963 weltbekannt gewordener Ort im Piavetal. Endstation der Dolomiten-Höhenroute Nr. 3. Mehrere Hotels und Restaurants. Rückreise mit Bus über Tai di Cadore und Cortina nach Toblach und Niederdorf.	

herrlichen Ausblicke gegen Zoldiner und Ampezzaner Dolomiten genießen. Der alles überragende Pelmo-Stock setzt sich nach Südosten in einem sechs Kilometer langen Mittelgebirgsrücken bis zum Passo Cibiana fort. War eine Durchwanderung dieser Gegend wegen der teilweise extrem dichten Vegetation und des Fehlens von Steiganlagen noch vor 10 Jahren unmöglich, so

hat sich dies mit Errichtung der Dolomiten-Höhenroute Nr. 3 schlagartig geändert. Die höchste Erhebung dieses Mittelgebirges, der durch seine strategisch günstige Lage im Dolomitenkrieg 1915–1918 bedeutsame Monte Rite (am Gipfel großes zerstörtes Sperrfort!), gilt als hervorragende Aussichtswarte. Und zwar deshalb, weil man nicht wie etwa von Scheitel des weit höheren Monte Pelmo eine riesige, großteils niedrigere Gebirgsfläche überblickt, sondern ihr aus gleicher Höhe und im gebührenden Abstand gegenüber steht. Der Monte Rite kann von der an unserer Höhenroute berührten Forcella Deona in etwa einer halben Stunde über eine alte Kriegsstraße ohne Schwierigkeit erreicht werden.

Im abseits gelegenen Wandergebiet des Monte Rite: Der gewaltige Antelao von Süden, aus dem Valle dell'Oglio gesehen.

◁ Blick von Süden zu den Höhen der zentralen Bosconerogruppe – Rocchetta Alta, Sasso di Toanella, Sasso di Bosconero und Sassolungo di Cibiana. In Bildmitte oben erkennt man die Forcella de la Toanella, die auch von unserer Höhenroute berührt wird.

Varianten	Variante zur Hauptroute
V 1 Niederdorf bzw. Welsberg – Plätzwiese *Wegverlauf:* Niederdorf bzw. Welsberg – Außerprags – Altpragser Tal – Ghf. Brückele – Stollaalpe – Plätzwiese. *Anforderungen:* Bedeutend kürzer und einfacher, aber landschaftlich bei weitem nicht so eindrucksvoll wie die Hauptroute. Von Wetter- und Schneeverhältnissen unabhängig. *Gehzeit ab Außerprags:* 3–4 Std.	A 1
V 2 Plätzwiese – Rif. Vandelli *Wegverlauf:* Plätzwiese – Rif., Ospitale – Val Grande – Passo Somforca – Passo Tre Croci – Rif. Vandelli. *Anforderungen:* Wichtige Abkürzungsvariante zu der um einen Abschnitt (Tag) längeren, aber sonst in jeder Hinsicht schöneren Hauptroute. Langer, unschwieriger Übergang; bei jedem Wetter ausführbar. Teilweise Straßenwanderung. *Gehzeit:* 5½–6½ Std.	A 2/A 3
V 3 Rif. Talamini – Passo Cibiana *Wegverlauf:* Rif. Talamini – Forc. di Val Inferna – Val Inferna – Passo Cibiana. *Anforderungen:* Direkter Übergang vom Rif. Talamini zum Passo Cibiana; etwa 1½ Std. Zeitersparnis zur Hauptroute. Bei weitem nicht so lohnend wie der Weg über die Forc. Deona. Unschwierig. *Gehzeit:* 2¼–2½ Std.	A 9
V 4 Passo Cibiana – Longarone *Wegverlauf:* Passo Cibiana – Forc. Bella di Sfornoi – Biv. Campestrin – Val Bona – Ospitale di Cadore – Longarone. *Anforderungen:* Unschwierige, verglichen mit der Hauptroute, bedeutend kürzere, aber auch weniger großartige Variante. Ein Tag Zeitersparnis. *Gehzeit bis Ospitale di Cadore:* 4–5½ Std.	A 10–A 12

Bosconerogruppe

Kein anderes Teilgebiet der südlichen Dolomiten bietet auf so kleinem Raum eine derartige Fülle edelster Bergformen und wildester, hochalpiner Landschaftsbilder! Man kann dieses Gebiet mit der bekannten Brentagruppe vergleichen, doch hier ist alles gedrängter, konzentrierter. Zugegeben, es fehlen den Gipfeln die absoluten Höhen, auch gibt es keine gesicherten Steiganlagen oder andere Anzeichen moderner alpiner Übererschließung. Trotzdem finden sich hier gewaltige Wandbildungen, die, erst vor wenigen Jahren entdeckt, keinen Vergleich mit denen der Zentraldolomiten scheuen brauchen. Die Bosconerogruppe ist in erster Linie ein Betätigungsfeld für den anspruchsvollen Kletterer, der an den Prachtbauten der Rocchetta Alta, des Sasso di Toanella und des Sasso di Bosconero überaus lohnende Aufgaben findet.
Für den Wanderer wurde die Gruppe erst mit Schaffung der Dolomiten-Höhenroute Nr. 3 im Jahre 1975 erschlossen. Aber auch für den Durchschnittsbergsteiger wird hier einiges geboten: nahezu alle Gipfel können auf leichten oder mäßig schwierigen Routen erreicht werden. Sie sind durchwegs hervorragende Aussichtswarten und vermitteln instruktive Einblicke in dieses noch weitgehend unbekannte Dolomitenreich.
Trotz prächtiger Bergformen, trotz imposanter Felswände mit touristisch erstrangigen Kletterrouten, trotz wunderschöner Wanderwege, trotz begeisterter Berichte in der alpinen Fachpresse ist die Gruppe vor größeren Eingriffen durch Menschenhand bisher gottlob verschont geblieben. Möge dieses wildschöne Bergreich zwischen Piave und Maè noch lange seine Geheimnisse bewahren und seine weltabgeschiedene Einsamkeit durch die Verwirklichung eines Dolomiten-Nationalparks den künftigen Bergsteigergenerationen erhalten bleiben!

Dolomiten-Höhenroute 4

GROHMANN-HÖHENWEG
Von Innichen nach Pieve di Cadore

Kurz und abwechslungsreich, technisch anspruchsvoll, aber nicht allzu beschwerlich und vor allem landschaftlich einzigartig schön – das sind die Hauptmerkmale der Dolomiten-Höhenroute Nr. 4, dem sogenannten „Grohmann-Höhenweg“.
Die Routen Nr. 1, 3, 4 und 5 verlaufen allesamt durch den Bereich der östlichen Dolomiten und zwar in der Reihenfolge jeweils nach Osten versetzt. Weg Nr. 4 zählt mit Nummer 5 sicherlich zu den kürzesten Dolomiten-Hochrouten. Er folgt einer durchgehenden Kammlinie, so daß im Gegensatz zu den Nummern 3 und 5 kein Talabstieg in Kauf genommen werden muß. Startplatz ist der im südtirolischen Pustertal, nahe der österreichischen Grenze gelegene Fremdenverkehrsort Innichen. Haben die meisten anderen Höhenwege einen ausschließlichen Nord-Süd-Verlauf, so schwenkt Route Nr. 4, den natürlichen Gegebenheiten folgend, am Rifugio San Marco nach Osten um und endet schließlich in dem hoch über dem Piavetal malerisch gelegenen Städtchen Pieve di Cadore, dem Geburtsort Tizians.

Schaustück im ersten Teil dieses Höhenweges sind die Drei Zinnen, hier von Süden betrachtet.

Führen viele Höhenwege hin und wieder auch durch gemäßigte Zonen, so läßt diese Route keine „schwachen Stellen“ erkennen. Man durchstreift gewaltigste Felsräume mit grandiosen Wandbildungen und abenteuerlichem Turm-Filigran. Die aus nächster Nähe zu bewundernden Nordwände der Drei Zinnen – ein Wahrzeichen nicht nur der Dolomiten, sondern überhaupt der Alpen – bilden den absoluten landschaftlichen Höhepunkt der Wanderung. So wird die geradezu verschwenderische Fülle edelster Hochgebirgsszenerien jedem Begeher in unauslöschlicher Erinnerung bleiben! Route Nr. 4 stellt aber auch insofern eine Ausnahme dar, da an ihr durchwegs gut erschlossene und relativ bekannte Gebiete berührt werden. Die zahlreich vorhandenen Stützpunkte lassen entsprechend kurze Etappen zu.
Eine Besonderheit dieser Höhenroute sind die vielen zu passierenden, gesicherten Steiganlagen. Man könnte sie fast einen „Klettersteig-Höhenweg“ nennen. Nichtsdestoweniger verlangen diese anspruchsvollen, exponierten und stellenweise mitten durch senkrechte Wände führenden Anlagen Kletterkenntnisse (Passagen im Schwierigkeitsgrad II) und vor allem bergsteigerische Erfahrung. Für Geüb-

te sind jedoch gerade diese Wegabschnitte die wahren Höhepunkte des Unternehmens.
Die erste Etappe, die Strecke von Innichen durch das Sexten- und Innerfeldtal zur Drei-Schuster-Hütte, ist beschauliches Schreiten, ist ein erhebender Introitus, bei dem uns zauberhafte Lärchenbestände und wildes Dolomitgetürm – links die Drei-Schuster-Gruppe, rechts die Haunoldgruppe – begleiten. Doch ist es erst nach dem Großen Wildgrabenjoch, wo sich die wahre Wunderwelt der Dolomiten auftut! Hier darf, nein, muß man rasten und staunen, über die unvergleichlichen Drei Zinnen, jener phantastischen Trias, die mit ihren aalglatten Nordwänden jenes Alpenbild hervorzaubert, das den Dolomiten Weltruf gebracht hat. Das merkt man dann auch an der oft überfüllten Drei-Zinnen-Hütte, einem Zentrum für Landschaftsästheten, Nichtbergsteiger, Bergwanderer, aber auch für extreme Kletterer.
Höhenweg Nr. 4 führt nun nicht über den vielbesuchten Paternsattel, sondern über die Forcella Col di Mezzo, also rechts, westlich, an den Drei Zinnen vorbei zur Auronzohütte. Dies ist ein prachtvoller Übergang, der besonders schöne Ausblicke auf Hohe Gaisl, Cristallogruppe sowie im letzten Abschnitt gegen das malerische Turmlabyrinth der Cadinigruppe zuläßt. Auch an der Auronzohütte trifft man wieder viel Publikum, kann sie doch von Misurina her mit Bus oder Pkw erreicht werden. Südlich der Forcella Longères betreten wir das Gebiet der Cadini di Misurina. Es handelt sich um eine unübersichtliche, wildzerklüftete, in Hunderte von Türmen aufgelöste Gruppe, deren Durchwanderung sich gerade infolge ihrer Komplexität besonders spannend und abwechslungsreich gestaltet. Aber auch die technischen Anforderungen werden größer! Der an den Ostwänden der Cima Cadin di Rinbianco entlangführende, teilweise exponierte und gesicherte Sentiero Alberto Bonacossa verlangt zwar Trittsicherheit und Schwindelfreiheit, bietet aber auch hohe Wandergenüsse. Ähnliches gilt auch für den unter den Ostwänden der

△ Die unvergleichliche Trias der Drei Zinnen mit ihren berühmten Nordwänden über den Karrenfeldern der Langen Alpe.

▷ Über den herrlichen Lärchenbeständen des Innerfeldtales ragen Gsellknoten und Dreischusterspitze in den blauen Dolomitenhimmel.

zentralen Cadinigruppe verlaufenden Sentiero Durissini – einen idealen Höhenweg mit zahlreichen herrlichen Landschaftsbildern. Vor allem die zahlreichen Rückblicke zu den Sextener Dolomiten, insbesondere auf die Drei Zinnen und den Zwölferkofel, begeistern, faszinieren!
Schließlich ist die weite, südoffene Forcella Maraia erreicht. Das hier stehende kleine Rifugio Città di Carpi lädt zu Rast und Labung ein. Vor uns breiten sich die wuchtigen Felsformationen der Marmarole-, Antelao- und Sorapisgruppe aus, jene Gebiete, die unsere Höhenroute von nun an durchzieht.
Der Übergang zu dieser verheißungsvollen Phalanx im Süden ist mit einem doch beträchtlichen Abstieg in das innere Val d'Ansiei verbunden. Beim Hotel Cristallo wird die Große Dolomi-

△ An der Forcella Cadin Deserto. Im Süden das Rifugio Città di Carpi mit Marmarolegruppe dahinter.

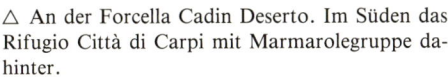

▷ Blick vom Rifugio Città di Carpi gegen das im Norden aufragende Massiv der Cima Cadin di San Lucano.

◁ Das wildzerklüftete Felsenreich der Cadini di Misurina von Nordwesten (Monte Piana) gesehen.

tenstraße (Auronzo – Misurina) traversiert, dann geht es in steilen Kehren, am Wasserfall „Piss“ – von ihm hat die Sorapisgruppe ihren Namen – vorbei, hinauf in den „Circo di Sorapis“. Welch ein unerhörter Felskessel! Da stehen im gewaltigen südlichen Halbrund die Nordwände der Tre Sorelle, der Punta di Sorapis und des Dito del Dio („Gottesfinger“). Und wer, die Sorapiswände im Rücken, etwa vor die Tür der Vandellihütte tritt, der überschaut wie von einer erhabenen Hochgebirgsloge die um die Paßhöhe von Misurina gruppierten Felsbezirke der Cadini di Misurina und der Sextener Dolomiten.

Ein Ausweg aus diesem felsstarrenden Amphitheater erscheint unmöglich. Und doch gibt es ihn! Da haben wir an der östlichen Begrenzung des Kessels die Wände der Croda del Fogo. Deutlich gewahrt man ein mitten durch diese Mauern gegen die linke Bergkante emporziehendes Band. Ihm folgt ein kühn erdachter und angelegter Klettersteig, der einige bergsteigerische Erfahrung (Passagen im Schwierigkeitsgrad II) und, an den luftigen Unterbrechungsstellen, auch etwas Kaltblütigkeit erfordert. Wehe dem, der hier bei einem Wettersturz unterwegs ist! Vereisung oder Schneefall können die Schwierigkeiten der Anlage in Minutenschnelle um ein Vielfaches steigern, so daß man sich bald in einer schier ausweglosen Situation befindet.

Hinter dieser Wand liegt ein gegen Val d'Ansiei gerichtetes, von mächtigen Felspfeilern gestütztes Hochtal, die „Busa del Banco“. Hier setzt ein langes, mühsames Queren an, ein Auf und Ab an den teilweise extremen steilen Ostabstürzen der Sorapisgruppe entlang. Einblicke in den wenig bekannten Bereich der Marmarole, auf das mächtige Felshaupt des Corno del Doge oder den kühnen Obelisk des Torre dei Sabbioni, begleiten uns bis zur Forcella Grande. Am kurzen Steilabstieg zum Rifugio San Marco enthüllt sich dann die wunderbare Gebirgswelt des Cadore. Da tauchen im Süden die Riesen Pelmo und Civetta auf, da steht man den abweisenden Plattenpanzern des Antelao unmittelbar gegenüber. Aus der Tiefe grüßen die zahlreichen Dörfer des Boitetales. Würde man nicht am liebsten hier Tage verweilen, nur um zu schauen, zu genießen, zu träumen …?

Eine landschaftlich besonders schöne, ganz bequeme Teilstrecke bringt zum nahen Rifugio Galassi. Dabei öffnet sich an der Forcella Piccola – sie trennt den Antelao von den Marmarole – ein faszinierender Blick auf die großartige Bergwelt des inneren Valle d'Oten. Die nun ansetzende Überschreitung des Antelaomassivs ist nicht nur eine der anspruchsvollsten Etappen dieses Weitwanderweges, sie stellt zugleich den letzten großen Höhepunkt des Unternehmens dar. Vor allem der Anstieg über eine 150 Meter hohe, steile, gesicherte Plattenwand zur Forcella del

Ghiacciaio erfordert Übung im Klettern (teils Schwierigkeitsgrad II) sowie absolute Trittsicherheit, Schwindelfreiheit und gehörige Armkraft. Was über den Sorapis-Klettersteig gesagt wurde, gilt hier im besonderen Maße: Schlechtwetter mit Schnee und Vereisung können eine Begehung dieser Anlagen nicht nur erschweren, sondern unter Umständen sogar unmöglich machen. Gehen in Zweierseilschaft ist in solchen Fällen anzuraten!

An der Forcella Piria beginnt nun der lange, aber bequeme Abstieg in das 1200 Meter tiefer gelegene Piavetal. Am Rifugio Antelao vorbei erreicht man zunächst die weit nach Osten vorgeschobene Schulter des Monte Tranego, einem wunderbaren Aussichtspunkt: Prächtig formiert stehen im Osten die Gipfel der Südlichen Karnischen Alpen. Im mehrere Kilometer breiten Südabsturz der Marmarole haben wir eine der großartigsten Wandbildungen der Dolomiten vor uns. Von Südwesten grüßen Bosconerogruppe, Pramper-Dolomiten, Pala, Moiazza und Monte Pelmo.

△ Die wundervolle Querung der Colli-Neri-Bänder an der Ostseite des Sorapismassivs. Im Süden Torre dei Sabbioni und Forcella Grande.

▷ Der am Lago Centro di Cadore gelegene Ort Pieve ist Endstation der Höhenroute Nr. 4.

Einer alten Kriegsstraße folgend gelangen wir über Pozzale (mit klassischem Blick gegen den kolossalen Monte Duranno!) in das von südlicher Regsamkeit erfüllte reizende Kleinstädtchen Pieve di Cadore, wo unsere Höhenwanderung ihr Ende findet.

Entstehungsgeschichte

In einem von dem Belluneser Arzt und Funktionär des EPT, Dr. Mario Brovelli († 22.1.1980), verfaßten Artikel (1) wurde 1966 die Idee einer Dolomiten-Höhenroute Nr. 4 geboren. Mit ihm stand fest, daß die Wege Nr. 1, 3 und 4 durch die östlichen Dolomiten, Weg Nr. 5 durch die das Piavetal östlich begleitenden Gebiete der Karnischen Alpen führen sollten. Eine sechste Höhenroute wurde vorerst noch nicht ins Auge gefaßt.

Da durch Nummer 1 bereits der nord-süd-orientierte Hauptkamm der östlichen Dolomiten besetzt war, verblieben für die Wege Nr. 3 und 4 nur solche, gegen das Piavetal auslaufende Seitenkämme. Das bedeutete keine Wertverminderung, befinden sich doch gerade hier einige der großartigsten Dolomitenreviere wie etwa die Sextener Dolomiten, die Cadini di Misurina oder das Sorapis- und Antelaomassiv. Das Problem war vielmehr, eine optimale durchlaufende Weglinie zu finden, auf der größere Talabstiege vermieden und gerade die attraktivsten Gebiete durchwandert würden.

Nach dem oben zitierten Artikel (1) hätte Höhenweg Nr. 3 von Innichen durch die Sextener Dolomiten und die Cadinigruppe zum Passo Tre Croci, weiter durch die Sorapis- und Antelaogruppe nach San Vito di Cadore und schließlich durch die Gegenden von Rite und Bosconero nach Longarone führen sollen. Für die dort ziemlich knapp behandelte Route Nr. 4 war ausschließlich die Marmarolegruppe – heute Kerngebiet von Höhenweg Nr. 5 – vorgesehen.

In einer weiteren Arbeit (2) dehnte Mario Brovelli den Bereich von Route Nr. 4 auf die östlichen Sextener Dolomiten aus. Nicht nur wegen seines Untertitels („Via di Tiziano"), sondern auch aufgrund seiner Linienführung, ließ dieser Weg bereits die künftige Höhenroute Nr. 5 erahnen. Nummer 4 hatte jedenfalls auch in dieser zweiten Publikation Mario Brovellis noch keinerlei Ähnlichkeit mit dem später propagierten Höhenweg.

Bedingt durch eine Verlegung der nördlichen Route Nr. 3 nach Westen, wurde die durch Drei-Zinnen-Gebiet und Cadinigruppe führende Strecke „frei". Ein Ausweg aus diesem Dilemma konnte nur durch Schaffung eines weiteren Höhenwegs gefunden werden. Das geschah ein Jahr später!

In einer auf Vorarbeiten Mario Brovellis und Toni Sanmarchis basierenden Abhandlung (3) stellte Claudio Cima 1970 erstmals insgesamt sechs Höhenwege vor. Cima übertrug hier den zuletzt ungenützten Abschnitt Innichen – Passo Tre Croci auf Route Nr. 4. Später war für Weg Nr. 3 der Verlauf Passo Tre Croci – Rifugio Vandelli – Bivacco Slataper – Rifugio San Marco – San Vito di Cadore, für Weg Nr. 4 der Verlauf Passo Tre Croci – Rifugio Vandelli – Bivacco Comici – Rifugio San Marco – Rifugio Galassi – Forcella del Ghiacciaio – Forcella Piria – Vodo di Cadore vorgesehen. Während aber Route Nr. 3 in San Vito hätte enden sollen, war für Nummer 4 eine Fortsetzung durch die Rite- und Bosconerogruppe bis nach Longarone geplant. Damit besaß Höhenroute Nr. 4 – in der Publikation Claudio Cimas „Via del Cadore" benannt – auf der Strecke Innichen – Forcella Piria (Antelaogruppe) bereits ihre endgültige Gestalt. Fraglich waren bei den Wegen Nr. 3 und 4 noch die südlichen Abschnitte.

Obwohl an der Festlegung der Höhenroute Nr. 4 gearbeitet und in Belluno noch ernsthaft über einen möglichst op-

Am Bonacossaweg in der Cadinigruppe. Blick nach Nordosten gegen die Gralsburg des Zwölferkofels (Sextener Dolomiten).

timalen Verlauf, vor allem der südlichen Teilstrecken nachgedacht wurde, erschien 1971, als Fortsetzung der mit den Wegen Nr. 1 und 2 seinerzeit begonnenen Serie, ein deutschsprachiger Führer (4) aus der Feder Franz Pangerls. In dieser reichlich verfrühten Veröffentlichung wurde Höhenweg Nr. 4 nach dem Stand von 1970 (3) bearbeitet.

Da Höhenweg-Planer Mario Brovelli in den darauffolgenden Jahren zunehmend mit Recherchen an den Routen Nr. 2 und 3 beschäftigt war, übernahm nach 1970 der bekannte Belluneser Bergsteiger Dr. Antonio Sanmarchi († 14.12.1982) die Gelände- und Schreibtischarbeiten an den bereits in groben Zügen festgelegten Wegen Nr. 4, 5 und 6. Mit ihm tritt nach Mario Brovelli, Toni Hiebeler, Sigi Lechner und Piero Rossi nun ein weiterer profilierter Höhenweg-Initiator in Erscheinung. Er hat nahezu im Alleingang das gewaltige Pensum der Konzipierung und führermäßigen Beschreibung der Routen Nr. 4, 5, 6 und 7 auf sich genommen.

Als Abschluß dieser Entwicklung erschien 1972 ein von Mario Brovelli und Toni Sanmarchi verfaßter Bericht (6), in dem die Dolomiten-Höhenwege Nr. 1 bis 6 in ihrer endgültigen Form dem Alpinpublikum vorgestellt wurden. Route Nr. 4 erhielt dabei den Untertitel „Grohmann-Höhenweg". Bereits im darauffolgenden Jahr kam als erste allgemein gültige Bearbeitung ein von Toni Sanmarchi vorbildlich verfaßter Führer (7) auf den Markt. Damit war Weg Nr. 4 vier Jahre nach Route Nr. 2, aber immer noch zwei Jahre vor jener von Nummer 3 propagiert worden.

Der deutschsprachige, vorerst nur die Wege Nr. 4 bis 6 umfassende Führer (10) des Autors erschien 1976. Zwei Jähre später gab Toni Sanmarchi sein grundlegendes Führerwerk über die Dolomiten-Höhenroute Nr. 4 ebenfalls in deutscher Sprache heraus.

Literaturnachweis:

1) *Mario Brovelli: „Le Alte Vie delle Dolomiti", in: „Lo Scarpone", 1.9.1966.*
2) *Mario Brovelli: „L'Alta Via delle Dolomiti N. 2", in: „Le Alpi Venete", 2/69, S. 55/56.*
3) *Claudio Cima: „Le Alte Vie delle Dolomiti", in: „Rassegna Alpina" 16/70, S. 182–187.*
4) *Franz Pangerl: „Vom Pustertal zum Piave – Alta Via delle Dolomiti N. 4", Führer, in: „Alpinismus" 6/71.*
5) *Franz Hauleitner: „Dolomiten-Höhenroute Nr. 3", in: „Der Bergsteiger" 10/72, S. 618 bis 620.*
6) *Mario Brovelli, Toni Sanmarchi: „La situazione delle Alte Vie delle Dolomiti", in: „Le Alpi Venete" 2/72, S. 169/170.*
7) *Toni Sanmarchi: „Alta Via di Grohmann" (Weg Nr. 4), Führer, Tamari Editori, Bologna, 1. Aufl. 1973, letzte Aufl. 1985.*
8) *Franz Hauleitner: „Auf einsamen Wegen rund um die Sorapisgruppe", in: „Alpinismus" 10/75, S. 30/31.*
9) *Franz Hauleitner: „Die Dolomiten-Höhenwege", in: „Alpinismus" 9/76, S. 20/21.*
10) *Franz Hauleitner: „Dolomiten-Höhenwege Nr. 4–7", Führer, erschienen im Bergverlag Rudolf Rother, München, 1. Aufl. 1976, 3. Aufl. 1988.*
11) *Toni Sanmarchi: „Dolomiten-Höhenwege – Grohmann- und Tizianweg" (Wege Nr. 4 und 5), Führer, Verlag Ghedina, Cortina 1978.*
12) *Helmut Dumler: „Die Weitwanderwege der Dolomiten" (Bildband über die Routen Nr. 1 bis 6), Bruckmann-Verlag, München 1985.*

◁ Der Lago Sorapis nahe dem Rifugio Vandelli ist ein beliebter Badesee.

▷ Die Dreizinnenhütte mit ihrer berühmten Kulisse, ein Glanzpunkt der Alpen!

4

Paul Grohmann

Der erste große Erschließer der Dolomiten

Die große Alta Via N. 4 trägt den Namen des berühmten Dolomiten-Erschließers Paul Grohmann. Das ist nun nicht weiter verwunderlich, reihen sich doch gerade an dieser Hochroute eine erstaunlich hohe Zahl kühner Gipfel, die Grohmann in der zweiten Hälfte des vorigen Jahrhunderts als erster betreten hat.

Paul Grohmann wurde am 12. Juli 1838 als Sohn einer sehr wohlhabenden Arztfamilie in Wien geboren. Er bereiste mit seinen Eltern schon als Kind verschiedene Alpengegenden. Als Fünfzehnjähriger unternahm er, stets in Führerbegleitung, erste Bergfahrten im Bereich der Gailtaler Alpen. Er liebte dieses damals noch unbekannte Gebiet ganz besonders und erstieg im Jahre 1855 dort den Westlichen Reißkofel erstmals. Damit war Paul Grohmann den Bergen für immer verfallen! Am 15. August 1859 stand er als erster am Gipfel der Aperen Hochalmspitze. Doch die Zeit seiner wirklich großen Touren begann erst mit dem Jahre 1862. Er schreibt: „Von den Spitzen und Höhen der Hohen Tauern erblickte ich im Süden eine neue Bergwelt von märchenhaften Formen, über die auch das beste Buch nur geringe Aufschlüsse erteilte. Ich beschloß, in die Dolomiten zu ziehen und dort zu arbeiten. Begeisterter ist wohl selten ein Jünger an seine Arbeit gegangen!"

Von den Kundfahrten der Engländer Francis Fox Tuckett, Douglas W. Freshfield, Josiah Gilbert und G. Churchill abgesehen, hatte vor Paul Grohmann eigentlich nur John Ball (1818–1889), damals Präsident des „Alpine Club", das phantastische Zauberreich der Dolomiten bereist und hier mit der ersten Besteigung des Monte Pelmo (1857) und der Marmolada di Rocca (1860) Meilensteine der alpinen Erschließung gesetzt.

Bereits im Jahre 1862 durchwanderte Paul Grohmann die Ampezzaner und Fassaner Dolomiten, wobei er Ende Juli als zweiter den Gipfel der Marmolada di Rocca betrat. Ein Jahr später, am 29. August 1863, erreichte er mit dem Führer F. Lacedelli erstmals den höchsten Punkt der Tofana di Mezzo. Der 6. September dieses Jahres brachte die zweite Besteigung des Monte Pelmo entlang der von John Ball seinerzeit eingeschlagenen Route. Am 18. September 1863 stand Paul Grohmann mit den Führern Matteo Ossi sowie F. und A. Lacedelli zum ersten Mal am Gipfel des gewaltigen Antelao.

Auch das Jahr 1864 zeitigte große Erfolge: Mit dem Wirt von Schluderbach, Georg Ploner, hatte Grohmann bereits am 16. August den Cristallino di Misurina (Cristallogruppe) erstbestiegen. Wenige Tage später, am 29. August, stand er mit den Führern A. Dimai und Santo Siorpaès am Gipfel der jungfräulichen Tofana di Rozes. Am 16. September wurde nach mehrmaligen vergeblichen, in das Jahr 1863 zurückreichenden Versuchen auch der Gipfel der Punta di Sorapis erstmals betreten, wobei ihn die Führer F. Lacedelli und A. Dimai begleiteten. Schließlich erfolgte als Krönung seiner bisherigen Dolomitenfahrten die Erstbesteigung des höchsten Marmolada-Gipfels, der Punta di Penia, am 28. September unter der Führung von A. und F. Dimai.

Da sich seine Führer weigerten, den Gipfel zu betreten, mißlang Grohmann im Sommer 1865 eine Besteigung der Hohen Gaisl. Am 14. September dieses Jahres gelang ihm hingegen die ruhmreiche Erstbesteigung des Monte Cristallo unter Assistenz der Führer A. Dimai und Santo Siorpaès.

Auch das Jahr 1869 war ein sehr erfolgreiches: So brachte zunächst der 18. Juli die Erstbesteigung der Drei-Schuster-Spitze, wobei ihn die Führer Franz Innerkofler und Peter Salcher begleiteten. Einen Monat später, am 13. August, betrat Grohmann mit den ge-

△ Die Cadinigruppe von Südwesten (Rifugio Vandelli / Sorapisgruppe) gesehen.

◁ In der Cristallogruppe gelang Paul Grohmann nicht nur die Erstbesteigung der höchsten Erhebung, sondern auch jene des Cristallino di Misurina, eines nordöstlichen Nebengipfels.

nannten Führern erstmals die Spitze des Langkofels und schließlich fiel am 21. August 1869 auch die Große Zinne in den Sextener Dolomiten. Damit zog sich Paul Grohmann, wenn man von der etwas verspäteten Erstbesteigung des Pragser Seekofels am 15. September 1874 absieht, aus den Dolomiten zurück.

Paul Grohmann war nicht nur ein exzellenter Alpinist, sondern auch ein ganz hervorragender Schriftsteller. Seine alpinen Großtaten im Reich der „Bleichen Berge" hat er in seinem berühmten Buch „Wanderungen in den Dolomiten" festgehalten. Daneben stehen zahllose Abhandlungen und Artikel in der alpinen Fachpresse.

Große Bedeutung kommt dieser Persönlichkeit auch als einer der Gründer des Österreichischen Alpenvereins zu. Nachdem sich in Englang bereits 1857 der „Alpine Club" formiert hatte, wurde am 19. November 1862 auch in Wien eine entsprechende Bergsteigervereinigung gegründet. Dem Gründungsausschuß gehörten Edmund v. Mojsisovics, Paul Grohmann und Dr. Guido Freiherr von Sommaruga an. In den ersten Jahren seines Bestehens übte Paul Grohmann die Funktion des Schriftführers beim Österreichischen Alpenverein aus. Später war er es, der für eine zeitgemäße Umgestaltung des ÖAV nach dem Vorbild des 1863 gegründeten Schweizer Alpen-Clubs eintrat.

Dank seiner Wohlhabenheit hatte es Paul Grohmann nie nötig, einen Beruf auszuüben. Dennoch blieb ihm ein harter Schicksalsschlag nicht erspart. Der große Bankkrach im Jahre 1873 kostete ihn sein ganzes Vermögen. Trotz mehrfacher Angebote von Seiten seiner Freunde und des Alpenvereins lehnte er jede berufliche Tätigkeit ab und entschied sich für ein Leben in Armut. Zahlreiche Ehrungen haben aber auch die letzten Lebensjahre dieses Mannes verschönt. Am 29. Juli 1908 erlag Paul Grohmann, einer der ganz großen Erschließer der Alpen, in Wien einem Lungenödem.

4

Charakteristika

GROSSRAUM:
Östliche Dolomiten
AUSGANGSPUNKT:
Innichen, 1173 m
ENDPUNKT:
Pieve di Cadore, 880 m
WEGLÄNGE:
90 km
HORIZONTALDISTANZ INNICHEN – PIEVE DI CADORE:
35 km
MITTLERE BEGEHUNGSDAUER:
8 Tage
MITTLERE (MAXIMALE) ETAPPENLÄNGE:
3 (6 ½) Stunden
MITTLERE (GRÖSSTE) ANSTIEGSHÖHE PRO ETAPPE:
420 (830) Meter
HÖCHSTER (TIEFSTER) PUNKT DER ROUTE:
2584 (880) Meter
MAXIMALE SCHWIERIGKEIT:
Kletterei im 2. Grad
ZAHL DER BERÜHRTEN GEBIRGSGRUPPEN:
5
ZAHL DER BEWIRTSCHAFTETEN (UNBEWIRTSCHAFTETEN) ETAPPENSTÜTZPUNKTE:
11 (1)
ZAHL DER BERÜHRTEN PÄSSE:
0
BESTE BEGEHUNGSZEIT:
Anfang (Mitte) Juli bis Ende September
MITTLERE ÖFFNUNGSZEIT DER SCHUTZHÜTTEN:
20. Juni bis 20. September

BERÜHRTE GEBIRGSGRUPPEN: Sextener Dolomiten (Haunold, Drei-Schuster-Spitze, Drei Zinnen), Cadinigruppe, Sorapis, Marmarole, Antelao.
DIE WANDERUNG VON HÜTTE ZU HÜTTE: Innichen – Drei-Schuster-Hütte – Drei-Zinnen-Hütte – Auronzohütte – Rif. Fonda Savio – Rif. Città di Carpi – Rif. Vandelli – Biv. Comici – Rif. San Marco – Rif. Galassi – Rif. Antelao – Pieve di Cadore.
BEGEHUNG DER HÖHENROUTE IN GRÖSSEREN TEILSTRECKEN: Innichen – Auronzohütte (2–3 Tage), Auronzohütte – Rif. Vandelli – Passo Tre Croci (2–3 Tage), Passo Tre Croci – Rif. Vandelli – Pieve di Cadore (4 Tage).
MÖGLICHE GIPFELBESTEIGUNGEN: Drei-Schuster-Spitze, Schusterplatte, Haunold, Birkenkofel, Schwalbenkofel, Rautkofel, Morgenkopf, Schwabenalpenkopf, Toblinger Knoten, Paternkofel, Drei Zinnen, Paßportenkopf, M. Campedelle, C. Cadin di Rinbianco, C. Cadin Nord-Est, C. Cadin di San Lucano, C. Eötvös, C. Cadin Nord-Ovest, C. Cadin della Neve, M. Campoduro, Pale di Menotto, C. del Laudo, Punta Nera, Croda del Fogo, C. di Val Bona, C. Bel Pra, Antelao, C. Fanton, C. Cadin, M. Cianderona, Croda San Pietro, M. Tranego.
BEURTEILUNG DER HÖHENROUTE: Kürzester Dolomiten-Höhenweg; wegen zahlreicher Stützpunkte (geringe Etappenlängen) zwar nicht übermäßig anstrengend, wohl aber technisch anspruchsvoll. Mehrere exponierte Klettersteige! In landschaftlicher Hinsicht besitzt diese Route keine „schwachen Stellen". Es handelt sich um eine ununterbrochene Folge herrlichster Gebirgsszenerien – eine ideale Hochroute nicht für reine Wanderer, sondern für geübte Bergsteiger und Klettersteigliebhaber!
SCHWIERIGKEITEN: Der Weg steht schwierigkeitsmäßig etwa auf einer Stufe mit Höhenroute Nr. 3, nur sind Begehungen teilweise gesicherter Steiganlagen hier noch häufiger als dort. Die größten Probleme stellen die Via ferrata Vandelli in der Sorapisgruppe sowie der noch etwas schwierigere, gesicherte Steilanstieg zur Forcelle del Ghiacciaio (Antelaomassiv) dar. Bei Schneelage, Nässe oder Vereisung ist von einer Begehung dieser anspruchsvollen hochalpinen Teilstrecken unbedingt abzuraten!
ANFORDERUNGEN: Für die schwierigsten Abschnitte der Höhenroute Nr. 4 gibt es keine oder nur höchst unlohnende Umgehungsvarianten. Eine Begehung des Weges erfordert deshalb geübte Bergsteiger. Absolute Trittsicherheit, Schwindelfreiheit, Kletterkenntnisse (Passagen im 2. Schwierigkeitsgrad) sowie gehörige Armkraft sind unbedingt nötig. Die einzelnen Teilstrecken an diesem Weitwanderweg sind im allgemeinen weniger lang als an Route Nr. 3, so daß an Ausdauer im Mittel etwas geringere Anforderungen gestellt werden. Dennoch darf die Bewältigung einer etwa sechsstündigen Etappe keine Probleme bereiten!
ABZEICHEN: Begeher der Dolomiten-Höhenroute Nr. 4 erhalten nach Vorweis sämtlicher auf einem Blatt Papier gesammelter Hüttenstempel bei der Kurverwaltung (Azienda Turismo) in Pieve di Cadore ein Abzeichen.
HÖHENWEGFÜHRER: Franz Hauleitner: „Dolomiten-Höhenwege Nr. 4–7", Bergverlag Rudolf Rother, München 1988. Toni Sanmarchi: „Alta Via di Grohmann" (Höhenweg Nr. 4), Tamari Editori, Bologna 1985. Toni Sanmarchi: „Dolomiten-Höhenwege – Grohmann- und Tizianweg" (Wege Nr. 4 und 5), Verlag Ghedina, Cortina 1978.
WANDERFÜHRER (FÜR EINFACHE GIPFELBESTEIGUNGEN): Reihe der „Kleinen Führer" des Bergverlages Rudolf Rother über die Gebiete Sextener und Ampezzaner Dolomiten.
KARTEN: Kompaß-Wanderkarte 1 : 50 000, Blätter 55, 58 und 77. Freytag & Berndt-Wanderkarte 1 : 50 000, Blatt S 10. Tabacco-Wanderkarte 1 : 50 000, Blatt 1. Carta d'Italia 1 : 50 000, Blätter „Dobbiaco", „Cortina d'Ampezzo", „Auronzo di Cadore".
Geografica-Wanderkarte 1 : 25 000, Blätter 2 und 4 (nördlichster Wegabschnitt nicht enthalten).

△ Am Sentiero Durissini in der Cadinigruppe. Im Süden die Forcella Cadin Deserto mit Marmarole in der Ferne.

◁ Lärchenidylle im Innerfeldtal (Sextener Dolomiten).

Wegübersicht

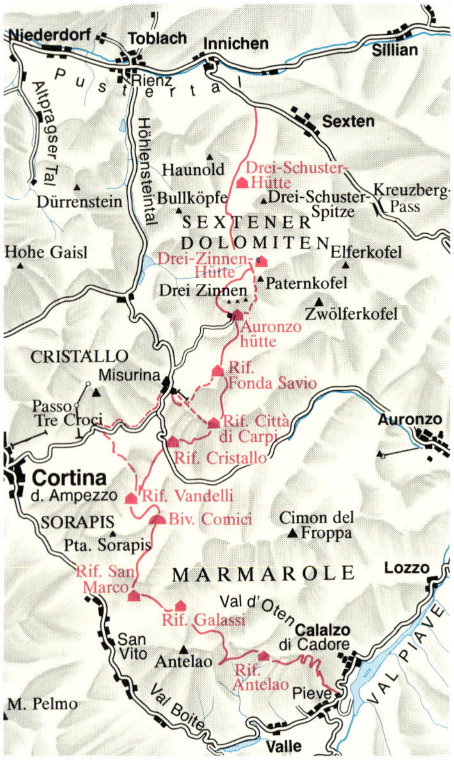

Abschnitt	Gebiet	Ausgangspunkt Zielpunkt	Gehzeit Std.	HU	Varianten
1	Sextener Dolomiten	Innichen Drei-Schuster-Hütte	2¼–3	— ↓ 450 ↑	
2	Sextener Dolomiten	Drei-Schuster-Hütte Drei-Zinnen-Hütte	3–3½	50 ↓ 830 ↑	
3	Sextener Dolomiten	Drei-Zinnen-Hütte Auronzohütte	1¾–2	220 ↓ 100 ↑	V 1
4	Cadini di Misurina	Auronzohütte Rif. Fonda Savio	2–2½	340 ↓ 390 ↑	
5	Cadini di Misurina	Rif. Fonda Savio Rif. Città di Carpi	2–2½	500 ↓ 300 ↑	V2 ↑ V3
6	Cadini di Misurina und Sorapisgruppe	Rif. Città di Carpi Rif. Vandelli	3¼–4	770 ↓ 600 ↑	V4 ↓
7	Sorapisgruppe	Rif. Vandelli Biv. Comici	2½–3½	380 ↓ 470 ↑	
8	Sorapis- und Marmarolegruppe	Biv. Comici Rif. San Marco	4–5	550 ↓ 410 ↑	
9	Marmarole- und Antelaogruppe	Rif. San Marco Rif. Galassi	1¼	100 ↓ 300 ↑	
10	Antelaogruppe	Rif. Galassi Rif. Antelao	5½–6½	990 ↓ 770 ↑	
11	Antelaogruppe	Rif. Antelao Pieve di Cadore	2¼–3	970 ↓ 50 ↑	

▷ Schlechtwetter an der Alta Via N. 4! Von der Auronzohütte fällt der Blick nach Südwesten auf die Massive des Sorapis (links) und des Monte Cristallo (rechts). Unter der Nebeldecke verborgen die Paßlandschaften von Misurina und Tre Croci.

▷▷ Die in einem Seitenkamm der nördlichen Cadinigruppe aufragende Felssäule des Torre Siorpaès von der Forcella Sabbiosa gesehen.

Eine Wanderung von Innichen nach Pieve di Cadore

Die Dolomiten-Höhenroute Nr. 4

Tourensteckbrief

Innichen, 1173 m. An der Mündung des Sextentales in das Pustertal gelegener, alter Markt und Fremdenverkehrsort. Hotels, Gasthöfe und Pensionen. Anreise durch das Pustertal mit Bahn, Bus oder eigenem Pkw.	*Varianten*
A 1 Innichen – Drei-Schuster-Hütte *Wegverlauf, Gehzeiten:* Innichen – Lanzinger Säge, 1 Std. – Innerfeldtal – Drei-Schuster-Hütte (2¼–3 Std., bei Busfahrt bis Lanzinger Säge 1¼–2 Std.). *Anforderungen:* Trotz großteils asphaltierter Straßen sehr schöne Wanderung durch das äußere Sextental, später durch das wildromantische Innerfeldtal. *Höhenunterschiede:* 450 m ↑. *Gipfelbesteigungen:* Keine.	
Drei-Schuster-Hütte, 1617 m. AVS Drei Zinnen. 40 Betten, 20 Lager, vom 1. Juni bis 30. September bewirtschaftet.	
A 2 Drei-Schuster-Hütte – Drei-Zinnen-Hütte *Wegverlauf, Gehzeiten:* Drei-Schuster-Hütte – Großes Wildgrabenjoch, 2289 m, 1½–2 Std. – Drei-Zinnen-Hütte, 3–3½ Std. *Anforderungen:* Bis zum Großen Wildgrabenjoch anstrengender Steilanstieg, dann herrliche, bequeme Höhenwanderung. Bei Nebel besondere Vorsicht! Einer der landschaftlich beeindruckendsten Abschnitte der Höhenroute (Drei-Zinnen-Blick!). *Höhenunterschiede:* 50 m ↓, 830 m ↑. *Gipfelbesteigungen:* Drei-Schuster-Spitze, 3145 m, Schusterplatte, 2957 m, Haunold, 2966 m, Birkenkofel, 2922 m, Schwalbenkofel, 2873 m, Rautkofel, 2799 m, Morgenkopf, 2493 m, Schwabenalpenkopf, 2687 m, Toblinger Knoten, 2617 m.	
Drei-Zinnen-Hütte, 2405 m. CAI Padova; 100 Betten, 100 Lager; bewirtschaftet vom 20. Juni bis zum letzten Samstag im September.	
A 3 Drei-Zinnen-Hütte – Auronzohütte *Wegverlauf, Gehzeiten:* Drei-Zinnen-Hütte – Lange Alpe – Forc. Col di Mezzo, 2315 m, 1¼–1½ Std. – Auronzohütte, 1¾–2 Std. *Anforderungen:* Kurzer, unschwieriger Übergang. Einzigartige Landschaftsbilder. Vorsicht bei Nebel! *Höhenunterschiede:* 220 m ↓, 100 m ↑. *Gipfelbesteigungen:* Paternkofel, 2744 m.	V 1
Auronzohütte, 2330 m. CAI Cadorina Auronzo; 60 Betten, bewirtschaftet vom 1. Juni bis 30. September.	
A 4 Auronzohütte – Rif. Fonda Savio *Wegverlauf, Gehzeiten:* Auronzohütte – Sentiero Alberto Bonacossa – Forc. Longères, 2235 m – Forc. di Rinbianco, 2207 m, 1¼–1½ Std. – Rif. Fonda Savio, 2–2½ Std. *Anforderungen:* Prächtige, teilweise gesicherte Steiganlage (alter Kriegsweg). Trittsicherheit und Schwindelfreiheit erforderlich! *Höhenunterschiede:* 340 m ↓, 390 m ↑. *Gipfelbesteigungen:* Drei Zinnen, 2973 m, 2999 m, 2857 m, Paternkofel, 2744 m, Paßportenkopf, 2719 m, M. Campedelle, 2346 m, C. Cadin di Rinbianco, 2402 m.	
Rif. Fonda Savio, 2367 m. CAI Trieste; 24 Betten, 25 Lager; vom 15. Juni bis 30. September bewirtschaftet.	
A 5 Rif. Fonda Savio – Rif. Città di Carpi *Wegverlauf, Gehzeiten:* Rif. Fonda Savio – Sentiero Durissini – Forc. della Torre, 2410 m, ½ Std. – Forc. Sabbiosa, 2240 m, 1 Std. – Forc. Cadin Deserto, 2225 m, 1¼–1½ Std. – Forc. Cristina – Rif. Città di Carpi, 2–2½ Std. *Anforderungen:* Aussichtsreicher, unschwieriger Übergang an der Ostseite der Cadinigruppe entlang – ein idealer Höhenweg. Vorsicht im Frühsommer bei Schneelage! *Höhenunterschiede:* 500 m ↓, 300 m ↑. *Gipfelbesteigungen:* C. Cadin Nord-Est, 2788 m (Via ferrata Merlone-Ceria), C. Cadin di San Lucano, 2839 m, C. Eötvös, 2835 m, C. Cadin Nord-Ovest, 2726 m, C. Cadin della Neve, 2757 m, M. Campoduro, 2244 m, Pale di Menotto, 2248 m.	V 2 V 3
Rif. Città di Carpi, 2110 m. CAI Città di Carpi; 30 Lager, bewirtschaftet vom 1. Juli bis 15. (20.) September.	

Die Drei Zinnen vom Nordgipfel des Monte Piana betrachtet.

Sextener Dolomiten

Haunold, Drei-Schuster-Spitze, Drei Zinnen

Trotz Pala, trotz Brenta oder Rosengarten – die Sextener Dolomiten sind, was Abwechslungsreichtum und landschaftliche Vielfalt angeht, das faszinierendste Gebiet der „Bleichen Berge“. Das beweisen die zahlreich vorhandenen Stützpunkte ebenso wie die hohen Besucherzahlen ... und leider auch einige Anzeichen von rücksichtsloser alpiner Übererschließung!
Dieser gewaltige Bergraum an der Nordecke der Dolomiten besitzt eine unüberschaubare Zahl von Prunkstükken. Da gibt es die übermächtig zwischen Fischlein- und Innerfeldtal aufragende Drei-Schuster-Spitze, die Turmphalanx des Elfers, den Kolossalbau des Zwölfers, die grandiosen Felsräume um die Cima Bagni oder gar die millionenfach bestaunte, in den Alpen oh-

ne Gegenstück dastehende Schöpfung der Drei Zinnen.
Höhenroute Nr. 4 berührt nur die westlichen Bezirke der Sextener Dolomiten, die Untergruppen des Haunold, der Drei-Schuster-Spitze und der Drei Zinnen.
Die zwischen Höhlensteintal und Innerfeldtal gelegene Gruppe des Haunold ist ein, gottlob, noch wenig bekanntes Bergland, aus dem als markanteste Erhebungen Schwalbenkofel, Birkenkofel und eben der Haunold hervorragen. Hier lassen sich, abseits vom großen Trubel, im Sommer wie im Winter reizvolle Touren unternehmen, die von einzigartiger Schau auf die umliegenden Bergräume begleitet werden.
Ganz anders die kleine Untergruppe der Drei-Schuster-Spitze. Da bewundert man die alles überragende Erscheinung, eine Felszinne von seltener Eleganz, die auf Bergsteiger seit jeher große Anziehungskraft ausgeübt hat.
Absoluter Glanzpunkt der Sextener Dolomiten sind jedoch die Drei Zinnen. Wer diese in seltener Einheit über dem weiten Plateau der Langen Alpe unvermittelt aufragenden Felsgestalten zum ersten Mal erblickt, steht fassungslos. Nicht zu glauben, daß ohne äußeren Eingriff, ohne menschliches Schönheitsempfinden eine Trias von derart vollendeter Harmonie und Größe völlig natürlich entstanden sein soll! Die Drei Zinnen sind beliebtes Ziel für Könner, für erfahrene Kletterer. Dennoch ist es auch für weniger Geübte faszinierend, sie zu umwandern, sie zu bestaunen und in ihrem Schatten zu träumen …

Cadini di Misurina

Von den nördlich gelegenen Sextener Dolomiten durch die markante Forcella Longères klar getrennt, ist die kleinräumige Cadinigruppe, trotz ihrer wunderlichen Felsbildungen und ihrer Nähe zu Misurina, ein immer noch einsames, kaum bekanntes Berggebiet. Anziehungspunkt ist da nur die berühmte Via ferrata Merlone-Ceria auf die Cima Cadin Nord-Est – ein kühner Klettersteig, dessen Begehung allerdings den geübten Bergsteigern vorbehalten bleibt.
Wie nur selten in den Dolomiten herrscht hier eine überaus starke Zerklüftung und Gliederung in zahlreiche Schuttkare, Seitenkämme oder isoliert stehende Kleinmassive vor. Die Gruppe erweckt dadurch den Eindruck einer gewissen Regellosigkeit. Gerade diese Besonderheit aber macht hier Wanderungen zu wahren Entdeckungsfahrten für Lichtbildner und überhaupt für Ästheten. Wer diese merkwürdige Gruppe durchstreift, wird erstaunt sein über die sich immer neu darbietenden kulissenhaften Felsszenerien und die wunderbaren Ausblicke zu den umliegenden Dolomitmassiven. In den „Cadini“ kann der Wanderer wochenlang Entlegenes und auch Vernachlässigtes suchen … und finden!

Von der Normalroute zur Großen Zinne präsentiert sich das im Süden wildgezackt in die Lüfte ragende Massiv der Cadini di Misurina besonders malerisch. Dahinter erkennt man die höchste Erhebung der östlichen Dolomiten, den Antelao.

A 6 Rif. Città di Carpi – Rif. Vandelli *Wegverlauf, Gehzeiten:* Rif. Città di Carpi – Casera Maraia, 1696 m, ½ Std. – Federavecchia (Hotel Cristallo, 1368 m), 1¼–1½ Std. – Val Sorapis – Rif. Vandelli, 3¼–4 Std. *Anforderungen:* Mit einem 800-m-Abstieg in das innere Val Boite verbundener Übergang aus der Cadinigruppe in das Reich des Sorapis. Routenverlauf wegen neuer Forststraßen nicht immer leicht auffindbar! *Höhenunterschiede:* 770 m ↓, 600 m ↑. *Gipfelbesteigungen: Keine.*	↑ V 3 ↓	V 4 ↓
Rif. Vandelli, 1928 m. CAI Venezia, 38 Betten, 22 Lager; vom 20. Juni bis 20. September bewirtschaftet.		
A 7 Rif. Vandelli – Biv. Comici *Wegverlauf, Gehzeiten:* Rif. Vandelli – Via ferrata Alfonso Vandelli – Biv. Comici, 2½–3½ Std. *Anforderungen:* Mit A 10 anspruchsvollster Abschnitt der Höhenroute Nr. 4. Stellenweise sehr ausgesetzte, auf Bändern mitten durch die senkrechten Westwände der Croda del Fogo führende, gesicherte Steiganlage. Nur für ausdauernde, klettergewandte Bergsteiger (Schwierigkeitsgrad II). Vorsicht bei einem Schlechtwettereinbruch! *Höhenunterschiede:* 380 m ↓, 470 m ↑. *Gipfelbesteigungen:* C. del Laudo, 2670 m, Punta Nera, 2847 m, Croda del Fogo, 2567 m, C. di Val Bona, 2899 m.		
Biv. Comici, 2020 m. CAI Venezia, 9 Lager; unbewirtschaftete, aber ständig geöffnete Unterkunft.		
A 8 Biv. Comici – Rif. San Marco *Wegverlauf, Gehzeiten:* Biv. Comici – Sentiero Carlo Minazio – Forc. Bassa del Banco, 2128 m, – Cengia Colli Neri – Val di San Vito – Forc. Grande, 2255 m, 3–4 Std. – Rif. San Marco, 4–5 Std. *Anforderungen:* Sehr langer, anstrengender, aber außergewöhnlich eindrucksvoller Übergang auf Bändern an der Ostseite der zentralen Sorapisgruppe entlang. Absolute Trittsicherheit und Schwindelfreiheit sowie Klettererfahrung (Passagen im Schwierigkeitsgrad I) erforderlich. *Höhenunterschiede:* 550 m ↓, 410 m ↑. *Gipfelbesteigungen:* C. Bel Pra, 2917 m, Punta Sorapis, 3205 m.		
Rif. San Marco, 1823 m. CAI Venezia, 30 Betten, 10 Lager; vom 20. Juni bis 20. September bewirtschaftet.		
A 9 Rif. San Marco – Rif. Galassi *Wegverlauf, Gehzeiten:* Rif. San Marco – Forc. Piccola, 2120 m, 1 Std. – Rif. Galassi, 1¼ Std. *Anforderungen:* Kurzer, landschaftlich prachtvoller Übergang ohne jede Schwierigkeit. *Höhenunterschiede:* 100 m ↓, 300 m ↑. *Gipfelbesteigungen:* Antelao, 3264 m.		
Rif. Galassi, 2018 m. CAI Mestre, 35 Betten, 25 Lager; vom 15. Juni bis 15. September bewirtschaftet.		
A 10 Rif. Galassi – Rif. Antelao *Wegverlauf, Gehzeiten:* Rif. Galassi – Forc. del Ghiacciaio, 2584 m, 3–3½ Std. – Forc. Piria, 2096 m, 5–5½ Std. – Sella di Pradonego – Rif. Antelao, 5½–6½ Std. *Anforderungen:* Längste und neben A 7 anspruchsvollste Teilstrecke an der Höhenroute Nr. 4. Im Anstieg zur Forc. del Ghiacciaio sind an einer drahtseilgesicherten, 150 Meter hohen Plattenwand Kletterkenntnisse erforderlich (Passagen im Schwierigkeitsgrad II). Bei Nässe, Schneelage oder Vereisung sehr kraftraubender Anstieg, dann Seilsicherung ratsam. Nichts für Ungeübte! *Höhenunterschiede:* 990 m ↓, 770 m ↑. *Gipfelbesteigungen:* C. Fanton, 3142 m, C. Cadin, 2676 m, M. Cianderona, 2587 m, Croda San Pietro, 2260 m.		
Rif. Antelao, 1796 m. CAI Treviso, 26 Lager; vom 1. Juni bis 31. Oktober (15. November) bewirtschaftet.		
A 11 Rif. Antelao – Pieve di Cadore *Wegverlauf, Gehzeiten:* Rif. Antelao – Forc. Antracisa, 1697 m, 15 Min. – M. Tranego, 1849 m, ¾ Std. – Pozzale, 1054 m, 2–2½ Std. – Pieve di Cadore, 2¼–3 Std. *Anforderungen:* Bequemer, sehr aussichtsreicher Abstieg in das Piavetal. Alte Kriegsstraße. *Höhenunterschiede:* 970 m ↓, 50 m ↑. *Gipfelbesteigungen:* M. Tranego, 1849 m.		

Sorapisgruppe mit Marmarole

Das im Süden über dem inneren Val d'Ansiei mächtig aufbauende Gebirgsmassiv des Sorapis bildet einen weiten, nach Norden geöffneten Halbkreis, den „Circo di Sorapis“. Die um dieses einzigartige Felskar gereihten Nordwände der Punta di Sorapis, des Monte di Caccia Grande, der Tre Sorelle und der Croda del Fogo formen jene unvergleichliche Hochgebirgskulisse, die, als echt dolomitisches Kabinettstück, von Misurina her vielfach bewundert und fotografiert wird. Nach Süden, gegen Val Boite, zeigt das Massiv eine geschlossene, abweisende Wandflucht und bildet dort eines der Schaustücke von Cortina und San Vito.

Der ungewöhnlich schroffe, festungsartige Aufbau der Gruppe hat zur Folge, daß es hier keine einfachen, Wanderern angepaßte Durchquerungsmöglichkeiten gibt. Einige um den unnahbaren Zentralstock herumführende Eisenwege lösen das Problem dennoch auf relativ einfache Weise. Daß aber diese gesicherten Steiganlagen solides bergsteigerisches Können und Klettererfahrung voraussetzen, sei hier ausdrücklich betont.

Die Gebiete der Marmarole werden von unserem Höhenweg, wie bei Route Nr. 3, nicht durchwandert, sondern nur berührt. Die Marmarole sind ein Felsenreich von sehr ernstem, herbem Charakter, eher an die Nördlichen Kalkalpen, denn an die Dolomiten erinnernd. Diese sehr interessante Gruppe ist – trotz der durch sie hindurchführenden Höhenroute Nr. 5 – ein absolut einsames, stiefmütterlich behandeltes Gebiet im Reigen der Zentraldolomiten geblieben.

Pieve di Cadore, 880 m. An der Mündung des Val Boite in das Piavetal gelegener Fremdenverkehrsort, 43 Kilometer nördlich von Belluno. Geburtsort des berühmten Renaissance-Malers Vecellio Tizian. Zahlreiche Sehenswürdigkeiten. Hotels, Restaurants, Bars. Läden aller Art, Banken. Endstation der Dolomiten-Höhenwege Nr. 4 und 5. Rückreise mit Bus entweder über Santo Stefano di Cadore und den Kreuzbergpaß oder über Cortina und Toblach nach Innichen.	

Varianten	Variante zur Hauptroute
V 1 Drei-Zinnen-Hütte – Auronzohütte *Wegverlauf:* Drei-Zinnen-Hütte – Paternsattel – Lavaredohütte – Auronzohütte. *Anforderungen:* Unschwierige Abkürzungsvariante zu der um etwa eine Stunde längeren Hauptroute. Landschaftlich ebenso schön, aber leider besonders stark frequentiert! *Gehzeit:* 1–1¼ Std.	A 3
V 2 Rif. Fonda Savio – Rif. Città di Carpi *Wegverlauf:* Rif. Fonda Savio – Forc. del Nevaio – Forc. Verzi – Rif. Città di Carpi. *Anforderungen:* Überaus eindrucksvoller, hochalpiner Übergang. Kürzer, aber bedeutend anspruchsvoller als die Hauptroute. Trittsicherheit und Schwindelfreiheit erforderlich. Im Frühsommer (Altschnee) Pickel und Steigeisen angeraten. *Gehzeit:* 1½–2 Std.	A 5
V 3 Rif. Fonda Savio – Rif. Vandelli *Wegverlauf:* Rif. Fonda Savio – Sentiero Alberto Bonacossa – Forc. del Diavolo – Forc. Misurina – Rif. Col de Varda – Misurina – Passo Tre Croci – Rif. Vandelli. *Anforderungen:* Im Vergleich zur Hauptroute kürzer und bequemer, aber auch weniger schön. Am Sentiero Bonacossa sind Trittsicherheit und Schwindelfreiheit nötig. Von Misurina zum Passo Tre Croci Straßenwanderung (Busverbindung). *Gehzeit:* 5–6 Std., bei Busbenützung nur 3½–4½ Std.	A 5/A 6
V 4 Rif. Città di Carpi – Rif. Vandelli *Wegverlauf:* Rif. Città di Carpi – Rif. Col de Varda – Misurina – Passo Tre Croci – Rif. Vandelli. *Anforderungen:* Länger und nicht so eindrucksvoll wie die Hauptroute. Von Misurina zum Passo Tre Croci Straßenwanderung (Busverbindung). *Gehzeit:* 4½–5½ Std., bei Busbenützung 3–4 Std.	A 6

Die Umgebung der Drei-Zinnen-Hütte ist reich an eindrucksvollen Bergszenerien. Das Bild zeigt Schwalbenkofel und Schwabenalpenkopf in Ostansicht.

Antelao

Durch die tief eingehauene Forcella Piccola von den Marmarole getrennt, erhebt sich die plattengepanzerte Pyramide des Antelao als eine weit nach Süden, gegen das Val Boite vorgeschobene und dabei alles überragende Festung. Diese mit 3264 Metern höchste Erhebung der östlichen Dolomiten wird ihrer weitreichenden und umfassenden Rundsicht wegen häufig vom Rifugio Galassi oder vom Rifugio San Marco her bestiegen. Der Anstieg ist nicht übermäßig schwierig, erfordert aber Übung sowie gute Wetterverhältnisse!

Der Berg besitzt mehrere, in seine Nordflanke eingelagerte kleine Gletscher, die ihm, etwa von den Marmarole her, ein ungemein stolzes Aussehen verleihen. Besonders eindrucksvoll präsentiert sich der Antelao aus der Gegend von Cortina. Aber auch von Süden, etwa vom Monte Rite gesehen, bewundert man die gewaltigen Wandbildungen an dieser hoch über dem Boitetal thronenden Bergmajestät.

Das Massiv des Antelao läuft in einem relativ steil nach Osten, gegen die Talgabel Val Boite/Val Piave absinkenden Kamm aus, dem Höhenroute Nr. 4 bis nach Pieve di Cadore folgt.

Erwähnung verdienen die zu trauriger Berühmtheit gewordenen Bergstürze aus der Südflanke des Antelao. Jener vom 21. April 1814 zerstörte die Orte Taulen und Marceana (Boitetal) und forderte 270 Todesopfer!

Dolomiten-Höhenroute 5

TIZIAN-HÖHENWEG
Von Sexten nach Pieve di Cadore

Unter den zehn großen Dolomiten-Höhenwegen besitzen die Nummern 5 und 7 einen recht eigenwilligen, uneinheitlichen Verlauf. Behalten alle übrigen eine bestimmte, einmal eingeschlagene Richtung (meist Nord-Süd) bei, so windet sich beispielsweise Route Nr. 5 buchstäblich durch das Dolomitengebiet, wobei einmal in die Talregion abgestiegen werden muß.
Das Unternehmen nimmt im prächtig gelegenen Südtiroler Urlaubsort Sexten seinen Anfang und endet im mittleren Piavetal, in dem durch Lage und Baukunst bemerkenswerten Cadoriner Kleinstädtchen Pieve di Cadore. Nach dem großen Sohn dieser Stadt, dem berühmten Renaissancemaler Vecellio Tizian, wird diese Route – übrigens die östlichste im Bereich der Zentraldolomiten – auch „Via di Tiziano“ (Tizian-Höhenweg) genannt.
Höhenweg Nr. 5 ist deutlich dreigeteilt. Da ist zunächst die unerhört eindrucksvolle, an der berühmten „Sonnenuhr“ Elfer-, Zwölfer- und Einserkofel vorbeiführende Überschreitung der Sextener Dolomiten. Danach folgt als Haupt- und Kernstück die Durchquerung der Marmarolegruppe. Gemeinsam mit Route Nr. 4 führt auch diese „Alta Via“ zuletzt durch das Antelaomassiv und erfährt dort ihren krönenden Abschluß.
Es sind prächtige, felsgewaltige Massive, alle dolomitischer Natur, die da durchwandert werden. Gewisse Strekken, etwa die einzigartige, schon für sich lohnende Marmarole-Überschreitung, dürfen als wahre Glanzstücke alpiner Weitwanderwege gelten.
Was die an den Begeher gestellten Anforderungen betrifft, so liegen diese hier stellenweise noch über jenen der Routen Nr. 3 und 4. Das trifft vor allem auf die erwähnte Durchquerung der Hochmarmarole („Strada Sanmarchi“) zu. Diese Region, nur durch wenige Biwakhütten erschlossen, wird kaum besucht, und erinnert des herben Landschaftscharakters wegen stark an die Nördlichen Kalkalpen. Infolge des teilweisen Fehlens bewirtschafteter Unterkünfte muß von Auronzo, spätestens vom Rifugio Chiggiato weg, eine für mehrere Tage reichende Proviantmenge mitgetragen werden. Das setzt schon entsprechendes Training und Durchhaltevermögen voraus!

Die Wiesen und Lärchenbestände am Pian dei Buoi in der östlichen Marmarolegruppe.

Neben Kletterkönnen (wiederholt längere gesicherte oder ungesicherte Felspassagen im Schwierigkeitsgrad II) sind vor allem guter Orientierungssinn sowie absolute Trittsicherheit und Schwindelfreiheit erforderlich. Es erscheint auch wichtig darauf hinzuweisen, daß bei irgendwelchen Unfällen oder Problemen im Bereich der Hochmarmarole kaum mit Hilfe gerechnet werden kann. Vor Alleinbegehungen dieser Alta Via möchte ich daher entschieden abraten. Höhenweg Nr. 5 darf in mancher Hinsicht als Vorbereitung und Prüfstein für die noch bedeutend anspruchsvolleren Routen Nr. 6 und 7 gelten.

▷ Blumen am Weg.

▽ Sexten ist Ausgangspunkt für den Dolomiten-Höhenweg Nr. 5.

Es geht wohl jedem so, der den großartigen Bergraum um Sexten zum ersten Mal betritt: Hier würde man am liebsten länger verweilen, nur um all die verheißungsvoll dargebotenen Schönheiten gründlich kennenzulernen. Der über tausend Meter hohe Helmhang im Norden des Ortes ist eine unvergleichliche Balkonloge in endlos vielen Etagen. An diesem, auch mit Seilbahn erreichbaren Proszenium hat man das gewaltige Dolomitenpanorama der „Sextener Sonnenuhr“ (Neuner-, Zehner, Elfer-, Zwölfer- und Einserkofel) direkt gegenüber!
Ein wunderschöner Weg leitet über prächtige Wiesen und durch malerische Lärchenbestände in das vielgepriesene Fischleintal. Welch ein erhebender Augenblick, wenn dort nach einer Bergkante plötzlich die verwegene Turmgestalt des Zwölferkofels auftaucht! An dem von Wanderern und Autotouristen vielbesuchten Hotel Dolomitenhof – es wird heute noch von Nachkommen des berühmten Sextener Bergführers Sepp Innerkofler geführt – vorbei, steigen wir durch Fischlein- und Ba-

cherntal zur Zsigmondyhütte an. Sie wird nach dem bekannten italienischen Alpinisten Emilio Comici auch Comicihütte genannt. Der Bergraum um dieses prachtvoll gelegene Haus ist wahrhaft unvergleichlich. Der durch seine Nähe fast erdrückende Koloß des Zwölferkofels, die wuchtigen Mauern des Elfers und der Hochbrunner Schneide, sie bilden eine Hochgebirgsszenerie von elementarer Wucht und Größe! Ein faszinierendes Felsenrund umgibt auch die jenseits des Giralbajochs gelegene Carduccihütte. Schließlich beendet ein 1400-Meter-Abstieg durch das Giralba- und Ansieital nach Auronzo diese erste große Gebirgstraversierung der Höhenroute.

Vom Südhang des Helm hat man Einblick in das von Sextener Rotwand, Elfer-, Zwölfer- und Einserkofel flankierte Fischleintal. Seine Durchwanderung bildet den Auftakt zu dieser Alta Via.

Weil an der nun bevorstehenden Marmarole-Durchquerung teilweise bewirtschaftete Unterkünfte fehlen, wird man sich schon in Auronzo mit dem nötigen Proviant eindecken. Die Strecke bis zum Rifugio Chiggiato führt durch ein dem Marmarolemassiv südöstlich vorgelagertes Mittelgebirge und bietet eine herrliche, völlig problemlose Höhenwanderung. Erstes Ziel ist die auf einem Felspodest östlich unterhalb des Monte Ciareido stehende, gleichnamige Schutzhütte, von der man eine prächtige Rundschau über die Berge des inneren Piavetales genießt. An den gewaltigen Südabstürzen der Marmarole entlang erreicht man später die aussichtsreich gelegene Chiggiatohütte. Hier wird man vom plötzlichen Auftauchen der Riesenpyramide des Antelao überrascht sein. Vor allem sollte man vom Gipfel des nahen Col Negro die im Licht der Abendsonne rotgelb erstrahlenden Felszinnen der Südlichen Karnischen Alpen bewundern!

Es folgt der touristische Höhepunkt des Weitwanderweges, die anspruchsvolle Traversierung der zentralen Marmarolegruppe. Dieser Wegabschnitt darf nur bei ganz sicheren Wetterverhältnissen und erst nach völliger Ausaperung der Hochregion (meist erst ab Mitte Juli) angegangen werden.

Der ausgesetzte, kühn trassierte und teilweise gesicherte „Sentiero degli Alpini“ leitet zunächst über den Südpfeiler der Cima Salina und durch das Val de la Tana empor zur Forcella Jau della Tana, dem Tor zu den Geheimnissen der Hochmarmarole. Eine herrliche

△ Morgenstimmung auf Bivacco Voltolina mit der Zackenkrone der Cadinigruppe im Norden.

◁ Die großartigen Südabstürze der Marmarolegruppe vom Rifugio Chiggiato gesehen.

Fernschau zu den Sextener und Zoldiner Dolomiten sowie zu den Südlichen Karnischen Alpen ist der Lohn für die durchgestandene Anstiegsmühe. Über die weite, vegetationslose Karrenfläche der „Lastoni delle Marmarole" führen nun Markierungszeichen hinunter zum alten, bereits mehrmals geplünderten und jetzt dem Verfall preisgegebenen Steinbau des Bivacco Tiziano. Es wird heute durch eine neue Wellblech-Biwakhütte des Club Alpino Italiano ersetzt.

Jetzt beginnt die berühmte „Strada Sanmarchi". Der Übergang zum Bivacco Musatti bereitet vorerst noch keine großen Schwierigkeiten. Aber schon der Anstieg über steile, brüchige Schrofen zur Forcella del Mescol erweist sich als nicht ganz einfach und ungefährlich. Ein durch mehrere Eisenleitern gesicherter dunkler Kamin und anschließende Schutthänge bringen auf den Kamm der Croda Rotta. Mäßig schwierige Felsabsätze leiten hier zu einer engen Scharte, die den recht versteckten Übergang in das dahinterliegende Val del Fogo vermittelt. Über die Forcella Vanedel und um die Croda de Marchi herum gelangen wir zur eigentlichen „Mutprobe" und Schlüsselstelle des Überganges, einer senkrechten glatten Wand, deren Querung im ersten Moment absolut unmöglich erscheint. Entlang eines etwa dreißig Meter langen Drahtseiles wird diese sehr exponierte, trittarme Stelle bewältigt. Ein kurzer Anstieg durch das Val di Mezzo bringt uns schließlich zur Endstation dieser erlebnisreichen Etappe, zu dem in einer chaotischen Trümmerlandschaft stehenden Bivacco Voltolina. Hat man Glück mit dem Wetter, so kann man von hier ein Hochgebirgsbild von wunderbarer Schönheit bewundern: Über den Tiefen des Val d'Ansiei erhebt sich im Norden, einer Gralsburg gleich, die wilde Zackenkrone der Cadini di Misurina. Zu diesem Motiv gibt der Ausschnitt des Val di Mezzo gerade den richtigen Rahmen ab.

Anderntags steht die Begehung der prächtigen „Cengia del Doge" bevor. In beispielloser, überaus eindrucksvoller Querung geht es auf dem schmalen, sehr ausgesetzten und zweimal unterbrochenen Band mitten durch die senk-

rechte Nordwand des Corno del Doge hinüber in das Val di San Vito. Ein bequemer Wanderweg bringt uns sodann angesichts des kühnen Torre dei Sabbioni hinauf zur Forcella Grande und nach kurzem Abstieg zu dem wie ein Adlerhorst über dem Boitetal thronenden Rifugio San Marco. Hier umgibt uns die hehre Dolomitenwelt des Cadore: Im Osten die übermächtig aufragende, plattengepanzerte Pyramide des Antelao. Im Süden die Riesen Pelmo und Civetta, flankiert von den Gebieten Bosconero, Schiara, Pramper, Croda da Lago, Nuvolau und Tofana.
Gemeinsam mit Höhenweg Nr. 4 folgt nun als richtige Erholungsstrecke der schöne bequeme Übergang zum nahen Rifugio Galassi. Dabei öffnet sich bei der Forcella Piccola ein überraschender Blick auf die Umrahmung des inneren Valle d'Oten. Am Rifugio Galassi setzt als letzte schwierige Teilstrecke die Überschreitung des Antelaomassivs an. Der Zugang zur Forcella del Ghiacciaio führt über eine steile, 150 Meter hohe, gesicherte Plattenwand. Die Begehung dieser Steiganlage erfordert Übung im Klettern (Passagen im Schwierigkeitsgrad II) sowie absolute Trittsicherheit, Schwindelfreiheit und gehörige Armkraft. Was über die Marmarole-Durchquerung gesagt wurde, gilt auch hier: Schlechtwetter mit Nebel, Schnee oder Vereisung können diese Traversierung nicht nur erschweren, sondern unter Umständen sogar unmöglich machen!
Über die Forcella Piria und am reizvoll gelegenen Rifugio Antelao vorbei erreicht man die weit gegen das Piavetal vorgeschobene Schulter des Monte

△ In der Felswildnis der Hochmarmarole. Blick vom Tacco del Tedesco nach Westen auf den Kamm der Croda Rotta.

▷ Cristallogruppe, Dürrenstein und Zentralalpen vom Tacco del Tedesco gesehen.

Tranego, einem wunderbaren Aussichtspunkt. Prächtig formiert stehen im Osten die Gipfel der Südlichen Karnischen Alpen. Faszinierend ist auch der Anblick der uns bekannten Marmarolegruppe. Ihr mehrere Kilometer breiter Südabsturz erscheint von hier als eine der gewaltigsten Wandbildungen der Dolomiten.
Einer alten Kriegsstraße folgend, steigen wir zunächst nach Pozzale ab. Angesichts des gigantischen Monte Duranno erreichen wir das malerische Kleinstädtchen Pieve di Cadore und somit das Ende unserer Höhenwanderung.

Zur Entstehung des Weges

Die von Dr. Mario Brovelli († 22.1.1980), damals Arzt und Funktionär des EPT in Belluno, in den Jahren 1966 und 1969 publizierten Arbeiten enthielten Entwürfe für insgesamt fünf Dolomiten-Höhenwege. Dabei waren für die (später als Nummer 6 bezeichnete) Route Nr. 5 die Gebiete östlich des Piave (Karnische Alpen) vorgesehen. Die in der Folge mit Nummer 5 bezeichnete Route Nr. 4 hätte nach den ersten Plänen (1) ausschließlich durch die Marmarolegruppe führen sollen. In einer drei Jahre später erscheinenden Veröffentlichung (2) wurden aber bereits die Gebiete der östlichen Sextener Dolomiten einbezogen. Für diesen Höhenweg schlug Mario Brovelli die auch heute noch zutreffende Bezeichnung „Via di Tiziano“ vor. Im Gegensatz zu den Höhenrouten Nr. 3 und 4 waren schon in diesen ersten Ansätzen die in Frage kommenden Dolomitenbezirke deutlich abgesteckt.

Trotzdem wich die damals (1969) konzipierte Route noch erheblich von ihrem heutigen Verlauf ab: Einer ziemlich unlogischen Durchquerung der Sextener Dolomiten (Sexten – Zsigmondyhütte – Bertihütte – Bivacco Battiglione Cadore – Carduccihütte – Bivacco De Toni – Drei-Zinnen-Hütte – Auronzohütte) wäre die Traversierung der Cadinigruppe zum Passo Tre Croci hin gefolgt. Danach hätte sich die Höhenroute über das Rifugio Vandelli und das Bivacco Comici gegen das Val di San Vito fortgesetzt. Als Abschluß war eine West-Ost-Überschreitung („Strada Sanmarchi“) der Marmarolegruppe gedacht.

Im Jahre 1970 wurde in einem von Claudio Cima verfaßten Artikel (3) – er basiert auf Vorarbeiten von Mario Brovelli und Toni Sanmarchi – die Anzahl der Wege auf sechs erhöht. Damit erhielt Route Nr. 5 erstmals die ihr auch heute noch zustehende Nummer. Obwohl die Wegführung bereits Verbesserungen oder Begradigungen aufwies, bestanden immer noch erhebliche Abweichungen zu dem später erreichten Ideal. Unverändert wurde der Routenverlauf im Bereich der Sextener Dolomiten bis zur Carduccihütte gelassen. Dann erfolgte als Neuerung der Sprung nach Süden über das Val d'Ansiei hinweg zur Marmarolegruppe. Allerdings begnügte man sich in diesem Fall noch mit einer Überschreitung der östlichen Randerhebungen (Val da Rin – Bivacco Fanton – Rifugio Baion – Monte Brente – Calalzo – Pieve di Cadore).

Von 1970 an übernahm der bekannte Belluneser Bergsteiger Dr. Antonio Sanmarchi († 14.12.1982) die weiteren Arbeiten an der Dolomiten-Höhenroute Nr. 5. Sanmarchi war einer der ganz wenigen Kenner nicht nur der Marmarolegruppe, sondern auch der Berge

Vom Pian dei Buoi (östliche Marmarole) präsentieren sich die im Norden aufgereihten Sextener Dolomiten als „unbekanntes“ Gebirge.

östlich des Piave. Eine von ihm bald nach dem Zweiten Weltkrieg entdeckte, anspruchsvolle Durchquerungsmöglichkeit der Hochmarmarole wurde später allgemein unter der Bezeichnung „Strada Sanmarchi" bekannt (4). Als erstes sichtbares Zeichen der großen Sachkenntnis dieses Mannes darf eine 1972 erschienene Abhandlung (5) gelten, in welcher der endgültige, bis heute nicht mehr veränderte Verlauf der Höhenwege Nr. 1 bis 6 bekanntgegeben wurde.

An Route Nr. 5 wurde zunächst das durch die Sextener Dolomiten führende Teilstück begradigt. Die großzügig konzipierte Marmarole-Durchquerung leitete Toni Sanmarchi mit einer herrlichen, unschwierigen Höhenwanderung ein, die vom Monte Agudo an den Ost- und Südabstürzen der Gruppe entlang zum Rifugio Chiggiato führt. Es war naheliegend, daß Sanmarchi die von ihm seinerzeit entdeckte Route durch die Marmarole-Hochregion auch als Abschnitt der Dolomiten-Höhenroute Nr. 4 sehen wollte. Wegen der beträchtlichen technischen Schwierigkeiten waren hier umfangreiche Sicherungsarbeiten notwendig. Sie wurden im Sommer 1973 unter Mithilfe von Alpini-Soldaten durch die Sektion Venezia des CAI durchgeführt (6). Vom Rifugio San Marco weg entschloß sich Sanmarchi für einen parallelen Verlauf der Höhenwege Nr. 4 und 5. Beide Routen führen durch das Antelao-Massiv und enden schließlich in Pieve di Cadore.

Noch im Jahre 1973 präsentierte Toni Sanmarchi seine beiden in italienischer Sprache abgefaßten Führer über die Dolomiten-Höhenwege Nr. 4 und 5 (7). Drei Jahre später kam als erste deutschsprachige Publikation der zunächst nur die Routen Nr. 4, 5 und 6 beinhaltende Führer des Autors (10) auf den Markt. Der seit 1978 in deutscher Übersetzung vorliegende, die Routen Nr. 4 und 5 umfassende Führer (11) Sanmarchis markiert das Ende der 13 Jahre währenden Planung und Erschließung des Dolomiten-Höhenweges Nr. 5.

Literaturnachweis:

1) *Mario Brovelli: „Le Alte Vie delle Dolomiti", in: „Lo Scarpone", 1.9.1966.*
2) *Mario Brovelli: „L'Alta Via delle Dolomiti N. 2", in: „Le Alpi Venete", 2/69, S. 55/56.*
3) *Claudio Cima: „Le Alte Vie delle Dolomiti", in: „Rassegna Alpina" 16/70, S. 182–187.*
4) *Toni Sanmarchi: „Passegiata di croda", in: „Rivista Mensile" (CAI) 3/46.*
5) *Mario Brovelli, Toni Sanmarchi: „La situazione delle Alte Vie delle Dolomiti", in: „Le Alpi Venete" 2/72, S. 169/170.*
6) *Danilo Pianetti: „Appunti sull'Alta Via delle Marmarole", in: „Le Alpi Venete" 2/73, S. 135 bis 141.*
7) *Toni Sanmarchi: „Alta Via di Tiziano" (Weg Nr. 5), Führer, Tamari Editori, Bologna 1973.*
8) *Franz Hauleitner: „Marmarole-Durchquerung", in: „Alpinismus" 5/76, S. 40/41 und 7/76, S. 21–25.*
9) *Franz Hauleitner: „Die Dolomiten-Höhenwege", in: „Alpinismus" 9/76, S. 20/21.*
10) *Franz Hauleitner: „Dolomiten-Höhenwege Nr. 4–7", Führer, erschienen im Bergverlag Rudolf Rother, München, 1. Aufl. 1976, 3. Aufl. 1988.*
11) *Toni Sanmarchi: „Dolomiten-Höhenwege – Grohmann- und Tizianweg" (Wege Nr. 4 und 5), Führer, Verlag Ghedina, Cortina 1978.*
12) *Helmut Dumler: „Die Dolomiten-Weitwanderwege" (Bildband über die Routen Nr. 1 bis 6), Bruckmann-Verlag, München 1985.*

Das alte, nicht mehr benützbare Bivacco Tiziano auf der Hochfläche „Lastoni delle Marmarole" von Süden gesehen. In der Ferne das Massiv des Zwölferkofels (Sextener Dolomiten). Die neue Blech-Biwakschachtel steht knapp hinter dem gemauerten Haus und bietet Platz für neun Personen.

Vecellio Tizian

Hat man am Ende einer Begehung der Dolomiten-Höhenroute Nr. 5 das im mittleren Piavetal reizvoll gelegene Städtchen Pieve di Cadore erreicht, dann wird man sicherlich auch das nahe dem Stadtkern stehende Geburtshaus des berühmten Renaissancemalers Vecellio Tizian aufsuchen, der hier um 1490 – das genaue Geburtsdatum ist unbekannt – das Licht der Welt erblickte. Nach anderen Angaben aber soll Tizian in Campo di Sotto nahe Cortina d'Ampezzo zur Welt gekommen sein. Der aus dieser Unklarheit entstandene Streit zwischen den Cadorinern und den Ampezzanern ist bis heute nicht ganz verstummt. Für den Geburtsort Pieve di Cadore spricht unter anderem, daß der Ortsheilige ebenfalls Tiziano heißt (Namensgebungen nach Ortsheiligen waren damals allgemein üblich).
Tizian übersiedelte schon als Knabe in das damals etwa eine Tagesreise entfernte Venedig, so daß später die Lagunenstadt seine wahre Heimat wurde. Die großartige Architektur der Dolomiten, sie hat Tizian schon sehr früh in sich aufgenommen. Die phantastischen Gebirgslandschaften im Hintergrund seiner Bilder sind sicherlich auf diese Jugenderinnerungen zurückzuführen.
Nicht nur der Dolomiten-Weitwanderweg Nr. 5, sondern auch eine in der Hochregion der Marmarole stehende Biwakhütte tragen den Namen dieses wohl bedeutendsten venetianischen Malers.

Nächtigungen auf Biwakhütten

Wurden an den bisher beschriebenen Höhenwegen zwar hin und wieder unbewirtschaftete Stützpunkte berührt, so war doch eine Nächtigung an ihnen nicht unbedingt erforderlich. Wenn es bequem sein sollte, konnte man solche Biwaks auch überspringen. Die dabei entstehenden längeren Teilstrecken wurden dann durch die Vorzüge bewirtschafteter Unterkünfte wieder wettgemacht.
Mit Route Nr. 5 tritt nun eine Neuerung ein. Hier lassen sich Biwaknächtigungen nicht mehr vermeiden. Dies bringt eine gewisse Umstellung, da Verpflegung und Schlafausrüstung mitgetragen werden müssen. Auch dann noch, wenn man bereits wieder durch gut erschlossene Gegenden wandert. Entlang der Höhenroute Nr. 5 trifft dies auf die Hochregion der Marmarole zu, wo an der anspruchsvollen „Strada Sanmarchi" nicht weniger als drei Biwaks stehen, an denen mindestens einmal genächtigt werden muß.
Obwohl Biwaknächte für verwöhnte oder ältere Bergsteiger eine Reihe von Unannehmlichkeiten bringen, werden doch Natur- und Bergerleben durch sie intensiviert. Außerdem ist man gezwungen bewußter, überlegter und konzentrierter auf Tour zu gehen.
Die von der Fondazione Antonio Berti des Club Alpino Italiano in den Südalpen errichteten normierten Blech-Biwakschachteln sind in der Art eines Faradayschen Käfigs konstruiert. Blitzeinschläge werden dabei an den Außenwänden abgeleitet, so daß die im Innenraum sich aufhaltenden Personen völlig ungeschoren bleiben. Die von außen und innen zu öffnenden Hütten sind ausgezeichnet isoliert sowie völlig wasserdicht und – wenn man will – auch luftdicht abzuschließen. An Einrichtungsgegenständen finden sich neben Tisch und Bank insgesamt neun aufklappbare Lager mit Matratzen und Decken. Ferner besitzen alle Biwaks ausreichend Geschirr und Besteck. Propangaskocher (mit Kartuschen) haben nur wenige dieser Unterkünfte. Daher ist die Zubereitung warmer Speisen nicht immer möglich, sofern man nicht überhaupt lieber im Freien am offenen Feuer seine Sachen wärmt.
Ein Problem für sich ist die Wasserbeschaffung. Vielfach finden sich an den Innenwänden oder im Gästebuch eines Biwaks Hinweise, in welcher Richtung und Entfernung die Wasserstelle zu finden ist. Gibt es kein Quellwasser, wird man die Umgebung nach Schneeresten absuchen oder – bei Schlechtwetter – mit Regenwasser vorlieb nehmen müssen. Oft aber ist auch von Bergsteigern gesammeltes Wasser (Qualität prüfen!) vorhanden. Einen kleinen Vorrat für Notfälle sollte man jedoch stets bei sich tragen.
Die Benützung der Biwakhütten des Club Alpino Italiano ist unentgeltlich. Es erscheint selbstverständlich, daß man als Gast die Unterkunft wieder sauber verläßt und auch Abfallprodukte wieder mit sich nimmt.
Nach vielen solchen Biwaknächten wage ich zu behaupten, daß es wohl die schönsten in meinem Bergsteigerleben waren. Ganz gleich, ob allein oder auch in Begleitung, stets hatte ich das Gefühl von etwas Besonderem, Unwiederholbarem. Die Stille und Erhabenheit solcher Abende, die traumhaften Sonnenauf- und -untergänge, die fröstelnden Stunden an einem selbst entfachten Lagerfeuer, die aus der Tiefe heraufblitzenden Lichter – sie geben einem das Gefühl, über den Niedrigkeiten des Alltags zu stehen und etwas vom tiefsten Wesen der Natur in sich aufzunehmen.

Das sagenumwobene Gebiet der Marmarole mit Cimon del Froppa und Forcella Jau de la Tana von Nordwesten (Passo Tre Croci) gesehen.

5

Tana
Königin der Crodères

Wer zu den Hochregionen der Marmarolegruppe emporsteigt, dem öffnen sich bald kahle, lebensfeindliche Bergräume, scheinbar vegetationslose Kare, die, von einsamen Felsgipfeln umstanden, Anregung für viele Sagen und Berichte gegeben haben.
So wird von Felsensöhnen, den Crodères, erzählt, die, in Höhlen und auf den Zinnen der Marmarole wohnend, steinerne Herzen hatten, also weder Lust noch Leid kannten. Es war den Crodères nicht recht, daß ihre viel zu früh gekrönte, zehnjährige Königin Tana ein menschliches Herz besaß. Sie hatte Erbarmen mit den in den Tälern lebenden Menschen, so daß sie den von den Höhen der Marmarole hinabstürzenden Stein- und Schneelawinen Einhalt gebot. Das brachte ihr Verehrung und Bewunderung der Menschen, bei den Crodères aber Unwillen ein, da sich auf den Marmarole nun Unmengen von Schnee und Eis anhäuften, welche die Hohlräume des Massivs einzudrücken drohten.
Trotz aller Warnungen der Crodères vor dem sehr wechselhaften Wohlwollen der Menschen verließ Tana die zu Stein gewordene Öde der Marmarole und bezog tief unten im Wald eine einsame Holzhütte. So geschah es, daß die junge Königin eines Tages einen Grafen aus Aquileja kennenlernte, der zur Jagd in dieses Gebiet gekommen war. Als sie sich später mit ihm vermählen wollte, flehten sie die entsetzten Crodères an, davon abzugehen und sich niemals mit einem Menschen zu verbinden. Doch Tana blieb bei ihrem Entschluß. Daraufhin wurde auf einer Versammlung der Älteste der Crodères zu Rate gezogen. Auch er hatte ein menschlich-fühlendes Herz, aber es war erfüllt von tiefer Verbitterung. Er erkannte, daß Tana in diesem Zustand nicht länger Königin der Crodères bleiben konnte und riet, sie die Krone ablegen und solange mit den Menschen leben zu lassen, bis sich ihr Schicksal erfüllt habe.

Doch diese Ehe währte nicht lange. Über Nacht hatte sich der Graf von Aquileja aus dem Staub gemacht! Mit ihrem Sohn Salwanèl stieg Tana hinauf zu den Graten und Kämmen der Marmarole, um nach dem vielleicht doch wieder heimkehrenden Vater und Gatten Ausschau zu halten. Doch alles Warten und Hoffen war vergebens!

Da Salwanèl Näheres über den Aufenthalt des Vaters erfahren wollte, entschloß er sich, die Mutter heimlich zu verlassen. In Aquileja angelangt, wies ihn jedoch der Vater von sich und verwundete ihn später schwer in einem Gefecht. Marcòra, die Tochter seines Todfeindes, pflegte ihn gesund. Verfolgt von den Kriegern ihres Vaters flohen beide zurück in die eisigen Gefilde der Marmarole.

Hoch oben auf den kalten Kämmen aber wartete immer noch Tana. Aus der Tiefe drangen die angstvollen Rufe Salwanèls und Marcòras. Wegen der zu ungeheurer Mächtigkeit angewachsenen Schnee- und Eismassen konnten sie den Weg zur Höhe aber nicht gleich finden. Während Salwanèls Geliebte bereits Tana erreicht hatte, holten ihn die Verfolger ein. Aus dem Gleichgewicht gebracht, fiel Salwanèl vor den Augen der beiden Frauen in eine weite Gletscherspalte!

Daraufhin verließen Tana und Marcòra diese ungastlichen Höhen und stiegen hinunter in das Val d'Oten, wo sie am Pian de la Gravina in einer ärmlichen Almhütte Wohnung bezogen. Aber den Menschen wurden die zwei „Eishexen" alsbald verhaßt, da sich im Umkreis der Hütte immer größere Mengen von Schnee und Eis anhäuften und so die Almwirtschaft unmöglich machten.

Als die beiden Frauen wenige Jahre später die vom Gletscher freigegebene Leiche Salwanèls fanden, brach Marcòra tot vor ihrem Geliebten zusammen. Daneben aber stand Tana, die plötzlich wieder das königliche Diadem trug. Ihr Schicksal hatte sich erfüllt! Sie bettete die Leichen Salwanèls und Marcòras in zwei goldene Särge und trug sie hinauf in den Eispalast des Cimon del Froppa.

Da erfüllte ein unheimliches Dröhnen und Getöse die Lüfte. Von den Höhen der Marmarole lösten sich gewaltige Eis- und Schneemassen, die, in die Tiefen des Val d'Ansiei und Val d'Oten stürzend, Mensch und Tier unter sich begruben. Tana hatte ihr menschliches Herz abgelegt.

Wenn heute die Begeher der Dolomiten-Höhenroute Nr. 5 die Forcella Jau de la Tana erreichen, dann stehen sie etwa an der Stelle, wo Tana einst auf Gatten und Sohn vergeblich Ausschau gehalten hatte. An klaren mondhellen Nächten aber kann man aus den Tiefen des allmählich abschmelzenden Ghiacciaio del Froppa den goldenen Schimmer der Särge Salwanèls und Marcòras erkennen ...

▷ Lärchenwiesen im Fischleintal, darüber der Zwölferkofel (Sextener Dolomiten).

▽ Die Kirche von Valle di Cadore (Piavetal) überragt von Cima dei Preti und Monte Duranno.

Charakteristika

GROSSRAUM:
Östliche Dolomiten
AUSGANGSPUNKT:
Sexten, 1317 m
ENDPUNKT:
Pieve di Cadore, 880 m
WEGLÄNGE:
100 km
HORIZONTALDISTANZ SEXTEN – PIEVE DI CADORE:
30 km
MITTLERE BEGEHUNGSDAUER:
10 Tage
MITTLERE (MAXIMALE) ETAPPENLÄNGE:
2 ½ (6 ½) Std.
MITTLERE (GRÖSSTE) ANSTIEGSHÖHE PRO ETAPPE:
370 (910) Meter
HÖCHSTER (TIEFSTER) PUNKT DER ROUTE:
2650 (866) Meter
MAXIMALE SCHWIERIGKEIT:
Kletterei im 2. Grad
ZAHL DER BERÜHRTEN GEBIRGSGRUPPEN:
4
ZAHL DER BEWIRTSCHAFTETEN (UNBEWIRTSCHAFTETEN) ETAPPENSTÜTZPUNKTE:
12 (3)
ZAHL DER BERÜHRTEN PÄSSE:
0
BESTE BEGEHUNGSZEIT:
Mitte Juli bis Ende September

◁ Die Marmarolegruppe von Südosten (Forcella Montanaia) gesehen. In der Tiefe das Piavetal bei Pieve di Cadore.

▽ Am Pian dei Buoi (Marmarole). Im Südwesten die breite Pyramide des Antelao.

MITTLERE ÖFFNUNGSZEIT DER SCHUTZHÜTTEN:
20. Juni bis 20. September.

BERÜHRTE GEBIRGSGRUPPEN: Sextener Dolomiten (Drei-Schuster-Spitze, Elfer-, Zwölfer- und Einserkofelgruppe, Massiv der Hochbrunner Schneide, Gruppe der C. Bagni – C. d'Ambata – Croda da Campo), Marmarole, Sorapis, Antelao.
DIE WANDERUNG VON HÜTTE ZU HÜTTE: Sexten – Zsigmondyhütte – Carduccihütte – Auronzo – Rif. Monte Agudo – Rif. Ciareido – Rif. Baion – Rif. Chiggiato – Biv. Tiziano – Biv. Musatti – Biv. Voltolina – Rif. San Marco – Rif. Galassi – Rif. Antelao – Pieve di Cadore.
BEGEHUNG DER HÖHENROUTE IN GRÖSSEREN TEILSTRECKEN: Sexten – Auronzo (2 Tage), Auronzo – Marmarole-Durchquerung – Rif. San Marco – San Vito di Cadore (5 Tage), San Vito di Cadore – Antelao – Durchquerung – Pieve di Cadore (3 Tage).
MÖGLICHE GIPFELBESTEIGUNGEN: Drei-Schuster-Spitze, Gsellknoten, Elferkofel, Sextener Rotwand, Einserkofel, Oberbachernspitzen, Zwölferkofel, Hochleist, Hochbrunner Schneide, M. Giralba di Sopra, M. Agudo, Croda di Grazioso, Col Burgion, Col dei Buoi, Colle Cervera, Col Vidal, M. Ciareido, M. Ciastelin, Campanile Ciastelin, Colle San Pietro, Croda Bianca, Cimon del Froppa, Col Negro, Monticello, C. di Val Longa Sud, C. Tiziano, Pala di Meduce, C. Schiavina, M. Meduce, Campanile San Marco, Il Mescol, Cresta Vanedel, Croda Rotta, Corno del Doge, C. Bel Pra, C. Scotter, C. Bastioni, Croda de Marchi, Punta Sorapis, Antelao, C. Fanton, C. Cadin, M. Cianderona, Croda San Pietro, M. Tranego.
BEURTEILUNG DER HÖHENROUTE: Kurzer, dafür aber besonders abwechslungsreicher, interessanter Weitwanderweg mit unüblichem Zickzack-Verlauf. Östlichste Höhenroute im Bereich der Zentraldolomiten. Trotz der im Durchschnitt kurzen Etappen abschnittsweise anstrengendes Unternehmen, dessen technische Anforderungen über jenen der Wege Nr. 1 bis 4 liegen. Keine Angelegenheit für ausgesprochene Wanderer, sondern nur für geübte, klettertüchtige und vor allem ausdauernde Bergsteiger. Prüfstein für die noch bedeutend anspruchsvolleren Höhenrouten Nr. 6 und 7.
SCHWIERIGKEITEN: Bis zum Rifugio Chiggiato keine technischen Schwierigkeiten. Im Bereich der Hochmarmarole sowie im Zuge der Antelao-Überschreitung mehrere zum Teil sehr exponierte, gesicherte Steiganlagen oder Wegabschnitte, vielfach auch ungesicherte Felspassagen bis zum Schwierigkeitsgrad II. Aufgrund der teilweise schlechten Wegmarkierungen im Bereich der Marmarolegruppe können Probleme bei der Wegsuche auftreten. Bei Schneelage, Vereisung, Nässe, Schlechtwetter (Nebel) usw. sollte von einer Begehung dieses Höhenweges Abstand genommen werden. Weniger Geübte können vom Rifugio Chiggiato auf Variante V 3 ohne irgendwelche Schwierigkeiten zum Rifugio Galassi gelangen und von dort nach San Vito di Cadore absteigen. Von einer vollständigen Begehung dieser Höhenroute kann aber dann kaum noch die Rede sein!
ANFORDERUNGEN: Die vollständige Begehung der Dolomiten-Höhenroute Nr. 5 ist ausschließlich Angelegenheit für geübte, ausdauernde Bergsteiger mit gutem Orientierungssinn. Kletterkenntnisse (Grad II), absolute Trittsicherheit, Schwindelfreiheit sowie gehörige Armkraft sind Voraussetzung. Wegen des Fehlens bewirtschafteter Stützpunkte im Bereich der Hochmarmarole ist dort das Mittragen einer entsprechenden Proviantmenge (Wasser!) erforderlich. Die Bewältigung einer etwa sechsstündigen Wegstrecke darf keine Probleme bereiten. Im Frühsommer (bis Mitte Juli) sollte man Pickel und Steigeisen bei sich führen.
ABZEICHEN: Begeher der Dolomiten-Höhenroute Nr. 5 erhalten nach Vorweis sämtlicher auf einem Blatt Papier gesammelter Hüttenstempel bei der Kurverwaltung (Azienda Turismo) in Pieve di Cadore ein Abzeichen.
HÖHENWEGFÜHRER: Franz Hauleitner: „Dolomiten-Höhenwege Nr. 4–7", Bergverlag Rudolf Rother, München 1988. Toni Sanmarchi: „Alta Via di Tiziano" (Weg Nr. 5), Tamari Editori, Bologna 1973. Toni Sanmarchi: „Dolomiten-Höhenwege – Grohmann- und Tizianweg" (Wege Nr. 4 und 5), Verlag Ghedina, Cortina 1978.
WANDERFÜHRER (FÜR EINFACHE GIPFELBESTEIGUNGEN): Reihe der „Kleinen Führer" des Bergverlages Rudolf Rother über die Gebiete Sextener und Ampezzaner Dolomiten.
KARTEN: Kompaß-Wanderkarte 1 : 50 000, Blätter 55, 58 und 77 (östlichster Wegabschnitt im Bereich der Marmarolegruppe nicht vollständig enthalten). Freytag & Berndt-Wanderkarte 1 : 50 000, Blatt S 10. Tabacco-Wanderkarte 1 : 50 000, Blatt 1. Carta d'Italia 1 : 50 000, Blätter „Monte Cavallino", „Auronzo di Cadore", „Cortina d'Ampezzo".
Geografica-Wanderkarte 1 : 25 000, Blätter 2 und 4 (östlichste Wegabschnitte im Bereich der Sextener Dolomiten und der Marmarolegruppe nicht enthalten).

Wegübersicht

Ab-schnitt	Gebiet	Ausgangspunkt Zielpunkt	Gehzeit Std.	HU	Varianten
1	Sextener Dolomiten	Sexten Zsigmondyhütte	3¼–3½	— ↓ 910 ↑	
2	Sextener Dolomiten	Zsigmondyhütte Carduccihütte	1	130 ↓ 220 ↑	
3	Sextener Dolomiten	Carduccihütte Auronzo	3–3½	1430 ↓ — ↑	↑
4	Marmarolegruppe	Auronzo Rif. Monte Agudo	Seilbahn	— ↓ — ↑	↑ V2 ↓ V1
5	Marmarolegruppe	Rif. Monte Agudo Rif. Ciareido	2½–3	40 ↓ 440 ↑	↓
6	Marmarolegruppe	Rif. Ciareido Rif. Baion	¾	190 ↓ 50 ↑	
7	Marmarolegruppe	Rif. Baion Rif. Chiggiato	2–2½	— ↓ 80 ↑	
8	Marmarolegruppe	Rif. Chiggiato Biv. Tiziano	3¼–4	400 ↓ 740 ↑	↑
9	Marmarolegruppe	Biv. Tiziano Biv. Musatti	2–2½	500 ↓ 370 ↑	
10	Marmarolegruppe	Biv. Musatti Biv. Voltolina	5–6	750 ↓ 730 ↑	V3
11	Marmarole- und Sorapisgruppe	Biv. Voltolina Rif. San Marco	3–3½	700 ↓ 440 ↑	
12	Marmarole- und Antelaogruppe	Rif. San Marco Rif. Galassi	1¼	100 ↓ 300 ↑	↓
13	Antelaogruppe	Rif. Galassi Rif. Antelao	5½–6½	990 ↓ 770 ↑	
14	Antelaogruppe	Rif. Antelao Pieve di Cadore	2¼–3	970 ↓ 50 ↑	

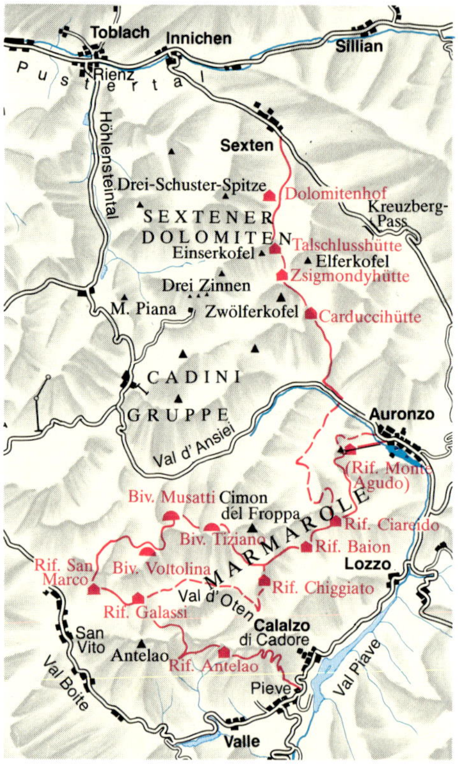

▷ Tiefblick vom Pian dei Buoi (Marmarole) in das Piavetal mit dem Lago Centro di Cadore. Links darüber der Passo della Mauria, weiter rechts das Cridolamassiv (Südliche Karnische Alpen).

▷ Das am Südabhang der Marmarolegruppe, im inneren Valle d'Oten aussichtsreich gelegene Rifugio Chiggiato. Im Hintergrund Forcella Piccola, Cima Scotter und Cime Bastioni.

5

Anspruchsvoller Höhengang von Sexten nach Pieve di Cadore

Dolomiten-Weitwanderweg Nr. 5

Tourensteckbrief

Sexten, 1317 m. Im gleichnamigen Tal gelegener, vielbesuchter Fremdenverkehrsort. Berühmter Dolomitenblick! Zahlreiche Hotels, Restaurants und Privatzimmer. Anreise durch das Pustertal und über Innichen mit Bus, Bahn (nur bis Innichen) und eigenem Pkw.	*Varianten*
A 1 Sexten – Zsigmondyhütte *Wegverlauf, Gehzeiten:* Sexten – Fischleintal – Dolomitenhof, 1454 m, 1¼ Std. – Talschlußhütte, 1526 m, 1¾ Std. – Bacherntal – Zsigmondyhütte, 3¼–3½ Std. *Anforderungen:* Stark begangener, landschaftlich wunderschöner Hüttenanstieg. Prächtige Lärchenwiesen im Fischleintal, großartige Felsszenerien im Bacherntal. Unschwierig. *Höhenunterschiede:* 910 m ↑. *Gipfelbesteigungen:* Drei-Schuster-Spitze, 3145 m, Gsellknoten, 2870 m, Elferkofel, 3092 m, Sextener Rotwand, 2965 m.	
Zsigmondyhütte, 2224 m. CAI Padova; 40 Betten, 45 Lager, vom 20. Juni bis 30. September bewirtschaftet.	
A 2 Zsigmondyhütte – Carduccihütte *Wegverlauf, Gehzeiten:* Zsigmondyhütte – Forc. Giralba, 2431 m, ¾ Std. – Carduccihütte, 1 Std. *Anforderungen:* Hochalpiner, aber unschwieriger, kurzer Übergang aus dem inneren Bacherntal in das Val Giralba Alta. Wanderung vorwiegend durch weite Geröllkare. *Höhenunterschiede:* 130 m ↓, 220 m ↑. *Gipfelbesteigungen:* Einserkofel, 2698 m, Oberbachernspitzen, 2675 m, 2635 m, Zwölferkofel, 3094 m, Hochleist, 2413 m, Hochbrunnerscheide, 3046 m, Elferkofel, 3092 m, M. Giralba di Sopra, 2995 m.	
Carduccihütte, 2297 m. CAI Cadorina (Auronzo); 34 Lager; vom 25. Juni bis 25. September bewirtschaftet.	
A 3 Carduccihütte – Auronzo *Wegverlauf, Gehzeiten:* Carduccihütte – Val Giralba – Pian de le Salere – Cas. Ligonto Dentro, 935 m, 2¼–2½ Std. – Val d'Ansiei – Ponte da Rin, 901 m, 2½–2¾ Std. – Auronzo, 3–3½ Std. *Anforderungen:* Beachtlicher Steilabstieg von 1400 Metern in das Val d'Ansiei mit zuletzt unschöner Straßenwanderung nach Auronzo. Keine technischen Schwierigkeiten! *Höhenunterschiede:* 1430 m ↓. *Gipfelbesteigungen:* Keine.	↑
Auronzo, 866 m. Im Val d'Ansiei, am Lago di San Caterina gelegener Urlaubsort. Im Hochsommer von italienischen Gästen stark besucht. Zahlreiche Hotels und Restaurants, ferner Läden aller Art und Banken.	
A 4 Auronzo – Rif. Monte Agudo Seilbahnfahrt (Umbau auf Sessellift geplant!). Bei Nichtbetrieb – in diesem Fall bleibt auch das Gipfelschutzhaus geschlossen – Anstieg auf den M. Agudo (2 Std.) und weiter zum Rif. Ciareido nötig.	↑ V 2 ↓ V 1
Rif. Monte Agudo, 1573 m. Zugleich Bergstation der Monte-Agudo-Seilbahn („Funivia Monte Agudo"). Im Besitz der Gemeinde Auronzo. 29 Betten. Bewirtschaftung je nach Seilbahnbetrieb.	
A 5 Rif. Monte Agudo – Rif. Ciareido *Wegverlauf, Gehzeiten:* Rif. Monte Agudo – Croda di Grazioso, 1706 m, ¾ Std. – Tabia Forcella Bassa, 1632 m, 1¼–1½ Std. – Col dei Buoi, 1802 m, 1¾–2 Std. – Pian dei Buoi – Rif. Ciareido, 2½–3 Std. *Anforderungen:* Einleitende Teilstrecke der langen Marmarole-Durchquerung. Einfache Wanderung auf gut bezeichneten Wegen. Prächtige Aussichtspunkte! *Höhenunterschiede:* 40 m ↓, 440 m ↑. *Gipfelbesteigungen:* M. Agudo, 1573 m, Croda di Grazioso, 1706 m, Col Burgion, 1769 m, Col dei Buoi, 1802 m, Colle Cervera, 1920 m, Col Vidal, 1880 m.	↓
Rif. Ciareido, 1969 m. CAI Lozzo di Cadore, 50 Betten; vom 20. Juni bis 20. September bewirtschaftet.	

Am Südhang des Helm (Sexten) mit Blick auf Elfer- und Zwölferkofel.

Sextener Dolomiten

Drei-Schuster-Spitze, Elferkofel, Zwölferkofel, Einserkofel, Hochbrunner Schneide, Untergruppe der Cima Bagni

Die „Sextener" sind, was Abwechslungsreichtum und landschaftliche Vielfalt angeht, das faszinierendste Gebiet der Dolomiten. Das beweisen die zahlreich vorhandenen Stützpunkte ebenso wie die hohen Besucherzahlen ... und leider auch verschiedene Anzeichen rücksichtsloser Übererschließung.

Dieses Bergland an der Nordostecke der Dolomiten besitzt eine Reihe von Prunkstücken. Da ist die übermächtig zwischen Fischlein- und Innerfeldtal aufragende Drei-Schuster-Spitze, die Turmphalanx des Elfers, die Kathedrale des Zwölfers, der grandiose Felsbezirk um Hochbrunner Schneide und Cima Bagni oder gar die millionenfach bestaunte, in den Alpen ohne Gegenstück dastehende Schöpfung der Drei Zinnen. Höhenroute Nr. 5 berührt die zentralen und östlichen Bezirke der Sextener Dolomiten, jene Berge, die das malerische Fischleintal wie das wilde Val Giralba flankieren.

Die zwischen Innerfeld- und Fischleintal aufragende Drei-Schuster-Spitze ist eine Felszinne von seltener Eleganz, eine dominierende Erscheinung, die auf Bergsteiger schon immer große Anziehungskraft ausgeübt hat.

An der Ostseite des Fischlein- und des Bacherntales hat man die gewaltigen Massive der Sextener Rotwand und des Elferkofels. Sie sind Hauptanziehungspunkte der Urlaubsgäste von Sexten. Der um den Zackenkamm des Elferkofels herumführende „Alpiniweg" gilt als einer der schönsten Klettersteige alten Stils in den Dolomiten.

Im Hintergrund des Bacherntales reckt sich der kühne, freistehende Obelisk des Zwölfers gegen den Himmel. Diese neben den Drei Zinnen edelste Berggestalt der Sextener Dolomiten ist allerdings nur geübten Kletterern zugänglich.

Zwischen Altenstein- und Bacherntal schiebt sich keilförmig die steile Felspyramide des Einserkofels. Seine 800 Meter hohe Nordwand birgt nicht nur extrem schwierige Kletterführen, sie ist auch eines der Schaustücke des an Wundern überreichen Fischleintales.

Durch die tiefe Kerbe der Forcella Giralba getrennt, entfaltet sich östlich des Zwölferkofels das mächtige Massiv der Hochbrunner Schneide (Monte Popera). An ihm ist nicht wilde Zerklüftung, sondern großartige Kompaktheit vorherrschend. In gewissem Sinn ähnelt dieser festungsartige Bau, erinnern die weiten Kare und abweisenden Wände an die wuchtigen Strukturen des Sellastockes. Der Gipfel wird von der Zsigmondyhütte her relativ häufig bestiegen und vermittelt eine einzigartige Rundschau.

Südöstlich der Hochbrunner Schneide setzt sich der Hauptkamm der Sextener Dolomiten gegen den Zovopaß fort. Dieser Gebirgszug steht den landschaftlichen Schönheiten der übrigen Gruppe in keiner Weise nach, ist aber bedeutend weniger erschlossen und besucht als der Zentralbereich. Als markanteste Erhebungen sind hier Cima Bagni, Cima d'Ambata, Croda di Ligonto, Croda di Tacco und Croda da Campo zu nennen. All diese Höhen stürzen in hohen Wänden und Pfeilern gegen das Comelico, vor allem aber zu den Talschluchten des Val Giralba und Val d'Ansiei ab und bieten von Süden gesehen einen überwältigenden, urwelthaften Anblick. Hier gibt es noch keine bewirtschafteten Unterkünfte. Die Durchquerung dieses Berggebietes vom Rifugio Carducci über die Bivacci Battaglione Cadore und Gera nach Padola (Variante zur Höhenroute Nr. 9) ist außerordentlich anspruchsvoll und muß zu den gewaltigsten Fahrten gezählt werden, die Durchschnittsbergsteiger in den Südalpen unternehmen können!

Die Drei-Schuster-Spitze (Sextener Dolomiten) aus dem Fischleintal gesehen.

A 6 Rif. Ciareido – Rif. Baion *Wegverlauf, Gehzeiten:* Rif. Ciareido – Rif. Baion, ¾ Std. *Anforderungen:* Bequeme Höhenwanderung an den Südostabhängen der Marmarolegruppe entlang. *Höhenunterschiede:* 190 m ↓, 50 m ↑. *Gipfelbesteigungen:* M. Ciareido, 2504 m, M. Ciastelin, 2570 m, Campanile Ciastelin, 2602 m, Colle San Pietro, 1855 m.	
Rif. Baion, 1828 m. CAI Domegge di Cadore; 52 Lager, vom 20. Juni bis 20. September bewirtschaftet.	
A 7 Rif. Baion – Rif. Chiggiato *Wegverlauf, Gehzeiten:* Rif. Baion – Rif. Chiggiato, 2–2½ Std. *Anforderungen:* An den Südabstürzen der Marmarolegruppe entlangführender prächtiger Höhenweg. Eine kurze Felspassage verlangt Trittsicherheit und Schwindelfreiheit. *Höhenunterschiede:* 80 m ↑. *Gipfelbesteigungen:* Croda Bianca, 2841 m, Cimon del Froppa, 2932 m, Col Negro, 1952 m.	
Rif. Chiggiato, 1911 m. CAI Venezia, 40 Lager; bewirtschaftet vom 20. Juni–20. September.	
A 8 Rif. Chiggiato – Biv. Tiziano *Wegverlauf, Gehzeiten:* Rif. Chiggiato – Sentiero degli Alpini – Val de la Tana – Forc. Jau de la Tana, 2650 m, 2½–3 Std. – Ghiacciaio Froppa di Dentro – Lastoni delle Marmarole – Biv. Tiziano, 3¼–4 Std. *Anforderungen:* Beginn der zweiten, sehr anspruchsvollen Weghälfte der Dolomiten-Höhenroute Nr. 5. Ausgesetzter, teilweise gesicherter Steilanstieg in die Hochregion der Marmarole. Trittsicherheit, Schwindelfreiheit und Klettererfahrung (Passagen im 1. Schwierigkeitsgrad) nötig. Nur bei nebelfreiem Wetter ungefährlich. Vorsicht bei Nässe, Schneelage oder Vereisung! *Höhenunterschiede:* 400 m ↓, 740 m ↑. *Gipfelbesteigungen:* Cimon del Froppa, 2932 m, Monticello, 2803 m, C. di Val Longa Sud, 2742 m, C. Tiziano, 2802 m, Pala di Meduce, 2864 m, C. Schiavina, 2782 m.	↑
Biv. Tiziano, 2246 m. CAI Venezia, 9 Lager; unbewirtschaftet, aber stets geöffnet.	
A 9 Biv. Tiziano – Biv. Musatti *Wegverlauf, Gehzeiten:* Biv. Tiziano – Val Longa – Meduce di Fuori – Biv. Musatti, 2–2½ Std. *Anforderungen:* Nicht schwieriger, aber nur bei guter Sicht (kein Nebel!) anzuratender Übergang. Im zweiten Abschnitt teilweise weglos und unbezeichnet. *Höhenunterschiede:* 500 m ↓, 370 m ↑. *Gipfelbesteigungen:* M. Meduce, 2402 m, C. Schiavina, 2782 m, Pala di Meduce, 2864 m, Campanile San Marco, 2777 m.	
Biv. Musatti, 2111 m. CAI Venezia, 9 Lager; stets geöffneter, aber unbewirtschafteter Stützpunkt.	
A 10 Biv. Musatti – Biv. Voltolina *Wegverlauf, Gehzeiten:* Biv. Musatti – Forc. del Mescol, 2350 m, 1–1½ Std. – Meduce di Dentro – Forc. Nord di Torre Frescura, ca. 2540 m, 3–4 Std. – Forc. Vanedèl, 2372 m, 3½–4½ Std. – Val di Mezzo – Biv. Voltolina, 5–6 Std. *Anforderungen:* Eine der prächtigsten, aber auch anspruchsvollsten Traversierungen in den Dolomiten. Der lange, auch unter der Bezeichnung „Strada Sanmarchi" bekannte, teilweise gesicherte Übergang bleibt geübten Bergsteigern mit gutem Orientierungssinn und entsprechender Klettererfahrung (ungesicherte Felspassagen im 2. Schwierigkeitsgrad) vorbehalten. Nicht immer gut bezeichnet, daher nur bei besten Wetterverhältnissen (kein Nebel!) anzuraten. Unterwegs kein Wasser! *Höhenunterschiede:* 750 m ↓, 730 m ↑. *Gipfelbesteigungen:* Il Mescol, 2413 m, Campanile San Marco, 2777 m, Cresta Vanedèl, 2725 m, Croda Rotta, 2632 m.	V 3
Biv. Voltolina, 2082 m. CAI Venezia, 9 Lager; unbewirtschaftete, aber stets geöffnete Unterkunft.	

Beim Rifugio Baion in der Marmarolegruppe. Der Blick fällt in nordwestlicher Richtung auf das Massiv der Croda Bianca. Unter ihren gewaltigen Südabstürzen führt der Höhenweg Nr. 5 weiter zum Rifugio Chiggiato.

Marmarolegruppe mit Sorapis

Höhepunkt und Kernstück der Dolomiten-Höhenroute Nr. 5 ist die Durchwanderung der nur wenig bekannten Marmarolegruppe. Dieser Name ist vorrömischen Ursprungs und bedeutet soviel wie „Die Glänzenden". Wer die Gruppe im Abendlicht etwa vom Passo Tre Croci her bewundern konnte, der versteht diese treffende Bezeichnung. Der 15 Kilometer lange Marmarole-Hauptkamm erstreckt sich in Ost-West-Richtung zwischen dem Ansieital im Norden und dem Otental im Süden. Die steil gegen diese Täler absinkenden Flanken geben dieser Gruppe etwas Reserviertes, Uneinnehmbares! Der Zentralbereich hat trotz starker Gliederung hochflächenartigen Charakter. Mächtige, nach Norden weisende Sekundärgrate schließen mehrere weite Kare ein, die zum Teil kleinere Gletscherreste bergen. Nach Süden fällt das gesamte Massiv in einheitlicher Mauer gegen das Valle d'Oten ab. Diese mehrere Kilometer breite und über 1000 Meter hohe Wand gilt als eines der erhabensten Schaustücke der östlichen Dolomiten!

Die höchste Erhebung der Marmarole, der Cimon del Froppa (2932 Meter), ist ein überaus lohnender, jedoch nur geübten Bergsteigern zugänglicher Aussichtsberg. Er kann von der Forcella Jau de la Tana über die Normalroute (Schwierigkeitsgrad II) bestiegen werden.

Nach Osten läuft die Gruppe in ein weites, wiesenreiches Mittelgebirge aus. Die Umgebung des Pian dei Buoi ist ein herrliches Wanderparadies mit unvergeßlicher Schau auf die umliegenden Dolomitenbezirke, aber auch zu den Karnischen Alpen. Die Gegend wird von unserer Höhenroute berührt, kann aber auch von Lozzo di Cadore mit Kraftfahrzeug erreicht werden.

A 11 Biv. Voltolina – Rif. San Marco *Wegverlauf, Gehzeiten:* Biv. Voltolina – Cengia del Doge – Val di San Vito – Forc. Grande, 2255 m, 2–2½ Std. – Rif. San Marco, 3–3½ Std. *Anforderungen:* Letzter Abschnitt der anstrengenden Marmarole-Durchquerung. Großartiger, hochalpiner Übergang, der am luftigen Dogenband („Cengia del Doge") seine schönste, aber schwierigste Passage aufweist. Absolute Trittsicherheit und Schwindelfreiheit sowie Klettererfahrung (Passagen bis zum Schwierigkeitsgrad II) nötig. *Höhenunterschiede:* 700 m ↓, 440 m ↑. *Gipfelbesteigungen:* Corno del Doge, 2615 m, C. Bel Prà, 2917 m, C. Scotter, 2800 m, C. Bastioni, 2926 m, Croda de Marchi, 2769 m, Punta Sorapis, 3205 m.	
Rif. San Marco, 1823 m. CAI Venezia, 30 Betten, 10 Lager; vom 20. Juni bis 20. September bewirtschaftet.	
A 12 Rif. San Marco – Rif. Galassi *Wegverlauf, Gehzeiten:* Rif. San Marco – Forc. Piccola, 2120 m, 1 Std. – Rif. Galassi, 1¼ Std. *Anforderungen:* Kurzer, landschaftlich prachtvoller Abschnitt ohne jede Schwierigkeit. *Höhenunterschiede:* 100 m ↓, 300 m ↑. *Gipfelbesteigungen:* Antelao, 3264 m.	V 3 ↓
Rif. Galassi, 2018 m. CAI Mestre, 35 Betten, 25 Lager; vom 15. Juni bis 15. September bewirtschaftet.	
A 13 Rif. Galassi – Rif. Antelao *Wegverlauf, Gehzeiten:* Rif. Galassi – Forc. del Ghiacciaio, 2584 m, 3–3½ Std. – Forc. Piria, 2096 m, 5–5½ Std. – Sella di Pradonego – Rif. Antelao, 5½–6½ Std. *Anforderungen:* Längste, neben A 10 und A 11 anspruchsvollste Teilstrecke an der Dolomiten-Höhenroute Nr. 5. Im Anstieg zur Forc. del Ghiacciaio sind an einer drahtseilgesicherten, 150 Meter hohen Plattenwand Kletterkenntnisse erforderlich (Passagen im 2. Schwierigkeitsgrad). Bei Nässe, Schneelage oder Vereisung sehr kraftraubender Anstieg, dann Seilsicherung ratsam. Nichts für Ungeübte! *Höhenunterschiede:* 990 m ↓, 770 m ↑. *Gipfelbesteigungen:* C. Fanton, 3142 m, C. Cadin, 2676 m, M. Cianderona, 2587 m, Croda San Pietro, 2260 m.	
Rif. Antelao, 1796 m. CAI Treviso, 26 Lager; vom 1. Juni bis 31. Oktober (15. November) bewirtschaftet.	
A 14 Rif. Antelao – Pieve di Cadore *Wegverlauf, Gehzeiten:* Rif. Antelao – Forc. Antracisa, 1697 m, 15 Min. – M. Tranego, 1849 m, ¾ Std. – Pozzale, 1054 m, 2–2½ Std. – Pieve di Cadore, 2¼–3 Std. *Anforderungen:* Bequemer, sehr aussichtsreicher Abstieg in das Piavetal. Alte Kriegsstraße. *Höhenunterschiede:* 970 m ↓, 50 m ↑. *Gipfelbesteigungen:* M. Tranego, 1849 m.	
Pieve di Cadore, 880 m. An der Mündung des Boitetales in das Piavetal gelegener Fremdenverkehrsort, 43 Kilometer nördlich von Belluno. Geburtsort des berühmten Renaissance-Malers Vecellio Tizian. Zahlreiche Sehenswürdigkeiten. Hotels, Restaurants, Bars; Läden aller Art, Banken. Endstation der Dolomiten-Höhenwege Nr. 4 und 5. Rückreise mit Bus über Santo Stefano di Cadore und den Kreuzbergpaß nach Sexten.	

Die Marmarole sind ein Felsenreich von sehr ernstem, herbem Charakter, eher an die Nördlichen Kalkalpen, denn an die Dolomiten erinnernd. Trotz der durch sie hindurchführenden Höhenroute Nr. 5 ist diese Berggruppe ein stiefmütterlich behandeltes, einsames Gebiet im Reigen der Zentraldolomiten geblieben.

Das Sorapismassiv wird von unserer Höhenroute nur gestreift. Dieser grandiose Felsbezirk ist Wanderern kaum zugänglich. Dafür aber finden Klettersteigliebhaber hier ein reiches Betätigungsfeld.

△ Der mächtige Antelao mit dem spaltenreichen Ghiacciaio Superiore.

▷ Das Geburtshaus Tizians in Pieve di Cadore.

Varianten	Variante zur Hauptroute
V 1 Carduccihütte – Rif. Ciareido *Wegverlauf:* Carduccihütte – Val Giralba – Pian de le Salere – Cas. Ligonto Dentro – Val d'Ansiei – Ponte da Rin – Val da Rin – Rif. Primula – Sella del Paradiso – Rif. Ciareido. *Anforderungen:* Lohnender, aber bedeutend länger und anstrengender als die Hauptroute. Direkter Übergang von der Carduccihütte zum Rif. Ciareido. Durch diese Variante kann die an der Hauptroute notwendige Straßenwanderung nach Auronzo sowie die Seilbahnfahrt auf den M. Agudo vermieden werden. Orientierungsvermögen erforderlich (teilweise unbezeichnet). *Gehzeit:* 6–7 Std.	A 3 – A 5
V 2 Auronzo – Rif. M. Agudo *Wegverlauf:* Auronzo – Tabia Malòn Basso – Rif. Monte Agudo. *Anforderungen:* Bei Nichtbetrieb der Monte-Agudo-Seilbahn (Umbau auf Sessellift geplant) sehr wichtige Variante. Ansonsten wenig lohnende Wanderung entlang einer Skiabfahrtstrasse. Da das Rif. Monte Agudo parallel mit der Seilbahn geöffnet ist, muß außerhalb der Bahnbetriebszeiten von Auronzo in einem Zuge bis zum Rif. Ciareido angestiegen werden. *Gehzeiten:* Auronzo – Rif. Monte Agudo 2 Std.; Auronzo – Rif. Monte Agudo – Rif. Ciareido 4½–5 Std.	A 4
V 3 Rif. Chiggiato – Rif. Galassi *Wegverlauf:* Rif. Chiggiato – Ponte Diassa – Valle d'Oten – Pian de la Gravina – Capanna degli Alpini – Rif. Galassi. *Anforderungen:* Ganz einfache, jedoch nicht sehr eindrucksvolle Variante, durch deren Benützung die anstrengende Marmarole-Traversierung vermieden werden kann. Allerdings erspart man sich dabei nicht die ebenfalls schwierige Überschreitung des Antelao-Massivs (A 13)! Nur dann zu empfehlen, wenn eine Höhenweg-Begehung aus irgendwelchen Gründen rasch abgebrochen werden muß. *Gehzeit:* 3½–4½ Std.	A 8 – A 12

Antelao

Die plattengepanzerte, durch die Forcella Piccola von den Marmarole getrennte Pyramide des Antelao gleicht einer weit nach Süden, gegen das Boitetal vorgeschobenen und dabei alles überragenden Festung. Diese mit 3264 Metern höchste Erhebung der östlichen Dolomiten wird ihrer weitreichenden und umfassenden Rundsicht wegen häufig vom Rifugio Galassi oder vom Rifugio San Marco her bestiegen. Der Anstieg ist nicht allzu schwierig, erfordert aber Übung sowie gute Wetterverhältnisse.

Dieser Riese birgt mehrere, in seine Nordflanke eingelagerte kleine Gletscher, die ihm, etwa von der Marmarolegruppe her, ein ungemein stolzes Aussehen verleihen. Besonders eindrucksvoll präsentiert sich der Antelao aus der Gegend von Cortina. Aber auch von Süden, etwa vom Monte Rite gesehen, bewundert man die gewaltigen Wandbildungen an dieser hoch über dem Boitetal thronenden Bergmajestät.

Das Massiv des Antelao läuft in einem relativ steil nach Osten, gegen die Talgabel Val Boite/Val Piave absinkenden Kamm aus, dem die Höhenwege Nr. 4 und 5 bis nach Pieve di Cadore folgen. Erwähnung verdienen die zu trauriger Berühmtheit gewordenen Bergstürze aus der Südflanke des Antelao. Jener vom 21. April 1814 zerstörte die Orte Taulen und Marceana (Boitetal) und forderte 270 Todesopfer!

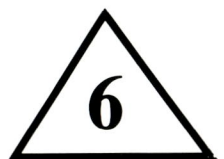

Dolomiten-Höhenroute 6

WEG DER STILLE

Von Sappada nach Vittorio Veneto

Unter den Belluneser Dolomiten-Höhenwegen haben die Nummern 6 und 7 einige Besonderheiten: sie sind nicht nur ungleich anspruchsvoller als die übrigen, sondern bewegen sich auch in Gegenden, die trotz zum Teil gleichen geologischen Aufbaues und ähnlicher Formen nicht mehr den Zentraldolomiten angehören. Höhenroute Nr. 6 führt durch das ausgedehnte, stark verzweigte Gebiet der Karnischen Alpen. Von dieser Gruppe ist deutschsprachigen Bergsteigern meist nur der Nordrand, der die österreichisch-italienische Grenze bildende Hauptkamm geläufig. Der weitaus größere, auf italienischem Staatsgebiet gelegene Anteil aber ist Niemandsland, ist ein gewaltiges Reservoir urwelthafter, unerschlossener Bergnatur!

Weit im Norden, am Hochweißstein, dem Monte Peralba der Italiener, entwickelt sich ein nach Süden gerichteter, fast hundert Kilometer langer Gebirgszug. Ihm entragen wundersame, auch Gebietskennern kaum geläufige Massive wie etwa die Terze und Monti di Sauris, die Gruppen des Clap und des Monte Bivera, die wildzerhackten Dolomit-Reviere der Cridola, der Monfalconi, der Spalti di Toro oder die das Piavetal im Osten flankierenden Kalkkolosse des Monte Duranno, des Col Nudo und des Monte Cavallo. Dieser stattlichen Gipfelreihe folgt die Alta Via delle Dolomiti N. 6, jener Weg, der wahrlich keinen Vergleich mit den bisher beschriebenen Routen duldet.

Das beginnt schon bei den technischen Schwierigkeiten, die sich hier über dem Niveau der anderen Höhenrouten bewegen. Hinzu kommen die durch das Fehlen von Stützpunkten bedingten, teilweise extrem langen Etappen. Sie stellen an Kraft und Durchhaltevermögen außergewöhnlich hohe Anforderungen. Abschnittsweise müssen größere Verpflegungsrationen von einer Biwakhütte zur nächsten mitgetragen werden. Nicht vorhandene Wegtrassen oder Markierungszeichen können Höhenwegbegeher zusätzlich vor Probleme stellen. Dieses Unternehmen ist somit keine Angelegenheit für Bergwanderer, welche die Annehmlichkeiten gut erschlossener Gebiete lieben. Für belastungsfähige, klettergewandte, durchtrainierte, auch an wegloses Gelände gewöhnte Naturliebhaber, für

Im beklemmend wilden Felsbezirk des Val Montanaia. Links der berühmte Campanile.

Der östliche Olbe-See. Im Süden dahinter Monte della Piana, Monte Cimon und Creta Forata.

geübte Individualisten und Freunde absoluter Bergeinsamkeit wird diese „Alta Via dei Silenzi" (= Weg der Stille) zu einem Superlativ nicht nur unter den Dolomiten-Höhenrouten, sondern überhaupt unter den Weitwanderwegen der Alpen.

Die mir in letzter Zeit zugegangenen Berichte zutiefst beeindruckter Bergfreunde bestätigen dies. So schrieb mir ein erfahrener Alleingänger:

„Diese Tour ist wohl die Schwierigste und Schönste, was ich je erlebt habe. Die totale Einsamkeit, die herrliche Natur! Ich habe all das gesehen, was bei uns schon längst ausgestorben ist: Schwarze Viper, Ringelnatter, Blindschleiche, seltene Schmetterlinge, Salamander, unzählige Orchideenarten usw. usw. Von den gewaltigen Felsszenerien ganz zu schweigen! Schwierige Kletterpassagen und leichte Feld-, Wald- und Wiesenwege wechseln sich schön ausgewogen ab. Ich bedauere all die Leute, die über Varianten und Talabstiege, nur des Abzeichens wegen, die schönsten Teile des Weges auslassen und meinen, sie hätten den Dolomiten-Höhenweg Nr. 6 gemacht. Diese Menschen, und das sind einige, haben sich selbst um die wahrscheinlich schönsten Erlebnisse ihres Lebens betrogen. Alta Via dei Silenzi – Höhenweg der Stille, diese Bezeichnung trifft den Nagel auf den Kopf!"

Von einem Mitglied der Umweltschutz-Organisation „Greenpeace" erhielt ich folgende Zeilen:

„In diesem Sommer sind wir den Dolomiten-Höhenweg Nr. 6 von Sappada nach Vittorio Veneto (Originalroute) gegangen. Wir sind einhellig der Ansicht, daß dieser Weg der schönste und beeindruckendste ist, den wir kennen. Der Übergang von Erto nach San Martino (Alpago) ist wohl der großartigste und wildeste des gesamten Höhenweges. Im Val Frugna Steinadler aus fünf Meter Entfernung. Aufstieg durch dschungelartige Waldgebiete! Im Valle Chialedina übten Wanderfalken (bei uns schon ausgestorben) ihre Flugspiele. Wenn ich die Entwicklung des Alpentourismus in den letzten Jahren betrachte, so wünsche ich mir, daß dieser Weg auch noch in Zukunft seinen Namen verdient. Er sollte ein „Weg der Stille" bleiben!

Und ein anderer Bergwanderer:

„Höhenroute Nr. 6 war für mich neben

Blick von Süden gegen den mächtigen Hochweißstein. Links das Rifugio Sorgenti del Piave.

der Marmarole-Durchquerung (Nummer 5) der Höhepunkt aller Dolomitenwege. Ich wüßte gern, ob es anderswo Vergleichbares gibt!"
Sappada, der in den letzten Jahren als Sommer- und Wintersportzentrum gleichermaßen bekannt gewordene Fremdenverkehrsort im obersten Piavetal, ist Ausgangspunkt für diese Traumwanderung nach dem Süden. Der eigentliche Startplatz und Wegbeginn befindet sich jedoch weiter nördlich, an den Piavequellen nahe der österreichischen Grenze. Von hier führt die Route parallel zur breiten Furche des Piavetales, der die Provinzgrenzen Udine/Belluno bzw. Pordenone/Belluno bildenden Kammlinie folgend, in gerader Südrichtung zu der am Nordrand der oberitalienischen Tiefebene gelegenen Stadt Vittorio Veneto. Dazwischen liegen 180 Wanderkilometer voll von Eindrücken, gewaltigen Felslandschaften und südlichem Dschungel, von Begegnungen mit seltenen Tier- und Pflanzenarten, mit Wetterphänomenen, kurz mit der Urgewalt der Natur. Eine Tortur für jene, denen Wandern Selbstzweck ist, die ausschließlich der Leistung, des Abzeichens wegen diese Route durchlaufen. Ein unauslöschliches Erlebnis für solche, die aufgeschlossen sind für all das Schöne, für die sich immer neu darbietende Großartigkeit der Bergwelt, aber auch für das „stille Leuchten", für die kleinen, sich kaum aufdrängenden Reize am Rande!
Wer von Sappada zu Fuß oder mit dem Jeep gegen Rifugio Sorgenti del Piave aufbricht, dem offenbart sich nach der Düsternis des engen Val Sesis die helle Weite um den Passo Col di Caneva. Da steht man vor den Felsriesen der Karnischen Hauptkette, Monte Avanza, Chiadenis, Hochweißstein. An einem geheiligten Ort, der Quelle jenes Flusses, der aus mancherlei historischen Gründen für viele eine gewisse Faszination ausstrahlt.
Als erste Untergruppe wird jene des Monte Rinaldo durchwandert, ein kleines Kletter- und Wanderparadies im Süden der Piavequellen, das in jüngster Zeit von geschäftstüchtigen Managern für den Skilauf erschlossen wurde. So ist die Umgebung des Monte della Piana, auch die der traumhaft schön gelegenen Olbe-Seen, heute keine „heile Welt" mehr! Doch angesichts der Ge-

6

△ Die Felsformationen der Spalti di Toro (Cima Cadin Elmi, Cima Cadin Vedorcia) in Südansicht.

◁ Die Türme der Monti Tor (Cridolagruppe) von der Ostauffahrt zum Passo della Mauria.

birgskulissen von Creta Forata, Clap und Terze übersieht, vergißt man vieles! Ein herrlicher Höhenweg leitet da in die Südostflanke des Monte Ferro hinein. Er bringt uns am Rifugio Monte Ferro vorbei wieder nach Sappada zurück.

Nun erst beginnt das große Staunen, das Erlebnis der Einsamkeit! Südlich von Sappada betritt man die weltfernen Gefilde des Clap Grande und der drei Terzen. Hat man durch das waldreiche Val Enghe und später durch ein steiles Seitental den Passo Elbel erreicht, so grüßen im Süden bereits die grünen Bergkämme der kaum je besuchten Monti di Sauris. Dann geht es unter den senkrechten Südwänden der Clapgruppe zur reizvoll gelegenen De-Gasperi-Hütte, ein wahrer Adlerhorst mit begeisternder Fernschau bis zu den Julischen Alpen.

Über die lange, reizvolle Mittelgebirgswanderung zur Sella di Razzo und an den hübschen Felszinnen des Monte Tudaio di Razzo vorbei zur Sella Ciampigotto gäbe es viel zu berichten. Besonders über jenen „heimlichen" Weg von der Casera Mimoias zur Casera Lavardet, der an einem taufrischen Morgen früher ein Naturerlebnis ohnegleichen bescherte, in den letzten Jahren infolge großzügiger Verbreitung aber seiner einstigen Romantik beraubt wurde. Die jüngst entdeckte Wegfortsetzung vom Passo Lavardet über die Casera Campo zum Rifugio Tenente Fabbro führt jedoch wieder durch einsames, unberührtes Waldgebiet und stellt, da noch nicht markiert, an Orientierungsvermögen und Ausdauer hohe Ansprüche.

Einen ersten wirklichen Höhepunkt der Route bildet die nachfolgende Teilstrecke, der Übergang von der Sella Ciampigotto zum Passo Mauria. Überwältigend wie da bei der Casera Doana neben den Zentraldolomiten auch das phantastische Getürm der Cridola-, Monfalconi- und Pramaggioregruppe („Clautaner Dolomiten") in Erscheinung tritt. Da kapituliert wohl so mancher, vergißt Ort und Zeit und gibt sich stundenlangen Betrachtungen dieser als Fata Morgana, als Bergland unwirklicher Verheißung im Süden stehenden Gebirgskulisse hin. An den malerischen Lärchenwiesen von Stabie vorbei erreicht unser Wanderweg schließlich

◁◁ Das an der Ostseite des Col Nudo gelegene Bivacco Frisacco gewährt durch seine freie Lage einen wunderbaren Überblick über das Bergland der Clautaner Dolomiten.

◁ Die Gruppe der Cima dei Preti von Norden.

△ Das abseits gelegene Bivacco Gervasutti. Dahinter die Pramaggioregruppe.

▷ Die elegante Felssäule des Campanile di Val Montanaia. Links unterhalb das Bivacco Perugini.

Straße und Gasthaus am Passo Mauria, jener markanten Senke zwischen den Nördlichen und den Südlichen Karnischen Alpen.

Da es an der Paßhöhe keine Unterkunft gibt, muß man noch am selben Tag weiter zum bewirtschafteten Rifugio Giàf. Dort steht man inmitten eines Felskessels, wie er großartiger kaum gedacht werden kann: Über den Baumwipfeln ringsum die gewaltigen Türme der Cridola- und Monfalconigruppe – eine Szenerie, die alles zusammenfaßt, was landläufig unter Dolomitenlandschaft verstanden wird.

An der nächsten Etappe bringt zunächst ein 700-Meter-Steilanstieg zur Hochregion der Monfalconigruppe. Über die Forcella del Cason gelangt man in das obere, von prächtigen Felsgestalten umstandene Val Monfalcon di Forni, zum Bivacco Granzotto-Marchi und weiter in den nicht weniger eindrucksvollen Felszirkus des Cadin di Cimoliana. Später führt der nun teilweise gesicherte, kühn angelegte Steig über die Forcella Cimoliana hinüber in das obere Val Montanaia. Völlig unvermittelt ragt dort der „Magnet" der Südlichen Karnischen Alpen, der Campanile di Val Montanaia, direkt aus dem gerölligen Karboden auf. Im Schatten dieser eleganten Felssäule steigen wir zu dem im Val Meluzzo reizvoll gelegenen Rifugio Pordenone ab.

Vor Antritt der nächsten Teilstrecke tut man gut daran, sich reichlich mit Proviant einzudecken und eine Periode guten Wetters abzuwarten, denn bis zum Rifugio Maniago – man benötigt bis dahin etwa drei Tage – gibt es keine bewirtschafteten Unterkünfte mehr!

Unter den Südwänden der Monfalconi und Spalti di Toro führt der abwechslungsreiche Sentiero Arturo Marini zum Bivacco Gervasutti hinauf. Seine Begehung erfordert Trittsicherheit und etwas Kletterkönnen. Im zähen Anstieg wird der bewaldete Col Cadorin gewonnen, an dem der Weg in das von himmelragenden Wänden flankierte Val di San Lorenzo einschwenkt. Eine etwas anspruchsvolle, teilweise gesicherte Querung leitet schließlich unter der Cima Cadin degli Elmi hinauf zum Bivacco Gervasutti. Hier, weit entfernt von jedem Massentourismus, wird man nächtigen und in grenzenloser Einsamkeit die über dem abgrundtiefen Val Meluzzo aufragenden Pramaggioreberge verglühen sehen.

Die nun folgende Durchquerung der Cima-dei-Preti-Gruppe bis zum Bivacco Greselin gilt als die anspruchsvollste, aber auch großartigste Teilstrecke der Dolomiten-Höhenroute Nr. 6. Früher Aufbruch, beste Wetterverhältnisse, gute Ausrüstung, Orientierungsvermögen, Kletterkönnen und Ausdauer sind wichtige Voraussetzungen für das Gelingen dieses Unternehmens. Da der Übergang nicht immer gut bezeichnet ist, sollte man eine ausführliche

Der Anstieg zur Hochregion der Cavallogruppe führt durch das noch weitgehend unversehrte Valle Salatis, links von den Monti I Muri überragt.

Wegbeschreibung (Führer) unbedingt bei sich haben. Es beginnt eine lange, aber besonders abwechslungsreiche Wanderung, auf der mehrere Verhauermöglichkeiten drohen. Bequeme Strecken wechseln ab mit anstrengenden Steilanstiegen und Kletterpassagen (bis zum Schwierigkeitsgrad III!). Durch ein 500 Meter hohes Riß- und Rinnensystem erreicht man gegen Ende der Etappe schließlich die im Osten der Cima dei Preti eingehauene Forcella Compol. Die unerhörte Rundschau von dieser einsamen Höhe verschlägt beinahe den Atem! Im Südwesten weist der freistehende Obelisk des Monte Duranno pfeilgerade gegen den Himmel. Rechts von ihm bietet sich ein Durchblick zu den südlichen Dolomitengruppen, zu dessen Kulissenwirkung ich in den Alpen kein Gegenstück wüßte. Sechs wildzerklüftete Kämme reihen sich hinter- und übereinander und lassen besonders im abendlichen Gegenlicht ein überwältigend schönes Hochgebirgsbild entstehen. Beeindruckend ist aber auch die Rückschau auf das scheinbar regellose Durcheinander der „Clautaner Dolomiten", über denen die schneeverbrämten Höhen der Tauern grüßen!

Der abschließende Steilabstieg gegen das Cadin dei Frati und zum Bivacco Greselin verlangt nochmals die volle Konzentration des vielleicht schon ermüdeten Höhenwegbegehers. Ein kleines wärmendes Lagerfeuer an diesem entlegenen hochalpinen Stützpunkt mag den so erlebnisreichen wie anstrengenden Tag ausklingen lassen.

Auch die folgende, an den Ostabstürzen des Monte Duranno entlangführende Etappe ist landschaftlich großartig. Anspruchsvoll ist hier vor allem der erste Abschnitt, eine um den wuchtigen Felssporn Costa di Tass herumführende, teilweise gesicherte, exponierte Steiganlage. Der Abstieg durch das lange Val Zemola zum neuerdings bewirtschafteten Rifugio Maniago und weiter nach Erto bietet keine technischen Probleme, ermöglicht aber besonders instruktive Einblicke in dieses schon sehr südlich anmutende Bergland.

Die in Erto ansetzende Überschreitung des Col-Nudo-Massivs stellt zwar nicht mehr die Anforderungen der vorangegangenen Teilstrecken, führt aber durch Gebiete von besonderer Wildheit und Ursprünglichkeit. Viele halten

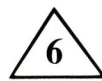

Die Kapelle S. Augusta über Vittorio Veneto.

gerade diese Abschnitte für den eigentlichen Höhepunkt der Alta Via N. 6.
Der Gang durch die weglose innere Vajontschlucht darf als eindrucksvolle Vorbereitung angesehen werden. Man fühlt sich fast erdrückt von Wucht und Enge dieses beispiellosen Cañons. Aus dem Dschungel des inneren Val Frugna führt kein Weg, sondern nur spärliche Markierungszeichen über eine von dichter Vegetation überwucherte Flanke zur Forcella Frugna und zu dem unter der Ostwand des Col Nudo gelegenen Bivacco Frisacco empor. Was für ein idealer, alles überschauender Aussichtsbalkon! Da ist jeder König, der mit der absoluten Stille und Einsamkeit einigermaßen zurechtkommt!
Die nächste Teilstrecke beginnt mit einem beachtlichen 900-Meter-Abstieg zu der im inneren Val Chialedina stehenden, halbverfallenen Casera Gravuzza. Vor Errichtung des Bivacco Frisacco mußte dort genächtigt werden. Der nun folgende Übergang über den Passo Valbona zur Wiesenschale des Alpago ist nicht übermäßig schwierig, aber der Steilheit sowie des zu bewältigenden Höhenunterschiedes wegen außergewöhnlich anstrengend. Besonders Ausdauernde sollten die Besteigung des Col Nudo – er gilt als eine der prächtigsten Aussichtswarten um Belluno – vom Passo Valbona weg nicht versäumen! Beim Abstieg durch das großartige Hochkar Venal di Montanès ist Vorsicht geboten. Wer hier bei schlechter Sicht, bei Nebel usw., die ohnehin unzureichende Markierung verliert, dem steht eine unfreiwillige, kalte Biwaknacht bevor! Hat man aber Glück mit dem Wetter, kann einem diese Wegstrecke nichts anhaben. Die sonnendurchflutete Mittelgebirgslandschaft des Alpago liegt vor uns und lädt zu längerem Verweilen ein.
An San Martino, Funès und Irrighe vorbei erreichen wir den Eingang des stillen Val Salatis. Dann folgt der überraschend kurzweilige 1000-Meter-Anstieg in die Hochregion der Cavallogruppe. Das unmittelbar an der Forcella Laste stehende Rifugio Semenza dient als Ausgangspunkt für eine Besteigung des südlichsten Hochgipfels der Karnischen Alpen, des Cimon del Cavallo. Mit dem Verlassen der Cavallogruppe ist zwar der hochalpine Teil des Unternehmens vorbei, die letzte, durch das Gebiet der Cansiglio-Hochfläche und des Monte Pizzoc führende Etappe verlangt aufgrund ihrer enormen Länge aber nochmals vollen Einsatz! Welch ein erhebender Augenblick, wenn sich dann nach Stunden, am baumfreien Gipfel des Monte Pizzoc, die unermeßliche Weite der oberitalienischen Ebene auftut und wir in der Tiefe endlich das Ziel der langen Wanderung, Vittorio Veneto, erblicken!
Aber auch an diesem letzten Abstieg wird Höhenroute Nr. 6 ihrem Ruf als „Weg der Stille" gerecht. Da berührt man urwaldhafte Gebiete mit fast subtropischer Vegetation, modernden Bäumen und herabhängenden Lianen. Sogar der gegen das Stadtgebiet von Vittorio Veneto vorstoßende Höhenrücken „Costa di Serravalle" hat noch unwegsames Gelände. Mannshohes Gras, dichter Strauchbewuchs und darunter verborgene, nur sehr geübten Pfadfindern erkennbare Steigspuren machen die Wanderung bis zuletzt interessant und spannend. Über eine prächtige Stiege mit abschließendem Triumphbogen verläßt man schließlich die Höhenroute und betritt Serravalle, eines der beiden alten Stadtzentren von Vittorio Veneto.

Entstehungs-geschichte

Die von Dr. Mario Brovelli († 22.1.1980), damals Arzt und Funktionär des EPT in Belluno, in den Jahren 1966 und 1969 publizierten Arbeiten (1, 2) enthielten Entwürfe für insgesamt fünf Dolomiten-Höhenwege. Dabei waren für die später mit Nummer 6 bezeichnete Route Nr. 5 die Gebiete östlich des Piave (Karnische Alpen) vorgesehen. Da für diesen Höhenweg damals noch kein Bearbeiter gefunden war, behielt sich Mario Brovelli Angaben über den genauen Verlauf der Route für eventuell spätere Veröffentlichungen vor. 1970 wurde in einem von Claudio Cima verfaßten Bericht (3) – er basiert auf Vorarbeiten Mario Brovellis und Toni Sanmarchis – die Gesamtanzahl der Dolomiten-Höhenwege auf sechs erhöht. Damit erhielt Route Nr. 6 erstmals die ihr auch heute noch zustehende Nummer. Mit dieser Publikation standen bereits endgültig Verlauf und Untertitel („Alta Via dei Silenzi“ = Höhenweg der Stille) fest.

Von 1970 an übernahm der bekannte Belluneser Bergsteiger und hohe Forstbeamte Dr. Antonio Sanmarchi († 14.12.1982) im Alleingang sämtliche Erschließungsarbeiten an der Höhenroute. Sanmarchi war ein ganz hervorragender Kenner der Karnischen Alpen. Nur ihm konnte die Verwirklichung dieses grandiosen Weg-Vorhabens sozusagen auf Anhieb gelingen. Nachdem die Markierungs- und Sicherungsarbeiten abgeschlossen waren, präsentierte Toni Sanmarchi schon 1972 – also drei Jahre nach Propagierung der Route Nr. 2 beziehungsweise ein Jahr vor jener der Wege Nr. 4 und 5 – seinen ausgezeichneten, in italienischer Sprache (bisher keine deutsche Übersetzung!) abgefaßten Führer über den Weitwanderweg Nr. 6 (4).

Blumenreiche Wiesen an den Abhängen des Monte Colrosolo. Im Osten der Monte Piova, links hinter ihm der Monte Tudaio di Razzo (Biveragruppe).

Zusätzlich zu dieser ersten führermäßigen Bearbeitung veröffentlichte Toni Sanmarchi in der Zeitschrift „Le Alpi Venete“ einen informativen Bericht (5) über Bedeutung, Entstehung und Verlauf dieser neuen Route.

Erst viel später, im Jahre 1976, erschien, als erste deutschsprachige Publikation, der vorerst nur die Höhenwege Nr. 4, 5 und 6 umfassende Führer (7) des Autors, zugleich mit einer überblicksmäßigen Darstellung sämtlicher bis dahin fertiggestellter Dolomiten-Weitwanderwege (8).

Literaturnachweis:

1) *Mario Brovelli: „Le Alte Vie delle Dolomiti“, in: „Lo Scarpone“, 1.9.1966.*
2) *Mario Brovelli: „L'Alta Via delle Dolomiti N. 2“, in: „Le Alpi Venete“ 2/69, S. 55/56.*
3) *Claudio Cima: „Le Alte Vie delle Dolomiti“, in: „Rassegna Alpina“ 16/70, S. 182–187.*
4) *Toni Sanmarchi: „Alta Via dei Silenzi“ (Weg Nr. 6), Führer, Tamari Editori, Bologna, 1. Aufl. 1972, letzte (2.) Auflage 1979.*
5) *Toni Sanmarchi: „Alta Via dei Silenzi“ (Weg Nr. 6), in: „Le Alpi Venete“ 1/72, S. 23–25.*
6) *Mario Brovelli, Toni Sanmarchi: „La situazione delle Alte Vie delle Dolomiti“, in: „Le Alpi Venete“ 2/72, S. 169/170.*
7) *Franz Hauleitner: „Dolomiten-Höhenwege Nr. 4–7“, Führer, erschienen im Bergverlag Rudolf Rother/München, 1. Aufl. 1976, letzte (3.) Aufl. 1988.*
8) *Franz Hauleitner: „Die Dolomiten-Höhenwege“, in: „Alpinismus“ 9/76, S. 20/21.*
9) *Sergio Fradeloni: „Dal Bivacco Gervasutti al Bivacco Greselin lungo l'Alta Via N. 6“, in: „Le Alpi Venete“ 2/82, S. 156–158.*
10) *Franz Hauleitner: „Eindrucksvolle Stille – entlang der Dolomiten-Höhenroute Nr. 6 vom Passo Mauria nach Erto“, in: „Bergwelt“ 7/83, S. 62–64.*
11) *Franz Hauleitner: „Verborgene Qualitäten – eine Besteigung des Cimon del Cavallo“, in: „Bergwelt“ 1/84, S. 54/55.*
12) *Helmut Dumler: „Die Weitwanderwege der Dolomiten“ (Bildband über die Routen Nr. 1 bis 6), Bruckmann-Verlag, München 1985.*

6

Drei deutsche Sprachinseln im Bereich der Karnischen Alpen

An der Hochroute Nr. 6 begegnen wir drei bedeutenden deutschsprachigen Enklaven, der nördlichsten nahe der österreichischen Grenze, der südlichsten vor den Toren Vittorio Venetos. Deutschsprachige Einflüsse gibt es also entlang des nach Süden streichenden Westkammes der Karnischen Alpen besonders viele. Sie stoßen mitten in das alte rätoromanische Sprachgebiet der Region Friaul vor.

Die bekannteste Sprachinsel in diesem Bereich ist zweifellos jene von Bladen (auch „Pladen"), dem italienischen Sappada. Dieser im obersten Piavetal gelegene Ort wurde schon im 11. Jahrhundert, also vor fast tausend Jahren, von Osttiroler Bauern aus dem Villgratental besiedelt. Fast Zweidrittel der Bewohner Bladens sprechen heute noch deutsch. Auch die Berge rund um Sappada tragen teilweise noch deutsche Namen: Cima dei Longerin (Lummernkofel), Monte Ferro (Eisenberg), Monte Bersagliero (Scheibenkofel), Terza Grande (Plichenkofel), Terza Media (Eulenkofel), Terza Piccola (Eichenkofel), Creton di Clap Grande (Hinterkärlspitze), Creton di Clap Piccolo (Elbelkofel), Creta Alta die Mimoias (Engenkofel), Monte Siera (Hochspitze).

Weit weniger bekannt, weil äußerst abgelegen und vom Touristenstrom absolut noch nicht erfaßt, ist die zwischen Biveragruppe und Monti di Sauris an einem wunderbaren See gelegene Gemeinde Sauris, das deutsche „Zahre". Sie wird zwar von unserer Höhenroute nur am Rande, im Bereich der Sella di Razzo (Rifugio Tenente Fabbro) berührt, lohnt aber auch einen selbständigen Besuch. Auch in Zahre wird eine deutsche Mundart vermischt mit einigen italienischen Einschüben gesprochen. Auch dort gibt es eine Reihe deutscher Bergnamen: Monte Clapsavon (Vesperkofel), Monte Tinizza (Morgenkofel), Monte Morgenleit, Monte Oberkofel usw.

Weitgehend unbeachtet ist eigentlich bis zum heutigen Tag eine kleine deutsche Sprachinsel im Bereich der Cansiglio-Hochfläche am Südrand des Alpago geblieben. Es handelt sich um eine um 1800 aus dem Asiago-Gebiet („Sieben Gemeinden") zugewanderte Gruppe von Zimbern. Der Volksstamm spricht eine deutsche Mundart aus der Zeit der Völkerwanderung, in der spätere Lautverschiebungen fehlen.

Der westlich gelegene Ortsteil Granvilla in Sappada mit der Pfarrkirche Santa Margherita. Darüber der vor einigen Jahren für den Skilauf erschlossene Monte della Piana („Sappada 2000").

Begegnung mit Schlangen

Fast alle Höhenwege berühren auch wenig erschlossene, einsame, wilde Berggebiete. Man wird daher an ihnen, häufiger als sonst im Gebirge, selten gewordene Pflanzen und Tiere antreffen. Dazu gehört auch das in den Südlichen Kalkalpen besonders starke Vorkommen meist giftiger Schlangenarten. Wandert man nicht gerade an regnerischen oder kühlen Tagen, so bleibt einem die Konfrontation mit diesen faszinierenden, für viele aber schockierenden Tieren nicht erspart. Im Besonderen gilt dies für die Höhenroute Nr. 6, dem „Weg der Stille".

Es gibt Tage, an denen man – sofern man sich bemüht – hinter jedem Stein eine Viper finden kann. Ich selbst habe vor Jahren, während eines markanten Wetterumschwungs, in den südlichen Bereichen der Höhenroute Nr. 2, an einem einzigen Tag mindestens zwanzig solcher Tiere gesehen, was meiner hübschen italienischen Begleiterin Weinkrämpfe, ja Verzweiflungsausbrüche kostete. Ein andermal – ich war mit Fotografierarbeiten in der Umgebung des Bivacco Renzo Dal Mas (Höhenweg Nr. 1) beschäftigt und stand mitten im mannshohen Gras abseits des Biwaks – kam ein außergewöhnlich großes, wahrscheinlich ungiftiges Exemplar hoch aufgerichtet und laut zischend auf mich zu! Ich hatte die Schlange überrascht, so daß sie sich beunruhigt nach dem Störenfried umsah.

Daß Schlangen nicht nur tagsüber und bei großer Hitze unterwegs sind, mußte ich erfahren, als mir einmal im Anstieg von Rifugio Pordenone zum Bivacco Gervasutti (Höhenweg Nr. 6) zeitig am Morgen ein Knäuel von zwei oder drei Stück den Weg herab entgegenrollte. Ich erinnere mich noch gut an jenen schwülen Augusttag, als wir, zu dritt in den Marmarolebergen unterwegs, nach einer anstrengenden Etappe Mittagsrast hielten. Wir hatten es uns nach dem Essen auf einer großen, warmen Felsplatte gemütlich gemacht. Nach einem kurzen Erholungsschlaf wachte ich als erster auf und genoß die prächtige Rundschau, dann blickte ich nach rechts ... und traute meinen Augen nicht: Aus einer kleinen Felsritze, kaum 30 Zentimeter von mir entfernt, spähte ein Schlangenkopf hervor, der aber blitzschnell wieder verschwand. Als ich dies meinen Gefährten berichtete, lachten sie mich aus, und vermuteten bei mir erste Anzeichen eines Sonnenstichs!

Für den Höhenwegbegeher stellen sich folgende Fragen: Wann und wo trifft man hauptsächlich Schlangen, welche Arten kommen in den Südalpen vor und wie verhält man sich im schlangenverdächtigen Gebiet?

Im italienischen Alpenbereich hat in den letzten Jahrzehnten eine gewisse Zunahme von Reptilien infolge des Rückgangs der Almwirtschaft (verfallene Gemäuer und stickstoffreiche Böden begünstigen die Vermehrung von Ratten und Mäusen, die ihrerseits als Nahrungsquelle für Schlangen dienen) und Dezimierung von Greifvögeln stattgefunden. Giftschlangen kommen in den Südalpen von den Talregionen bis in Höhen über 2500 Meter vor, also im gesamten Bewegungsbereich der Dolomiten-Höhenwege. Sie sind äußerst wärme- und sonneliebend, da sie hohe Körpertemperaturen für ihre Beweglichkeit benötigen. Man wird daher Schlangen vorwiegend an warmen, sonnigen Tagen, besonders bei schwülem Wetter (vor Frontdurchgängen) antreffen. Da Wälder, hohes frisches Gras usw. den darunterliegenden Boden abschatten, meiden vor allem Giftschlangen diese Gebiete. Hingegen trifft man sie häufig auf felsdurchsetzten kurzstieligen Almweiden, auf sommerlichen Trockenrasengebieten.

Unter den teilweise sonnendurchlässigen Latschenbeständen erreicht der meist steinige, nadel- und humusbedeckte Boden besonders hohe Temperaturen, an sehr heißen Tagen nahe dem Entzündungswert! Hier ist besondere Vorsicht am Platze. Ferner traf ich Schlangen an Waldlichtungen, vor allem im Bereich von Kahlschlägen, an Windbruchzonen, deren Holzabfälle sich rasch und stark erwärmen und ein feuchtheißes Mikroklima erzeugen. Ferner im ausgesprochenen Felsgelände, an Schutthalden, aber auch an steinigen Wegen oder Steigen. Eine gewisse Abstufung wäre noch nach der Sonnenexposition (Einstrahlung) vorzunehmen. Meist erkennt man schlangenverdächtige Gebiete sofort bei ihrem Betreten an der besonders intensiven, infolge vorangegangener oder bestehender Sonneneinstrahlung abgegebenen Wärme.

Von den ungiftigen Schlangenarten kommen in den Dolomiten Ringel- und Würfelnatter sowie Glattnatter, Äskulapnatter und Zornnatter (Karbonarschlange) vor. Die grünliche Ringelnatter ist bis in Höhen von 1600 Meter an zutreffen und bevorzugt Augegenden, Bäche, Flüsse und Seen. Ähnliches gilt auch für die ebenfalls sehr wasserliebende Würfelnatter. Die bis zu zwei Metern lange, langsame Äskulapnatter hat eine bräunliche Färbung und lebt vorwiegend in lichten Laubwäldern, in aufgelassenen Steinbrüchen, in Weingärten, Büschen und in sonnigen Wiesen. Auch die Glatt- oder Schlingnatter liebt trockenes, sonniges Gelände, kommt aber auch in Bergwäldern oder Mooren vor. Sie ist im allgemeinen weit weniger häufig anzutreffen als die vorhin erwähnten Tiere.

Von den giftigen Schlangen (Vipern)

Durch das obere Val Enghe führt eine lohnende Variante zur Alta Via N. 6. Es wird im Osten von den nur wenig besuchten Höhen der Clapgruppe (Pesariner Dolomiten) flankiert — ein Eldorado für Einsamkeitssucher!

kommen in den Dolomiten drei Arten besonders häufig vor. Es sind dies in tiefen Lagen (bis 800 Meter) die Aspisviper (auch Jura- oder Rhedische Viper genannt) und in höheren Lagen sowohl die Kreuzotter (bis 3000 Meter) als auch die Horn- oder Sandotter (bis 2000 Meter).

Als wichtiges Unterscheidungsmerkmal zwischen alpinen giftigen und ungiftigen Schlangen seien runde Pupillen bei den Nattern und senkrecht stehende, schmale ovale Pupillen bei den Vipern erwähnt. Noch auffallender ist das dunkle Zickzackband am Rücken der Vipern (sofern sie nicht überhaupt schwarz sind) im Gegensatz zur einheitlichen Färbung ungiftiger Schlangen.

Die *Aspisviper* (Vipera aspis) ist die häufigste Giftschlange in südlichen Buschwäldern. Sie besitzt eine ähnlich dunkle Rückenzeichnung (Zickzackband) wie die Kreuzotter und kommt in den Farben grau, gelblich oder braun vor. Ihre Hauptnahrung sind Mäuse, Eidechsen und Würmer, die vor dem Verzehren durch Giftbiß getötet werden. Sie erreicht im Durchschnitt eine Länge von 70 Zentimetern.

Die leicht reizbare, etwa 60 Zentimeter lange *Kreuzotter* (Vipera berus) ist die am häufigsten anzutreffende Giftschlange in der Mittel- und Hochregion der Dolomiten zwischen 800 und 3000 Metern. Ihre Hauptnahrung sind Mäuse, Eidechsen und Frösche, die vor dem Verschlingen durch Biß getötet werden. Kreuzottern haben am Rücken ein deutliches Zickzackband. Sie kommen in verschiedenen Farbabstufungen vor, die Weibchen gelb- rot- und schwarzbraun, die Männchen silber-, asch- und braungrau. Es gibt aber auch völlig einfarbige Individuen ohne Zeichnung(!), wie den schwarzen („Höllenotter") oder den kupferroten Erscheinungstyp.

Die Kreuzotter trifft man an Waldrändern, Waldlichtungen, Kahlschlägen, in Alpenrosen- und Latschenbeständen, in der Umgebung aufgelassener Almhütten, in altem Gemäuer, aber auch in Feuchtgebieten, Mooren usw.

Die alpine *Horn- oder Sandotter* (Vipera ammodytes) hat im Durchschnitt eine Länge von einem Meter und ist damit die größte mitteleuropäische Giftschlange. Sie trägt ein markantes Schnauzenhorn und besitzt ebenfalls eine auffallende dunkle Zickzack-Zeichnung am Rücken. Die Sandotter ist eine relativ langsame Schlange und macht durch Angriffsstellung und deutliches Zischen auf sich aufmerksam. Man findet sie an steinigen, der Sonne ausgesetzten Hängen, niemals jedoch auf Sand! Die Sandotter ist wegen der zur Verfügung stehenden Giftmenge die gefährlichste Schlange in unserem Bereich. Sie kommt aber relativ selten vor und ist außerdem nicht angriffslustig. Kreuzotternbisse sind zwar häufiger, aber ungleich weniger gefährlich.

Wie verhält man sich nun im schlangenverdächtigen Gelände?

Bei sämtlichen Unternehmungen in den Südalpen sind gutes Schuhwerk und ausreichender Beinschutz (dicke Wollstrümpfe oder lange Hose) auch an heißen Tagen und auch bei einfachen Wanderungen unerläßlich! In sehr unüberschaubaren Zonen, vor allem in Trockenrasengebieten, Lat-

schen- oder Alpenrosenbeständen trage man zusätzlich Gamaschen. Man greife unter keinen Umständen mit ungeschützten Fingern ins Gras, in Büsche oder unter Steine (Vorsicht beim Schrofenklettern!). Auch vermeide man, sich ohne eingehende Kontrolle des Geländes niederzusetzen oder hinzulegen. Man achte im schlangenverdächtigen Gebiet stets auf den Weg, sofern er überschaubar ist. Ist dies nicht der Fall, so hilft kräftiges Aufstampfen mit den Beinen, da Schlangen zwar taub (schreien oder lärmen ist sinnlos!) wohl aber erschütterungsempfindlich sind. Da Schlangen sehr gut sehen, können sie drohende Gefahren schon aus mehr als 10 Meter Entfernung bemerken. Schlangen greifen von selbst nie (!) an, sondern suchen stets das Weite. Ein Biß (letzte Chance der sich lebensbedroht fühlenden Kreatur!) erfolgt nur dann, wenn der Fluchtweg abgeschnitten sowie die Angriffsstellung übersehen und Warnzischen überhört wurden.

Noch ein Wort zu Schlangenbissen und zu ihrer Behandlung mit Schlangenserum: Es wird empfohlen, bei Bergtouren in den Südalpen stets ein Vipernserum bei sich zu tragen. Bei dreiviertel aller Schlangenbisse handelt es sich jedoch nur um minimale Vergiftungen. Wird man dennoch mit Schlangenserum behandelt, sind die Folgen genauso schlimm wie bei einem schweren Vipernbiß! Daher nur bei starken Vergiftungserscheinungen (Schwäche, Schweißausbrüche, Übelkeit, Kreislaufstörungen, starke Schwellung des entsprechenden Körperteiles) Serum nehmen. Anzeichen eines Vipernbisses sind:

△ Terza Grande und Creta di Mimoias von Süden (Altipiano di Razzo) gesehen.

▷ Die malerische, leider im Verfall begriffene Casera Mimoias am Südabhang der Clapgruppe.

a) zwei kleine, nebeneinanderliegende Einstichstellen (Giftzähne),
b) brennender Schmerz unmittelbar nach dem Biß,
c) massives Anschwellen der Gliedmaßen und Blutungen unter der Haut,
d) Benommenheit, Herz- und Atemstörungen.

Hat man im Falle eines Vipernbisses kein Serum bei sich, wird man oberhalb der Bißstelle eine Abschnürung (alle 20 Minuten lockern!) anlegen und sodann die Bißverletzung aufschneiden und aussaugen (Vorsicht bei Verletzungen im Mund!). Wichtig ist absolute Ruhelage bis durch Gefährten Hilfe herbeigeholt wird.

Wie lange noch Wildnis – oder bald schon zerstörte Natur?

Höhenweg Nr. 6 führt durch eine der einsamsten und am wenigsten erschlossenen Gegenden Oberitaliens, den Karnischen Alpen: auf weiten Strecken eine Wildnis, ein im Urzustand erhaltenes Bergland, ein „Paradies im Herzen der Südalpen". Kein oder ein nur unbedeutender Fremdenverkehr, wenige oder gar keine Unterkünfte, einzigartige, gebietsweise noch völlig unberührte Fauna und Flora und kaum Tourismus, das sind die bemerkenswertesten Kennzeichen dieses faszinierenden Gebietes zwischen Piave- und Canaltal, zwischen österreichisch-italienischer Grenze und der Poebene.

Es ist ein Traumland für Naturfreunde, für Liebhaber seltener Pflanzen und Tiere, für Landschaftsästheten, für Entdeckernaturen, die in weltferner Gebirgseinsamkeit und überwältigender Hochgebirgsszene das große Erlebnis suchen. Seit Existenz der Dolomiten-Höhenroute Nr. 6 ist es möglich, diese Berge zu durchwandern, die verborgenen Schönheiten ihrer noch „heilen Welt" aufzuspüren und in sich aufzunehmen.

Nur einige wenige italienische Führerwerke künden von diesem ausgedehnten Alpenbezirk. Sieht man von der Karnischen Hauptkette im äußersten Norden ab, so gibt es über den eigentlichen zentralen Bereich dieser Gruppe keine deutschsprachige Literatur. Auch in der einschlägigen Presse hat man das Gebiet bislang, Gott sei Dank, übersehen!

Ist nun diese „Oase des Friedens" für alle Zeit vor einer drohenden Erschließung gefeit? Hat man es hier mit einem anerkannten Naturreservat zu tun, in dem Veränderungen durch Menschen unterbleiben werden? Nirgendwo sonst wären Eingriffe in das natürliche Gleichgewicht stärker spürbar als hier, wo jeder ein erster ist!

Tatsächlich gibt es Anlaß zur Sorge um Stille und Unberührtheit der karnischen Bergwelt. Ich glaube, es ist an der Zeit, daß Umweltschützer auf den Plan treten und sich hier, gerade hier, in einem der letzten alpinen Paradiese, der mancherorts beginnenden Zerstörung in den Weg stellen. Wenn oben jener noch erhaltene Urzustand gepriesen wurde, so gilt dies leider nicht mehr für die nördlichsten Teilstrecken der Höhenroute Nr. 6, für das Gebiet um Sappada. Die Umgebung der früher märchenhaft schönen Laghi d'Olbe im Norden des Ortes präsentiert sich neuerdings als Zentrum eines häßlichen Lifte-Karussells. Ist es nicht besorgniserregend, daß hier eine Verlegung des Weitwanderweges nötig war, da Gelddenken und rücksichtslose Naturzerstörung die Landschaft völlig verändert haben? Aber auch im Gebiet des Passo Lavardet und des Altipiano di Razzo geschah Ähnliches. Auch dort wurde zerstört. Eine Wegverlegung war die Folge!

Offenbar will man die verheerenden Verschandelungen, wie sie in den Dolomiten stattgefunden haben, nun auch auf die Karnischen Alpen übertragen. Hier zeigt sich, wie Profitdenken und Gewinnsucht den Menschen nicht nur blind für Naturschönheiten machen, sondern auch jeden Blick in die Zukunft versperren. Es läßt Taten setzen, die unwiderbringlich ein vormals unberührtes Bergland ruinieren und es allen übrigen Zerstörungsprodukten verschwenderisch zuordnen.

Täuscht nicht das jungfräuliche winterliche Weiß über die im Sommer zum Vorschein kommenden schweren Sünden an unserer Umwelt hinweg? Werden nicht gerade diese Aufstiegshilfen und Skitrassen in erster Linie für jene gebaut, die den Bergen an sich fernstehen und sie nur als Abfahrtsgerüst sehen, ohne an den Schönheits- und Wertverlust der Landschaft zu denken. Opfert man nicht hier unschätzbares, nie wieder zu erlangendes, teures Gut dem Mammon?

Es ist an der Zeit, daß ein international anerkanntes Gremium dieser Vernichtung, diesem ständigen Raubbau an den noch vorhandenen Urlandschaften Einhalt gebietet. Damit die zur Erholung, Muße und Revitalisierung so eminent wichtige Alpennatur, zumindest noch unseren Kindern, erhalten bleibt!

△ An tropische Regenwälder erinnert die Vegetation in der sehenswerten Calieron-Schlucht bei Fregona / Vittorio Veneto.

▷ Die unter den Südwänden der Clapgruppe idyllisch gelegene Bergkapelle beim Rifugio De Gasperi.

Die Vajont-Katastrophe

Daß der Mensch auch heute nur teilweise imstande ist, Eingriffe in das ausgewogene Gefüge der Natur zu beurteilen und deren Folgen abzuschätzen, das beweist die furchtbare Vajont-Katastrophe von 1963. Es war am 9. Oktober dieses Jahres, als sich 80 Minuten vor Mitternacht die halbe Nordflanke des Monte Toc von ihrer Unterlage löste und in den Stausee glitt. Dieser Vorgang bewirkte eine gewaltige Flutwelle, die sich über die Staumauer und durch die äußere Vajontschlucht in das Piavetal ergoß und dort die Orte Longarone und Pirago fast völlig zerstörte. Mehr als 2000 Menschen fanden dabei den Tod!

Wie konnte das geschehen? Warum kam es – trotz ausgezeichneter Gutachten und bester Ingenieure aus aller Welt – zu einer Katastrophe von solchen Ausmaßen?

Die bei Longarone in das Piavetal mündende, 1,5 Kilometer lange, äußere Vajontschlucht (Valle del Diavolo = Tal des Teufels) galt vor ihrer Verbauung als eine der spektakulärsten in den gesamten Alpen. Nur wenige Meter breit und von über 300 Meter hohen senkrechten Wänden flankiert, erweckt sie den Eindruck, als wäre hier das Bergmassiv durch einen ungeheuren Axthieb gespalten worden. Da sich das Vajonttal gleich östlich der Schlucht zum Becken von Erto weitet, schienen hier besonders günstige Voraussetzungen für ein Kraftwerk gegeben.

Der Plan zur Errichtung eines solchen Wasserspeichers wurde 1920 von der S. A. D. E. („Societa Adriatica di Elettrica") erstmals ins Auge gefaßt. Nach vorbereitenden Untersuchungen gab 1948 das Ministerium für öffentliche Arbeit einem Projekt die Zusage, bei dem eine Staumauerhöhe von 200 Metern und ein Speichervolumen von 50 Millionen Kubikmetern Wasser vorgesehen waren. Das Arbeitsministerium entschloß sich aber 1952 für den erweiterten Plan mit einer Mauerhöhe von 261 Metern und einer Speicherkapazität von 150 Millionen Kubikmetern Wasser. Bedingung war aber, daß das Vajonttal, insbesondere seine orographisch linke Talseite (Monte Toc), einer genauen geologischen Kontrolle unterzogen würde.

1956 erhielt kein geringerer als der berühmte Geologe Giorgio Dal Piaz den Auftrag, diese Untersuchungen vorzunehmen. Nach seiner geologischen Karte aus dem Jahre 1941 ist das Massiv des Monte Toc ein Riff aus Dachsteindolomit (Trias). Darüber lagern massive Bänke des Jura (Lias, Dogger, Malm) und der Kreide. Im Bereich der Nordflanke des Berges ruhen auf dem Dachsteindolomit die kompakten, nach Norden einfallenden Schichten der Lias und des Dogger (heute als deutliche Gleitfläche sichtbar). Auf diese Plattenschüsse folgen noch die saugfähigen Gesteine von Oberjura und Kreide, die später nach ihrer Übersättigung als idealer Gleitteppich wirkten.

Giorgio Dal Piaz fand 1956 an der geologischen Beschaffenheit der Vajontschlucht kein Hindernis für die Errichtung einer Staumauer. Hingegen hatte er schwerwiegende Bedenken hinsichtlich der Flanke des Monte Toc. Ihm waren die nach Norden einfallenden Plattenschüsse des Dogger sowie die abrutschbreiten, wasseraufnahmefähigen Schichten darüber bekannt. Er stellte fest, daß sich, bedingt durch Abschmelzvorgänge eiszeitlicher Gletscher, im Becken von Erto bereits einmal ein See gebildet haben dürfte. Relikte alter Hangrutschungen – etwa die Talterrasse des Pian di Toc – sah er als Bekräftigung dieser Theorie. Da bei Existenz eines Stausees ebenfalls Abgleitvorgänge zu erwarten waren, verlangte Dal Piaz die Schaffung eines Freiraumes zum Auffang der Gesteinsmassen. Allerdings hatte weder er noch sonst jemand mit dem Abgang einer so ungeheuren Felsmenge, wie sie am 9. Oktober 1963 in den See stürzte, gerechnet.

Nach dem Abschluß des geologischen Gutachtens erhielt die Elektrizitätsgesellschaft S. A. D. E. 1957 die Baugenehmigung für die Staumauer Vajont. Die Arbeiten an ihr wurden 1960 abgeschlossen. Es handelt sich um eine schmale, doppelt gekrümmte Bogenmauer – zur damaligen Zeit eine der modernsten der Welt – von bestechender, aber kühler Eleganz. Ein Werk des genialen italienischen Bauingenieurs Dr. Carlo Semenza. Wie solide diese 261 Meter hohe Mauer gefügt ist beweist der Umstand, daß sie sogar der unvorstellbaren Naturkatastrophe von 1963 widerstehen konnte.

Bald nach der Einweihung des Kraftwerkes (1960) löste sich am Abhang des Monte Toc ein Erdpaket von 700 000 Kubikmetern, das den Stausee nicht nur 150 Meter hoch auffüllte, sondern ihn auch halbierte. Um auch das im östlichen Teil befindliche Wasser verwenden zu können, wurde damals ein Durchlaß zwischen beiden Seehälften gebaut. Zugleich mit dem Erdrutsch öffnete sich weit oben am Nordhang des Berges ein breiter Spalt, der in Richtung See auf eine Länge von fast 2 Kilometern hinabzog. Die Flanke geriet in Bewegung! Daraufhin wurden Meßlatten mit Reflektoren ausgesetzt,

Der bei der Vajont-Katastrophe großteils verschont gebliebene Ort Erto von Nordosten gesehen. Im Hintergrund die geneigten Gesteinsflächen am Monte Toc, über die der verheerende Erdrutsch erfolgte.

die, durch Scheinwerfer angestrahlt, auch nachts eine Beobachtung ermöglichten. Die Rutschgeschwindigkeit betrug zur Jahreswende 1960/61 etwa 2 bis 4 Zentimeter pro Tag. Schon damals äußerte ein Geologe die Vermutung, daß eventuell mit noch größeren Bewegungsvorgängen gerechnet werden müsse. Man zog für den unteren Hangbereich beschleunigte Kriechbewegungen, für den oberen Teil sogar die Möglichkeit eines Bergsturzes in Betracht!

Im Jahre 1962 verlangsamte sich die Hangtrift, so daß 1963, nach dem Einholen einer behördlichen Genehmigung, das Auffüllen des Stausees fortgesetzt wurde. Der Wasserspiegel befand sich Ende September 1963 in einer Seehöhe von 710 Metern, die Länge des Sees betrug 8 Kilometer, sein Inhalt etwa 150 Millionen Kubikmeter. Zugleich mit dem Auffüllen setzten erneut Abbröckelungs- und Absackungsvorgänge ein. Dem aufgeweichten Material wurde innerhalb des Sees ein starker Auftrieb verliehen, so daß die gesamte Flanke von unten her ihren natürlichen Halt verlor. Außerdem waren, bedingt durch die ergiebigen Niederschläge der vorangegangenen Jahre, sowohl Gleitfähigkeit als auch die talwärts gerichtete Drucklast des Hanges erhöht worden. Da sich die Kriechbewegungen der Erdmassen stetig vergrößerten (Wochen vor der Katastrophe wurden Geschwindigkeiten zwischen 15 und 20 Zentimeter pro Tag beobachtet), entschloß man sich, den Wasserspiegel des Sees um einige Meter abzusenken. Doch der in Bewegung geratene Hang kam nicht mehr zur Ruhe! Es traten alarmierende Anzeichen wie unruhiges Verhalten der Weidetiere, breite Risse und Spalten parallel zur Flanke usw. auf. Nach den Vorausberechnungen der Ingenieure hätten sich, bei einem weiteren langsamen Abrutschen, die in Gang geratenen Gesteinsmassen bis zum 20. November im See befinden sollen. Das Ablassen des Sees wurde somit fortgesetzt. Bei geöffneten Schleusen senkte sich der Wasserspiegel täglich um etwa einen Meter.

Und dann graute der Morgen des Katastrophentages, es war Mittwoch, der 9. Oktober 1963! Innerhalb von 12 Stunden war der Hang um einen halben Meter vorgerückt. Die an der Staumauer diensthabenden Ingenieure gaben Alarm, aber es erfolgte keine Räumung weder der um den See, noch der im Piavetal gelegenen Orte. Um etwa 22.30 Uhr (nach den seismographischen Aufzeichnungen der Zentralanstalt für Meteorologie und Geodynamik in Wien war es genau um 22.43 Uhr) brach das Inferno los! Wider jede Erwartung gingen die Kriechbewegungen des Hanges in ein plötzliches Absacken über. Die Flanke riß in etwa 1400 Meter Höhe auf einer Breite von 2 Kilometern ab, glitt nach Aufhebung der inneren Reibung mit hoher Geschwindigkeit in den See und nach dessen Auffüllung die gegenüberliegende Talseite hoch. Die durch die unvorstellbare Gesteinsmenge von 300 Millionen Kubikmetern (das entspricht einem Fußballfeld, das 30 Kilometer hoch mit Schutt aufgefüllt ist) verdrängten Wassermassen rasten zunächst den Gegenhang empor, wo der 250 Höhenmeter (!) über dem Seespiegel gelegene Ort Casso teilweise zerstört wurde. Danach ergossen sie sich einerseits gegen den hinteren Seeabschnitt, andererseits als gewaltige Flutwelle von 200 Metern Breite und 75 Metern Höhe über die standhaltende „Semenzamauer“ hinweg in die 300 Meter tiefe Vajontschlucht. Durch sie schoß das Wasser wie durch eine Düse hinaus in das Piavetal, wo die an der gegenüberliegenden Talseite stehende Stadt Longarone

Die 261 Meter hohe Vajont-Staumauer, ein Werk des italienischen Bauingenieurs Dr. Carlo Semenza. Sie blieb bei der Katastrophe vom 9. Oktober 1963 nahezu unbeschädigt!

voll getroffen und dabei weitgehend dem Erdboden gleichgemacht wurde. Die Flutwelle setzte sich sodann im weiten Piavetal fort und hatte in Belluno (20 Kilometer Entfernung) immer noch eine Höhe von 12 Metern.

Die zweite, gegen den hinteren, östlichen Seeabschnitt gerichtete Flutwelle zerstörte das Dorf San Martino. Erto blieb nur durch den Umstand verschont, daß sich das Tal der nach Osten vordringenden Welle gerade im Ortsbereich befand.

Obwohl diese Katastrophe Elend und Tod für Tausende von Menschen brachte, gab es nur einen einzigen Augenzeugen des Unglücks, den Pfarrer von Casso. Er konnte im Scheinwerferlicht der angestrahlten Toc-Nordflanke den Abriß der gewaltigen Mure beobachten, mußte mitansehen, wie in einem Hölleninferno sich eine graue

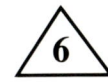

◁ Sogar das am Gegenhang, 250 m über dem Seespiegel gelegene Bergdorf Casso wurde durch die Flutwelle teilweise zerstört.

▽ Ein eigener Berg, die enorme Gesteinsmenge von 300 Millionen Kubikmeter, füllt heute die Westhälfte des ehemaligen Staubeckens. Dahinter die abgesackte Flanke des Monte Toc.

Wasserwand aus der Tiefe hob und seinen eigenen Standplatz wegzufegen drohte. Das alles mußte er hilflos registrieren, bis ein gewaltiger Blitz – der Kurzschluß an der 20000-Volt-Hochspannungsleitung – die Szenerie, das Toben freigewordener Naturgewalten in gespenstisches Dunkel hüllte, und das Verderben für die Bewohner von Longarone erst begann.

Wenige Wochen nach der Unglücksnacht drohte der hinter den niedergegangenen Gesteinsmassen aufgestaute Restsee eine weitere Überschwemmungskatastrophe auszulösen. Es wurde deshalb in Eile ein Stollen gebaut, durch den sein Wasser in das Becken von Cimolais/Claut abfließen konnte.

Trotz der verheerenden Auswirkungen dieses Bergsturzes – einer der größten der Geschichte – gab es doch einige Faktoren, die zu einer Verminderung der Katastrophe beigetragen hatten. Vor allem war es die standhaltende Mauer. Wäre sie geborsten, hätten die in das Piavetal stürzenden Gesteinskulturen ein neuerliches Aufstauen der Wassermassen zur Folge gehabt. Ein Durchbruch dieses Dammes hätte auch im Unterlauf des Piave Verwüstung und Todesopfer gefordert.

Heute kann die frei und ohne irgendwelchen Nutzen dastehende Mauer von Vajont als ein Symbol der Unzulänglichkeit und Hilflosigkeit des menschlichen Geistes bei Eingriffen in die nach wie vor allgewaltige Natur angesehen werden.

Literatur:

Ernst H. Weiss: „Vajont – geologische Betrachtungen zur Felsgleitung in den Stausee", in: „Steirische Beiträge zur Hydrologie", Jg. 1963/64, Graz 1964.

H. Grengg: „Malpasset, Vajont und die Folgen", in: „Österreichische Ing. Zeitschrift" 109, 2, S. 58–59, Wien 1964.

G. Schnitter: „Die Katastrophe von Vajont in Oberitalien", in: „Schweizerische Wasser- und Energiewirtschaft", 56, Zürich 1964.

E. Trapp: „Der Bergsturz von Longarone – von Seismographen registriert", in: „Universum" (Natur und Technik), 18, 11, Wien 1963.

Heinz R. Reinhardt: „Die Sintflut war nicht schuld" (Roman über die Katastrophe von Longarone), Verlag Friedrich Reinhardt, Basel 1970.

Piero Fain-Toni Sanmarchi: „Col Nudo – Cavallo" (Führer), Nuovi Sentieri Editore, 1982.

Charakteristika

GROSSRAUM:
Karnische Alpen
AUSGANGSPUNKT:
Sappada, 1218 m
NÖRDLICHSTER PUNKT (WEGBEGINN):
Rif. Sorgenti del Piave, 1830 m
ENDPUNKT:
Vittorio Veneto, 139 m
WEGLÄNGE:
190 km
HORIZONTALDISTANZ RIFUGIO SORGENTI DEL PIAVE – VITTORIO VENETO:
80 km
MITTLERE BEGEHUNGSDAUER:
14 Tage
MITTLERE (MAXIMALE) ETAPPENLÄNGE:
5 (10) Stunden
MITTLERE (GRÖSSTE) ANSTIEGSHÖHE PRO ETAPPE:
750 (1300) Meter
MITTLERE (GRÖSSTE) ABSTIEGSHÖHE PRO ETAPPE:
830 (2430) Meter
HÖCHSTER (TIEFSTER) PUNKT DER ROUTE: 2450 (139) Meter
MAXIMALE SCHWIERIGKEIT: Eine Kletterstelle im Schwierigkeitsgrad III
ZAHL DER EXTREM LANGEN ETAPPEN (8 STUNDEN UND MEHR):
3

△ Die Kapelle Santo Giovanni bei Cimolais mit den Türmen der Cima Vacalizza (Pramaggioregruppe) darüber.

◁ Das grandiose Felsmassiv der Cima dei Preti von Süden (Costa dei Tass) gesehen.

ZAHL DER BERÜHRTEN GEBIRGSGRUPPEN (UNTERGRUPPEN):
2 (10)
ZAHL DER BEWIRTSCHAFTETEN (UNBEWIRTSCHAFTETEN) ETAPPENSTÜTZPUNKTE:
12 (4)
ZAHL DER BERÜHRTEN PÄSSE:
2
BESTE BEGEHUNGSZEIT:
Anfang Juli bis Ende September
MITTLERE ÖFFNUNGSZEIT DER SCHUTZHÜTTEN:
20. Juni bis 30. September

BERÜHRTE GEBIRGSGRUPPEN: Nördliche Karnische Alpen (Karnische Hauptkette, Clap Grande, Terzagruppe, Monti di Sauris, Biveragruppe), Südliche Karnische Alpen (Cridola, Monfalconi, Spalti di Toro, Duranno – Cima dei Preti, Col Nudo – Monte Cavallo).
DIE WANDERUNG VON HÜTTE ZU HÜTTE: Sappada – Rif. Sorgenti del Piave – Sappada – Rif. De Gasperi – Passo Lavardet+ – Rif. Tenente Fabbro – Passo Mauria+ – Rif. Giàf – Biv. Granzotto-Marchi – Biv. Perugini – Rif. Pordenone – Biv. Gervasutti – Biv. Greselin – Erto – Biv. Frisacco – San Martino – Rif. Semenza – Vittorio Veneto.
BEGEHUNG DER HÖHENROUTE IN GRÖSSEREN TEILSTRECKEN: Sappada – Rif. Sorgenti del Piave – Sappada (1–2 Tage), Sappada – Passo Mauria (3 Tage), Passo Mauria – Erto (5–6 Tage), Erto – Vittorio Veneto (4–5 Tage).
MÖGLICHE GIPFELBESTEIGUNGEN: Hochweißstein, M. Chiadenis, M. Avanza, M. Chiadin, M. Franza, M. Rinaldo, M. Lastroni, M. della Piana, M. Terza Piccola, M. Terza Media, M. Terza Grande, Creta di Mimoias, Creta Alta di Mimoias, Creton di Clap Piccolo, Creton di Clap Grande, Creton di Culzei, Col Cervera, Crodon di Tiàrfin, M. Tudaio di Razzo, Col Rementera, M. Colrosolo, Col Pioi, M. Miaron, M. Boschet, M. Cridola, Crodon di Giàf, C. Giàf, Monfalcon di Forni, Monfalcon di Cimoliana, Croda Ultima di Leone, Punta Koegel, C. d'Arade, Monfalcon di Montanaia, Campanile di Val Montanaia, Croda Cimoliana, C. Both, C. Toro, Pala Grande, M. Pramaggiore, C. Cadin di Toro, C. Cadin di Vedorcia, C. Cadin degli Elmi, C. Spe, C. di Lares, C. Sella, C. Laste, C. Val del Drap, Punta Patèra, C. dei Preti, Punta Compol, C. dei Cantoni, Punta Zotta, C. dei Frati, M. Duranno, C. Centenere, M. Zucculat, M. Frugna, Col Nudo, M. Messer, M. Sestier, M. Castelat, Cimon del Cavallo, Cimon di Palantina, M. Colombera, M. Millifret, M. Pizzoc.
BEURTEILUNG DER HÖHENROUTE: Überaus großartige, sehr anstrengende und schwierige Route durch die westlichsten Gebiete der Nördlichen und Südlichen Karnischen Alpen. Mit Nummer 7 anspruchsvollster aller Dolomiten-Höhenwege. Kein Unternehmen für ausgesprochene Bergwanderer, sondern nur für durchtrainierte, klettergewandte Bergsteiger. Vergleichsweise wenig Stützpunkte, daher z. T. extrem lange Etappen. Überwiegend unerschlossenes, absolut einsames Bergland. Einer der bedeutendsten Weitwanderwege der Alpen überhaupt.

SCHWIERIGKEITEN: Bis zum Passo Mauria keine technischen Schwierigkeiten. Im Bereich der Südlichen Karnischen Alpen, vor allem in den Untergruppen Preti-Duranno/Col Nudo-Cavallo mehrere, z. T. exponierte gesicherte oder ungesicherte Felspassagen im 1. und 2. Schwierigkeitsgrad (eine kurze Stelle im 3. Grad). Aufgrund der teilweise schlechten oder spärlichen Markierungen können überall an der Höhenroute Nr. 6 Probleme bei der Wegsuche auftreten. Bei Schneelage, Vereisung, Nässe, kurz bei ausgesprochenem Schlechtwetter sollte auf eine Begehung des Weges verzichtet werden. Über die angeführten Varianten können gewisse Teilstrecken der Alta Via abgekürzt oder umgangen werden. Die schwierigsten oder anstrengendsten Etappen lassen sich jedoch durch sie nicht vermeiden!
ANFORDERUNGEN: Eine Begehung der Dolomiten-Höhenroute Nr. 6 bleibt sehr ausdauernden und klettergewandten Bergsteigern mit gutem Orientierungssinn – auch im weglosen Gelände – vorbehalten. Kletterkenntnisse (zahlreiche Passagen im 2., eine im 3. Schwierigkeitsgrad), absolute Trittsicherheit, Schwindelfreiheit sowie gehörige Armkraft sind Voraussetzung. Wegen des Fehlens von Stützpunkten, insbesondere von bewirtschafteten Unterkünften ist vielfach das Mittragen einer entsprechenden Proviantmenge (Wasser!) erforderlich. Die Bewältigung mehrerer, etwa achtstündiger Wegstrecken hintereinander, darf keine Probleme bereiten. Schlangenserum nicht vergessen!
ABZEICHEN: Begeher der Dolomiten-Höhenroute Nr. 6 erhalten nach Vorweis sämtlicher auf einem Blatt Papier gesammelter Hüttenstempel bei der Kurverwaltung (Azienda Turismo) in Vittorio Veneto ein Abzeichen.
HÖHENWEGFÜHRER: Franz Hauleitner: „Dolomiten-Höhenwege Nr. 4–7", Bergverlag Rudolf Rother, München 1988. Toni Sanmarchi: „Alta Via dei Silenzi" (Weg Nr. 6), Tamari Editori, Bologna 1979.
WANDERFÜHRER (FÜR EINFACHE GIPFELBESTEIGUNGEN): Peter Holl: „Karnischer Hauptkamm" (Alpenvereinsführer), Bergverlag Rudolf Rother, München 1978. Ettore Castiglioni: „Alpi Carniche". Führer aus der Reihe des „Guida dei Monti d'Italia", herausgegeben vom TCI und CAI, Milano 1954. Antonio e Camillo Berti: „Dolomiti Orientali", Vol. II, Führer aus der Reihe „Guida dei Monti d'Italia", herausgegeben vom TCI und CAI, Milano 1982. Außer über die Karnische Hauptkette (siehe oben!) gibt es über die restlichen Gebiete der Karnischen Alpen kein greifbares deutschsprachiges Führerwerk!
KARTEN: Carta d'Italia 1 : 50 000, Blätter „Passo di Monte Croce Carnico", „Ampezzo", „Auronzo di Cadore", „Claut", „Aviano", „Belluno", „Vittorio Veneto". Tabacco-Wanderkarte 1 : 50 000, Blätter 1 und 4 (nördlichste und südlichste Wegabschnitte nicht enthalten).
Tabacco-Wanderkarte 1 : 25 000, Blätter 01 und 02 (enthält nur die nördliche Weghälfte bis zum Biv. Gervasutti).

+ ohne Unterkünfte

Wegübersicht

Abschnitt	Gebiet		Ausgangspunkt Zielpunkt	Gehzeit Std.	HU	Varianten
1	Karnischer Hauptkamm	Nördliche Karnische Alpen	Sappada Rif. Sorgenti del Piave	2½–3½	— ↓ 610 ↑	
2	Karnischer Hauptkamm (Rinaldogruppe)		Rif. Sorgenti del Piave Sappada	3½–4	1180 ↓ 570 ↑	
3	Clap- und Terzagruppe		Sappada Rif. De Gasperi	3½–4	460 ↓ 1010 ↑	V 1
4	Clap-, Terza-, Sauris- und Biveragruppe		Rif. De Gasperi Rif. Tenente Fabbro	3½ –4	490 ↓ 500 ↑	
5	Bivera- und Cridola-gruppe		Rif. Tenento Fabbro Rif. Giàf	6–7	1100 ↓ 710 ↑	
6	Cridola- und Monfalconigruppe	Südliche Karnische Alpen	Rif. Giàf Biv. Granzotto-Marchi	2½–3	110 ↓ 880 ↑	↑
7	Monfalconigruppe und Spalti di Toro		Biv. Granzotto-Marchi Biv. Perugini	2½–3	610 ↓ 470 ↑	V 2
8	Monfalconigruppe und Spalti di Toro		Rif. Perugini Rif. Pordenone	1¼–1½	810 ↓ — ↑	
9	Spalti ti Toro		Rif. Pordenone Biv. Gervasutti	3½–4	30 ↓ 720 ↑	↓ V 3 →
10	Duranno – Cima dei Preti		Biv. Gervasutti Biv. Greselin	8½–10	1320 ↓ 1300 ↑	
11	Duranno – Cima dei Preti		Biv. Greselin Erto	5–6	1640 ↓ 500 ↑	
12	Col Nudo – Monte Cavallo		Erto Biv. Frisacco	5–5½	— ↓ 1080 ↑	↑
13	Col Nudo – Monte Cavallo		Biv. Frisacco San Martino	6¼–7	2130 ↓ 1150 ↑	V 4
14	Col Nudo – Monte Cavallo		San Martino Rif. Semenza	4–5	90 ↓ 1200 ↑	↓
15	Col Nudo – Monte Cavallo		Rif. Semenza Vittorio Veneto	8½–9½	2430 ↓ 530 ↑	

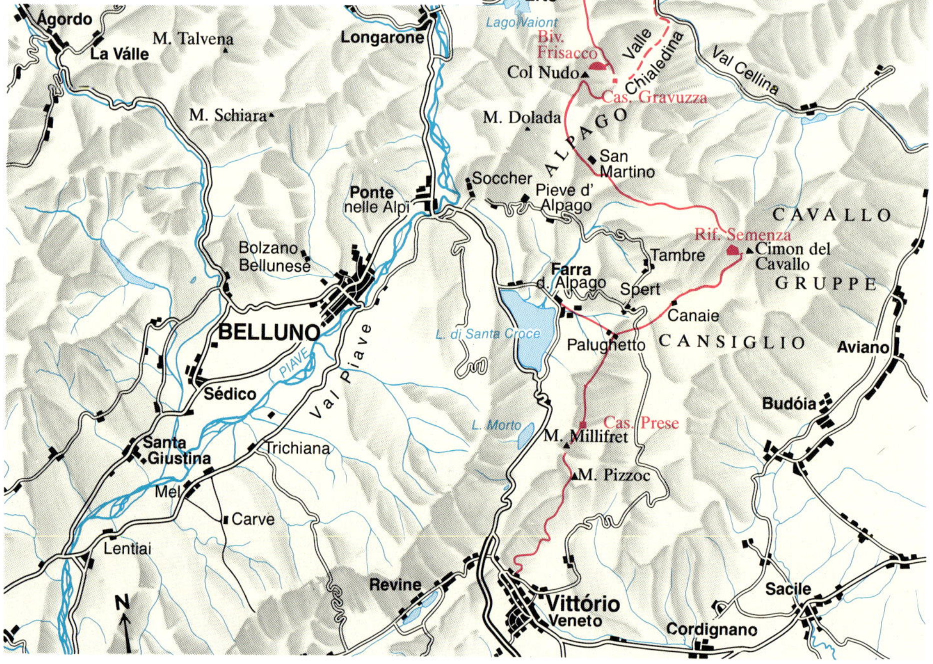

An den Ufern des östlichen Olbe-Sees in der Rinaldogruppe (Nördliche Karnische Alpen). Im Süden, hinter der Kapelle Madonna di Fatima, die eindrucksvollen Felsmassive der Creta Forata und des Monte Siera (Pesariner Dolomiten).

6

Auf dem „Weg der Stille“ von den Piave-Quellen zur Oberitalienischen Tiefebene

Dolomiten-Höhenroute Nr. 6

Tourensteckbrief

Sappada, 1218 m. Im wiesenreichen obersten Piavetal gelegener, von italienischen Gästen gern besuchter Fremdenverkehrsort. Deutsche Sprachinsel („Bladen“). Derzeit Ausbau eines landschaftsverändernden Skizentrums. Zahlreiche Hotels, Restaurants und Pensionen. Anreise von Innichen (Pustertal) über den Kreuzbergpaß mit Bus oder eigenem Pkw.	*Varianten*
A 1 Sappada – Rif. Sorgenti del Piave *Wegverlauf, Gehzeiten:* Sappada – Cimasappada, 1290 m, ¾ Std. – Valle di Sesis – Rif. Sorgenti del Piave, 2½–3½ Std., bei Busfahrt bis Cimasappada 1¾–2¾ Std. *Anforderungen:* Bequeme, abwechslungsreiche Straßenwanderung durch den obersten Abschnitt des Piavetales (Valle di Sesis) zu den Piave-Quellen am Südfuß des Hochweißstein (M. Peralba). *Höhenunterschiede:* 610 m ↑. *Gipfelbesteigungen:* Hochweißstein, 2694 m, M. Chiadenis, 2490 m, M. Avanza, 2481 m, M. Chiadin, 2269 m.	
Rif. Sorgenti del Piave, 1830 m. Privat, 12 Lager; vom 20. Juni bis 5. Oktober bewirtschaftet.	
A 2 Rif. Sorgenti del Piave – Sappada *Wegverlauf, Gehzeiten:* Rif. Sorgenti del Piave – Forc. del Franza, 2172 m, 1½ Std. – Passo del Mulo, 2356 m, 1¾–2 Std. – Laghi d'Olbe, 2156 m, 2–2½ Std. – Rif. Monte Ferro, 1563 m, 3–3½ Std. – Sappada, 3½–4 Std. *Anforderungen:* Unschwierige, sehr aussichtsreiche Wanderung durch die Untergruppe des M. Rinaldo. Leider wurde die früher märchenhaft schöne Landschaft im Bereich des M. della Piana und der Olbe-Seen durch den Bau eines Skizentrums (Lifte, Zubringerstraße, Skiabfahrtstrassen) teilweise zerstört. *Höhenunterschiede:* 1180 m ↓, 570 m ↑. *Gipfelbesteigungen:* M. Franza, 2329 m, M. Rinaldo, 2473 m, M. Lastroni, 2449 m, M. della Piana, 2162 m.	
Sappada, 1218 m.	
A 3 Sappada – Rif. De Gasperi *Wegverlauf, Gehzeiten:* Sappada – Val d'Enghe – Passo Elbel, 1963 m, 2½–3 Std. – Casera Clap Piccolo, 1669 m, 3–3½ Std. – Rif. De Gasperi, 3½–4 Std. *Anforderungen:* Mittellange, problemlose Wanderung auf gut bezeichneten Steigen. Prächtige Einblicke in die noch wenig bekannten und deshalb einsamen Felsgebiete der Clap- und Terzagruppe („Pesariner Dolomiten“)! *Höhenunterschiede:* 460 m ↓, 1010 m ↑. *Gipfelbesteigungen:* M. Terza Piccola, 2334 m, M. Terza Media, 2455 m, M. Terza Grande, 2586 m, Creta di Mimoias, 2320 m, Creta Alta di Mimoias, 2414 m, Creton di Clap Piccolo, 2439 m, Creton de Clap Grande, 2487 m, Creton di Culzei, 2458 m.	V 1
Rif. Fratelli De Gasperi, 1767 m. CAI Tolmezzo, 60 Betten, 40 Lager; vom 1. Juni bis 30. September bewirtschaftet.	
A 4 Rif. De Gasperi – Rif. Tenente Fabbro *Wegverlauf, Gehzeiten:* Rif. De Gasperi – Casera Mimoias, 1623 m, ¾–1 Std. – Passo Lavardet, 1531 m, 1½–1¾ Std. – Casera Campo, 1441 m, 1¾–2 Std. – Casera Sottopiova, 1733 m – Rif. Tenente Fabbro, 3½–4 Std. *Anforderungen:* Unschwieriger, aber keinesfalls problemloser Übergang durch das zwischen die Felsgebiete der Clapgruppe und des M. Tudaio di Razzo eingelagerte Mittelgebirge. Großteils Waldwanderung, jedoch wiederholt Ausblicke auf die wildschöne Umgebung. Ab der Casera Campo unbezeichnet und teilweise weglos. Gutes Orientierungsvermögen erforderlich! *Höhenunterschiede:* 490 m ↓, 500 m ↑. *Gipfelbesteigungen:* Col Cervera, 1998 m, Crodon di Tiàrfin, 2413 m, M. Tudaio di Razzo, 2285 m, Col Rementera, 1910 m.	
Rif. Tenente Fabbro, 1783 m. Privat, 19 Betten; bewirtschaftet vom 20. Juni bis 30. September.	

An der Forcella Compol. Blick nach Westen.

Karnische Alpen

Die Karnischen Alpen sind das ausgedehnte, großteils auf italienischem Boden gelegene Berggebiet zwischen Drautal-Lesachtal im Norden, Poebene im Süden, Piavetal im Westen und Canaltal im Osten. Ist diese Abgrenzung absolut eindeutig, so wurde die Unterteilung der Gruppe bisher nicht befriedigend gelöst. Es ist unverständlich, daß in der allerneuesten Einteilung der Ostalpen (1) das gesamte Bergland südlich der Karnischen Hauptkette, also der eigentliche zentrale Bereich der Gruppe, als Südliche Karnische Alpen bezeichnet wird. Dann hätte man in Analogie dazu den Karnischen Hauptkamm als Nördliche Karnische Alpen definieren müssen. Außerdem ist die Abgrenzung der Karnischen Hauptkette vom Rest der

(1) Franz Grassler: „Alpenvereinseinteilung der Ostalpen (AVE)“, erschienen im „Alpenvereinsjahrbuch“ 1984, S. 215–224.

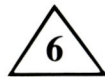

Gruppe nicht eindeutig und auch in der Natur nicht vorgegeben. Hingegen existiert eine klar vorgezeichnete Abgrenzung der südlich des Tagliamentotales befindlichen Gebiete von den nördlichen Gegenden. Wenn daher die Berge im Süden der Tagliamentofurche zu den Karnischen Alpen gezählt werden, so handelt es sich doch um ein genau definiertes und in sich geschlossenes Gebiet.
Ich schlage daher hier die Unterteilung in *Nördliche Karnische Alpen* (alle Berggruppen nördlich des Tagliamento inclusive der Karnischen Hauptkette) und *Südliche Karnische Alpen* vor. Als Positivum muß angemerkt werden, daß in der Alpenvereinseinteilung die Bezeichnung Karnische Voralpen für die südlichen Gebiete nicht mehr aufscheint.

Nördliche Karnische Alpen

Karnische Hauptkette, Gruppe des Monte Rinaldo

Der von Ost nach West verlaufende, die Wasserscheide zwischen Schwarzem und Adriatischem Meer bildende Karnische Hauptkamm gilt als der einzige stärker besuchte und besser erschlossene Bereich der Karnischen Alpen. Er wird im Norden klar und geradlinig durch Lesach- und Drautal begrenzt. Nach Süden entsendet er zahlreiche, gegen das Tagliamentotal (Tolmezzo) gerichtete Seitenäste, von denen der westlichste, das Piavetal flankierende, der bedeutendste ist. Er setzt am 2694 Meter hohen Hochweißstein (Monte Peralba) an und endet fast hundert Kilometer weiter im Süden, nahe

△ Am Passo d'Enghe in den Pesariner Dolomiten. Im Südwesten Gipfel der Brentonigruppe.

◁ Blick vom Passo del Mulo (Rinaldogruppe) nach Norden gegen den Karnischen Hauptkamm mit dem imposanten Hochweißstein.

A 5 Rif. Tenente Fabbro – Rif. Giàf *Wegverlauf, Gehzeiten:* Rif. Tenente Fabbro – Sella Ciampigotto, 1790 m – Val di Roda – Valle di Bosconegro – Casera Doana, 1911 m, 1½–2 Std. – Passo del Landro, 1820 m, 2¼–3 Std. – Stabie, 1373 m, 3½–4½ Std. – Passo della Mauria, 1298 m, 4–5 Std. – Rif. Giàf, 6–7 Std. *Anforderungen:* Unschwierige, dafür aber sehr lange Wanderung aus den gemäßigten Wiesengebieten der Biveragruppe in das phantastische Felsenreich der Cridola und Monfalconi (Südliche Karnische Alpen). Landschaftlich hervorragend schön! *Höhenunterschiede:* 1100 m ↓, 710 m ↑. *Gipfelbesteigungen:* M. Tudaio di Razzo, 2285 m, Col Rementera, 1910 m, M. Colrosolo, 2139 m, Col Pioi, 1863 m, M. Miaron, 2132 m, M. Boschet, 1706 m.	
Rif. Giàf, 1400 m. CAI Udine, 20 Betten, 20 Lager; vom 1. Juni bis 15. Oktober bewirtschaftet.	
A 6 Rif. Giàf – Biv. Granzotto-Marchi *Wegverlauf, Gehzeiten:* Rif. Giàf – Forc. del Cason, ca. 2280 m, 2–2½ Std. – Biv. Granzotto-Marchi, 2½–3 Std. *Anforderungen:* Die am Rif. Giàf ansetzende Traversierung der Monfalconi und Spalti di Toro (A 6 bis A 9) stellt einen ersten landschaftlichen Höhepunkt der Alta Via Nr. 6 dar. Anstrengender 900-Meter-Steilanstieg zur Forc. del Cason (Pickel im Frühsommer ratsam!). Wunderbare Einblicke in dieses wildzerklüftete, an die Zentraldolomiten erinnernde Bergreich! *Höhenunterschiede:* 110 m ↓, 880 m ↑. *Gipfelbesteigungen:* M. Cridola, 2581 m, Crodon di Giàf, 2504 m, C. Giàf, 2523 m, Monfalcon di Forni, 2453 m, Monfalcon di Cimoliana, 2450 m.	↑
Biv. Granzotto-Marchi, 2170 m. CAI Pordenone, 9 Lager; unbewirtschaftet, aber stets geöffnet.	
A 7 Biv. Granzotto-Marchi – Biv. Perugini *Wegverlauf, Gehzeiten:* Biv. Granzotto-Marchi – Forc. del Leone, ca. 2290 m, 20 Min. – Cadin di Cimoliana – Val Monfalcon di Cimoliana – Forc. Cimoliana, 2183 m, 2–2½ Std. – Biv. Perugini, 2½–3 Std. *Anforderungen:* Beeindruckender Übergang. Zuletzt Prachtblick auf die berühmte Felssäule des Campanile di Val Montanaia! Großteils gut bezeichnete Steigspuren; einzelne gesicherte Felspassagen. Trittsicherheit erforderlich. Im Frühsommer Pickel ratsam! *Höhenunterschiede:* 610 m ↓, 470 m ↑. *Gipfelbesteigungen:* Monfalcon di Forni, 2453 m, Monfalcon di Cimoliana, 2450 m, Croda Ultima del Leone, 2401 m, Punta Koegel, 2440 m, C. d'Arade, 2503 m, Monfalcon di Montanaia, 2548 m.	V 2
Biv. Perugini, 2060 m. CAI Trieste, 9 Lager; nicht bewirtschaftet, aber stets geöffnet.	
A 8 Biv. Perugini – Rif. Pordenone *Wegverlauf, Gehzeiten:* Biv. Perugini – Val Montanaia – Rif. Pordenone, 1¼–1½ Std. *Anforderungen:* Kürzeste Etappe dieser Höhenroute. Abstieg von 800 Metern Höhendifferenz durch das grandiose Val Montanaia in das weite Val Meluzzo. Keine Schwierigkeiten! *Höhenunterschiede:* 810 m ↓. *Gipfelbesteigungen:* Campanile di Val Montanaia, 2173 m, Croda Cimoliana, 2408 m, Monfalcon di Montanaia, 2548 m, C. Both, 2437 m, C. Toro, 2355 m, Pala Grande, 2385 m.	
Rif. Pordenone, 1249 m. CAI Pordenone, 66 Betten; vom 15. Juni bis 30. September bewirtschaftet.	
A 9 Rif. Pordenone – Biv. Gervasutti *Wegverlauf, Gehzeiten:* Rif. Pordenone – Sentiero Arturo Marini – Le Corde, 1503 m, 1 Std. – Col Cadorin, 1838 m, 1¾–2 Std. – Val di San Lorenzo – Biv. Gervasutti, 3½–4 Std. *Anforderungen:* Landschaftlich wohl schönste Teilstrecke der Monfalconi-Spalti-di-Toro-Durchquerung. Wildes, einsames Bergland; prächtige Szenerien! Gut bezeichneter, an exponierten Stellen gesicherter Steig. Trittsicherheit erforderlich! *Höhenunterschiede:* 30 m ↓, 720 m ↑. *Gipfelbesteigungen:* M. Pramaggiore, 2478 m, C. Cadin di Toro, 2386 m, C. Cadin di Vedorcia, 2403 m, C. Cadin delgi Elmi, 2424 m, C. Spe, 2314 m.	↓
Biv. Gervasutti, 1960 m. CAI XXX Ottobre/Trieste, 9 Lager; stets geöffnet, aber nicht bewirtschaftet.	V 3→

der oberitalienischen Stadt Vittorio Veneto. Diesem Kamm folgt auch Höhenroute Nr. 6.

Der vom Karnischen Hauptkamm etwas nach Süden vorgeschobene und damit gänzlich auf italienischem Boden gelegene Hochweißstein ist einer der schönsten und überragendsten Felsgipfel dieser Kette. Dieser Berg wird sowohl von Österreich als auch von Italien her seiner ausgedehnten Rundsicht, aber auch der vielen lohnenden, teilweise gesicherten Anstiege wegen recht häufig besucht. Am Fuß seiner Südwände, beim Passo Col di Caneva, entspringt nicht nur der Piave, dort nimmt auch unsere Höhenroute Nr. 6 ihren Anfang.

Die grüne Senke des Passo Col di Caneva trennt die wuchtige Felsmasse des Hochweißsteins von der südlich gelegenen kleinen Untergruppe des Monte Rinaldo. Leider sind Teile dieser Gruppe in jüngster Zeit von rücksichtslosen Geschäftsleuten für den Skilauf („Sappada 2000") erschlossen worden. Dabei wurde vor allem die früher so schöne Landschaft um die Laghi d'Olbe und den Monte della Piana stark in Mitleidenschaft gezogen!

Nördliche Karnische Alpen

Clap- und Terzagruppe

Von den Massiven der Creta Forata, des Clap Grande und der Terze im Süden von Sappada werden die beiden zuletztgenannten Gebiete auch von Höhenroute Nr. 6 berührt. Der für diese drei Gruppen häufig anzutreffende Begriff „Pesariner Dolomiten" erscheint zwar im ersten Moment etwas übertrieben, weist aber sehr wohl auf den in zahlreiche Felsmassive und Türme gegliederten Aufbau dieser Bezirke hin.

Am „Sentiero Arturo Marini" unterwegs zum Bivacco Gervasutti. Zu den großartigsten Bergbildern dieser Wegstrecke gehört der Aufblick aus dem Val di San Lorenzo gegen das Massiv der Cima Cadin degli Elmi (Spalti di Toro).

6

Auf den zauberhaften Lärchenwiesen von Stabie. Von Süden grüßen die phantastischen Türme der Cridola (Südliche Karnische Alpen).

A 10 Biv. Gervasutti – Biv. Greselin *Wegverlauf, Gehzeiten:* Biv. Gervasutti – Val Misera – Val dei Lares – Forc. di Col Andon, 1930 m, 1¾–2¼ Std. – Casera Laghetto di Sopra, 1871 m, 2–2¾ Std. – Forc. Val del Drap, ca. 2290 m, 3½–4½ Std. – Val del Drap – Forc. dei Cacciatori, ca. 2130 m, 5–6 Std. – Forc. Compol, 2450 m, 6–7½ Std. – Cadin dei Frati – Biv. Greselin, 8½–10 Std. *Anforderungen:* Schwierige, vor allem außerordentlich lange Etappe, mit A 11 die wohl großartigste Teilstrecke an der Dolomiten-Höhenroute Nr. 6. Einer der herrlichsten Übergänge in den Alpen überhaupt, auf dem das gewaltige Massiv der C. dei Preti durchwandert wird. Nur sehr ausdauernden und erfahrenen Bergsteigern anzuraten. Absolute Trittsicherheit, Schwindelfreiheit, entsprechende Klettererfahrung (mehrere Passagen im Schwierigkeitsbereich II, eine kurze Stelle im Grad III) sowie vorbereitendes Training erforderlich. Falls man sich diesen Ansprüchen nicht gewachsen fühlt, wird ein Abbruch der Höhenwanderung über Variante V 3 angeraten. Absolut einsames, noch völlig unberührtes Bergland (keine Hilfe bei irgendwelchen Unfällen). Wundervolle, phantastische Landschaftsbilder! *Höhenunterschiede:* 1320 m ↓, 1300 m ↑. *Gipfelbesteigungen:* C. Spe, 2314 m, C. di Lares, 2273 m, C. Sella, 2334 m, C. Laste, 2555 m, C. Val del Drap, 2330 m, Punta Patèra, 2553 m, C. dei Preti, 2706 m, Punta Compol, 2548 m, C. dei Cantoni, 2512 m, Punta Zotta, 2173 m.	
Biv. Greselin, 1920 m. CAI Padova, 9 Lager; unbewirtschaftet, aber stets geöffnet.	
A 11 Biv. Greselin – Erto *Wegverlauf, Gehzeiten:* Biv. Greselin – Costa dei Tass – Forc. Duranno, 2217 m, 2–2½ Std. – Rif. Maniago, 1730 m, 3–3½ Std. – Val Zèmola – Erto, 5–6 Std. *Anforderungen:* Mit A 10 touristischer und landschaftlicher Höhepunkt der Dolomiten-Höhenroute Nr. 6. Auf diesen beiden überaus anspruchsvollen Teilstrecken werden die Gebiete des M. Duranno und der C. dei Preti durchwandert. Auf der Strecke Biv. Greselin – Forc. Duranno teilweise sehr exponierte, nicht einfache, gesicherte Steiganlage, später unschwieriger Abstieg von 1400 Metern Höhendifferenz durch das Val Zemola nach Erto. Absolute Trittsicherheit, Schwindelfreiheit sowie Kletterkenntnisse (ungesicherte und gesicherte Passagen bis zum 2. Schwierigkeitsgrad) erforderlich. Einsames, ungemein wildes, großartiges Berggebiet! Nächtigungsmöglichkeit am Rifugio Maniago. *Höhenunterschied:* 1640 m ↓, 500 m ↑. *Gipfelbesteigungen:* C. dei Preti, 2706 m, C. dei Frati, 2355 m, M. Duranno, 2668 m, C. Centenere, 2295 m.	
Erto, 778 m. Typisch italienisches Gebirgsdorf nördlich über dem ehemaligen Lago di Vajont. Schauplatz der furchtbaren Vajont-Katastrophe. Das alte Erto ist nahezu unbewohnt. Im Oberort Stortan Unterkunft in der Locanda Julia (10 Betten, vom 1. Juli bis 30. September geöffnet). Busverkehr Longarone–Cimolais–Claut.	
A 12 Erto – Biv. Frisacco *Wegverlauf, Gehzeiten:* Erto – Valle del Vajont – Casera Carniar, 853 m, 2–2¼ Std. – Val Frugna – Forc. Frugna, 1570 m, 4–4½ Std. – Biv. Frisacco, 5–5½ Std. *Anforderungen:* A 12 und A 13 führen durch das grandiose Massiv des Col Nudo, das mit seinen abgrundtiefen Schluchten, der dschungelartigen Vegetation und der noch völlig intakten Fauna und Flora zu den am wenigsten frequentierten Gebieten der Südalpen zählt. Unschwieriger, aber sehr anstrengender Anstieg, der an Orientierungssinn und Durchhaltevermögen besondere Anforderungen stellt. Nur spärliche Markierungszeichen! *Höhenunterschiede:* 1080 m ↑. *Gipfelbesteigungen:* M. Zucculat, 1630 m, M. Frugna, 1839 m.	↑ V 4
Biv. Frisacco, 1853 m. CAI Treviso, 9 Lager; unbewirtschaftet, aber stets geöffnet.	

Vor allem aus der Gegend von Sappada gesehen beeindrucken diese von deutschsprachigen Bergsteigern nie, von Italienern hin und wieder besuchten Höhen.
Die im Westen, zwischen Val Enghe und Val Frison, aufragenden drei Terzen bilden eine reizvolle kleine Gruppe, die auch Durchschnittsbergsteigern einiges zu bieten vermag. Vor allem Terza Grande und Terza Media sind wunderbare, nur ganz selten bestiegene Aussichtsberge mit nicht allzu schwierigen Normalrouten (Passagen im Schwierigkeitsgrad I).
Ganz anders die sich im Osten des Passo Enghe entfaltende Gruppe des Clap Garande! Mit ihren, von Norden gesehen, breit-gebänderten, klobigen Felsbauten und einer nach Süden, gegen Val Pesarina gerichteten bizarren Turmreihe erinnert sie besonders stark an Formationen in den Zentraldolomiten. Das durch einen bewirtschafteten Stützpunkt (Rifugio De Gasperi) und neuerdings auch durch eine Biwakschachtel (Bivacco Torre Sappada) erschlossene Gebiet ist in erster Linie Betätigungsfeld für den anspruchsvollen Kletterer. Er findet an den prächtigen Wänden, Pfeilern und Kanten dieser Gruppe vielfältige Möglichkeiten.

Nördliche Karnische Alpen

Monte di Sauris, Bivera- und Brentonigruppe

Zwischen Passo Lavardet im Norden und Passo Mauria im Süden erstreckt sich ein zwar ausgedehntes, aber ziemlich gemäßigtes Bergland, das Gebiet der Monti di Sauris und des Monte Bivera. Zahlreiche Grasgipfel und nur vereinzelt aufragende mächtigere Felskämme bestimmen hier das Landschaftsbild.
Die zwischen Passo Lavardet und Sella di Razzo eingelagerten, als begrünter Hügelzug weit nach Osten, gegen das Val Degano vorstoßenden Monti di Sauris werden von unserer Höhenroute nur am Rande berührt.
Die südlich der Sella di Razzo ansetzende Biveragruppe besitzt im Gegensatz zu den Monti di Sauris auch eine Reihe markanter Felserhebungen wie etwa den Monte Tudaio di Razzo, den Crodon di Tiarfin oder den Monte Bivera. Diese sehr aussichtsreichen Höhen können von einigermaßen ausdauernden Bergsteigern ohne größere Schwierigkeit bestiegen werden. Stets bewegt man sich dabei in einem einsamen, auch zur sommerlichen Hochsai-

son kaum besuchten Gebiet. Als Ausgangspunkte kommen die umliegenden Täler (Val Lumiei, Val Tagliamento) sowie das Rifugio Tenente Fabbro an der Sella Ciampigotto in Frage.
Die durch die Sella Ciampigotto deutlich abgesetzte, nach Nordwesten, gegen das Piavetal gerichtete Brentonigruppe wird von Höhenroute Nr. 6 nur im äußersten Süden gestreift. Es handelt sich um ein außerordentlich wildes, noch großteils unerschlossenes Bergland, das mit seinen plattengepanzerten Felsmassiven eher an die Nördlichen Kalkalpen erinnert. Zwei in jüngster Zeit geschaffene unbewirtschaftete Biwakhütten dienen als Stützpunkte für die vielen möglichen aber ungemein anspruchsvollen Touren in diesem Bereich.

Südliche Karnische Alpen
Cridola, Monfalconi, Spalti di Toro

Wenn Gebiete der Karnischen Alpen einen Vergleich mit den Dolomiten dulden, dann sind es die Berge südlich des Passo Mauria, die Untergruppen der Cridola, Monfalconi, Spalti di Toro, Pregoiane und des Monte Pramaggiore. Diese auch unter der Bezeichnung „Clautaner Dolomiten" oder „Dolomiten jenseits des Piave" geläufigen Gegenden sind nicht nur gesteinsmäßig den Zentraldolomiten verwandt, sie zeigen auch ähnlich filigranen, vielleicht teilweise sogar noch zerklüfteteren, wilderen Aufbau. Von diesen Gruppen werden Cridola, Monfalconi und Spalti di Toro häufiger, aber vorwiegend von italienischen Bergsteigern besucht. Zieht man die einzigartige landschaftliche Schönheit in Betracht, so handelt es sich im allgemeinen um ein noch sehr wenig erschlossenes, stark vernachlässigtes, einsames Gebiet, in dessen Karen und Felsräumen man unverfälschtes, wahres Bergerleben finden kann.
„Magnet" und Hauptanziehungspunkt ist der berühmte Campanile di Val Montanaia, jene sonderbare, im Mittelpunkt eines gewaltigen Schuttkares frei aufragende, etwa 200 Meter hohe Felssäule. Aber auch sonst besitzt dieses phantastische Türme-Wirrwarr noch viele Glanzpunkte, die allerdings kaum bekannt sind und erst entdeckt werden wollen! Ein echtes Dolomiten-

A 13 Biv. Frisacco – San Martino *Wegverlauf, Gehzeiten:* Biv. Frisacco – Forc. Frugna, 1570 m, 20–25 Min. – Casera Gravuzza, 984 m, 1 Std. – Valle Chialedina – Landres Negres – Passo di Valbona, ca. 2130 m, 4–4½ Std. – Venàl di Montanès – Casera Scalet Bassa, 1169 m, 5¼–6 Std. – San Martino, 6¼–7 Std. *Anforderungen:* Seiner Länge, vor allem der zu bewältigenden Höhenunterschiede wegen äußerst kraftraubender Übergang, der um den Col Nudo herum über den Passo di Valbona in das Alpago führt. Landschaftlich überaus beeindruckende Teilstrecke, durchaus den Abschnitten A 10 und A 11 vergleichbar! Absolut einsames, unberührtes Bergland. An einigen gesicherten Felspassagen sind Trittsicherheit, Schwindelfreiheit und Kletterkenntnisse (Stellen im Schwierigkeitsgrad I) nötig. Vom Passo di Valbona weg teilweise keine Markierung, daher Begehung nur bei sicheren Wetterverhältnissen ratsam! *Höhenunterschiede:* 2130 m ↓, 1150 m ↑. *Gipfelbesteigungen:* M. Zucculat, 1630 m, M. Frugna, 1839 m, Col Nudo, 2471 m.	V 4 ↓
San Martino, 866 m. Im Nordbereich der Wiesenlandschaft des Alpago gelegener kleiner Ort (hieß früher „Montanès") mit malerischer, auf kleinem Hügel stehender Kirche. Nächtigung in der Locanda San Martino (50 Betten, ganzjährig geöffnet).	
A 14 San Martino – Rif. Semenza *Wegverlauf, Gehzeiten:* San Martino – Irrighe, 832 m, ½ Std. – Rif. Alpago, 950 m, 1 Std. – Casera Pal, 1054 m, 1½ Std. – Valle Salatis – Casera Pian delle Stelle, 1421 m, 2½–2¾ Std. – Valle Sperlonga – Forc. Lastè, 2036 m – Rif. Semenza, 4–5 Std. *Anforderungen:* Sehr abwechslungsreiche, von Norden zur Hochregion des M. Cavallo emporführende Teilstrecke von beachtlicher Länge. Unschwierig, aber nur bei guten Wetterverhältnissen (kein Nebel!) ratsam. *Höhenunterschiede:* 90 m ↓, 1200 m ↑. *Gipfelbesteigungen:* M. Messer, 2230 m, M. Sestier, 2084 m, M. Castelat, 2208 m, Cimon del Cavallo, 2251 m.	
Rif. Semenza, 2020 m. CAI Vittorio Veneto, 18 Lager; vom 20. Juni bis 31. August bewirtschaftet. An der nahen Forc. Lastè eine Blech-Biwakschachtel (9 Lager) als ständig geöffnete Unterkunft außerhalb der Bewirtschaftungszeit der Hütte.	
A 15 Rif. Semenza – Vittorio Veneto *Wegverlauf, Gehzeiten:* Rif. Semenza – Val di Piera · Casera Palantina, 1521 m, ¾–1 Std. – Pian Canaie, 1069 m, 1½–1¾ Std. – Palughetto, 1041 m, 2¾–3 Std. – Casera Prese, 1344 m, 4¼–4¾ Std. – Piano della Pita – M. Millifret – Casera Pizzoc, 1499 m, 5¾–6½ Std. – Costa di Agnellezza – Cava di Pietra, 764 m – Costa di Serravalle – Santa Augusta, 349 m, 8–9 Std. – Vittorio Veneto, 8½–9½ Std. *Anforderungen:* Letzter, mit A 10 längster Abschnitt dieser Höhenroute. Unschwierige, aber außerordentlich lange Mittelgebirgswanderung (ca. 20 km Luftlinie!), auf welcher zunächst zum Cansiglio-Plateau abgestiegen und hernach im zähen Anstieg die südlichste Erhebung der Karnischen Alpen, der M. Pizzoc, erreicht wird. Ein Abstieg von fast 1400 Höhenmetern zu der bereits am Nordrand der oberitalienischen Tiefebene gelegenen Stadt Vittorio Veneto beendet die großartige Höhenwanderung. Unschwierige Teilstrecke. Wegen der enormen Länge* und der vielfach stark überwucherten, z.T. auch schlecht bezeichneten Steiganlagen sind Ausdauer und guter Orientierungssinn unbedingt erforderlich! *Höhenunterschiede:* 2430 m ↓, 530 m ↑. *Gipfelbesteigungen:* M. Castelat, 2208 m, Cimon del Cavallo, 2251 m, Cimon di Palantina, 2190 m, M. Colombera, 2066 m, M. Millifret, 1581 m, M. Pizzoc, 1565 m.	
Vittorio Veneto, 139 m. Am Nordrand der oberitalienischen Tiefebene gelegene, nach König Vittorio Emanuele II. benannte Stadt. Endstation der Dolomiten-Höhenroute Nr. 6. Rückreise mit Bus über Ponte nelle Alpi, Calalzo und Santo di Stefano nach Sappada.	

* *Es besteht die Möglichkeit, die Wanderung beim Erreichen der asphaltierten Cansiglio-Straße (15 Min. vor Palughetto) zu unterbrechen und erst nach einer Nächtigung in Spert oder Pian Osteria anderntags fortzusetzen.*

land also, in dem für Neulandsucher und Abenteurer noch viele Möglichkeiten offen stehen. Ein Eldorado aber auch für Landschaftsfanatiker und Fotofreunde, die an den kulissenartig gestaffelten, kreuz- und querstehenden Türmen und Felsmassiven wunderbare Motive und Szenerien finden.

Südliche Karnische Alpen

Duranno – Cima dei Preti

Südlich der Forcella Spe folgen im Kamm der »Clautaner Dolomiten« die erhabenen Felsmassive der Cima dei Preti und des Monti Duranno. An ihnen erfährt die Alta Via delle Dolomiti N. 6 ihren landschaftlichen Höhepunkt. Von den gewaltigen Talschluchten des Val Meluzzo/Val Cimoliana, Val Vajont und Val Piave flankiert, haben wir hier eine Felsregion von außerordentlich hartem, ja menschenfeindlichen Charakter. An ihr fehlen jene Komponenten, die wir an den nahen Dolomiten so schätzen: grüne Almböden, liebliche Lärchenwälder und prächtige Zirbenbestände, rauschende Bergbäche usw. Es herrscht da vielmehr der Eindruck der Zerstörung, der Weltferne, der Unbarmherzigkeit. Wasser- und vegetationslose Täler mit endlosen Schuttströmen, übermächtig und unmittelbar aufragende Mauern und darüber wild zerborstene, zerklüftete Felsengebiete wie nirgendwo sonst in den Ostalpen, sie bestimmen hier das Landschaftsbild! Ein einsames Bergreich, das trotz seiner überwältigenden Schönheit jeden Eindringling zunächst abweist und nur ab und zu von Kennern und einigen wenigen Individualisten besucht wird.

Das vielgipfelige Massiv der Cima dei Preti mit seinen zahlreichen Karen und plattigen Felsflanken steht im starken Gegensatz zu dem in seiner Wucht und Größe an den Monte Pelmo erinnernden Felsobelisk des Monte Duranno. Die Besteigung dieser Gipfel erfordert geübte, klettergewandte und vor allem ausdauernde Bergsteiger. Zwischen dem zur Sommersaison bewirtschafteten Rifugio Maniago und den drei vorhandenen Biwakschachteln (Bivacco Gervasutti, Bivacco Baroni, Bivacco Greselin) ergeben sich Verbindungs-

Varianten	Variante zur Hauptroute
V 1 Sappada – Rif. De Gasperi *Wegverlauf:* Sappada – Val d'Enghe – Passo d'Enghe – Passo Mimoias – Casera Mimoias – Casera Clap Piccolo – Rif. De Gasperi. *Anforderungen:* Etwas umständlicher und deshalb besonders langer, anstrengender Übergang. Noch aussichtsreicher als die Hauptroute. *Gehzeit:* 4½–5½ Std.	A 3
V 2 Rif. Giàf – Biv. Gervasutti *Wegverlauf:* Rif. Giàf – Forc. Scodavacca – Rif. Padova – Casera Vedorcia – Rif. Tita Barba – Forc. Spe – Biv. Gervasutti. *Anforderungen:* Diese Variante führt um die Gruppe der Monfalconi und Spalti di Toro westlich herum. Sie besitzt nicht die Großartigkeit der Hauptroute, ist aber völlig unschwierig und vor allem kürzer als diese. Landschaftlich außerordentlich lohnend! *Gehzeit:* 6½–8 Std.	A 6 – A 9
V 3 Biv. Gervasutti – Pieve di Cadore *Wegverlauf:* Biv. Gervasutti – Forc. Spe – Rif. Tita Barba – Cas. Vedorcia – Cas. Tamari – Pieve di Cadore. *Anforderungen:* Da die Anforderungen der südlichen Teilstrecken der Höhenroute weit über jenen der Abschnitte A 1 bis A 9 liegen, besteht die Möglichkeit, die Wanderung am Biv. Gervasutti auf vorliegender Variante abzubrechen und in das Piavetal abzusteigen. Landschaftlich wunderschöne, problemlose Strecke. *Gehzeit:* 4–5 Std.	Abbruch der Höhenroute
V 4 Erto – San Martino. *Wegverlauf:* Erto – Cimolais – Cellino di Sopra – Valle Chialedina – Casera Gravuzza – Landres Negres – Passo di Valbona – Venàl di Montanès – Casera Scalet Bassa – San Martino. *Anforderungen:* Durch Benützung dieser Variante kann man sich den Übergang über die Forc. Frugna (mit Nächtigung am Biv. Frisacco) ersparen und an einem einzigen Tag von Erto nach San Martino gelangen. Man versäumt dabei allerdings eine der schönsten Teilstrecken der Hauptroute und muß außerdem eine Busfahrt (Erto–Cellino di Sopra) in Kauf nehmen. *Gehzeit ab Cellino di Sopra:* 6¾–7½ Std.	A 12 – A 13

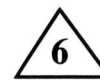

wege, die zu den eindrucksvollsten, aber auch anstrengendsten Übergängen in den Alpen gehören!

Südliche Karnische Alpen

Col Nudo – Monte Cavallo

Im Süden der Linie Val Vajont – Passo San Osvaldo erstreckt sich die mächtige Untergruppe des Col Nudo. Sie setzt sich in einem langgezogenen Kamm über die Höhen des Crep Nudo, Monte Messer, Monte Sestier bis zum Cimon del Cavallo fort und bildet so eine gigantische Mauer zwischen Piavetal im Westen und Val Cellina im Osten.

Der mit gewaltigen Wänden nach Norden und Osten abstürzende Col Nudo ist Zentrum eines großteils noch unerschlossenen, wilden, ursprünglichen Berglandes. Er kann von Süden, vom Passo Valbona aus, ohne Schwierigkeit erreicht werden und vermittelt eine prachtvolle Rundschau. Die Ostseite des Col Nudo wird durch das neue Bivacco Frisacco erschlossen. Es stellt einen wichtigen Stützpunkt an der Höhenroute Nr. 6 dar.

Der erwähnte, gegen den Cimon del Cavallo gerichtete Gratzug stürzt in steilen Flanken gegen die weite, nach Westen geöffnete Wiesenschale des Alpago nieder – mit ihren zahlreichen Dörfern ein wunderbares Erholungsgebiet in unmittelbarer Nähe der Stadt Belluno.

Das Massiv des Cimon del Cavallo, mit 2251 Metern der südlichste Hochgipfel der Karnischen Alpen, wird durch ein den Sommer über bewirtschaftetes Schutzhaus gut erschlossen. Auch dieser Gipfel ist ein relativ leicht erreichbarer Aussichtsberg am Südrand der Alpen mit Blick bis zum Meer!

Nach Süden und Südwesten fällt die Cavallogruppe in mäßig steilen Flanken gegen den „Cansiglio" ab. Es handelt sich um eine weite, großteils bewaldete Hochfläche, deren ausgedehnte Buchenbestände (zweitgrößte Waldregion Italiens!) in den Südalpen kein Gegenstück haben.

Mit einem mehrere Kilometer breiten, fast 1500 Meter hohen Südabsturz gegen die oberitalienische Tiefebene enden die Karnischen Alpen schließlich bei Vittorio Veneto.

Der Campanile di Val Montanaia. Dieses Wahrzeichen der Südlichen Karnischen Alpen erhebt sich frei im Zentrum eines gewaltigen Schuttkares.

Dolomiten-Höhenroute 7

Erster Teil

AUF DEN SPUREN LOTHAR PATÈRAS

Überschreitung des Col-Nodo/Cavallo-Massivs

Zweiter Teil

HERBSTWANDERUNG DURCH DIE VENETIANISCHEN VORALPEN

Von Belluno nach Segusino

Dieser zuletzt entstandene Belluneser Dolomiten-Höhenweg verläuft weit im Süden, durch die Gebiete der Südlichen Karnischen Alpen und der Venetianischen Voralpen. Seiner Kürze, der stark unterschiedlichen Landschaftscharaktere und der uneinheitlichen Linienführung wegen fehlen ihm die typischen Kennzeichen der anderen „Alte Vie". Im Gesamtkonzept handelt es sich hier also um keinen wirklich großen Dolomiten-Weitwanderweg, sondern um eine aus zwei voneinander völlig unabhängigen Großteilstrecken zusammengesetzte Hochroute. Haben wir im ersten Teil, der Überschreitung des Alpago-Bergkranzes (Col-Nudo/Monte-Cavallo-Massiv), ein in jeder Hinsicht ungewöhnlich anspruchsvolles, durch mindestens ein Freibiwak verschärftes Unternehmen vor uns, so handelt es sich im zweiten Teil, der Begehung des Visentin-Kammes, um eine harmlose Mittelgebirgswanderung. Geringschätzig könnte man Teil 1 als extreme hochalpine Variante zur südlichen Höhenroute Nr. 6, Teil 2 als gemäßigte Fortsetzung von Weg Nr. 1 sehen. Obwohl hier also die Wesensmerkmale einer großzügig konzipierten Hochroute fehlen, verspricht gera-

Der erste Teil von Höhenroute Nr. 7 ist eine anspruchsvolle, aber schöne Kammwanderung.

de die Verschiedenartigkeit der beiden Großetappen einen sonst nirgends anzutreffenden Abwechslungsreichtum. Es wird empfohlen, den Höhenweg nicht in einem Zuge, sondern Teil 1 im Hoch- oder Spätsommer, Teil 2 im Herbst oder Spätherbst zu begehen.
Teil 1 („Auf den Spuren Lothar Patèras") beginnt in Pieve d'Alpago, einem reizenden Erholungsort in nächster Nähe der Provinzhauptstadt Belluno. Er endet nur acht Kilometer weiter südlich an den Ufern des Lago di Santa Croce. Auf dieser Rundwanderung um die weite Wiesenschale des Alpago wird der über 30 Kilometer lange, die Grenze zwischen den Provinzen Pordenone und Belluno bildende Col Nudo/Monte-Cavallo-Kamm fast vollständig überschritten. Es handelt sich um eine Fahrt abseits von Zeit und Zivilisation, ein Unternehmen, das durch eines der wildesten und noch unberührtesten Gebiete der Ostalpen führt. Das Unternehmen darf auf keine Ebene mit anderen Höhenwegen gestellt werden. Sogar die anspruchsvollsten Abschnitte von Weg Nr. 6 bieten keinen Vergleich! Hier hat der einfache Wanderer, auch der Durchschnittsbergsteiger nichts mehr zu suchen. Die Strecke gilt als Prüfstein für extrem ausdauernde Alpinisten, die in absoulut unerschlossenem, schwierigem und wasserlosem Felsgelände ihr Durchkommen suchen. Entlang der Route sind ständig zum Teil exponierte Kletterpassagen bis zum Schwierigkeitsgrad II (sowohl im An- wie im Abstieg) zu erwarten. Mehrfach müssen steile Grasflanken an winzigen Tritten und Haltepunkten begangen werden. Einer der Höhepunkte ist die Querung der supersteilen Nordostwand des Monte Teverone entlang eines noch so gut wie unbekannten Klettersteiges, der kühnen „Via ferrata Costacurta". Die eigentlichen Probleme der Tour liegen aber nicht so sehr im technischen Bereich als vielmehr in ihrer besonderen Länge, dem Mangel an Stützpunkten, der oft brütenden sommerlichen Hitze und vor allem in der prekären Wasserarmut des Geländes. Stundenlanges hochkonzentriertes Gehen trotz schwerem Rucksack, quälendem Durst und intensiver Sonnenbestrahlung, das wird an dieser phänomenalen Gratüberschreitung zur Gewohnheit!

△ Das Rifugio Dolada mit dem Monte Teverone.
▷ Am Südwestkamm des Col Mat.

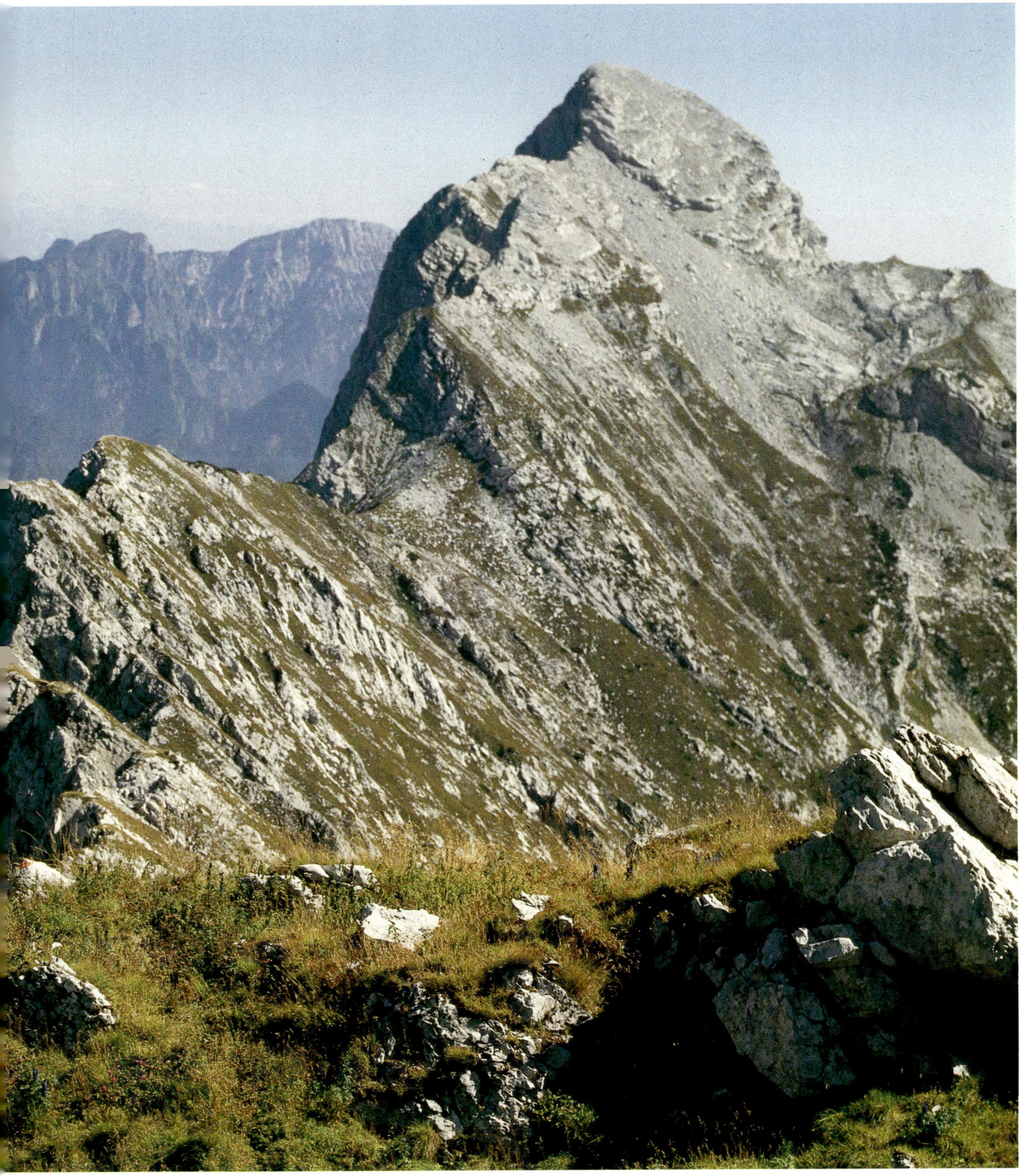

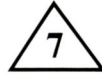

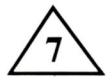

△ Teil 2 dieses Höhenweges führt durch das Mittelgebirge des Col Visentin (Venetianische Voralpen). Im Bild die Häuser am Passo di Praderàdego.

◁ Der Monte Teverone von Nordwesten gesehen. Links von ihm die Forcella Bassa dietro il Teverone mit dem Crep Nudo dahinter.

◁◁ Rast nach der Begehung des Sentiero Attrezzato Costacurta. Die Bergsteiger befinden sich am Kamm der Rocce Bianche nahe dem Monte Fagorèit. Rechts im Bild das nächste Ziel, der noch ferne Crep Nudo. Links die Kette des Monte Raut.

In Kammhöhe liegen insgesamt drei Stützpunkte, das Rifugio Dolada, das Bivacco Toffolon und das Rifugio Semenza. Zwischen Rifugio Dolada und Bivacco Toffolon ist eine Strecke von 16 bis 18 Stunden (reine Gehzeit!!) zu bewältigen. Setzt man ein Tagespensum mit acht Stunden an, so wird man für diesen Abschnitt mindestens zwei, meist aber drei Tage benötigen. Es müssen also unterwegs ein oder zwei Freibiwaks bezogen werden. Da in der Gipfelregion der Alpago-Berge im Sommer und Herbst meist kein Tropfen Wasser zu finden ist, müssen vom Rifugio Dolada weg neben Proviant und Biwakausrüstung mindestens sechs Liter Wasser (zwei bis drei Liter pro Tag) mitgetragen werden. Das Bivacco Toffolon besitzt einen Regenwasserspeicher, so daß dort die Wasserbehälter für die nächste anstrengende 8-Stunden-Etappe zum Rifugio Semenza wieder gefüllt werden können.

Eine Begehung dieses landschaftlich phantastischen Hochweges darf nur bei absoulut sicheren Wetterverhältnissen erfolgen. Die Gratroute ist durchgehend und einheitlich markiert. Neben der „Via ferrata Costacurta“ sind allerdings nur die gefährlichsten und schwierigsten Stellen durch Drahtseile gesichert. Es wird empfohlen, diesen Teil von Höhenroute Nr. 7 nur in Begleitung erfahrener Bergsteiger und nur in kleineren Gruppen zu begehen. Man denke auch an zusätzliche objektive Gefahren wie sommerliche Gewitter oder an das hier besonders häufige Vorkommen von Giftschlangen (keine Hilfe bei irgendwelchen Unfällen!). Benannt wird die außerordentlich anspruchsvolle Gratüberschreitung nach dem Erschließer der Alpago-Berge, dem Österreicher Lothar Patèra.

Teil 2 („Herbstwanderung durch die Venetianischen Voralpen“) setzt in Belluno an und führt stets nahe der Kammhöhe des Visentinmassivs (Grenze zwischen den Provinzen Belluno und Treviso) in gerader Südwestrichtung zu dem im unteren Piavetal gelegenen Ort Segusino. Diese Mittelgebirgswanderung hat keine technischen Probleme, setzt aber wegen der noch fehlenden Markierung gutes Orientierungsvermögen voraus. Das Unternehmen ist im Hochsommer wegen meist großer Hitze und schlechter Sichtverhältnisse nicht lohnend! Dafür aber bringt der Herbst mit seinen kurzen aber klaren Tagen und der märchenhaften Farbenpracht die günstigsten Bedingungen für eine solche Begehung. In nahezu grenzenloser Stille und Einsamkeit durchstreift man weite Wiesen- und Waldgebiete. Begleitet von einer faszinierenden Schau auf die Dolomiten im Norden und die oberitalienische Tiefebene (oft ein einziges Nebelmeer!) im Süden kann dann auch ein solcher harmloser Höhenspaziergang zu einem großen Erlebnis werden. So hat, trotz gewisser Abstriche, auch diese Höhenroute ihre Besonderheiten und Glanzpunkte.

Zur Entstehung der Höhenroute Nr. 7

In den von Mario Brovelli, Toni Sanmarchi und Claudio Cima zwischen 1966 und 1972 vorgelegten Höhenweg-Entwürfen war eine Route Nr. 7 entsprechend ihrem heutigen Verlauf nicht vorgesehen. Überhaupt wurde über diesen Weg bis zum Erscheinen des einschlägigen italienischen Wanderführers (2) nichts publiziert. Eine in (1) skizzierte Alta Via hat mit dem Verlauf des späteren Weitwanderweges Nr. 7 nichts zu tun. Diese von Bruno Tolot (Belluno) konzipierte Route hätte zwischen den Nummern 1 und 2, also entlang des Cordevoletales, durch die Dolomiten führen sollen. Wohl wegen der Nähe der beiden anderen Fernwanderwege wurde dieser Plan wieder verworfen.

1976 erschien der erwähnte, von Piero Fain und Toni Sanmarchi verfaßte Höhenwegführer (2). Er machte eine damals noch durchwegs unbezeichnete, einer gedachten Linie folgende Route bekannt. Im Abschnitt Col Nudo – Monte Cavallo, einer Kammbegehung großen Stils nach dem Vorbild der Fahrten Lothar Patèras, waren neben einigen extrem langen und schwierigen Teilstrecken (Passagen im 3. Schwierigkeitsgrad) auch mehrere Freibiwaks zu bewältigen. Die Begehung dieses ersten Abschnitts, vor allem die Überschreitung des Monte Teverone, blieb lange Zeit nur besttrainierten Bergsteigern mit guten Kletterkenntnissen vorbehalten. Der zweite Teil, die Überschreitung der Visentingruppe, war zwar ebenfalls unmarkiert, bot aber keine technischen Probleme.

Um die Schwierigkeiten von Teil 1 der Alta Via zu vermindern, wurde 1978 von Seiten der CAI Sektion Vittorio Veneto mit der Markierung und Absicherung dieses Höhenwegabschnitts begonnen. Die Errichtung des durch die Nordostwände des dreigipfeligen Monte Teverone führenden, gesicherten „Sentiero Rino Costacurta" (1979) war bereits ein wesentlicher Schritt. Durch diesen Klettersteig wurde das früher schwierigste Teilstück des Höhenweges Nr. 7 entschärft. Die nun durchmarkierte Route weicht abschnittsweise erheblich von dem durch Piero Fain und Toni Sanmarchi propagierten Originalweg ab. Um das Unternehmen abzukürzen, werden die Massive des Col Nudo, Monte Teverone, Crep Nudo und Cimon di Palantina jetzt nicht mehr überschritten, sondern umgangen.

Ein weiterer wichtiger Punkt war der Bau des Bivacco Toffolon an der Forcella Antànder im Jahre 1980. So konnten die früher nötigen Freibiwaks auf nun maximal zwei reduziert werden. Da das Rifugio Semenza (Cavallogruppe) nur in den Sommermonaten Juli/August bewirtschaftet ist, wurde 1984 bei der Forcella Lasté, also in unmittelbarer Nähe des Hauses, eine ständig geöffnete Biwakhütte für neun Personen errichtet, was ebenfalls den Höhenwegbegehern zugute kam.

Eine Beschreibung des Dolomiten-Weitwanderweges Nr. 7 in deutscher Sprache gibt es erst seit 1988(!). Die Route wurde in die dritte Auflage des auch die Wege Nr. 4, 5 und 6 beinhaltenden Führers (4) des Autors aufgenommen.

Literaturnachweis:

1) *Mario Brovelli, Toni Sanmarchi: „La situazione delle Alte Vie delle Dolomiti", in: „Le Alpi Venete" 2/72, S. 169/170.*
2) *Piero Fain, Toni Sanmarchi: „Alta Via N. 7", Führer, Tamari Editori, Bologna 1976.*
3) *Roberto Bettiolo: „Alta Via N. 7", in: „Le Dolomiti Bellunesi" (Rassegna delle Sezioni Bellunesi del CAI), 1/84, S. 70–73.*
4) *Franz Hauleitner: „Dolomiten-Höhenwege Nr. 4–7", Führer erschienen im Bergverlag Rudolf Rother, München, 1. Aufl. 1976, letzte (3.) Auflage 1988.*
5) *Franz Hauleitner: „Verborgene Qualitäten – eine Besteigung des Cimon del Cavallo" in: „Bergwelt" 1/84, S. 54/55.*

Blick vom Cimon del Cavallo nach Norden.

7

Freibiwak!

Die Alta Via N. 7 ist die einzige Dolomiten-Höhenroute, an der zumindest zum gegenwärtigen Zeitpunkt noch Nächtigungen im Freien nötig sind. Diese Biwaks müssen in etwa zweitausend Metern Seehöhe, also in ausgesprochen hochalpiner Region, bezogen werden.
Wie bereitet man sich für eine solche Situation vor? Wie können überhaupt im Hochgebirge Nächtigungen im Freien ohne Schaden durchgestanden werden?
Wesentlich erscheint zunächst einmal die Wettersituation. Da Kälte, Wind und Nässe dem Körper Wärme entziehen, wird man bei unsicherem Wetter kein Freibiwak riskieren, sondern von vornherein bessere Verhältnisse abwarten. Sommerliche Hochdrucklagen bewirken einen fühlbaren Temperaturanstieg in allen Höhen. In zweitausend Metern Höhe sind Nachtwerte von über Plus 10 Grad Celsius dann keine Seltenheit. Hingegen läßt Schlechtwetter die Quecksilbersäule oft binnen kurzer Zeit kräftig unter den Gefrierpunkt sinken. Bei Schneelage sind Tiefstwerte unter Minus 5 Grad in solchen Höhen auch im Sommer durchaus möglich! Schönwettersituationen liefern demnach die für Freinächtigungen günstigsten Voraussetzungen.
Zur Ausrüstung für Übernachtungen im Freien gehören zunächst alle jene Dinge, die gewissenhafte Bergsteiger ohnehin stets bei sich tragen, nämlich Biwaksack, Schlafsack, Anorak, Pullover, Reservewäsche, Mütze, Handschuhe, eine Lichtquelle, Proviant und vor allem Wasser. Für besonders kälteempfindliche leisten außerdem Isoliermatte, Gaskocher (zur Bereitung eines heißen Getränks) sowie Zünder und Papier (Lagerfeuer) gute Dienste. Profis unter den Freibiwakierern nächtigen ausschließlich in Leichtzelten und machen sich so von Wetter und Schutzhütten unabhängig.
Im Gegensatz zu Nächtigungen auf Biwakhütten – in ihrer Nähe befinden sich oft Quellen oder andere Wasserdepots – stelle man sich bei beabsichtigten Freibiwaks stets auf absolut wasserloses Gelände ein. Bei einem durchschnittlichen Bedarf von zwei bis drei Litern pro Tag muß im Falle der Dolomiten- Höhenroute Nr. 7 zum Beispiel vom Rifugio Dolada weg ein größerer Wasservorrat mitgetragen werden (nur im Frühsommer Schmelzwasser!).
Von großer Bedeutung ist die richtige Wahl aber auch die sorgfältige Präparierung des Biwakplatzes. Als ungeeignet erweisen sich völlig freie, Regen und Wind ausgesetzte Stellen. Günstig sind Nischen, Plätze unter Felsüberhängen, Höhlen und sonstiges irgendwie geschütztes Terrain. Besitzt man keine Isoliermatte so wird man die Lagerstätte zunächst von größeren Steinen befreien und dann mit Gras, Ästen, Sträuchern und Ähnlichem auslegen.
In besonders kalten Nächten versuche man, sich zeitweise durch Turnübungen aufzuwärmen. Grundsätzlich bietet ein Freibiwak nur dem daran gewöhnten ausreichende Schlafbedingungen. In der Regel wird man sich am nächsten Morgen mehr oder weniger unausgeschlafen fühlen. Da die körperliche Leistungsfähigkeit jedoch durch Schlafmangel reduziert wird, sollte man den längeren oder den anspruchsvolleren Teil eines Überganges bereits vor der beabsichtigten Biwaknacht zurückgelegt haben. Dies aber auch aus einem anderen Grund: Man weiß nie hundertprozentig, welches Wetter der nächste Tag bringen wird. Bei Schlechtwetter ist es jedenfalls besser, die längere Wegstrecke hinter sich zu wissen.
Trotz aller Strapazen und Entbehrungen, die solche Freibiwaks erfordern, gibt es heute bereits deutliche Anzeichen, daß immer mehr Bergsteiger diese Nächtigungsart bevorzugen, nicht nur um von Hüttenöffnungszeiten unabhängig, sondern auch um Mutter Natur noch ein Stück näher zu sein. Daß aber gerade diese Natur damit noch stärkerer Belastung durch Abfall und Schmutz ausgesetzt wird, muß zumindest befürchtet werden. Es sollte eine Selbstverständlichkeit sein, daß der Biwakplatz am Morgen wieder so verlassen wird, wie man ihn angetroffen hat.
Viel gäbe es über den Erlebniswert solcher Freibiwaks zu sagen, doch ist hier nicht der Platz dafür. Fest steht, daß Nächtigungen im Freien, sofern sie gut geplant und vom Wetterglück begleitet sind, bleibende Eindrücke vermitteln können.

Edelweiß sind auf Route 7 keine Rarität!

Lothar Patèra

Ein fast vergessener Erschließer der Ostalpen

Der plattengepanzerte Col Nudo von Südwesten (Col Mat) gesehen.

Der erste Teil dieser Höhenroute, die Traversierung des Col-Nudo/Monte Cavallo-Massivs, trägt den Namen des bedeutenden österreichischen Bergsteigers Lothar Patèra. Es ist das Verdienst Toni Sanmarchis, in seinem 1976 erschienenen Führer „Alta Via delle Dolomiti N. 7", auf diese außergewöhnliche Persönlichkeit hingewiesen und ihn durch diese Benennung sozusagen der Vergessenheit entrissen zu haben. Patèra war ein von großer Bergbegeisterung erfüllter Mensch, dem um die Jahrhundertwende in verschiedenen Gebieten der Südalpen noch eine stattliche Zahl von Erstbesteigungen gelang. Daß die Tätigkeit dieses Mannes bisher kaum gewürdigt wurde, ist bedauerlich und bedarf gewisser Ergänzungen in der einschlägigen Alpinliteratur.

Lothar Patèra wurde 1876 in Salzburg geboren. Nach dem Besuch des Gymnasiums kam er nach Wien und studierte dort an der Tierärztlichen Hochschule. Danach ließ er sich in Kirchbach (Gailtal) als Tierarzt nieder, da er dort die Möglichkeit hatte, Beruf und Hobby ausüben zu können. Später übersiedelte Patèra nach St. Leonhard im Lavanttal und dann wieder nach Wien, wo er sich als städtischer Obertierarzt betätigte. Doch es hielt ihn nicht lange! Nach einer Zeit im Salzburger Lungau zog er nach Kötschach, wo er seinen ständigen Wohnsitz fand.

Lothar Patèra wurde Zeit seines Lebens vom Pech verfolgt! Auf einer Skitour am Kaareck im Murwinkel erfror er sich beide Hände. Obwohl er danach fast völlig erwerbsunfähig war, wurde ihm eine alpine Unfallentschädigung verweigert, solange er mit seinen amputierten Fingern noch den Bleistift führen konnte. Als sich 1930 bei einem Brand seiner Bauernkeusche über Kötschach sein Kind durch Sprung aus dem Fenster retten konnte und dann das Gebäude einstürzte, da wurde nicht nur die gesamte Habe Patèras eingeäschert, sondern auch seine wertvollen Handschriften, die bis dahin noch unveröffentlichte Führermanuskripte über die Salzburger Kalkalpen, die Karnische Hauptkette, die Defereggger Alpen, die Schobergruppe, die Kreuzeckgruppe, die Hafnergruppe, die Radstädter Tauern, die Clautaner Dolomiten und die Berge von San Stefano (Brentonigruppe) enthielten. Für den Schwergeprüften wurde daraufhin sogar eine Sammlung in alpinen Kreisen eingeleitet. In völliger Armut starb Lothar Patèra am 29. März 1931 in Kötschach nach achttägiger Krankheit an den Folgen einer Fehldiagnose.

Ab 1893 durchstreifte Patèra allein oder mit seiner Gattin fast alle Gebiete der Ostalpen, bevorzugte aber jene, die lange Kammwanderungen ermöglichten. Bald wurde ihm das Übernachten im Freien zur Gewohnheit. Da er sich immer mehr auf wenig bekannte Gebiete spezialisierte, gelang ihm im Zuge dieser Großüberschreitungen eine stattliche Reihe von Neuersteigungen, vor allem in den Gebieten Radstädter Tauern, Kreuzeckgruppe, Schobergruppe, Venedigergruppe, Berchtesgadener Alpen, Lienzer Dolomiten und Karnische Alpen. 1894 überschritt Patèra im Toten Gebirge als erster alle

Blick gegen den Kammverlauf zwischen Col Nudo und Monte Antander von Norden.

▷ Die Biwakhütte an der Forcella Lastè (Cavallogruppe). Im Norden die Kämme der Monti I Muri mit Durannogruppe links dahinter.

Gipfel des Ostrandes. 1898 gelang ihm die erste Überschreitung aller Erhebungen des Warscheneckzuges. 1899 besuchte er die im Bereich der Nördlichen Karnischen Alpen gelegene, damals noch völlig unerschlossene Brentonigruppe, in der er eine Reihe von Gipfeln als erster betrat. In der Folge konzentrierte sich das Interesse Patèras zunehmend auf die Untergruppen der Südlichen Karnischen Alpen.

Neben verschiedenen Neutouren im Bereich der Cridola und der Pregoiane gelangen ihm im Col-Nudo/Monte-Cavallo-Massiv an die 30 Besteigungen vorher noch nie betretener Gipfel. Im Freien oder an aufgelassenen Almhütten nächtigend, beging er damals den gesamten Höhenzug vom Monte Dolada über Col Nudo und Crep Nudo bis zum Cimon di Palantina vollständig und erstmals. Zumal unsere Höhenroute diesem Kamm in seiner ganzen Länge treu bleibt, war es naheliegend, sie nach diesem bedeutenden Erschließer zu benennen.

In späteren Jahren verlegte sich die Tätigkeit Patèras auf die Resterschließung der Karnischen Hauptkette, wo er neue Routen am Rauchkofel, Trogkofel und Mooskofel eröffnete. Wie erwähnt, war der Löwenanteil von Patèras schriftstellerischer Arbeit 1930 ein Raub der Flammen geworden. Neben zahlreichen Artikeln und Abhandlungen in der alpinen Fachpresse gab Lothar Patèra im Selbstverlag den von profunder Gebietskenntnis zeugenden „Führer durch die Lienzer Dolomiten" sowie 1926 das Buch „Die südlichen und westlichen Talgefilde der Lienzer Dolomiten" heraus. Besondere Beachtung verdient die Monographie „Die Cavallogruppe" (Zeitschrift des Deutschen und Österreichischen Alpenvereins, 1911 und 1912), in welcher er auch über die von ihm zwischen 1903 und 1910 unternommenen Erstbesteigungen berichtet. Lothar Patèra war eine Entdecker- und Abenteurernatur, ein Bergsteiger, dem vor mehr als 80 Jahren in den Südalpen Fahrten gelangen, die auch heute noch Bewunderung verdienen.

Charakteristika

	1. Teil	2. Teil
Grossraum	Karnische Alpen	Venetianische Voralpen
Ausgangspunkt	Pieve d'Alpago, 691 m	Belluno, 389 m
Endpunkt	Belluno, 389 m	Segusino, 230 m
Weglänge	35 km	75 km
Mittlere Begehungsdauer	6 Tage	5 Tage
Mittlere (maximale) Weglänge	6 (8 ½) Stunden	2 ½ (4 ½) Stunden
Mittlere (grösste) Anstiegshöhe pro Etappe	700 (1650) Meter	360 (590) Meter
Höchster (tiefster) Punkt	2251 (389) Meter	1763 (230) Meter
Maximale Schwierigkeit	Kletterei im 2. Grad	Leicht
Zahl der berührten Gebirgsgruppen	1	1
Zahl der bewirtschafteten (unbewirtschafteten) Etappenstützpunkte	5 (1)	7
Zahl der Freibiwaks	1 oder 2	0
Zahl der berührten Pässe	0	2
Beste Begehungszeit	Mitte Juli bis Ende September	Mitte September bis Mitte November

Am Weg zum Rifugio Semenza. Blick von der Forcella Caulana nach Süden auf den Monte Lastè (Cavallogruppe).

Berührte Gebirgsgruppen: Südliche Karnische Alpen (Col Nudo – Monte Cavallo), Venetianische Voralpen (Gruppe des Col Visentin).

Die Wanderung von Hütte zu Hütte:

1. Teil: Pieve d'Alpago(x) – Rif. Dolada – Biv. Toffolon – Rif. Semenza – Farra d'Alpago(x) – Belluno(x).

2. Teil: Belluno(x) – Faverghera (o) – Rif. Col Visentin – Passo di San Boldo(x) – Passo di Praderádego(x) – Rif. Posa Punér – Segusino(x).

Begehung der Höhenroute in grösseren Teilstrecken:

1. Teil: Pieve d'Alpago – Belluno (5-6 Tage).

2. Teil: Belluno – Segusino (5 Tage).

Mögliche Gipfelbesteigungen:

1. Teil: M. Dolada, Col Mat, Cimon delle Basilighe, C. Sora il Ciot, C. Secca, Col Nudo, C. Lastei, C. Pala di Castello, M. Teverone, M. Fagorèit, Crepon, Crep Nudo, Capèl Grande, M. Venàl, M. Antánder, M. Messer, C. Brutt Pass, M. Pastèr, M. I Muri, M. Pianina, M. Sestier, M. Castelat, Cimon del Cavallo, Cimon di Palantina, M. Colombera.

2. Teil: M. Faverghera, Col Toront, Col Visentin, M. Agnellezze, Col delle Poiatte, M. Cor, C. Fava, M. Cimone, Croda Val della Pila, C. Vallon Scuro, Col de Moi, M. Canidi, Col di Varnada, M. Pra Gaiard, M. Crep, M. Prenduol, M. Salvedella, M. Cimon, M. Grava, M. Forconetta, Col Posanova, M. Marièch, M. Cesen, M. Zogo.

Beurteilung der Höhenroute: In zwei Großetappen aufgeteilte, uneinheitliche, aber landschaftlich sehr beeindruckende Route mit langen Kammüberschreitungen. Der außerordentlich anspruchsvolle Teil 1 führt durch die großteils noch unerschlossenen Südlichen Karnischen Alpen (Col-Nudo/Monte-Cavallo-Massiv). Seine Begehung erfordert besttrainierte, klettergewandte Bergsteiger. Mehrere extrem lange Etappen, mindestens ein Freibiwak. Im Hochsommer und Herbst große Wasserprobleme! Im Frühsommer zwar Schmelzwasser, aber durch Schneereste zusätzliche Gefahren. Der unschwierige Teil 2 führt durch die Venetianischen Voralpen (Gruppe des Col Visentin). Er ist großteils noch unbezeichnet.

Schwierigkeiten: Im Teil 1 zahlreiche gesicherte und ungesicherte, zum Teil exponierte Felspassagen bis zum Schwierigkeitsgrad II. Die Strecke ist zwar markiert, bei Schlechtwetter können jedoch große Probleme bei der Wegsuche auftreten. Teil 2 ist unschwierig, erfordert aber gutes Orientierungsvermögen (keine Markierung!).

Anforderungen: Die Begehung des ersten Teiles dieser Höhenroute ist ausschließlich eine Angelegenheit für sehr leistungsfähige, ausdauernde und klettergewandte Bergsteiger. Guter Orientierungssinn, Kletterkenntnisse (Passagen im 2. Schwierigkeitsgrad), absolute Trittsicherheit, Schwindelfreiheit und entsprechende Armkraft sind Vorbedingung. Wegen des Fehlens von Stützpunkten (mindestens eine Nächtigung im Freien!) ist das Mittragen größerer Proviantmengen (Wasser) erforderlich. Die Bewältigung mehrerer achtstündiger Wegstrecken hintereinander darf keine Probleme bereiten. Sichere Wetterverhältnisse sind Voraussetzung!

Der zweite Teil des Unternehmens hat nur mittellange Etappen und stellt technisch keine Probleme. Wegen der fehlenden Markierung können allerdings Orientierungsschwierigkeiten auftreten. Schlangenserum nicht vergessen!

Höhenwegführer:

Franz Hauleitner: „Dolomiten-Höhenwege Nr. 4–7", Führer, erschienen im Bergverlag Rudolf Rother, München 1988.

Piero Fain, Toni Sanmarchi: „Alta Via N. 7", Tamari Editori, Bologna 1976.

Führer für einfache Gipfelbesteigungen: Piero Fain, Toni Sanmarchi: „Col Nudo – Monte Cavallo", aus der Reihe der „Guide andar per monti", Nuovi Sentieri Editore 1982. Antonio e Camillo Berti: „Dolomiti Orientali", Vol. II, Führer aus der Reihe „Guida dei Monti d'Italia", herausgegeben vom CAI und TCI, Milano 1982. Silvio Saglio: „Prealpi Trivenete", aus der Reihe „Da Rifugio a Rifugio", herausgegeben vom CAI und TCI, Milano 1961. Sowohl über die Südlichen Karnischen Alpen als auch über die Venetianischen Voralpen gibt es noch kein deutschsprachiges Führerwerk!

Karten: Carta d'Italia 1 : 50 000, Blätter „Claut", „Aviano", „Belluno", „Vittorio Veneto", „Monte Grappa".

Carta d'Italia 1 : 25 000, Blätter „Pieve d'Alpago", „Monte Cavallo", „Puos d'Alpago", „Belluno", „Col Visentin", „Mel", „Cison di Valmarino", „Segusino".

(o) keine Nächtigungsmöglichkeit

(x) mit Nächtigungsmöglichkeit

Wegübersicht

Ab-schnitt	Gebiet	Ausgangspunkt Zielpunkt	Gehzeit Std.	HU	Varianten
1. Teil: Überschreitung der Col-Nudo/Monte-Cavallo-Gruppe (Südliche Karnische Alpen)					
1	Col Nudo – Monte Cavallo	Pieve d'Alpago (Plois) Rif. Dolada	1¾–2	— ↓ 800 ↑	V 1
2	Col Nudo – Monte Cavallo	Rif. Dolada Biv. Toffolon	16–18(x)	1150 ↓ 1650 ↑	
3	Col Nudo – Monte Cavallo	Biv. Toffolon Rif. Semenza	7½–8½	630 ↓ 700 ↑	
4	Col Nudo – Monte Cavallo	Rif. Semenza Farra d'Alpago	6–7	1950 ↓ 330 ↑	
5	———	Farra d'Alpago Belluno	20 km Bus	— —	
2. Teil: Überschreitung der Gruppe des Col Visentin (Venetianische Voralpen)					
6	Visentingruppe	Belluno Faverghera	17 km Taxi	— —	
7	Visentingruppe	Faverghera Rif. Col Visentin	1¼–1½	20 ↓ 380 ↑	
8	Visentingruppe	Rif. Col Visentin Passo di San Boldo	4–4½	1400 ↓ 330 ↑	
9	Visentingruppe	Passo di San Boldo Passo di Praderàdego	2¾–3	360 ↓ 570 ↑	
10	Visentingruppe	Passo di Praderàdego Rif. Posa Punèr	2½–3	160 ↓ 590 ↑	
11	Visentingruppe	Rif. Posa Punèr Segusino	4–4½	1400 ↓ 290 ↑	V 2 + V 3

Der exponierte, aber gesicherte Gipfelanstieg auf den Cimon del Cavallo, eine der herrlichsten Aussichtswarten an dieser Höhenroute.

(x) unterwegs ein oder zwei Freibiwaks

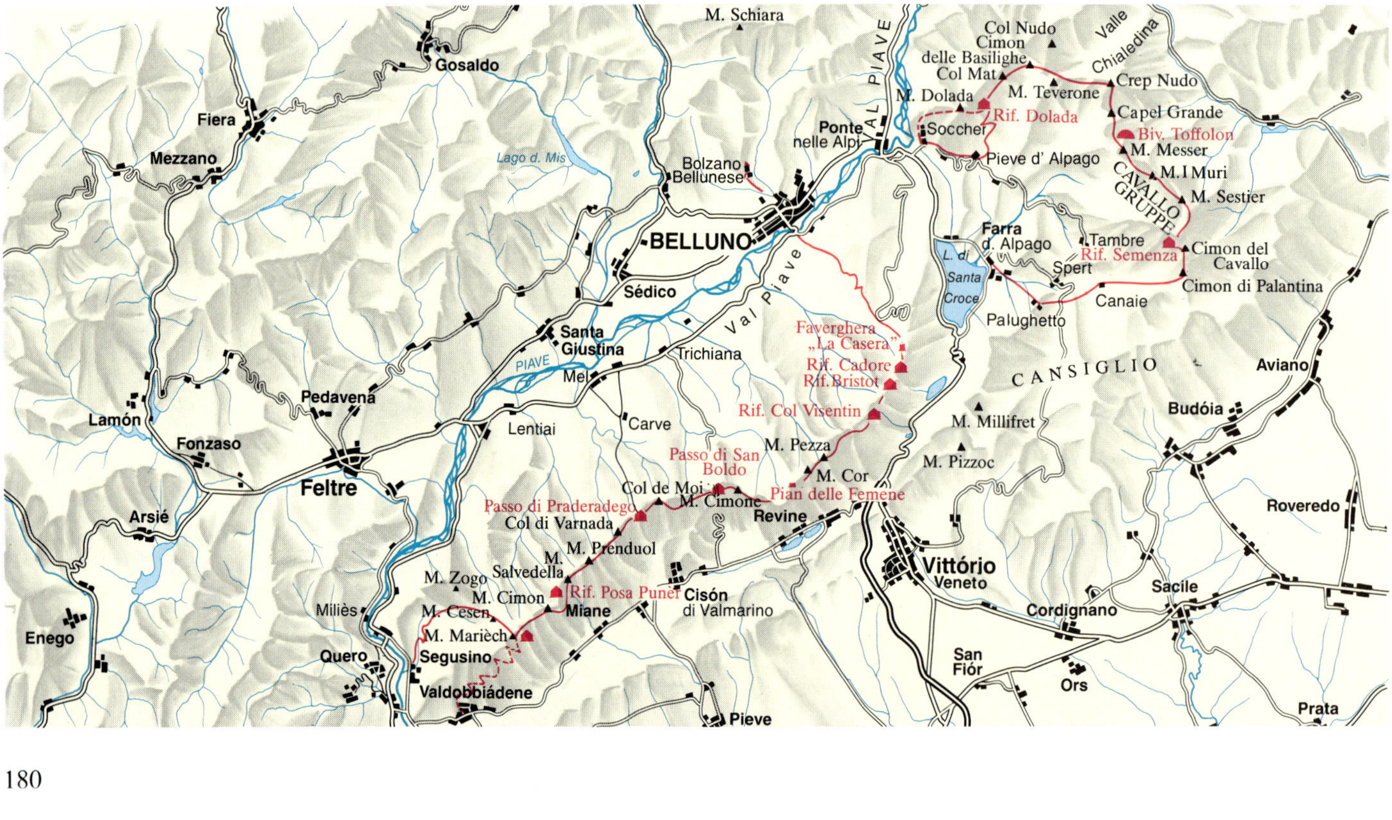

Kammwanderungen am Südrand der Alpen

Dolomiten-Höhenroute Nr. 7

Tourensteckbrief

1. Teil: Überschreitung der Col-Nudo/Monte-Cavallo-Gruppe (Südliche Karnische Alpen)

Pieve d'Alpago, 691 m. Am Südfuß des M. Dolada reizend gelegene Sommerfrische mit prachtvollem Überblick über die weite Talbucht des Alpago. Mehrere Hotels und Restaurants. Anreise mit Bus oder eigenem Pkw von Belluno her. Eigentlicher Ausgangspunkt ist die höher gelegene Fraktion Plois (888 m, Hotel).	Varianten
A 1 Pieve d'Alpago – Rif. Dolada *Wegverlauf, Gehzeiten:* Pieve d'Alpago (Plois) – Rif. Carota, 1002 m, 15–20 Min. – Rif. Dolada, 1¾–2 Std. *Anforderungen:* Aussichtsreicher Anstieg auf gut bezeichnetem Weg. Tagsüber heiß. *Höhenunterschiede:* 800 m ↑. *Gipfelbesteigungen:* Keine.	V 1
Rif. Dolada, 1494 m. CAI Oderzo, 40 Betten; vom 1. Juli bis 31. August bewirtschaftet. Zufahrtsstraße von Pieve d'Alpago.	
A 2 Rif. Dolada – Biv. Toffolon *Wegverlauf, Gehzeiten:* Rif. Dolada – Forc. Dolada, 1739 m, ½–¾ Std. – Col Mat, 1981 m, 1½–1¾ Std. – Forc. della Lastra, 1825 m, 2–2¼ Std. – Venal di Montanès, 3¾–4¼ Std. – Forc. Bassa dietro il Teverone, 1928 m, 4½–5 Std. – Sentiero Attrezzato Rino Costacurta – Rocce Bianche (M. Fagorèit, 2094 m), 7–8 Std. – Forc. Fagorèit, 1925 m, 8–9½ Std. – M. Crepon, 2107 m, 9½–11 Std. – Forcella, 2060 m, 10½–12½ Std. – Capèl Grande, 2071 m, 12–14 Std. – Forc. Venàl, ca. 1930 m, 14–16 Std. – Forc. Federola, 2068 m, 15–17 Std. – Biv. Toffolon, 16–18 Std. *Anforderungen:* Extrem langer, außerordentlich anspruchsvoller, schwieriger und teilweise stark exponierter Übergang, der sich ständig in einer Höhe von rund 2000 m bewegt. Zahlreiche Gegensteigungen. Kein Wasser unterwegs! Mit A 3 und A 4 eine der großartigsten Kammüberschreitungen der Ostalpen, ein Prüfstein für jeden ernsten Hochalpinisten. Bis zur Forc. Bassa dietro il Teverone keine technischen Probleme. Der danach ansetzende, lange und sehr ausgesetzte, die Nordostwände des M. Teverone querende gesicherte Klettersteig „Rino Costacurta" erfordert geübte Bergsteiger mit absoluter Trittsicherheit, Schwindelfreiheit und gehöriger Armkraft! Auch die Gratstrecke zwischen Rocce Bianche und Forc. Antànder (Biv. Toffolon) ist nicht einfach und weist mehrere Kletterpassagen im 2. Schwierigkeitsgrad auf. Das Unternehmen muß durch ein oder zwei Freibiwaks auf mehrere Tagesetappen aufgeteilt werden. Bei Nächtigung an den Rocce Bianche (M. Fagorèit) zwei 9-Stunden-Etappen (reine Gehzeit!). Bei gewünschten kürzeren Tagesleistungen muß an der Forc. Bassa dietro il Teverone (1. Freibiwak) und an der Forcella 2070 im Süden des Crep Nudo (2. Freibiwak) genächtigt werden. Es ergeben sich somit drei 6-Stunden-Etappen. Nur bei besten Wetterverhältnissen. Mit Ausnahme des Frühsommers (Schmelzwasser) muß ab dem Rif. Dolada ein Wasservorrat von etwa sechs Litern mitgetragen werden (nächstes Wasser erst am Biv. Toffolon; Regenwasserbehälter). *Höhenunterschiede:* 1150 m ↓, 1650 m ↑. *Gipfelbesteigungen:* M. Dolada, 1938 m, Col Mat, 1981 m, Cimon delle Basilighe, 2208 m, C. Sora il Ciot, 2318 m, C. Secca, 2350 m, Col Nudo, 2471 m, C. Lastei, 2439 m, M. Teverone, 2345 m, M. Fagorèit, 2094 m, M. Crepon, 2107 m, Crep Nudo, 2207 m, Capèl Grande, 2071 m, M. Venàl, 2212 m, M. Antànder, 2184 m.	
Biv. Toffolon, 1993 m. CAI Vittorio Veneto, 9 Lager; ständig geöffnete, aber nicht bewirtschaftete Blech-Biwakhütte an der Forc. Antànder.	
A 3 Biv. Toffolon – Rif. Semenza *Wegverlauf, Gehzeiten:* Biv. Toffolon – M. Messer, 2230 m, ¾ Std. – C. Brutt Pass, 2155 m, 1½–1¾ Std. – M. I Muri, 2049 m, 3½–4 Std. – Forc. di Grava Piana, 1915 m, 4–4½ Std. – Forc. Sestier, 1902 m, 6½–7½ Std. – Forc. Lastè, 2036 m – Rif. Semenza, 7½–8½ Std. *Anforderungen:* Wiederum außerordentlich langer und anspruchsvoller Übergang. Einige gesicherte Felspassagen, aber auch zahlreiche frei zu bewältigende Kletterstellen im Schwierigkeitsgrad II. Mit A 2 und A 4 eine der großartigsten Kammüberschreitungen der Ostalpen. Absolut unberührtes Bergland. Kein Wasser! Nur für wirklich geübte, ausdauernde Bergsteiger. Bei Schlechtwetter unbedingt abzuraten. *Höhenunterschiede:* 630 m ↓, 700 m ↑. *Gipfelbesteigungen:* M. Messer, 2230 m, C. Brutt Pass, 2155 m, M. Pastèr, 2067 m, M. I Muri, 2049 m, M. Pianina, 2019 m, M. Sestier, 2084 m, M. Castelat, 2208 m.	

Rast im Plattenkar Venal di Montanès.

Südliche Karnische Alpen

Col Nudo – Monte Cavallo

Der Col Nudo ist die überragende Berggestalt im Bereich der südlichsten Karnischen Alpen. Der von ihm nach Süden streichende Felskamm trägt die Höhen des Monte Teverone, Crep Nudo, Monte Messer, der Monti I Muri, des Monte Sestier und des Cimon del Cavallo – eine gigantische Mauer zwischen Piavetal und Val Cellina. Der Col Nudo bildet den Mittelpunkt einer noch großteils unerschlossenen wilden Gegend mit teilweise noch völlig intakter Fauna und Flora. Vom südlich gelegenen Passo Valbona aus kann der Gipfel ohne Schwierigkeit erreicht werden. Die wunderbare Rundschau von seinem Scheitel zählt zu den ausgedehntesten der Ostalpen.

Luftiger Höhengang auf den teilweise schmalen Graskämmen des Col Mat. Links im Hintergrund Monte Duranno und Cima dei Preti.

Rif. Semenza, 2020 m. CAI Vittorio Veneto, 18 Lager; vom 20. Juni bis 31. August bewirtschaftet. An der nahen Forc. Lastè eine Blech-Biwakschachtel (9 Lager) als ständig geöffnete Unterkunft außerhalb der Bewirtschaftungszeit der Hütte.	
A 4 Rif. Semenza – Farra d'Alpago *Wegverlauf, Gehzeiten:* Rif. Semenza – Cimon del Cavallo, 2251 m, ¾ Std. – Forc. del Cavallo, 2062 m, 1¼–1½ Std. – Cimon di Palantina – Casera Palantina, 1521 m, 2½–3 Std. – Pian Canaie, 1069 m – Palughetto, 1041 m, 4½–5 Std. – Pianture, 586 m – Farra d'Alpago, 6–7 Std. *Anforderungen:* Letzte Etappe der großzügigen Col-Nudo/Monte-Cavallo-Überschreitung. Bis zur Casera Palantina nochmals anspruchsvolle Kammwanderung mit einigen exponierten Kletterstellen im Grad II (Abstieg!). Später zwar einfacher, aber zum Teil Orientierungsprobleme stellender Abstieg zu den Ufern des Lago di Santa Croce. Prachtvolle Aussichtspunkte (Cimon del Cavallo!) Nur für geübte, klettergewandte Bergsteiger mit Ausdauer und gutem Orientierungssinn. *Höhenunterschiede:* 1950 m ↓, 330 m ↑. *Gipfelbesteigungen:* M. Castelat, 2208 m, Cimon del Cavallo, 2251 m, Cimon di Palantina, 2190 m, M. Colombera, 2066 m.	
Farra d'Alpago, 400 m. Am Ostufer des Lago di Santa Croce (Bademöglichkeit!) gelegener Erholungsort. 2 Hotels.	
A 5 Farra d'Alpago – Belluno *Wegverlauf:* Farra d'Alpago – La Secca – Cadola – Ponte nelle Alpi – Belluno (20 km). *Anforderungen:* Fahrt mit Bus oder Taxi. *Gipfelbesteigungen:* Keine.	
Belluno, 389 m.	

Der im Süden des Berges aufragende stolze Monte Teverone – ein dreigipfeliger Kalkriese mit abweisenden Steilwänden und Flanken – hat durch den Bau der langen, mitten durch die Nordostwände führenden „Via ferrata Rino Costacurta" etwas an Beliebtheit gewonnen. Ein ebener Kammabschnitt (Rocce Bianche) verbindet ihn mit dem östlich gelegenen Crep Nudo , der wie ein gewaltiger Schiffsbug das innere Val Chialedina beherrscht.

Der vom Crep Nudo in Südrichtung gegen den Cimon del Cavallo ziehende Grat fällt nach Westen in steilen Flanken gegen die weite Wiesenschale des Alpago ab – mit ihren zahlreichen Dörfern ein wunderbares Erholungsgebiet in unmittelbarer Nähe der Stadt Belluno.

Das Massiv des Cimon del Cavallo, mit 2251 Metern der südlichste Hochgipfel der Karnischen Alpen, wird durch ein im Sommer bewirtschaftetes Schutzhaus gut erschlossen. Auch dieser Gipfel ist ein relativ leicht erreichbarer Aussichtsberg am Südrand der Alpen mit Blick bis zum Meer!

Zwei ausgedehnte Hochflächen flankieren den felsigen Zentralteil der Cavallogruppe. Im Osten ist es der Pian del Cavallo, im Westen der Cansiglio. Letzterer hat mit seinen ausgedehnten Buchenbeständen (zweitgrößte Waldregion Italiens!) in den Südalpen kein Gegenstück. In über tausend Meter hohen Steilflanken fällt die Gruppe schließlich nach Süden zur oberitalienischen Tiefebene bzw. nach Westen zur Sella di Fadalto und gegen den Lago di Santa Croce ab.

Am Monte Faverghera (Col Visentin). Blick nach Osten zur Cavallogruppe. In der Tiefe der Lago di Santa Croce.

▷ Blick vom Monte Fagorèit (Rocce Bianche) in die abweisenden Nordostwände des Monte Teverone. Die durch diese Abstürze führende Via ferrata Costacurta verlangt solides bergsteigerisches Können!

2. Teil: Überschreitung der Gruppe des Col Visentin (Venetianische Voralpen)

	Varianten
Belluno, 389 m. Am Südrand der Dolomiten, an der Mündung des Torrente Ardo in den Piavefluß gelegene Provinzhauptstadt und Bischofssitz. Zahlreiche kunstgeschichtliche Sehenswürdigkeiten. Mehrere Hotels. Beginn des zweiten Teiles der Höhenroute Nr. 7 sowie Endstation des Dolomiten-Höhenweges Nr. 1.	
A 6 Belluno – Faverghera *Wegverlauf:* Belluno – Nevegal („Piazzale"), 1062 m – Faverghera (Ristorante „La Casera"), 1400 m; 17 km. *Anforderungen:* Auffahrt mit Taxi nach Faverghera (Ristorante „La Casera") an der Kammhöhe des Col Visentin. Im August Busfahrt bis zum Nevegal („Piazzale") möglich. Von dort zu Fuß entlang der Straße nach Faverghera (5 km, 1¼ Std.). *Gipfelbesteigungen:* Keine.	
Faverghera (Ristorante „La Casera"), 1400 m. Private, von Belluno mit Kfz erreichbare Restauration. Keine Nächtigungsmöglichkeit!	
A 7 Faverghera – Rif. Col. Visentin *Wegverlauf, Gehzeiten:* Faverghera – Casera Faverghera, 1500 m, 20 Min. – Rif. Brigata Cadore, 1617 m, ½ Std. – Rif. Bristot, 1616 m, ¾ Std. – Rif. Col Visentin, 1¼–1½ Std. *Anforderungen:* Einzigartige Wanderung hoch über dem Piavetal, den Dolomiten gegenüber. Problemlos. *Höhenunterschiede:* 20 m ↓, 380 m ↑. *Gipfelbesteigungen:* M. Faverghera, 1611 m, Col Toront, 1675 m, Col Visentin, 1763 m.	
Rif. Col Visentin (Rif. Monumento Sacrario), 1763 m. Associazione Nazionale Alpini (A.N.A.) – Sezione di Belluno, 32 Lager; vom 1. Juni bis 30. September bewirtschaftet, sonst nur an Wochenenden.	
A 8 Rif. Col Visentin – Passo di San Boldo *Wegverlauf, Gehzeiten:* Rif. Col Visentin – Forc. Zoppei, 1417 m, 35 Min. – M. Agnellezze, 1502 m, ¾–1 Std. – Casera Cor, ca. 1320 m, 1¼–1½ Std. – Pian delle Femene, ca. 1125 m, 1¾–2 Std. – Forc. Posa, 1128 m, 2¼–2½ Std. – M. Cimone, 1294 m, 3–3½ Std. – Passo di San Boldo, 4–4½ Std. *Anforderungen:* Prächtiger, mittellanger Übergang, dem großteils baumfreien Höhenrükken zwischen Piavetal und oberitalienischer Tiefebene folgend. Wunderbare Blicke gegen die Dolomiten, aber auch nach Süden bis zur Adria. Im Hochsommer bei großer Hitze anstrengend (kein Wasser am gesamten Abschnitt!). Orientierungsvermögen erforderlich. *Höhenunterschiede:* 1400 m ↓, 330 m ↑. *Gipfelbesteigungen:* Col Visentin, 1763 m, M. Agnellezze, 1502 m, Col delle Poiatte, 1344 m, M. Cor, 1322 m, C. Fava, 1218 m, M. Cimone, 1294 m.	
Passo di San Boldo, 701 m. Wichtiger Paß im Bereich der Visentingruppe, der einen Übergang aus der Tiefebene in das nördlich gelegene Piavetal ermöglicht. Im Dolomitenkrieg 1915–1918 errichtete Straße (an der Südrampe sehenswerte, übereinander angelegte Tunnelserie). Mehrere Hotels.	
A 9 Passo di San Boldo – Passo di Praderàdego *Wegverlauf, Gehzeiten:* Passo di San Boldo – Casera Costa Curta, 1065 m, 1 Std. – Casera Vallon Scuro, 1202 m, 1½ Std. – Malga Guernieri, 1170 m – Passo di Praderàdego, 2¾–3 Std. *Anforderungen:* Sehr schöner, abwechslungsreicher und nicht allzu langer Abschnitt, der hier durch ein teilweise bewaldetes Mittelgebirge führt. Wunderbar unberührte Natur! An einer längeren Wegpassage ist gutes Orientierungsvermögen erforderlich. *Höhenunterschiede:* 360 m ↓, 570 m ↑. *Gipfelbesteigungen:* C. Agnellezze, 1185 m, Croda Val della Pila, 1254 m, C. Vallon Scuro, 1286 m, Col de Moi, 1358 m.	
Passo di Praderàdego, 910 m. Breite Senke westlich des Col de Moi. Zufahrtsmöglichkeit nur von Norden aus dem Piavetal. Über den Paß führte die berühmte römische Militärstraße „Via Claudia Augusta Altinate". Abseits gelegene ruhige Sommerfrische mit zwei Unterkünften.	

Venetianische Voralpen

Gruppe des Col Visentin

An der Sella di Fadalto – sie trennt die Karnischen Alpen von den Venetianischen Voralpen und hat als südliche Eingangspforte in den Dolomitenraum große Bedeutung – setzt ein langer Mittelgebirgsrücken an, der zwischen Tiefebene und Val Belluna weit nach Südwesten bis zum Piavedurchbruch bei Segusino/Quero vorstößt. Es handelt sich um die Gruppe des Col Visentin. Dieser Gebirgszug ist den Dolomiten vorgelagert und bildet somit den eigentlichen Alpensüdrand.

Aus einem dichten Waldgürtel erheben sich zahlreiche runde Grasgipfel, die alle als Aussichtsberge hohes Ansehen genießen. Hier seien nur der im äußersten Südwesten stehende Monte Cesen sowie der im Zentrum aufragende Col Visentin, 1763 m, erwähnt. Als höchste Erhebung der Gruppe trägt letzterer ein gutgeführtes Schutzhaus und kann von Vittorio Veneto her mit Kfz erreicht werden. Die Höhen im nordöstlichen Bereich, die Gebiete um Faverghera, Col Toront und Nevegal, werden insgesamt stärker besucht und sind schon sehr früh von Belluno her für den Skilauf erschlossen worden.

Die Gruppe des Col Visentin eignet sich hervorragend für ausgedehnte Kammwanderungen, die eine prächtige Schau zu den Dolomiten, aber auch nach Süden über die Tiefebene hinweg bis zum Meer erlauben. Geringe absolute Höhen, oft enorme Hitze und feuchte Meeresluft bewirken jedoch, daß hier im Hochsommer nur selten günstige Wander- und Sichtverhältnisse anzutreffen sind. Erst ab Ende September, wenn langsam der Herbst in das Land zieht und die nahen Dolomiten schon die ersten Schneeflecken tragen, dann ist die Zeit für Unternehmungen in diesem Gebiet gekommen. Fern von Trubel und Hektik lassen sich in diesen südlichen Alpenrevieren oft noch bis Ende November Wanderungen unternehmen!

A 10 Passo di Praderàdego – Rif. Posa Punèr *Wegverlauf, Gehzeiten:* Passo di Praderàdego – Casera Canidi Nuova, ca. 1230 m, ¾ Std. – Forc. delle Fede (Casera Monte Crep), 1310 m, 1½–¾ Std. – Casera Salvedella Nuova, 1230 m – Forc. Mattiola, 1243 m, 2–2¼ Std. – Sella Fogher, 1320 m – Rif. Posa Punèr, 2½–3 Std. *Anforderungen:* Ungemein aussichtsreiche, durch weite Wiesengebiete führende Mittelgebirgswanderung. Phantastische Fernschau nach Norden zu den Dolomiten, aber auch nach Süden über die Tiefebene hinweg bis zum Meer! Unschwierig, jedoch bei großer Hitze anstrengend. Orientierungsvermögen erforderlich! *Höhenunterschiede:* 160 m ↓, 590 m ↑. *Gipfelbesteigungen:* M. Canidi, 1279 m, Col di Varnada, 1321 m, M. Pra Gaiard, 1309 m, M. Crep, 1349 m, M. Prenduol, 1373 m, M. Salvedella, 1289 m, M. Cimon, 1438 m.	
Rif. Posa Punèr, 1342 m. Associazione Nazionale Alpini (A.N.A.) – Sezione Vittorio Veneto. Gruppo di Miane, 25 Betten; vom 15. Juni bis 15. September bewirtschaftet, ferner vom 1. Mai bis 14. Juni bzw. vom 16. September bis 30. November an den Wochenenden.	V 2 ⟶
A 11 Rif. Posa Punèr – Segusino *Wegverlauf, Gehzeiten:* Rif. Posa Punèr – M. Grava, 1464 m – M. Forconetta, 1494 m – Malga Marièch (Rif. Marièch), 1503 m, 1–1¼ Std. – Casera Cesen, 1524 m – La Forcella, 1252 m, 2–2½ Std. – Miliès, 682 m, 3–3½ Std. – Segusino, 230 m, 4–4½. *Anforderungen:* Bis zur Malga Marièch prächtige, sehr aussichtsreiche Höhenwanderung entlang des baumfreien Kammes. Danach Abstieg stellenweise durch dschungelhafte Waldgebiete zur „Forcella". Von dort einförmige, aber landschaftlich schöne Straßenwanderung über Miliès hinunter nach Segusino (Piavetal). Wegen der meist unbezeichneten Wege Orientierungsvermögen erforderlich! *Höhenunterschiede:* 1400 m ↓, 290 m ↑. *Gipfelbesteigungen:* M. Cimon, 1438 m, M. Grava, 1464 m, M. Forconetta, 1494 m, Col Posanova, 1502 m, M. Marièch, 1526 m, M. Cesen, 1570 m, M. Zogo, 1394 m.	V3
Segusino, 230 m. Reizvoll gelegener Ort an der orographisch linken Seite des unteren Piavetales. Endstation des Dolomiten-Höhenweges Nr. 7. Derzeit Nächtigungsmöglichkeit nur in dem mit Bus (verkehrt mehrmals täglich) erreichbaren nahen Fremdenverkehrszentrum Valdobbiadene. Rückreise von Segusino nach Belluno mit Bus oder Bahn (Bahnstation Fener, dorthin regelmäßiger Zubringerdienst).	

Das Rifugio Posa Punèr im Visentin-Gebiet.

Varianten	Variante zur Hauptroute
V 1 Cadola – Rif. Dolada *Wegverlauf:* Cadola – Soccher – „Gran Canalone" – M. Dolada – Rif. Dolada. *Anforderungen:* Ursprünglich als Hauptroute vorgesehener, äußerst anstrengender Steilanstieg direkt aus dem Piavetal auf dem M. Dolada und über ihn zum Rif. Dolada. Die Führe kommt wegen ihrer Länge und Steilheit, der südseitigen Exposition und des zu bewältigenden Höhenunterschiedes (1500 m) für Weitwanderer kaum in Frage. Nur für ausdauernde und auch klettergewandte Bergsteiger! *Gehzeit:* 5½–7 Std.	A 1
V 2 Rif. Posa Punèr – Valdobbiadene *Wegverlauf:* Rif. Posa Punèr – M. Grava – M. Forconetta – Malga Marièch – Pianezze – Valdobbiadene. *Anforderungen:* In den Monaten Juli und August besteht die Möglichkeit, vom Rif. Marièch mit Bus (verkehrt zweimal täglich) direkt nach Valdobbiadene zu fahren und dort die Dolomiten-Höhenroute Nr. 7 zu beenden. Durch diese problemlose Variante versäumt man allerdings einen noch sehr interessanten Teil der Hauptroute (A 11).	A 11
V 3 Rif. Posa Punèr – Segusino *Wegverlauf:* Rif. Posa Punèr – M. Grava – M. Forconetta – Malga Marièch – Casera Cesen – M. Cesen – La Forcella – Miliès – Segusino. *Anforderungen:* An dieser Variante wird der aussichtsreiche M. Cesen überschritten. Vor allem bei guten Sichtverhältnissen zu empfehlender Übergang. Etwa gleich lang wie die Hauptroute. *Gehzeit:* 4–4½ Std.	A 11

Dolomiten-Höhenroute 8

WEG DER PANORAMEN

Von Brixen nach Salurn

Von den Höhenrouten 1 bis 10 führen die Nummern 2 und 8 ausschließlich durch die westlichen Dolomiten. Folgt jedoch Weg Nr. 2 dem bei Brixen ansetzenden und im unteren Piavetal endenden Hauptkamm dieses Dolomitenbezirks, so wird auf Route Nr. 8 ein noch weiter westlich gelegener, sowohl Eisack- als auch Etschtal flankierender paralleler Seitenast überschritten. Beide Wege setzen in der nördlich gelegenen alten Bischofsstadt Brixen an, trennen sich aber später im Bereich der Schlüterhütte. Endstation von Route Nr. 8 ist der an der gleichnamigen Verengung („Klause") des Etschtales inmitten ausgedehnter Obstgärten gelegene Ort Salurn, der südlichste Punkt des deutschsprachigen Südtirols. Unter allen Dolomiten-Weitwanderwegen ist somit dieser der einzige, der den Raum Südtirol, also das deutsche Sprachgebiet, nicht verläßt.

Höhenweg Nr. 8 besitzt anlagemäßig vielleicht nicht ganz die Großzügigkeit der Nord-Süd verbindenden Routen Nr. 1, 2, 3, 6 und 10. Er führt aber durch Gebiete von so erlesener Schönheit, daß man diesen kleinen Abstrich gerne in Kauf nimmt. Da wären die dolomitischen Glanzpunkte Geislergruppe, Seiser Alm, Schlern, Rosengarten und Latemar zu nennen. Nicht weniger interessant sind aber auch jene geologisch nicht zu den Dolomiten zählenden Gegenden der Plose, der Eggentaler Berge und des Hornspitzmassivs. Die auffallend große Zahl wunderbarer Aussichtsberge, die an dieser Route überschritten werden, lassen den Beinamen „Höhenweg der Panoramen" berechtigt erscheinen.

Obwohl Weg Nr. 8 einem klar vorgezeichneten Gebirgskamm folgt, obwohl hier teilweise außerordentlich beliebtes, vielbesuchtes Dolomitenland durchwandert wird, ist die Idee zu dieser Höhenroute erst 15 Jahre nach Propagierung von Nummer 1 verwirklicht worden. Einer der Gründe mochte gewesen sein, daß sich dieses Gebiet außerhalb der Provinz Belluno befindet, also außerhalb des Kompetenzbereichs der für Planung und Errichtung der ersten sieben Höhenrouten zuständigen Personen und Institutionen. Ein anderer Grund war vielleicht der, daß eine weitere Empfehlung dieser im Hochsommer oft überlaufenen Gegenden

Die Kette der Aferer Geiseln von Nordwesten (Brixener Dolomitenstraße) gesehen.

Um St. Ulrich (Grödner Tal) präsentiert sich der Langkofel als ideale Hochgebirgskulisse.

nicht angebracht schien. Und doch hätte man falsch gehandelt, wäre diese in jeder Hinsicht einzigartige Fernwanderroute den interessierten Bergfreunden vorenthalten worden, wo in einem bestehenden dichten Wegnetz nur noch die ideale Linie festzulegen war.

Abgesehen von dem durch eine Variante vermeidbaren Santnerpaß-Klettersteig – er erfordert Kletterkenntnisse im Schwierigkeitsgrad II und kann bei Vereisung gefährlich sein – weist dieser Hochweg sonst keine nennenswerten Schwierigkeiten auf. Wegen der zahlreich vorhandenen bewirtschafteten Stützpunkte sind die Etappen meist kurz, so daß, ebenfalls von einer einzigen Ausnahme abgesehen, keine allzu hohen Anforderungen an Durchhaltevermögen und Ausdauer gestellt werden. Route Nr. 8 kann somit neben den Nummern 1, 2 und 9 als einfachster Dolomiten-Weitwanderweg angesehen werden.

Eine Bus- oder Seilbahnfahrt bringt zunächst in das ausgedehnte Almengebiet der Plose. Von diesem geologisch den Zentralalpen angehörenden Massiv öffnet sich ein gewaltiges Bergpanorama, das im nördlichen Halbrund die schneebedeckten Gipfel der Urgesteinsalpen, im Süden die wildzerhackten Felskulissen der Dolomiten vorstellt. Ein wundervoller Wanderweg führt von hier über freie Wiesen hinunter zum Kofeljoch und durch ein Felsental empor zur Peitlerscharte, der eigentlichen „Eintrittspforte" in das phantastische Reich der Dolomiten. Nun erst beginnt der faszinierende Streifzug durch das „Land der bleichen Berge". Da ist zunächst jener unvergleichliche, unter den schaurig-düsteren Nordwänden der Geislergruppe entlangführende Höhenspaziergang, der als „Adolf-Munkel-Weg" sozusagen Alpen-Berühmtheit erlangt hat. Mit seinen malerischen Zirbenbeständen und prachtvollen Aussichtspunkten vermittelt er Wandergenüsse seltener Art, wenngleich an ihm die hehre Pracht der Dolomitenwelt noch nicht so überwältigend in Erscheinung tritt wie später an der Panascharte. Dort hat man Sella-Festung, Langkofel und Schlern erstmals im Süden unmittelbar gegenüber, während von Norden nochmals die Gletscher der Zentralalpen grüßen. Wem die Sicht von hier zu wenig umfassend, noch zu beengt er-

Eine steile Felsschlucht führt durch die Nordabstürze der Geislergruppe zur Panascharte empor.

scheint, dem empfehle ich die Besteigung der nahen Seceda, eines Gipfels, der aus dem Grödner Tal durch eine Gondelbahn (Skigebiet!) erschlossen wird.
Beschaulich und von geradezu berükkender landschaftlicher Schönheit ist der nun folgende lange Abstieg an der altehrwürdigen Regensburger Hütte vorbei nach Gröden. Welcher Naturliebhaber ließe es sich nehmen, nicht im Bereich der Aschgler- oder Cislealm zu verweilen und auf Fotopirsch zu gehen, wo für die auf lieblichen Almböden verstreut liegenden Heuhütten kein idealerer Hintergrund denkbar ist als die kolossale Felsburg des Langkofels! Kurz vor St. Ulrich kommt man an der alten Kirche von St. Jakob vorbei, einer jener Punkte in den Dolomiten, die man immer wieder gerne aufsucht. Das auf stimmungsvoller Waldblöße gelegene Gotteshaus ist nicht nur Magnet für viele Fotografen, sondern auch ein Ort der stille Einkehr und Betrachtung.
Von St. Ulrich, dem ladinischen Urtischej, bringt uns die Gondelbahn an den Nordrand der Seiser Alm. Diese 56 Quadratkilometer große Weidefläche hat in Europa kein Gegenstück und darf als eine der Hauptattraktionen der Dolomiten gelten. Faszinierend, wie einerseits Langkofel, andererseits Schlern, Santner-, Euringerspitze und Zentralalpen den Horizont begrenzen und hier einzigartige Landschaftsbilder hervorzaubern. Die Traversierung dieser endlos weiten, kupierten Wiesen-Hochfläche ist sicherlich eines der Glanzstücke dieser Höhenroute. Doch nicht genug damit! Wer aus dem romantischen Winkel um die Saltnerhütte über den „Touristensteig" schließlich die freie Höhe des Schlerns – der zweite große Aussichtsberg an unserer Höhenwanderung – erreicht, dem erschließt sich in der Nähe des vielbesuchten Schlernhauses eine begeisternde Schau zur Rosengarten- und Latemargruppe. Angesichts dieser gewaltigen Gebirgskulissen vergißt man Raum und Zeit, merkt vielleicht gar nicht, wie die Tiefen allmählich in nächtliches Dunkel versinken und sich ein großer Bergtag seinem Ende zuneigt.
Mit dem kurzen Übergang zur Tierser-Alpl-Hütte erreichen wir den Nordrand der Rosengartengruppe. In ihr gestaltet sich das Landschaftsbild ernster,

Das aussichtsreich gelegene Schlernhaus mit den Felskolossen des Rosengartens im Südosten.

hochalpiner als bisher, wenngleich bis zur Vajolethütte noch keine technischen Probleme auf uns warten. Erst der Anstieg zum „Gartl“ mit dem klassischen Blick auf die Südlichen Vajolettürme und die anschließende Überschreitung des Santnerpasses entlang einer gesicherten Steiganlage erfordern geübte Bergsteiger mit Klettererfahrung. Hier ist das Reich des mythischen Zwergenkönigs Laurin. Sein Palast und Rosengarten soll nach der Sage in der Umgebung des heutigen Santnerpasses gestanden haben.

Mit einem hervorragend schönen, den Blick nach Westen ungehindert freigebenden Höhenspaziergang endet das Rosengarten-Erlebnis in der Gegend des Karerpasses. Dort führt unser Wanderweg nicht weit von dem im Wald gelegenen, berühmten Karersee vorbei. Wem übrigens die Strecke über den Santnerpaß zu anspruchsvoll erscheint, der kann auf unschwieriger Variante das Zentralmassiv der Rosengartengruppe auch östlich umgehen und so über die Rotwandhütte in das Gebiet des Karerpasses gelangen.

Zu den eindrucksvollsten Passagen dieser Höhenroute gehört die Überschreitung der Seiser Alm. Sie wird im Westen von den jäh aufschießenden Mauern und Türmen des Schlern flankiert.

Vor uns liegt die anstrengendste Teilstrecke dieses Weitwanderweges, der Zugang zur Hochregion der Latemargruppe und ihre nahezu vollständige Durchquerung. Ein langer, ermüdender 900-Meter-Anstieg vom Grandhotel Karersee zur Kleinen Latemarscharte und ein weiterer von 300 Metern bringen auf den Gipfel der Östlichen Latemarspitze. Er bietet nach dem Schlern das wohl umfassendste Panorama an dieser Höhenroute. Daß für den Steilanstieg vom Karerpaß her, und erst recht für die noch folgende Traversierung des Oberen Valsordakessels, gute Wetter- und Sichtverhältnisse Vorbedingung sind, muß ausdrücklich betont werden. Im Bereich der Latemar-Hochregion ist der oft abrupte Gesteinswechsel auffallend und für den geologisch versierten Wanderer interessant. Neben hellem Dolomitfels finden sich Einschübe von fast schwarzem Vulkangestein!

An der Cima Cavignon, der südlichsten Erhebung der zentralen Latemargruppe, steht als einziger bewirtschafteter Stützpunkt in dieser großartigen Gebirgseinöde das Rifugio Torre di Pisa. Ich kenne nur wenige Unterkünfte in derart aussichtsreicher Lage. Vor allem die Schau zu den Felsriesen der Zentraldolomiten ist beindruckend!

Am Reiterjoch verlassen wir die Latemargruppe und betreten das Quarzpophyrgebiet der Eggentaler Berge. Ein stimmungsvoller Waldweg führt fast eben an den Nordhängen des Zanggenberges entlang zum Lavazèjoch. Welch ein Gegensatz zu den bisher durchwanderten Gebieten! Die weiten bewaldeten Hochflächen geben der Umgebung dieser Paßhöhe ein herbes, ganz und gar nicht südliches Gepräge. Würde man nicht in der Ferne Dolomitenland erspähen, man müßte sich in nördlichen, skandinavischen Breiten wähnen. Von hier oder vom nahen Jochgrimm kann man die ihrer ausgedehnten Rundsicht wegen berühmten „Eggentaler Hörner“, den dunkelfelsigen Pophyrgipfel des Schwarzhorns oder die helle Dolomit-Insel des Weißhorns, besteigen. Der Höhenweg Nr. 8 führt jedoch in das westlich des Schwarzhorns gelegene Kugeljoch und von ihm

über den Kamm der Leitenspitze fast tausend Meter hinunter nach Unterradein und Kaltenbrunn. Prächtige Ausblicke auf die Berge westlich des Etschtales, aber auch auf Fleimstaler Alpen und Palagruppe begleiten uns auf diesem langen Abstieg. In Unterradein treffen wir auf den Europäischen Fernwanderweg Nr. 5, dem wir von nun an treu bleiben.

Über Kaltenbrunn und Truden gelangen wir in das einsame Revier der Hornspitzgruppe. Die Durchquerung dieses waldreichen Mittelgebirges zwischen Etsch- und Cembratal bildet den würdigen Abschluß der langen Wanderung. Ein schattiger Steig leitet über den Cisasattel zur Hornalm empor, einem Aussichtsbalkon hoch über Cembra- und Fleimstal mit Prachtblick zu den Recken der Pala! Etwa eine Stunde später erreicht man das nur aus wenigen Häusern und einer Kirche bestehende malerische Bergdorf Gfrill. An diesem wunderbaren Flecken Erde hoch über dem Etschtal präsentiert sich schlagartig die grandiose Talverengung der Salurner Klause mit den schneeverzierten Zinnen der Brenta darüber. Noch aber liegt eine Mittelgebirgswanderung von seltenem Reiz vor uns. Gemeinsam mit dem Europäischen Fernwanderweg Nr. 5 geht es auf fast 10 Kilometern Luftlinie an den gegen das Etschtal gerichteten Abhängen des Salurner Berges entlang. Eine richtige Waldläuferstrecke, nicht ohne Anforderungen an Aufmerksamkeit und Orientierungssinn des Bergwanderers. Erst am stimmungsvoll gelegenen „Heiligen See“ (Lago Santo) endet der bisherige Nord-Süd-Verlauf der Route. Hier haben wir auch die Südgrenze des deutschen Sprachgebietes erreicht. Am Rifugio Sajùch vorbei und durch das waldreiche Val Stanausera steigen wir nun in Nordrichtung gegen das Etschtal ab. Bald empfängt uns eine liebliche Obst- und Weinbaulandschaft, deren südlicher Reiz uns bis hinunter nach Salurn, der Endstation des Weitwanderweges Nr. 8, begleitet.

◁◁ Die phantastische Turmreihe der Geislergruppe aus dem Villnößtal gesehen. Unter ihren Nordwänden führt die Höhenroute zur rechts gelegenen Brogleshütte.

△ Die herrlichen Wiesengebiete im Umkreis der Gurndinalm. Über die bewaldeten Höhen der Kugel- und Leitenspitze führt Route 8 weiter nach Kaltenbrunn.

▷ Die Kirche von St. Cyprian in Tiers mit den großartigen Westwänden der Rosengartengruppe.

Zur Entstehung

Mit der Verwirklichung des von Piero Rossi und Mario Brovelli in den 60er Jahren ins Leben gerufenen, später durch Toni Sanmarchi vervollständigten Höhenweg-Projekts hatte der vorwiegend Bellunesische Dolomitenanteil insgesamt sieben Fernwanderwege erhalten. Eine weitere, von Bruno Tolot (Belluno) geplante Route hätte zwischen den Nummern 1 und 2, also entlang des Cordevoletales, durch die Dolomiten führen sollen. Dieser Plan wurde aber wegen der Nähe der beiden anderen Weitwanderwege wieder verworfen. Umgekehrt war für einen neutralen Beobachter offensichtlich, daß bei den bisher geschaffenen sieben Hochrouten die außerhalb der Provinz Belluno gelegenen Dolomitenbezirke vernachlässigt worden waren. Ein großzügig angelegtes Höhenweg-Konzept verlangte aber nicht nur die Berücksichtigung dieser Bereiche, sondern, analog zu den Karnischen Alpen und Venetianischen Voralpen (Wege Nr. 6 und Nr. 7), auch die der westlichen und südwestlichen Randgebiete (Vizentiner Alpen, Brentagruppe, Gardaseeberge).

So waren nach Fertigstellung des letzten Belluneser Dolomiten-Höhenweges (Nummer 7 im Jahre 1976) vorab drei Großprojekte fällig: ein das Etsch- und Eisacktal östlich begleitender Weg (Nummer 8), eine schon immer gewünschte West-Ost-Route („Dolomiten-Transversale“, Nummer 9) und ein westlich des Etschtales verlaufender Weitwanderweg (Nummer 10).

Da ich seit Schaffung von Route Nr. 1, also von 1966 an, mit Sigi Lechner an der Erschließung und Progagierung der Belluneser Dolomiten-Höhenwege beteiligt war, hatte ich mich schon sehr früh mit weiteren Plänen befaßt. Mir war klar, daß in einigen bisher noch nicht berührten Gebieten ideale Voraussetzungen für großzügige Weitwanderwege bestanden. Nach langwierigen Vorbereitungen, die bis in das Jahr 1973 zurückreichen, begann ich 1978 mit den Geländearbeiten für die oben angeführten drei Routen.

Blick vom Reiterjoch nach Südosten zu den Gasthöfen im Bereich der im oberen Val di Stava gelegenen Eggentaler Alm.

Für Höhenweg Nr. 8 boten sich die westlichsten Dolomitenbezirke, also die das Eisack- und Etschtal flankierenden Berggebiete geradezu an. Sie waren bisher nur im nördlichsten Abschnitt (Plose, Peitlerkofelgruppe) von Nummer 2 berührt worden, vom Grödner Tal an bestand sogar eine durchlaufende Kammlinie.

Bis 1980 hatte ich sämtliche Gebiete an der geplanten Route Nr. 8 besucht und nach den günstigsten Durchquerungsmöglichkeiten erkundet, so daß hinsichtlich des endgültigen Wegverlaufes keine Unklarheiten mehr bestanden. Da es sich großteils um bekannte, meist gut erschlossene Berggruppen handelte, war die Errichtung neuer Steiganlagen nirgends notwendig gewesen. Im Sommer 1981 unternahm ich schließlich mit Gefährten die erste Gesamtbegehung dieses neues Dolomiten-Höhenweges.

Über Route Nr. 8 existiert noch kein Führerwerk. Die Aufnahme dieses Weitwanderweges in die im Bergverlag Rudolf Rother erscheinende Dolomiten-Höhenweg-Führerserie des Autors ist vorgesehen.

8

Das Sommerklima in den Dolomiten

Gewiß haben sich schon viele Dolomitenbesucher die Frage gestellt, inwieweit eigentlich Wetterablauf und geographische Lage das Klima in den Südalpen bestimmen. Um hier eine einigermaßen befriedigende Antwort zu geben, ist es nötig, sich zunächst einmal über grundlegende meteorologische Prinzipien klar zu werden.

Das Wettergeschehen über Mitteleuropa kann als jahreszeitlich unterschiedliche Wechselwirkung zwischen ozeanisch-maritimen und kontinentalen Einflüssen aufgefaßt werden. Wegen der verschiedenen Wärmekapazität von Land und Meer stehen im Winter den kalten Landmassen warme Meere gegenüber. Umgekehrt liegen diese Verhältnisse im Sommer. Die über vergleichsweise warmen Oberflächen aufsteigenden, also wolkenbildenden Luftbewegungen haben zu Folge, daß sich Tiefdruckgebiete im Winter vorwiegend über den Meeren, im Sommer aber über dem Land bilden. Durch ausgleichende, monsunartige Effekte wird im Sommer feuchte Meeresluft gegen das Land geführt. Sie bewirkt, daß das Wetter über der großteils von Meeren eingeschlossenen mitteleuropäischen Landmasse zu dieser Jahreszeit unbeständiger und niederschlagsreicher ist als im Winter. Dem steht in Südeuropa eine konträre Erscheinung gegenüber: Der nördlich des Äquators verlaufende, durch großräumige Absinkbewegungen hervorgerufene Hochdruckgürtel verlagert sich im Sommer über das „kalte" (hochdruckverstärkende) Mittelmeer hinweg gegen das europäische Festland und schwächt dort den an sich vorhandenen Tiefdruckeinfluß besonders in den südlichen Bereichen erheblich ab.

Der *Sommer* ist die niederschlagsreichste Jahreszeit im Alpenraum. Der über Südeuropa ausgeprägte Einfluß des Subtropenhochs bewirkt aber, daß im Südalpenraum das sommerliche Niederschlagsmaximum stark gedämpft wird. Dabei verschiebt sich dieses Maximum auf die Zeit noch geringeren Hochdruckeinflusses, also auf den Vorsommer (Juni), während es nördlich des Alpenhauptkammes erst im Juli auftritt. Die Dolomiten erweisen sich somit als ein gerade während der Sommermonate Juli/August außerordentlich begünstigtes Gebiet.

Das sommerliche Niederschlagsmaximum hat natürlich auch in den Dolomiten einen gewissen Dämpfungseffekt

Die eleganten südlichen Vajolettürme vom Laurinspaß.

◁ Am Lavazèjoch in den Eggentaler Bergen. Im Westen das Jochgrimm mit den hellen Kalkfelsen des Weißhorns.

▷ Herbststimmung im Reich des Rosengartens. Aufblick vom Karerpaß gegen die senkrechten Abstürze der Rotwand. Am rechten oberen Bildrand die am Dolomiten-Höhenweg Nr. 8 gelegene Paolinahütte.

auf das Temperaturniveau. Er ist allerdings hier weniger stark als in den übrigen Alpengebieten.

Auf den stabilisierenden Einfluß des Subtropenhochs ist im übrigen auch die in den Dolomiten gegenüber den Nordalpen erheblich geringere Zahl von Gewittertagen (!) zurückzuführen. Die Gewitterverteilung im Bereich der Südalpen zeigt eine deutliche Zunahme gegen die südlichen Randgruppen. Die meisten Gewitter treten hier in den Südlichen Karnischen Alpen, in den Venetianischen Voralpen sowie in den Gardaseebergen auf. Die Ausbildung von Gewittern ist im hohen Maß auch von der Bodenbeschaffenheit abhängig. Vorhandene Schneedecken vermindern die Gewitterbildung, was die besonders geringe Zahl an Gewittern in den vergletscherten Zentralalpen erklärt. Das Maximum der Gewitterhäufigkeit tritt deshalb in den südlichen Dolomiten schon im Juni, in den noch teilweise verschneiten nördlicheren Gebieten erst im Juli auf.

Der *Herbst* bringt eine Stabilisierung der Wetterverhältnisse über ganz Mitteleuropa. Da sich aber gleichzeitig das Subtropenhoch wieder nach Süden verlagert, tritt in den Dolomiten die Umstellung auf beständiges herbstliches Schönwetter nicht in dem Maße ein wie etwa in den Nordalpen. Trotzdem hat der Herbst auch hier weitaus besseres und sichereres Wetter aufzuweisen als der Sommer. Zunehmender Einfluß sich bildender Mittelmeertiefs, vor allem die zu dieser Jahreszeit häufigen Südwestlagen, bringen in den Dolomiten dann zwischen langen Schönwetterphasen wiederholt starke Bewölkung und Niederschläge. Nördlich des Alpenhauptkammes kann dann, durch Südföhn bedingt, oft wochenlang sonniges, niederschlagsfreies Wetter anhalten.

Die im Herbst besonders häufigen Südwestlagen bewirken in den Dolomiten schon ab Ende Oktober ein erstes Einschneien der Hochregion, während die Nordalpen oft bis weit in den November hinein schneefrei bleiben. Während der Wintermonate Dezember und Januar erfolgt überall in den Alpen und in allen Höhen eine Zunahme der Schneedecke. Sie ist allerdings wegen der besonders zahlreichen West- und Nordwestlagen im Nordalpenbereich stärker als im Süden. Gegen Ende Februar beginnt in den Talgegenden der Südalpen bereits das Abschmelzen der Schneedecke. In den Nordalpen setzt dieser Vorgang später ein, er erfolgt aber dafür umso rascher. Was die Hochregion betrifft, so beginnt der Schneedecken-Abbau in den Nordalpen schon im Laufe des März. Die zu dieser Jahreszeit sehr häufigen Mittelmeertiefs, mit starken Staueffekten an der Alpensüdseite, bewirken, daß die Höhen der Südalpen erst jetzt den größten Schneezuwachs und ihre größte Mächtigkeit erhalten.

So ist es zu erklären, daß Anfang Juli, also zu einer Zeit, in der Nord- und Zentralalpen oft schon bis hoch hinauf schneefrei sind, in den Dolomiten oberhalb zweitausend Meter vielfach noch winterliche Verhältnisse anzutreffen sind. Erst gegen Ende Juli schwinden dann auch diese Schneereste.

Charakteristika

GROSSRAUM:
Westliche Dolomiten
AUSGANGSPUNKT:
Brixen, 561 m
ENDPUNKT:
Salurn, 224 m
WEGLÄNGE:
160 km
HORIZONTALDISTANZ BRIXEN – SALURN:
65 km
MITTLERE BEGEHUNGSDAUER:
13 Tage
MITTLERE (MAXIMALE) ETAPPENLÄNGE:
2¼ (6½) Stunden
MITTLERE (GRÖSSTE) ANSTIEGSHÖHE PRO ETAPPE:
290 (1420) Meter
HÖCHSTER (TIEFSTER) PUNKT DER ROUTE:
2791 (224) Meter
MAXIMALE SCHWIERIGKEIT:
Kletterei im 2. Grad
ZAHL DER BERÜHRTEN GEBIRGSGRUPPEN:
8
ZAHL DER BEWIRTSCHAFTETEN (UNBEWIRTSCHAFTETEN) ETAPPENSTÜTZPUNKTE:
22 (0)
ZAHL DER BERÜHRTEN PÄSSE:
4
BESTE BEGEHUNGSZEIT:
Anfang (Mitte) Juli bis Anfang Oktober
MITTLERE ÖFFNUNGSZEIT DER SCHUTZHÜTTEN:
20. Juni bis 30. September

BERÜHRTE GEBIRGSGRUPPEN: Plosegruppe(x), Peitlerkofelgruppe, Geislergruppe, Schlern mit Seiser Alm, Rosengartengruppe, Latemar, Eggentaler Berge(x), Hornspitzgruppe(x).

DIE WANDERUNG VON HÜTTE ZU HÜTTE: Brixen – Plosehütte – Schlüterhütte – Brogleshütte – Regensburger Hütte – St. Ulrich – Seilbahngasthof – Schlernhaus – Tierser-Alpl-Hütte – Vajolethütte – Gartlhütte – Rosengartenhütte – Paolinahütte – Rif. Torre di Pisa – Eggentaler Alm – Lavazèjoch+ – Jochgrimm+ – Kaltenbrunn – Truden – Gfrill – Heiliger See+ – Salurn.

BEGEHUNG DER HÖHENROUTE IN GRÖSSEREN TEILSTRECKEN: Brixen – St. Ulrich (3 – 4 Tage), St. Ulrich – Grandhotel Karersee – Karerpaß (4 – 5 Tage), Karerpaß – Grandhotel Karersee – Salurn (5 – 6 Tage).

MÖGLICHE GIPFELBESTEIGUNGEN: Großer Pfannberg, Peitlerkofel, Sobutsch, Seceda, Innerraschötz, Außerraschötz, Sass Rigais, Furchetta, Piz Doledes, M. Stevia, Montischella, Col de la Pieres, Pitschberg, Pitzberg, Puflatsch, Joch, Goldknopf, Großer Roßzahn, Roterdspitze, Schlern, Nordwestlicher Molignon, Mittlere Grasleitenspitze, Nordöstliche Grasleitenspitze, Kesselkogel, Kleiner Valbonkogel, Großer Valbonkogel, Vajoletspitze, Scalieretspitze, Nördliche Vajolettürme, Südliche Vajolettürme, Laurinswand, Rosengartenspitze, Coronelle, Tscheinerspitze, Rotwand, Östliche Latemarspitze, Westliche (Große) Latemarspitze, Rotlahnturm, Erzlahnspitze, Eggentaler Horn, C. di Valsorda, C. Cavignon, Zanggenberg, M. Agnello, Schwarzhorn, Weißhorn, Kugel, Leitenspitze, Trudener Horn, Hornspitze, M. dell' Orso, M. Castion.

BEURTEILUNG DER HÖHENROUTE: Westlichste Nord-Süd-Durchquerung der Zentraldolomiten; führt durch großteils gut erschlossene, stark besuchte Berggebiete. Wegen zahlreicher Stützpunkte (im Durchschnitt geringe Etappenlängen) nicht übermäßig anstrengend und – von einer vermeidbaren Teilstrecke abgesehen – auch technisch anspruchslos. Die Route bewegt sich im großartigsten Dolomitenbereich Südtirols und vermittelt ein unvergeßliches Landschaftserlebnis!

SCHWIERIGKEITEN: Die Hauptroute steht schwierigkeitsmäßig etwa auf einer Stufe mit den Wegen Nr. 1, 2 und 9. Leichte Kletterpassagen (Schwierigkeitsgrad I) kommen wiederholt vor. Die anspruchsvollste Teilstrecke, der Santnerpaß-Klettersteig (gesicherte und ungesicherte Stellen im Schwierigkeitsgrad II), kann auf lohnender, unschwieriger Variante umgangen werden. Vor allem im Frühsommer und Herbst ist an vereisten oder verschneiten Hängen, Rinnen, Schluchten etc. erhöhte Vorsicht geboten (Pickel und Steigeisen oft angenehm)!

ANFORDERUNGEN: Für die Begehung der Hauptroute sind Trittsicherheit, Schwindelfreiheit und Kletterkenntnisse (Passagen im Schwierigkeitsgrad II) erforderlich. Bei Umgehung des Santnerpaß-Klettersteiges nur noch Schwierigkeiten im Bereich des 1. Grades. Wegen zahlreich vorhandener Stützpunkte hat Route Nr. 8 im Durchschnitt sehr kurze Etappen. Nur die durch keine Variante vermeidbare Latemar-Durchquerung stellt an Ausdauer und Durchhaltevermögen höhere Ansprüche. Die Bewältigung einer etwa sechsstündigen Wegstrecke darf keine Probleme bereiten!

HÖHENWEGFÜHRER: Über Route Nr. 8 gibt es zur Zeit weder ein deutschsprachiges noch ein italienisches Führerwerk. Die Herausgabe eines die Höhenwege Nr. 8 bis 10 umfassenden Führers, im Bergverlag Rudolf Rother, ist geplant.

WANDERFÜHRER (FÜR EINFACHE GIPFELBESTEIGUNGEN): Reihe der „Kleinen Führer" des Bergverlages Rudolf Rother über Peitlerkofel- und Plosegebiet, Grödner Tal, Rosengartengruppe, Marmolada mit Fassaner Dolomiten, Eggentaler Berge und Latemargruppe.

KARTEN: Kompaß-Wanderkarte 1:50 000, Blätter 54, 56, 59, 74. Freytag & Berndt-Wanderkarte 1:50 000, Blätter S 1, S 4, S 5, S 7. Tabacco-Wanderkarte 1:50 000, Blätter 3, 7, 9. Carta d'Italia 1:50 000, Blätter „Brunico", „Bolzano", „Marmolada", „Predazzo", „Mezzolombardo". Geografica-Wanderkarte 1:25 000, Blätter 7 und 8 (nur mittlerer Höhenwegbereich enthalten!).

(x) geologisch nicht zu den Dolomiten zählende Berggruppen
\+ Unterkünfte vorhanden

▷ Das Bergdorf Gfrill in herrlicher Balkonlage über dem Etschtal. In der Ferne die Brentagruppe.

◁ Am Santnerpaß-Klettersteig: Die enge Scharte zwischen Schroffenegger Nadel und Rosengartenspitze.

Wegübersicht

Abschnitt	Gebiet	Ausgangspunkt Zielpunkt	Gehzeit Std.	HU	Varianten
1	Plosegruppe	Brixen Plosehütte	Seilbahn	—	↑ V 1 ↓
2	Plose- und Peitlerkofelgruppe	Plosehütte Schlüterhütte	3½–4	630 ↓ 500 ↑	
3	Geislergruppe	Schlüterhütte Brogleshütte	2½–3	530 ↓ 300 ↑	
4	Geislergruppe	Brogleshütte Regensburger Hütte	2–2½	410 ↓ 400 ↑	↑ V 2 ↓
5	Geislergruppe	Regensburger Hütte St. Ulrich	2–2½	870 ↓ 65 ↑	
6	Schlern mit Seiser Alm	St. Ulrich Seilbahngasthof	Seilbahn	—	
7	Schlern mit Seiser Alm	Seilbahngasthof Schlernhaus	3½–4	360 ↓ 810 ↑	
8	Schlern mit Seiser Alm	Schlernhaus Tierser–Alpl-Hütte	1¾–2	320 ↓ 310 ↑	
9	Rosengartengruppe	Tierser-Alpl-Hütte Vajolethütte	2–2¼	610 ↓ 410 ↑	
10	Rosengartengruppe	Vajolethütte Gartlhütte	¾–1	— ↓ 380 ↑	↑ V 3 ↓
11	Rosengartengruppe	Gartlhütte Rosengartenhütte	1½–2	500 ↓ 110 ↑	
12	Rosengartengruppe	Rosengartenhütte Paolinahütte	1	110 ↓ — ↑	
13	Rosengarten- und Latemargruppe	Paolinahütte Rif. Torre di Pisa	5½–6½	880 ↓ 1420 ↑	
14	Latemargruppe	Rif. Torre di Pisa Eggentaler Alm	¾	670 ↓ — ↑	
15	Latemargruppe und Eggentaler Berge	Eggentaler Alm Lavazèjoch	1¼	190 ↓ — ↑	
16	Eggentaler Berge	Lavazèjoch Jochgrimm	¾–1	— ↓ 180 ↑	
17	Eggentaler Berge	Jochgrimm Kaltenbrunn	3–3½	1130 ↓ 130 ↑	
18	Hornspitzgruppe	Kaltenbrunn Truden	¾	— ↓ 140 ↑	
19	Hornspitzgruppe	Truden Gfrill	2¾–3¼	390 ↓ 590 ↑	
20	Hornspitzgruppe	Gfrill Lago Santo	3½–4	420 ↓ 280 ↑	
21	Hornspitzgruppe	Lago Santo Salurn	2–2½	970 ↓ — ↑	

Die auf einer lieblichen Almweide gelegene Brogleshütte. Im Osten darüber die majestätischen Felsgipfel der Geislergruppe.

Auf dem „Höhenweg der Panoramen“ von Nord nach Süd durch die westlichen Dolomiten

Dolomiten-Höhenroute Nr. 8

Tourensteckbrief

	Varianten
Brixen, 561 m. Alte Bischofsstadt am Vereinigungspunkt von Rienz und Eisack. Restaurants, Hotels. Anreise über die Brennerbahn oder Brenner-Autobahn.	
A 1 Brixen – Plosehütte Auffahrt mit Seilbahn nach Kreuztal, 2016 m, dann zu Fuß zur Plosehütte. Ist die Bahn nicht in Betrieb, mit Bus bis Palmschoß (1894 m) und weiter zu Fuß über Kreuztal zur Plosehütte, 1½–1¾ Std.	
Plosehütte, 2447 m. CAI Brixen, 24 Betten, 36 Lager; ganzjährig bewirtschaftet.	V 1
A 2 Plosehütte – Schlüterhütte *Wegverlauf, Gehzeiten:* Plosehütte – Halsl, 1866 m, 1½–1¾ Std. – Schartenbachtal – Peitlerscharte, 2361 m, 3–3½ Std. – Kreuzkofeljoch, 2344 m – Schlüterhütte, 3½–4 Std. *Anforderungen:* Unschwierige Wanderung. Etwas mühsamer Steilanstieg zur Peitlerkofelscharte. *Höhenunterschiede:* 630 m ↓, 500 m ↑. *Gipfelbesteigungen:* Großer Pfannberg, 2547 m, Peitlerkofel, 2874 m.	
Schlüterhütte, 2301 m. CAI Brixen, 50 Betten, 18 Lager; vom 20. Juni bis 1. Oktober bewirtschaftet.	
A 3 Schlüterhütte – Brogleshütte *Wegverlauf, Gehzeiten:* Schlüterhütte – Gampenalm, 2062 m, 15 Min. – Adolf-Munkel-Weg – Brogleshütte, 2½–3 Std. *Anforderungen:* Unter den gewaltigen Nordwänden der Geislergruppe entlangführender, einfacher und kaum anstrengender Übergang. Einer der schönsten und beliebtesten Hüttenverbindungswege in den Dolomiten! *Höhenunterschiede:* 530 m ↓, 300 m ↑. *Gipfelbesteigungen:* Sobutsch, 2486 m, Seceda, 2518 m.	
Brogleshütte, 2045 m. Privat, 20 Betten, 20 Lager; vom 20. Juni bis 3. Oktober bewirtschaftet.	
A 4 Brogleshütte – Regensburger Hütte *Wegverlauf, Gehzeiten:* Brogleshütte – Panascharte, 2447 m, 1¼–1½ Std. – Regensburger Hütte, 2–2½ Std. *Anforderungen:* Prächtiger, sehr aussichtsreicher Übergang. Der Steilanstieg zur Panascharte ist anstrengend und bei Vereisung oder Schneelage u. U. gefährlich (dann Pickel und Steigeisen angeraten)! *Höhenunterschiede:* 410 m ↓, 400 m ↑. *Gipfelbesteigungen:* Seceda, 2518 m, Innerraschötz, 2317 m, Außerraschötz, 2281 m, Sass Rigais, 3025 m, Furchetta, 3030 m.	
Regensburger Hütte, 2039 m. CAI Firenze, 30 Betten, 60 Lager; vom 1. Juni bis zum 15. Oktober bewirtschaftet.	V 2
A 5 Regensburger Hütte – St. Ulrich *Wegverlauf, Gehzeiten:* Regensburger Hütte – Col Raiser, 2104 m, 20 Min. – St. Jakob, 1565 m, 1½–2 Std. – St. Ulrich, 2–2½ Std. *Anforderungen:* Langer, aber bequemer Abstieg in das Grödner Tal. Wunderbare Schau auf Sella, Langkofel und Schlern. *Höhenunterschiede:* 870 m ↓, 65 m ↑. *Gipfelbesteigungen:* Seceda, 2518 m, Sass Rigais, 3025 m, Furchetta, 3030 m, Piz Doledes, 2909 m, M. Stevia, 2555 m, Montischella, 2644 m, Col de la Pieres, 2747 m, Pitschberg, 2363 m.	
St. Ulrich, 1236 m. Weitbekannter, vielbesuchter Sommer- und Wintersportort im Mittelteil des Grödner Tales. Faszinierender Langkofelblick! Zahlreiche Hotels, Gasthäuser und Restaurants. Läden aller Art und Banken.	
A 6 St. Ulrich – Seilbahngasthof Auffahrt mit der Gondelbahn zum Seilbahngasthof am Nordrand der Seiser Alm. Die Bahn ist mit Ausnahme der Monate April und November ganzjährig in Betrieb.	
Seilbahngasthof, 1996 m. Privat, 20 Betten; mit Ausnahme der Monate April und November stets geöffnet.	

Das Kirchlein St. Jakob im Grödner Tal.

Plose- und Peitlerkofelgruppe

Diese zwei in jeder Hinsicht stark gegensätzlichen Berggebiete bilden die äußerste Nordwestecke des mächtigen Dolomiten-Quadrats. Zählt die kristalline Plose mit ihren weiten, sanft abfallenden Hängen und Wiesenflächen trotz geographischer Zugehörigkeit zu den Dolomiten gesteinsmäßig noch zu den Zentralalpen, so darf der im Südosten von ihr, zwischen Eisack- und Gadertal aufragende Peitlerkofel als wuchtiges nördliches Bollwerk der Dolomiten angesehen werden. Die Höhen der Plose sind ausnahmslos prächtige Aussichtswarten und bilden im Winter ein vielbesuchtes, guterschlossenes Skigebiet nahe der Stadt Brixen.

Der im Hintergrund des Aferer Tales isoliert thronende, durch seine ausgedehnte Rundschau berühmte Peitlerkofel – übrigens ein Teilgebiet des Naturparks Puez-Geisler-Gruppe – kann über eine einfache, gesicherte Steiganlage auch von weniger geübten Bergsteigern erreicht werden. Das zur Peitlerkofelgruppe gehörende Gebiet der Aferer Geiseln – eine Miniaturausgabe der nahen Geislergruppe – wurde früher stark vernachlässigt. Seit Schaffung des interessanten „Günther-Messner-Gedächtnisweges" hat jedoch diese kleine Untergruppe viel an Beliebtheit gewonnen.

Geislergruppe

Die mächtige, großteils aus Schlerndolomit geformte Geislergruppe zählt zu den bekanntesten Felslandschaften Südtirols und der Dolomiten. Vor allem die grandiosen, gegen das Villnößtal gerichteten Nordabstürze sind begehrtes Fotoobjekt. Aber auch die gegen das Grödner Tal schauende Südseite zeigt eindrucksvolle Wandbildungen. Hier ist das Reich anspruchsvoller Felsmänner, kühner Kletterer. Vor allem der Hauptgipfel der Gruppe, der mächtige Sass Rigais, 3025 m, wird über verschiedene Klettersteige häufig besucht und vermittelt einen prächtigen Überblick über das weite Dolomitengebiet.
Auch für den Wanderer gibt es zahlreiche Möglichkeiten: Neben den wunderbaren Fahrten im Bereich des felsgewaltigen Zentralteils sei auf die herrlichen Ausflüge am westlich gelegenen Raschötz hingewiesen. Sein baumfreier Höhenrücken kann aus dem Grödner Tal bequem mit Sesselbahn erreicht werden. Eine überaus lohnende Variante der Alta Via N. 8 führt durch dieses Gebiet und vermittelt Landschaftseindrücke, die jenen an der Hauptroute in keiner Weise nachstehen.

Schlern mit Seiser Alm

Als westlicher Eckpfeiler der Dolomiten beherrscht die gewaltige Masse des Schlern weite Strecken des Eisacktales. Das nach ihm benannte Dolomit-Gestein erreicht hier seine größte Mächtigkeit. Seine nach fast allen Seiten gerichteten, über tausend Meter hohen Wandabstürze tragen eine ausgedehnte Gipfel-Hochfläche, aus der als bedeutendste Erhebungen Petz, Kranzer und Burgstall hervorragen. Am Fuß dieser Wände breitet sich im Westen und Norden die weite Talschulter von Völs, Seis und Kastelruth aus. Besonders eindrucksvoll ist der dorthin gerichtete Nordabsturz des Berges. Zwei vom Zentralmassiv abgespaltene Türme – Santner- und Euringerspitze – geben dem Berg hier sein charakteristisches Aussehen. Der Tiefblick vom Burgstall über die Türme hinweg zum grünen Mittelgebirge von Seis ist von einzigartigem Reiz!
Der Schlern hatte schon in vorgeschichtlicher Zeit Bedeutung als Weihe- und Brandopferstätte. Verschiedene Funde beweisen dies. Seine leichte Erreichbarkeit und umfassende Rundschau haben ihn zu einem der bekanntesten und meistbesuchten Berge der Südtiroler Dolomiten werden lassen. Er wird durch ein südlich der höchsten Erhebung (Petz, 2563 m) stehendes Schutzhaus gut erschlossen.
Die gewaltigen Felsmassive des Schlern und des Langkofels spannen eine riesige kupierte Wiesenhochfläche auf, die berühmte Seiser Alm. Das etwa 1800 Meter hoch gelegene, 7 Kilometer breite und 8 Kilometer lange Plateau ist die

Die einladende Tierser-Alpl-Hütte an der Grenze zwischen Schlern und Rosengarten.

A 7 Seilbahngasthof – Schlernhaus *Wegverlauf, Gehzeiten:* Seilbahngasthof – Alpengasthof Ikarus, 1914 m, ½ Std. – Alpengasthof Panorama, 2009 m, 1–1¼ Std. – Laurinhütte, 2021 m, 1¼–1½ Std. – Saltnerhütte, ca. 1830 m, 1¾–2 Std. – Touristensteig – Schlernhaus, 3½–4 Std. *Anforderungen:* Zunächst wunderschöne, unschwierige Wanderung über die Seiser Alm, später etwas anstrengender, aber ebenfalls problemloser 500-Meter-Anstieg auf den Schlern. Vielbegangen. *Höhenunterschiede:* 360 m ↓, 810 m ↑. *Gipfelbesteigungen:* Pitzberg, 2109 m, Puflatsch, 2174 m, Joch, 2009 m, Goldknopf, 2249 m, Großer Roßzahn, 2653 m, Roterdspitze, 2655 m, Schlern (Petz, 2563 m).	
Schlernhaus, 2450 m. CAI Bozen, 30 Betten, 55 Lager; vom 10. Juni bis 5. Oktober bewirtschaftet.	
A 8 Schlernhaus – Tierser-Alpl-Hütte *Wegverlauf, Gehzeiten:* Schlernhaus – Schlernplateau – Tierser-Alpl-Hütte, 1¾–2 Std. *Anforderungen:* Kurzer, landschaftlich hervorragend schöner, sehr aussichtsreicher Übergang. Nur bei nebelfreiem Wetter ratsam. Trittsicherheit erforderlich! *Höhenunterschiede:* 320 m ↓, 310 m ↑. *Gipfelbesteigungen:* Schlern (Petz, 2563 m), Roterdspitze, 2655 m, Großer Roßzahn, 2653 m.	
Tierser-Alpl-Hütte, 2440 m. Privat, 60 Lager; geöffnet vom 15. Juni bis 5. Oktober.	
A 9 Tierser-Alpl-Hütte – Vajolethütte *Wegverlauf, Gehzeiten:* Tierser-Alpl-Hütte – Südlicher Molignonpaß, 2604 m, ½ Std. – Grasleitenkessel – Grasleitenpaß (Grasleitenpaßhütte), 2599 m, 1½ Std. – Vajolettal – Vajolethütte, 2–2¼ Std. *Anforderungen:* Unschwieriger, aber hochalpiner Übergang in das Zentrum der Rosengartengruppe. Mit A 10 und A 11 einer der landschaftlichen Höhepunkte an Route Nr. 8. Im Frühsommer ist an verschiedenen Steilrinnen (Hartschnee) Vorsicht geboten! *Höhenunterschiede:* 610 m ↓, 410 m ↑. *Gipfelbesteigungen:* Nordwestlicher Molignon, 2781 m, Mittlere Grasleitenspitze, 2705 m, Nordöstliche Grasleitenspitze, 2698 m, Kesselkogel, 3004 m, Kleiner Valbonkogel, 2802 m, Großer Valbonkogel, 2824 m, Vajoletspitze, 2749 m, Scalieretspitze, 2889 m.	
Vajolethütte, 2243 m. CAI-SAT Trento, 50 Betten, 70 Lager; vom 15. Juni bis 30. September bewirtschaftet.	
A 10 Vajolethütte – Gartlhütte *Wegverlauf, Gehzeiten:* Vajolethütte – Gartlschlucht – Gartlhütte, ¾–1 Std. *Anforderungen:* Mit A 11 anspruchsvollste Strecke an der Höhenroute Nr. 8 durch das „Herz" der Rosengartengruppe. Kurzer, aber sehr eindrucksvoller Steilanstieg. Trittsicherheit und auch etwas Klettererfahrung (Passagen im Schwierigkeitsgrad I) nötig. Vorsicht bei Schneelage oder Vereisung! Im Hochsommer außergewöhnlich stark begangen. *Höhenunterschiede:* 380 m ↑. *Gipfelbesteigungen:* Nördliche Vajolettürme, 2810 m, 2813 m, 2821 m, Rosengartenspitze 2981 m.	↑
Gartlhütte, 2621 m. Privat, 40 Lager; vom 25. Juni bis 25. September bewirtschaftet.	V 3
A 11 Gartlhütte – Rosengartenhütte *Wegverlauf, Gehzeiten:* Gartlhütte – Santnerpaß, 2734 m, 15 Min. – Santnerpaß-Klettersteig – Rosengartenhütte, 1½–2 Std. *Anforderungen:* Großartigste, aber auch anspruchsvollste Teilstrecke der Höhenroute durch den Zentralbereich der Rosengartengruppe. Die vom Santnerpaß durch die Westwand der Rosengartenspitze zur Rosengartenhütte führende, gesicherte Steiganlage erfordert klettergewandte, trittsichere und schwindelfreie Bergsteiger. Passagen im Schwierigkeitsgrad II. Vorsicht an den oft bis in den Sommer hinein vereisten Steilrinnen dieses Klettersteiges (oft Pickel und Steigeisen angenehm)! *Höhenunterschiede:* 500 m ↓, 110 m ↑. *Gipfelbesteigungen:* Südliche Vajolettürme, 2790 m, 2805 m, 2800 m, Rosengartenspitze, 2981 m, Laurinswand, 2813 m.	
Rosengartenhütte, 2239 m. CAI Verona, 50 Lager; vom 20. Juni bis 25. September bewirtschaftet.	

▷ Die zu Füßen der Rosengartenspitze gelegene Gartlhütte. Dahinter die Pala di Mesdi (Larsèc-Gebiet).

▷▷ Am Santnerpaß in der Rosengartengruppe. Tiefblick nach Norden in das Schuttkar des „Gartl" mit den Vajolettürmen darüber.

größte Almweide der Alpen. Sie wird im Osten, Süden und Westen schalenartig von großartigen Dolomitenbezirken eingefaßt, nach Norden ist der Blick gegen die vergletscherten Zentralalpen gerichtet. Die Seiser Alm gehört dem empfindsamen, beschaulichen Wanderer, der in einer unendlichen Vielfalt von Möglichkeiten hier noch wahre Paradiese alpiner Schönheit entdecken kann.

Rosengartengruppe

Wer kennt sie nicht, die an klaren Abenden in märchenhafter Schönheit durch das Tierser Tal herableuchtende rote Mauer aus Dolomitgestein. Das ist der Rosengarten, das mythische Reich König Laurins, eines der prächtigsten Felsreviere der Südalpen! Die unter deutschsprachigen Urlaubern besonders bekannte und beliebte Gruppe vereint so ziemlich alles, was man unter Dolomiten landläufig versteht: wildes Felsgetürm, gewaltige Wände, tiefe Täler und Schluchten, prächtige Wäl-

A 12 Rosengartenhütte – Paolinahütte *Wegverlauf, Gehzeiten:* Rosengartenhütte – Paolinahütte, 1 Std. *Anforderungen:* Problemlose, aussichtsreiche Höhenwanderung an den Westhängen der südlichen Rosengartengruppe entlang. Vielbegangen. *Höhenunterschiede:* 110 m ↓. *Gipfelbesteigungen:* Coronelle, 2797 m, Tscheinerspitze, 2791 m, Rotwand, 2806 m.	│ V 3 ↓
Paolinahütte, 2127 m. Privat, 13 Betten, 28 Lager; vom 15. Juni bis 10. Oktober bewirtschaftet.	
A 13 Paolinahütte – Rif. Torre di Pisa *Wegverlauf, Gehzeiten:* Paolinahütte – Grandhotel Karersee, 1609 m, ¾ Std. – Kleine Latemarscharte, 2526 m, 2¾–3¼ Std. – Östliche Latemarspitze, 2791 m, 3¾–4¼ Std. – Oberer Valsordakessel – C. Cavignon, 2691 m – Rif. Torre di Pisa, 5½–6½ Std. *Anforderungen:* Wegen des zu bewältigenden Höhenunterschiedes und der beträchtlichen Länge weitaus anstrengendste Etappe der Höhenroute, die aus der Rosengartengruppe in das zu Unrecht etwas vernachlässigte Gebiet des Latemar bringt. Landschaftlich einzigartig, ein weiterer Höhepunkt dieser Alta Via! Trittsicherheit, Schwindelfreiheit, gutes Orientierungsvermögen sowie Kletterfertigkeit (Passagen im 1. Grad) erforderlich. Nur bei sicheren Wetterverhältnissen ratsam. Im Frühsommer (Schneereste) können im Steilanstieg zur Latemarscharte Pickel und Steigeisen nötig sein. *Höhenunterschiede:* 880 m ↓, 1420 m ↑. *Gipfelbesteigungen:* Rotwand, 2806 m, Östliche Latemarspitze, 2791 m, Westliche (Große) Latemarspitze, 2846 m, Rotlahnturm, 2685 m, Erzlahnspitze, 2750 m, Eggentaler Horn, 2799 m, C. di Valsorda, 2752 m, C. Cavignon, 2691 m.	
Rif. Torre di Pisa, 2671 m. Privat, 16 Lager; vom 1. Juni bis 31. Oktober bewirtschaftet.	
A 14 Rif. Torre di Pisa – Eggentaler Alm *Wegverlauf, Gehzeiten:* Rif. Torre di Pisa – Eggentaler Alm, ¾ Std. *Anforderungen:* Kurzer, aber steiler Abstieg auf gut bezeichnetem Steig. *Höhenunterschiede:* 670 m ↓. *Gipfelbesteigungen:* Keine.	
Eggentaler Alm, ca. 2000 m. Am Südwestabhang der Latemargruppe, im inneren Val di Stava (bekannt geworden durch die furchtbare Dammbruch-Katastrophe vom 19. Juli 1985, bei der 270 Menschen den Tod fanden) zwischen Zanggenberg und Monte Agnello gelegenes Almgebiet. Skigebiet mit mehreren Liftanlagen. Unterkunft.	
A 15 Eggentaler Alm – Lavazèjoch *Wegverlauf, Gehzeiten:* Eggentaler Alm – Reiterjoch, 1990 m – Lavazèjoch, 1¼ Std. *Anforderungen:* Beschauliche Waldwanderung aus der Dolomitregion des Latemar in das Quarzpophyrgebiet der Eggentaler Berge. *Höhenunterschiede:* 190 m ↓. *Gipfelbesteigungen:* Zanggenberg, 2488 m, M. Agnello, 2358 m.	
Lavazèjoch, 1802 m. Im Bereich der Eggentaler Berge gelegene, weite Einsattelung zwischen Schwarzhorn im Südwesten und Zanggenberg im Osten. Stark nordeuropäisch anmutender Landschaftstyp. Mehrere, zum Teil ganzjährig geöffnete Hotels. Skigebiet.	
A 16 Lavazèjoch – Jochgrimm *Wegverlauf, Gehzeiten:* Lavazèjoch – Jochgrimm, ¾–1 Std. *Anforderungen:* Wenig interessante, aber nur kurze Straßenwanderung. Im oberen Abschnitt schöne Fernschau gegen die Dolomiten. *Höhenunterschiede:* 180 m ↑. *Gipfelbesteigungen:* Zanggenberg, 2488 m, Schwarzhorn, 2439 m, Weißhorn, 2317 m.	
Jochgrimm, 1989 m. Weiter Wiesensattel zwischen Eggentaler Schwarzhorn im Süden und dem Weißhorn im Norden. Beliebtes Skigebiet. Mehrere Unterkünfte.	
A 17 Jochgrimm – Kaltenbrunn *Wegverlauf, Gehzeiten:* Jochgrimm – Gurdinalm, 1955 m, 15 Min. – Kugeljoch, 1923 m, 1 Std. – Leitenspitze, 2027 m, 1½–1¾ Std. – Leitensteig – Unterradein – Kaltenbrunn, 3–3½ Std. *Anforderungen:* Unschwieriger, dem Kamm der Kugel und der Leitenspitze folgender Abstieg nach dem an der Lugan-Paßstraße gelegenen Ort Kaltenbrunn. Im ersten Abschnitt sehr aussichtsreich. Nicht immer gut bezeichnet, daher Orientierungssinn erforderlich! *Höhenunterschiede:* 1130 m ↓, 130 m ↑. *Gipfelbesteigungen:* Schwarzhorn, 2439 m, Weißhorn, 2317 m, Kugel, 2077 m, Leitenspitze, 2027 m.	

Die mächtige Cima di Valsorda in der Latemargruppe vom Gipfel der Cima Cavignon.

der und liebliche Wiesengebiete. Erweist sich der Rosengarten einerseits als Eldorado für den Kletterer, so kommt andererseits auch der Wanderer und Durchschnittsbergsteiger auf seine Rechnung. Die starke Aufspaltung der Gruppe in verschiedene Kleinbezirke mit dazwischen eingelagerten Karen und Tälern schafft eine ideale Voraussetzung für abwechslungsreiche Übergänge. Eine Reihe von gesicherten Steiganlagen läßt die Gruppe auch für den Klettersteigfreund interessant erscheinen.

Der Hauptkamm der Rosengartengruppe setzt am nördlich gelegenen Tierser-Alpl-Joch an und führt in gerader Südrichtung zum Karerpaß. Von den mehr oder weniger bekannten Untergruppen seien Grasleitenkamm, Valbongruppe, Kesselkogel, Vajolettürme, Rosengartenspitze, Rotwand und Larsècgebiet erwähnt. Zu den vielbewunderten Glanzpunkten zählen der schon erwähnte Westabsturz des Rosengartens, die Südlichen Vajolettürme vom Gartl aus, das großartige Vajolettal, das wunderschöne Tschamintal sowie der Anblick der gipfelreichen Larsècgruppe von Ciampedie her.

Die zentrale Rosengartengruppe ist als eine der meistbesuchten Gegenden der Dolomiten im Hochsommer oft überlaufen. Wer Ruhe und Einsamkeit sucht, muß im Frühsommer oder (besser) im Herbst kommen. Dann kann man auch hier beschauliche Gipfelstunden erleben!

Latemargruppe

Das zwischen Karerpaß und Reiterjoch eingelagerte Massiv des Latemar ist, von der großartigen Nordansicht abgesehen, kein Bergland der Superlative. Unzuverlässiger Fels und nur wenig attraktive Ziele haben ihm bis in jüngste Zeit ein Aschenbrödeldasein beschert.

516

Kaltenbrunn, 984 m. An der Lugan-Paßstraße gelegener kleiner Ort und Straßenverzweigungspunkt. Meherer Gasthöfe und Pensionen. Lebensmittelhandlungen.	
A 18 Kaltenbrunn – Truden *Wegverlauf, Gehzeiten:* Kaltenbrunn – Truden, 3/4 Std. *Anforderungen:* Sehr kurze, bequeme Wanderung; Teilstrecke des Europäischen Fernwanderweges Nr. 5 *Höhenunterschiede:* 140 m ↑. *Gipfelbesteigungen:* Keine.	
Truden, 1127 m. Im Bereich der mittelgebirgsartigen Hornspitzgruppe gelegenes Südtiroler Bergdorf. Beliebter Ferienort. Zahlreiche Hotels und Pensionen, Läden aller Art, Geldwechsel.	
A 19 Truden – Gfrill *Wegverlauf, Gehzeiten:* Truden – Cisasattel, 1439 m, 1 1/4 Std. – Hornalm, 1715 m, 1 3/4–2 Std. – Gfrill, 2 3/4–3 1/4 Std. *Anforderungen:* Prachtvoller, völlig unschwieriger Übergang, auf dem die gemäßigte Hornspitzgruppe durchwandert wird. Einzigartige Aussichtspunkte! Teilstück des Europäischen Fernwanderweges Nr. 5. *Höhenunterschiede:* 390 m ↓, 590 m ↑. *Gipfelbesteigungen:* Trudener Horn, 1781 m, Hornspitze, 1817 m.	
Gfrill, 1328 m. Kleines Bergdorf in wunderbarer Lage am Westrand der Hornspitzgruppe hoch über dem Etschtal. Phantastischer Tiefblick in die Salurner Klause mit Brentagruppe darüber. Unterkunft.	
A 20 Gfrill – Salurner Berg *Wegverlauf, Gehzeiten:* Gfrill – Lago Santo – Passo Posmar, 1352 m, 1 1/2–2 Std. – Castion – Lago Santo, 3 1/2–4 Std. *Anforderungen:* Lange, aber einfache Waldwanderung knapp westlich unter der Kammhöhe des Salurner Berges entlang. Im Hochsommer auch bei großer Hitze noch erträglich. Als Teilstück des Europäischen Fernwanderweges Nr. 5 stets gut markiert. Gutes Orientierungsvermögen aber trotzdem erforderlich! *Höhenunterschiede:* 420 m ↓, 280 m ↑. *Gipfelbesteigungen:* M. dell'Orso, 1576 m, M. Castion, 1528 m.	
Lago Santo, 1195 m. Im südlichen Bereich des Salurner Berges mitten im Wald gelegener, relativ großer See mit einigen Villen rundum. Sprachgrenze, Bademöglichkeit. Zufahrtsstraße von Cembra, 5 km. An der Nordwestecke des Sees etwas oberhalb das private **Rifugio Alpino** (30 Betten, vom 1. Mai bis 30. September bewirtschaftet).	
A 21 Lago Santo – Salurn *Wegverlauf, Gehzeiten:* Lago Santo – Rif. Sajùch, 946 m, 3/4–1 Std. – Val Stanausera – Maierhoferhof, 684 m, 1 1/4–1 1/2 Std. – Zörnhof – Kapellenweg – Salurn, 2–2 1/2 Std. *Anforderungen:* Großteils Waldwanderung, zuletzt aussichtsreicher Abstieg durch Obst- und Weingärten in das Etschtal. Stets gut bezeichnet. *Höhenunterschiede:* 970 m ↓. *Gipfelbesteigungen:* Keine.	
Salurn, 224 m. Am orographisch linken Etschufer gelegener stattlicher Ort, dessen Entstehung auf die Römerzeit zurückgeht. Wenig südlich die berühmte „Salurner Klause", eine von Fennberg und Geiersberg gebildete schluchtartige Verengung des Etschtales, die zugleich die Provinz- und Sprachengrenze darstellt. Sehenswert die kühn gelegene Ruine Haderburg sowie die Pfarrkirche aus dem 13. Jahrhundert. Mehrere Hotels, Gasthöfe und Pensionen, ferner Verkehrsamt und Banken. Endstation der Dolomiten-Höhenroute Nr. 8. Bequeme Rückreise mit Bahn oder Bus über Bozen nach Brixen.	

Doch zu Unrecht! Seine Gipfel erweisen sich größtenteils als leicht erreichbare, wundervolle Aussichtswarten, deren Flanken und Kämme als ideales Gelände für die Errichtung gesicherter Steiganlagen. So ist in den letzten Jahren neben einer durchmarkierten Durchquerungsroute – ihr folgt Weg Nr. 8 – auch ein Klettersteig („Sentiero Attrezzato Campanili del Latemar") entstanden, der sich sehen lassen kann! Ferner wurden allein in der Hochregion drei Stützpunkte (Rifugio Torre di Pisa, Bivacco Latemar, Bivacco Rigatti) errichtet.

Der Latemarkamm umschließt ein weites, nach Osten gerichtetes hufeisenförmiges Kar, den Großen Valsordakessel. Er bildet das „Herz" der Gruppe – eine weltferne, öde Karrenfläche, die von selten bestiegenen Gipfeln überragt wird. Nach Westen, vor allem aber nach Norden stürzt das Massiv in prächtigen, von eleganten Türmen gekrönten Wänden nieder. Sie sind Schauobjekt der Besucher des weitberühmten Karersees, eine der wenigen Attraktionen der Gruppe. Zum Latemargebiet zählt auch der durch das Satteljoch getrennte südliche Seitenast des Monte Agnello. Seine Nordhänge, insbesondere die weite Mulde um die Eggentaler Alm, wurden in jüngster Zeit zu einem Skizentrum ausgebaut.

Eggentaler Berge

Sieht man von den beiden „Hörnern" und der spitzen Pyramide des Zanggenberges ab, so ist hier von Gebirge weit und breit keine Rede. Dieses ausgedehnte Gebiet roten Bozener Quarzporphyrs ist nichts anderes als eine von zahlreichen Tälern und Gräben zerfurchte Hochfläche, die sich von den hellen Dolomitfelsen des Latemars weg nach Westen gegen das Etschtal erstreckt und dorthin in teilweise hohen Wänden abfällt. Die weiten Linien, die verstreut liegenden Ortschaften, die Dominanz des Waldes, sie geben der Landschaft stark mittelgebirgsartigen, ja sogar herben nordischen Charakter. Man fühlt sich auf einer „Oase der Ruhe" inmitten der großartigen Gebirgswelt des Etschtales. Dieses Gebiet ist ein wahres Paradies für Wanderer und Naturfreunde, die hier abseits dolomitischer Felsenwucht Mußestunden und Erholung finden können. Aber auch für den „anspruchsvolleren" Bergwanderer ist gesorgt. Er findet am erwähnten Zanggenberg, am dunkelfelsigen Schwarzhorn oder am gesteinsfremden Dolomit-Gipfel des Weißhorns dankbare Ziele.

Varianten	Variante zur Hauptroute
V 1 Brixen – Schlüterhütte *Wegverlauf:* Brixen – Palmschoß – Sporthotel – Schatzerhütte – Peitlerscharte – Schlüterhütte. *Anforderungen:* Unschwierige Abkürzungsvariante, der Hauptroute unterlegen. Buszufahrt von Brixen bis Sporthotel, dann zu Fuß. *Gehzeit ab Sporthotel:* 3–3½ Std.	A 1/A 2
V 2 Brogleshütte – St. Ulrich *Wegverlauf:* Brogleshütte – Broglesscharte – Flitzer Scharte – Raschötzhütte – St. Ulrich. *Anforderungen:* Herrliche, wunderbar aussichtsreiche Strecke, die landschaftlich der Hauptroute in keiner Weise nachsteht. Vor allem dann zu empfehlen, wenn ein Anstieg zur Panascharte wegen Vereisung oder Schneelage nicht in Frage kommt. *Gehzeiten:* Zu Fuß 3–3½ Std., mit Seilbahnbenützung (ab Raschötzhütte) 2½ Std.	A 4/A 5
V 3 Vajolethütte – Paolinahütte *Wegverlauf:* Vajolethütte – Cigoladepaß – Rotwandhütte – Christomannos-Denkmal – Paolinahütte. *Anforderungen:* Bei Benützung dieser Variante kann die schwierigste Teilstrecke der Hauptroute, der Santnerpaß-Klettersteig (Schwierigkeitsgrad II, bei Vereisung u.U. gefährlich) vermieden werden. Technisch einfacher Übergang, der landschaftlich jedoch mit der Hauptroute nicht Schritt halten kann und an einem der Höhepunkte des Weitwanderweges vorbeigeht. *Gehzeit:* 2½–3 Std.	A 10 – A 12

Hornspitzgruppe

Südwestlich des Passo San Lugano – er verbindet Etsch- und Cembratal – reiht sich den Eggentaler Bergen ein Gebiet an, für das sich im alpinen Schrifttum bisher kein eigener Name eingebürgert hat. Dieses bewaldete Mittelgebirge wird – wie übrigens auch ein Großteil der Eggentaler Berge – noch in neueren Alpeneinteilungen zu den Fleimstaler Alpen gezählt, obwohl keine Verbindung zwischen beiden Gruppen besteht. Ich nenne das geographisch den Dolomiten angehörende Gebiet nach seiner höchsten Erhebung *Hornspitzgruppe*. Bezeichnungen wie Salurner Berg oder Altreier Mittelgebirge kämen aber für dieses zwischen Etsch und Avisio gelegene Bergland ebenso in Frage.

Seinem gemäßigten Charakter nach eignet sich das Gebiet ganz hervorragend für Ausflüge und einfache Wanderungen. Sie lassen wunderbare Ausblicke auf Pala- und Latermargruppe, aber auch gegen die Berge westlich des Etschtales zu. Wer jemals die herrlichen Wälder dieser Gegend durchstreift, ihren fast paradiesischen Reichtum an verschiedenen Beeren und Pilzen kennengelernt, die wundervollen Wiesen zur Blütezeit erlebt hat, der kommt immer wieder hierher, in dieses südwestlichste Gefilde der Zentraldolomiten.

Im Anstieg zum Eggentaler Weißhorn. Tiefblick nach Südwesten zur aussichtsreich gelegenen Gurndinalm. Dahinter das Etschtal mit Mendelkamm und Brentagruppe darüber.

Dolomiten-Höhenroute 9

TRANSVERSALE

Von Bozen nach Santo Stefano

Im Gegensatz zu sämtlichen anderen Dolomiten-Hochwegen hat die Nummer 9 einen ausgesprochenen West-Ost-Verlauf. Sie folgt dabei einem Gebirgszug, der das Bindeglied zwischen den zahlreichen nord-süd-orientierten Kämmen darstellt. Damit ist auch schon die Bezeichnung „Transversale“ erklärt.

Das Unternehmen nimmt in der am Vereinigungspunkt von Etsch und Eisack gelegenen Provinzhauptstadt Bozen seinen Anfang und endet in Santo Stefano di Cadore, dem Hauptort des oberen Piavetales. Entlang der Route werden vier Untergruppen der westlichen Dolomiten (Rosengarten, Schlern, Langkofel, Sella) und sieben Gebiete der östlichen Dolomiten (Settsass, Fanis, Tofana, Pomagagnon, Cristallo, Cadini, Sextener Dolomiten) berührt.

Als Begehungsrichtung ist West-Ost vorgesehen, da man so den dolomitischen Glanzpunkten entgegenwandert. Bei einer Ost-West-Durchquerung wären bedeutend längere und landschaftlich weniger ergiebige Anstiege in praller Morgensonne zu bewältigen. Außerdem ist durch den West-Ost-Verlauf eine gewisse Parallele zu den anderen Höhenrouten gegeben, die ebenfalls aus dem deutschsprachigen Raum (Südtirol) in die italienischen Provinzen Belluno oder Trento führen.

Eben weil die Transversale teilweise direkt einer Kammlinie treu bleibt, ist ihr Verlauf einheitlicher, geschlossener als jener der meisten anderen Höhenwege. Besonders der erste Teil, die Strekke Bozen – Cortina, stellt mit wenigen Ausnahmen einen nahezu horizontal verlaufenden, aussichtsreichen Höhenspaziergang dar. Die zweite Hälfte des Weges hat zwar nicht die Geschlossenheit des ersten Abschnittes, wirkt aber durch die Vielgestaltigkeit der durchwanderten Bergräume besonders abwechslungsreich. Route Nr. 9 präsentiert sich somit als ein Unternehmen von außerordentlichen Qualitäten. Bis Cortina dürfen die Überschreitung der Sellagruppe, danach die Durchquerung der felsgewaltigen Sextener Dolomiten als Höhepunkte angesehen werden.

Die Transversale gilt als einer der längsten, aber auch einfachsten Dolomiten-Weitwanderwege. Sie steht schwierigkeitsmäßig etwa auf einer Stufe mit den

Die dörferreiche Talschaft des Comelico mit den Sextener Dolomiten im Nordwesten.

Die Südabstürze der Grohmann- und Fünffingerspitze vom „Friedrich-August-Weg".

Routen Nr. 1, 2 und 8. Eine Ausnahme macht nur die berühmte „Strada degli Alpini" zwischen Carducci- und Bertihütte (Sextener Dolomiten). An dieser anspruchsvollsten, aber auch großartigsten Teilstrecke sind entsprechendes bergsteigerisches Können (Trittsicherheit, Schwindelfreiheit, Armkraft, Klettererfahrung) sowie günstige Wetterverhältisse Voraussetzung. Weniger Geübte können diese Hürde über eine einfache Variante umgehen.
Die zahlreich vorhandenen Stützpunkte bewirken kurze Etappen, so daß die Route an Ausdauer und Durchhaltevermögen keine übermäßig hohen Anforderungen stellt und man sich außerdem die Mitnahme größerer Proviantmengen erspart. Nächtigungen an den berührten Biwakhütten sind nicht unbedingt nötig.

Einen Hinweis verdienen noch die Kombinationsmöglichkeiten mit verschiedenen anderen Dolomiten-Höhenwegen. Statt von Bozen nach Santo di Stefano kann natürlich auch nach Feltre (9 + 2), Belluno (9 + 1), Longarone (9 + 3) und Pieve di Cadore (9 + 4) gewandert werden. Bei Kombination der Wege Nr. 6, 9 und 10 entstehen „Super-Alte-Vie", für deren Begehung man *bis zu vier Wochen* rechnen muß.
Angesichts der gewaltigen Westabstürze des Rosengartens bringt uns eine berüchtigt steile Straße von Bozen durch das Tierser Tal nach Weißlahnbad. Diese kleine Hotelsiedlung ist der eigentliche Ausgangspunkt zur Höhenroute Nr. 9. Der Anstieg durch das wundervolle Tschamintal mit seinen prachtvollen Wäldern und den darüber aufragenden Zacken und Türmen der Grasleiten- und Valbongruppe wird zur würdigen Einleitung der langen Wanderung quer durch die Dolomiten. Rund tausend Höhenmeter sind da gegen die enge Felsschlucht des Grasleitentales anzusteigen. Ein langer, anstrengender, aber kurzweiliger Weg voll der Wunder und Überraschungen! Fassungslos steht man später unter nahegerückten, übermächtig dräuenden Mauern, zwischen denen man die einladende Grasleitenhütte, das Rifugio Bergamo der Italiener, entdeckt. Der nun folgende Übergang über die beiden Molignonpässe zu der am Nordrand der Rosengartengruppe gelegenen Tierser-Alpl-Hütte besitzt eine

Die Plattkofelhütte am Fassajoch. Im Hintergrund Fleimstaler Alpen und Larsèc-Gebiet.

noch stärkere hochalpine Note und begeistert durch direkte Einblicke in die felsstarrende Gebirgseinöde der Molignon-, Grasleiten-, Valbon- und Kesselkogelgruppe.

Am Mahlknechtjoch setzt der vielgerühmte „Friedrich-August-Weg" an, ein herrlicher Höhengang zwischen den weiten Wiesenflächen der Seiser Alm und des Durontals. Er bringt uns über den fast ebenen Graskamm „Auf der Schneid" der Langkofelgruppe näher. Sein zweiter Abschnitt, die aussichtsreiche Querung hinüber zum Sellajoch wird von vielen noch höher bewertet. Dieser ideale Wanderweg vor der im blendenden Weiß erstrahlenden Dolomiten-Königin Marmolada kann für passionierte Fotografen zur Zeitfrage werden, denn hinter jeder Kuppe oder Kante warten neue Motive, ergeben sich neue Perspektiven. So auch am Rodellajoch, wo überraschend die gewaltige Felsburg der Sella auftaucht und den Blick in den ungeheuren Cañon des Val Lastiès freigibt, die später den Anstieg zur trostlosen Öde der Sella-Hochfläche vermitteln wird. Doch zunächst erlebt man Hektik und Unrast im Bereich des von sommerlichem Getriebe erfüllten Sellajochs. Dort laden auch mehrere Unterkünfte zur Einkehr, bevor wir uns dem nächsten, vielleicht noch großartigeren Höhenwegabschnitt zuwenden.

Die geballte Felsenwucht der das Val Lastiès flankierenden Wände begleitet uns auf dem langen Anstieg zu den weiten Geröllfeldern und kahlen Karrenplatten der Sella-Hochfläche. Eine andere Welt, eine „Mondlandschaft", in der alles Grün, alles Liebliche, Versöhnliche fehlt! Im Bereich des Zwischenkofels kreuzen wir die vielbegangene Alta Via N. 2. Hier präsentiert sich auch eines der klassischen, berühmt gewordenen Dolomitenbilder, der Tiefblick in die schaurige Gruft des Val de Mesdi mit dem kühnen Dent de Mesdi zur Linken!

Einen wirklichen Höhepunkt der Wanderung bringt die nun folgende Besteigung des Piz Boè, 3152 m, der höchsten Erhebung des Sellamassivs. Von seinem Scheitel entfaltet sich eines der ausgedehntesten Bergpanoramen der Ostalpen, das von den Zentralalpen im Norden, von Adamello und Brenta im Westen über die mächtige Marmolada im Süden bis zu den Karnischen Alpen

△ Die vergletscherte Nordseite der Marmolada von der Bergschulter Col de Stagn (Sellagruppe).

▷ Unter den Südwänden des Piz Ciavazes (Sella) führt die Höhenroute in das Val Lastiès.

im Osten reicht. Der Abstieg zum Campolungosattel bietet bei guten Wetter- und Schneeverhältnissen keine Probleme. Etliche Aussichtspunkte laden da zur Rast ein, etwa der Col de Stagn mit der Ruine des alten Vallonhauses oder die durch eine Seilbahn verunstaltete Bergschulter Crep de Mont.
Genußreich ist die Wanderung vom Campolungosattel zur aussichtsreichen, skiruhmbeladenen Wiesenkuppe der Pralongia. Ein wunderbarer Weg leitet uns durch diese gemäßigte, mittelgebirgsartige Landschaft, die in starkem Gegensatz zur felsgewaltigen Sellagruppe steht. Vom prächtig gelegenen, komfortablen Berghaus Pralongia gelangen wir in überraschend abwechslungsreicher Wanderung zum Valparola- und Falzaregopaß. Vor allem die märchenhaft schöne Gegend des „Fondo di Valparola" – Tummelplatz zahlreicher Gemsen und Murmeltiere – sei hier erwähnt. Diese von malerischen Lärchen- und Zirbenbeständen durchsetzte Mulde an der Nordseite des Settsass ist ein Geheimtip für Genießer und Träumer. Sie können hier, den Felsmassiven der Fanesgruppe gegenüber, wahrhaft beschauliche, unvergeßliche Stunden erleben!
Ein anstrengender 600-Meter-Anstieg bringt zu dem am Kleinen Lagazuoi stehenden Schutzhaus. Bequeme können diesen Stützpunkt auch per Seilbahn erreichen. An den bizarren Türmen der Fanisgruppe vorbei führt der Höhenweg über die Forcella Bòis in die Südseite der Tofanen hinein. Begleitet von einer faszinierenden Fernschau zu den Ampezzaner und Zoldiner Dolomiten, wandert man dort direkt unter der imposanten Südwand der Tofana di Ròzes entlang. Schließlich gelangt man über den kurzen, gesicherten „Sentiero Astaldi" zu dem auf freier Schulter über Cortina gelegenen Rifugio Pomedes. Eine weitere Glanzstrecke der Dolomiten-Transversale liegt hinter uns!
Durch den Abstieg nach Cortina erfährt die Höhenwanderung eine kurze Unterbrechung. Aber bereits an dem auch mit Sesselbahn erreichbaren Rifugio Miètres beginnt das Abenteuer von neuem. Über einen kühn angelegten, bei Nässe sogar gefährlichen Serpentinensteig kommen wir zur Zumèles-

9

△ Blick vom Gipfel des Kleinen Lagazuoi nach Nordwesten gegen den mächtigen Gebirgsstock der Conturines.

◁ Die Kapelle am Gipfel der Pralongia. Links hinter ihr der felsige Settsass.

◁◁ Die erhabene „Königin Marmolada" von Nordosten, vom Gipfel des Kleinen Lagazuoi, betrachtet. Davor der im Dolomitenkrieg 1915—18 hartumkämpfte Col di Lana.

scharte im Pomagagnonkamm, wahrhaftig ein „Tor zum Paradies"! Da ist einerseits der atemberaubende Rück- und Tiefblick gegen Cortina. Doch man übersieht ihn fast, gegenüber der sich schlagartig vor uns aufwölbenden Mauer des Cristallomassivs – im strukturierenden Abendlicht ein Anblick, der auch verwöhnte Weitwanderer in Bewunderung versetzt.

Trotz Seilbahn zur Forcella Staunies ist man am Rifugio Somforca abends meist allein. Man vergißt nicht so bald die wunderbaren Sonnenuntergänge in dieser erhabenen Gebirgseinsamkeit: hier Sorapis, dort Pelmo, Civetta, Pala, Marmolada, Tofana – ein sich in nächtliches Dunkel hüllendes eindrucksvolles Hochgebirgspanorama!

Über Tre-Croci-Paß und Misurina gelangen wir in das Reich der Cadinigruppe. Durch dieses wild zerklüftete Felsengebiet leitet der prachtvolle, teilweise gesicherte Bonacossaweg hindurch. So nähern wir uns der grandiosen Trias der Drei Zinnen. Ihr Ruhm zieht gewaltige Scharen schaulustiger motorisierter Naturfreunde an. Der in mehreren Etagen angelegte Großparkplatz bei der Auronzohütte konfrontiert mit der immer bedrohlichere Formen annehmenden Übererschließung unserer Bergwelt. Doch am Abend kann man auch an dieser sonst überlaufenen Hütte einziger Gast sein. An ihr beginnt der letzte große Abschnitt von Höhenroute 9, die Durchquerung der Sextener Dolomiten.

Am Paternsattel und dem Pian di Cengia vorbei geht es dem massigen Zwölferkofel entgegen. Unter seiner langgestreckten Südwand leiten rote Markierungszeichen zur Forcella dell'Agnello, wo auch die kleine Wellblech-Biwakhütte „De Toni" steht. Am folgenden Übergang wird ein wild-einsamer Bergwinkel im Südosten des Zwölferkofelmassivs durchstreift. Er bringt uns durch das obere Val Gravasecca – eines der unzugänglichsten Dolomitentäler – und über die Forcella Maria zu der von Sextener Urlaubsgästen stark frequentierten Carduccihütte. Die nun folgende, weit über das Dolomitenland hinaus bekannte „Strada degli Alpini" ist absoluter landschaftlicher wie touristischer Höhepunkt der Alta Via N. 9. Sie führt durch die West- und Nordabstürze des Elferkofels zur Bertihütte, wobei entlang horizontaler Bänder vielfach senkrechte Wände gequert werden. Die Begehung dieser im Krieg 1915–18 von den Alpinisoldaten errichteten, gesicherten Anlage bereitet bei guten Verhältnissen keine allzu großen Probleme. In der Nordwand des Elferkofels halten sich aber oft den ganzen Sommer über Eis- und Schneereste. Sie steigern Schwierigkeit und Gefährlichkeit des Steiges erheblich, so daß weniger geübten Bergwanderern von einer Begehung abgeraten werden muß. Ihnen steht die Möglichkeit offen, über eine etwas umständliche, aber völlig unschwierige Variante nördlich um die

Sextener Rotwand herum ebenfalls zur Bertihütte zu gelangen. Die Begehung des „Alpiniweges" konfrontiert, stärker als bisher an der Transversale, mit urgewaltiger Hochgebirgslandschaft, mit Felsszenerien und Einblicke in Bergräume, die sonst nur Kletterern vorbehalten bleiben. Von unvergleichlicher Schönheit ist vor allem die lange Traversierung der Elferkofel-Westabstürze, ein begeisternder Höhengang über Bachern- und Fischleintal, den gigantischen Dolomit-Kolossen des Zwölfers, der Drei Zinnen, des Einserkofels und der Drei-Schuster-Spitze gegenüber. Ist nach der berüchtigten Querung der düsteren Elferkofel-Nordflanke schließlich die zwischen Sextener Rotwand und Elfer eingehauene Sentinellascharte erreicht, dann liegen alle Prüfsteine der Transversale hinter uns. Wenig später, am kleinen, recht gemütlichen Rifugio Berti, verlassen wir die landläufig bekannten Bezirke der Sextener Dolomiten. Zugleich nimmt hier ein zauberhafter, aber kaum bekannter Wanderweg seinen Anfang. Er führt unter den mächtigen Nordostwänden der Cima Bagni, der Cima d'Ambata und Croda di Tacco entlang, wobei eine Reihe von Scharten und Schultern überschritten werden müssen. Eine faszinierende Schau gegen die im Norden und Osten aufgereihten Höhen der Karnischen Hauptkette, mit den lieblichen Talgefilden des Comelico davor, begleitet uns. Bei der Casera Aiàrnola betreten wir die Waldregion. Die zahlreichen in ihrer Umgebung entspringenden Quellen speisen auch den malerisch im dichten Baumbestand gelegenen gleichnamigen See, an dem unsere Höhenroute vorbei gegen den Passo Zovo leitet. Die großartige Brentonigruppe vor Augen, erreichen wir durch das wiesenreiche Mittelgebirge des Col Caradies den durch seine prächtige Lage hoch über dem Piavetal berühmten Erholungsort Danta. Von ihm bringt ein steiler Weg hinunter in das Piavetal, nach Santo Stefano di Cadore, der Endstation von Hochroute Nr. 9.

△ Eine anspruchsvolle Variante zur Transversale führt durch das Massiv des Paternkofels. Sie gewährt imponierende Ausblicke zu den monumentalen Felsstöcken der Drei Zinnen.

▷ Die gegen das Comelico schauenden Ostabstürze der Sextener Dolomiten. Im Bild Zsigmondygrat und Elferkofel von der Casera di Coltrondo.

Zur Entstehung der Dolomiten-Transversale

Die im oberen Grasleitental (Rosengartengruppe) eindrucksvoll gelegene Grasleitenhütte ist der erste Stützpunkt an der Dolomiten-Höhenroute Nr. 9. Sie wird im Osten von den Massiven des Antermoia- und des Seekogels überragt.

Neben den durch das zentrale Dolomitengebiet führenden Nord-Süd-Routen Nr. 1, 2, 3, 4, 5 und 8 war ein querverlaufender West-Ost-Höhenweg schon immer im Gespräch gewesen. Die aus Belluno stammenden Höhenweg-Initiatoren Piero Rossi, Mario Brovelli und Toni Sanmarchi hatten die Bedeutung einer solchen Route erkannt, doch erwarteten sie sich von ihr keinen allzu großen wirtschaftlichen Erfolg. Im Sinne einer Belebung des Fremdenverkehrs für die Provinz Belluno waren die italienischen Höhenwegplaner vor allem an Zubringerwegen von Norden her interessiert. Weil ausländische Urlauber über eine solche Transversale nicht in den Zentralbereich der Provinz Belluno gelangen konnten, schien ihnen das Vorhaben vorerst nicht sonderlich bedeutsam.

Und doch war von Seiten neutraler Beobachter die Nachfrage nach einer verbindenden Transversale niemals verstummt. Denn durch einen solchen Höhenweg waren Kombinationsmöglichkeiten mit allen übrigen Routen gegeben, sie zu verlängern, zu variieren oder überhaupt Rundwanderwege anzulegen. Und noch ein weiterer Punkt sprach für eine West-Ost-Transversale: Die bisher geschaffenen Hochrouten hatten nicht alle glanzvollen Dolomitenreviere berührt. Ein querverlaufender Höhenweg ermöglichte die Einbeziehung auch solcher, bisher vernachlässigter Gebiete.

Nach Fertigstellung des letzten Belluneser Dolomiten-Höhenweges (Nummer 7 im Jahre 1976) waren vorab drei Großprojekte fällig: ein das Etsch- und Eisacktal östlich begleitender Weg (Nummer 8), die hier beschriebene West-Ost-Route („Transversale“) und ein westlich des Etschtales verlaufender Weitwanderweg (Nummer 10). Grundsätzliche Überlegungen für diese drei geplanten Höhenrouten reichen bereits in das Jahr 1973 zurück.

Eine echte Dolomiten-Transversale mußte jener von Natur klar vorgezeichneten Kammlinie folgen, die am westlich gelegenen Schlern ansetzt und von ihm in gerader Ostrichtung durch die Gebiete des Langkofels, der Sella, des Settsass sowie der Fanis- und Tofanagruppe gegen Cortina zieht. Dieser Kamm beschreibt um das verzweigte innere Boitetal, also um den Bereich der Berge von Fanes und Sennes, einen weit nach Norden ausholenden Bogen. Er führt später über die Cristallo- und Cadinigruppe in Richtung Sextener Dolomiten, die selbst bei Santo Stefano (Piavetal) ihr Ende finden. Die erwähnte große Nordschleife – sie hätte im Grunde eine Begehung teilweise schon geschaffener Höhenwege gebracht – konnte nur durch Traversierung des Beckens von Cortina abgekürzt werden. So war es möglich, einen rein west-ost-orientierten Weitwanderweg zu schaffen.

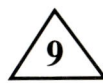

Die Sextener Dolomiten von Süden, vom Pian dei Buoi (Marmarole). Unter den Massiven der Drei Zinnen (links) und des Zwölferkofels (Mitte) führt die Transversale in das rechts gelegene Valle Giralba Alta.

Bis 1978 hatte ich den Verlauf der Dolomiten-Transversale in groben Zügen festgelegt. Während der nun beginnenden Geländearbeiten stellte sich als Hauptproblem immer mehr die Überschreitung der Sextener Dolomiten heraus. Besaß die Höhenroute bis zur Carduccihütte so gut wie keine schwierige Stelle, so fand sich im Gebiet der südöstlichen Sextener Dolomiten keine einfache Durchquerungsmöglichkeit. Drei Übergänge boten sich an: die berühmte „Strada degli Alpini", die kühne Eisenweg-Kombination „Via ferrata Gabriella-Roghel" sowie die schwierige Gebirgstraversierung über die Bivacci Battaglione Cadore und Gera zum Passo Zovo. Eine vierte Alternative, nämlich die Umwanderung der Massive des Elferkofels und der Sextener Rotwand im Norden, kam nur als unschwierige Variante in Betracht.

Wegen des nur relativ kurzen gesicherten Abschnitts im Bereich der Elferkofel-Nordflanke, den vergleichsweise geringen technischen Schwierigkeiten und den dennoch vorhandenen großen landschaftlichen Schönheiten, wurde schließlich als Hauptroute die vielbegangene „Strada degli Alpini" (Alpiniweg) über die Sentinellascharte gewählt.

1982 waren auch diese Erkundungen abgeschlossen. Im Sommer des darauffolgenden Jahres unternahm ich mit Gefährten die erste vollständige Begehung des neu geschaffenen Höhenweges.

Über die Dolomiten-Transversale gibt es noch kein Führerwerk. Ihre Aufnahme in die im Bergverlag Rudolf Rother erscheinende Höhenweg-Führerserie des Autors ist vorgesehen.

Aus den Anfangstagen von Höhenroute Nr. 9:

Eine Durchquerung der südöstlichen Sextener Dolomiten

Gemütlicher Abend an der Carduccihütte! Im Kreise von Klettersteigfreunden sitzen wir in der heimeligen Gaststube. Hauptgesprächsthemen und Vorhaben sind Strada degli Alpini, Cengia Gabriella und Via ferrata Roghel. Meinen Bruder und mich beschäftigt jedoch eine Sache, die von den Plänen der anderen hart abweicht. Es handelt sich um die Durchquerung der nur sehr wenig bekannten südöstlichen Sextener Dolomiten, die ich als würdigen Abschluß der Dolomiten-Transversale vorgesehen habe. Im italienischen Berti-Führer wird zwar eine durch die Bagni-Ambata-Gruppe zum Bivacco Gera führende Verbindungsroute beschrieben, doch genügen mir diese Angaben nicht. Aber auch der Hüttenwart, der diese Traversierung vor Jahren gemacht haben will, kann nur berichten, daß es sich um ein sehr langes, schlecht bezeichnetes und auch technisch nicht ganz einfaches Unternehmen handelt.

Voll Spannung und Vorfreude beginnt der nächste Tag. Das erste Dämmerlicht sieht uns schon am Einstieg zur Via ferrata Gabriella. Rasch erreichen wir das wundervolle Gabriella-Band, das um die Südkante des Monte Giralba di Sotto herum in seine gegen das Valle di Stallata gerichteten Ostabstürze leitet. Dort steigen wir über steile Eisenleitern zu dem im Cadin di Stallata stehenden Bivacco Battaglione Cadore ab. Nach ausgiebiger Rast verlassen wir diesen herrlich gelegenen Biwakplatz und somit jene Gefilde, die nicht nur Klettersteigbegeher, sondern überhaupt Besucher der Sextener Dolomiten normalerweise durchstreifen.

Über einen Schuttkegel erreichen wir eine gutgegliederte Steilrampe. An ihr turnen wir dreihundert Höhenmeter hinauf zum großen Horizontalband in der lotrechten Westwand der Cima Bagni. Es ist schon die einzige Waagrechte, die man hier vorfindet. Sonst dominiert die haltlose Vertikale, der atemberaubende Tiefblick in das Valle Giralba und Valle di Stallata mit den wuchtigen Kulissen des Monte Giralba di Sotto und des Zwölfers darüber. Wir fühlen uns losgelöst, frei von aller Erdenschwere und verbringen eine kostbare Stunde in dieser erhabenen Felseinsamkeit.

Und dann das Band! Ein nicht enden wollendes, sich verschmälerndes Gesims in dieser ungeheuren Wandflucht, das uns vor bis an die Südkante des Berges bringt. Von den wenigen Kennern auch „Cengia Gabriella II" genannt, liegen seine landschaftlichen Schönheiten und technischen Schwierigkeiten jedenfalls über jenen des berühmten gesicherten Gegenübers am Monte Giralba. Ein unvergleichlicher Wandelgang über den Tälern von Stallata, Giralba und d'Ansiei!

Schon angesichts der weiten Geröllhänge des Cadin di Biso zeigt das Horizontalband plötzlich sein Janusgesicht. Wir erreichen eine wilde tiefe Schlucht mit zwei Unterbrechungsstellen – Passagen im dritten Schwierigkeitsgrad, deren Überwindung Technik und volle Aufmerksamkeit erfordert!

Konnten wir uns bisher an den zwar spärlichen, aber doch stets vorhandenen Markierungszeichen orientieren, so verlieren wir nun in den Blockhalden des Bisokares jede Spur. Wir wissen nur, daß der Übergang in das Val d'Ambata über die Forcella Pàola erfolgen soll. Welche von den zahlreichen Scharten im Ambata-Ligonto-Kamm aber damit gemeint ist, bleibt uns unklar. Ratlos studieren wir Führer und Karten, doch zu einer genauen Erkundung des Geländes fehlt uns jetzt schon die Zeit! Nach einigem Überlegen beschließen wir, das Unternehmen abzubrechen und den Abstieg durch das Val Bastioi gegen Valle Giralba zu versuchen, doch bereits nach dreihundert Höhenmetern stehen wir vor senkrechten Abbrüchen. Also zurück, wieder hinauf! Müde und etwas niedergeschlagen steigen wir an. Und da, fast schon in Höhe der vorhin verlassenen letzten Wegspur, ein Freudenschrei meines Bruders! Er hat die rote Markierungslinie wieder entdeckt. Sie weist quer über das Kar in Richtung Croda di Ligonto. Um unser Ziel, das Bivacco Gera, noch bei Tageslicht zu erreichen, ist allerdings jetzt höchste Eile geboten!

Wir queren hastig die grobblockigen Geröllhalden des Kares und erreichen durch verschiedene, zum Teil vereiste Steilrinnen die zwischen Croda di Ligonto und Cima d'Ambata eingelagerte Forcella Pàola. Ohne Rast geht es jenseits über endlose Schutthänge und durch eine Schlucht zu einem Steilabfall hinunter. Es dämmert bereits. Im Halbdunkel versuchen wir, die Schlucht nach links zu verlassen, vergeblich! Die Querung dürfte irgendwo tiefer ansetzen, doch für heute müssen wir uns geschlagen geben. Freibiwak! Mich ärgert nur, daß wir kaum eine Stunde vor unserem Ziel aufgeben müssen. Der umfangreichen Fotoausrüstung wegen habe ich keinen Schlafsack bei mir. Meinem Bruder geht es besser! Zusammengekauert in einem Biwaksack verbringen wir eine kalte, klare Bergnacht. Zum Ereignis wird da jedesmal das erste Morgengrauen, das man nirgendwo so herbeisehnt wie in solch freien Biwaknächten. Sobald es

Morgenstimmung über dem Comelico. Der Blick fällt vom Weiler Costa nach Südosten gegen die über dem Piavetal aufragende Brentonigruppe (Nördliche Karnische Alpen). Tief unter der Dunstschicht der Ort Santo Stefano di Cadore, Endstation der Dolomiten-Höhenroute Nr. 9.

die Sicht erlaubt, verlassen wir diesen „Kältepol". Im Nu haben wir die im oberen Val d'Ambata gelegene Gera-Biwakschachtel erreicht. Hier frühstücken wir ausgiebig und bringen uns mit heißen Getränken wieder in Schwung. Die großartige Felslandschaft rings um diesen selten besuchten Stützpunkt wäre einer genaueren Erkundung wert, doch uns drängt die Zeit! Begleitet von den im ersten Sonnenlicht erstrahlenden Marmarole steigen wir durch das prächtige Hochtal zwischen Croda di Tacco und Croda da Campo auf. Über die kurze, aber kühne Anlage der „Via ferrata Mazzetta" erreichen wir durch eine steile Wand die aussichtsreiche Forcella di Tacco. Dort werden die Anstiegsmühen durch den faszinierenden Tiefblick gegen das Comelico mit seinen zahlreichen Dörfern belohnt. Eine steile Felsflanke schießt hier in das weite Geröllkar Giao Giauzel hinab, das seinerseits gegen den lieblichen Wiesenboden um die Casera Aiàrnola ausläuft. Dieser etwas exponierte Steilabstieg fordert nochmals unsere volle Konzentration. Und wir begegnen auch Menschen! Ein nettes Triestiner Ehepaar, das über das Bivacco Gera nach Auronzo will und uns, vom Freibiwak Gezeichneten, auf einen Schluck Rotwein einlädt. Der weitere Abstieg bringt uns an der Casera Aiàrnola vorbei schließlich nach Padola, wo wir bei einem verdienten Mittagessen das Gelingen dieses lang gehegten Vorhabens feiern.

Es besteht kein Zweifel darüber, daß wir hier die ideale Weglinie durch die Hochregion der südöstlichen Sextener Dolomiten gefunden haben, ein Unternehmen, das dem berühmten Bocchetteweg in der Brenta um nichts nachsteht, ja ihn in mancher Hinsicht noch übertrifft. Wegen der Schwierigkeiten, den Anforderungen, die an Ausdauer, bergsteigerischem Können und Orientierungsvermögen gestellt werden, kommt dieser Übergang jedoch als Hauptroute für Höhenweg Nr. 9 nicht in Frage. Er bleibt eine Variante für gut trainierte, klettergewandte Bergsteiger.

9

Charakteristika

GROSSRAUM:
Westliche und östliche Dolomiten
AUSGANGSPUNKT:
Bozen, 266 m
ENDPUNKT:
Santo Stefano di Cadore, 907 m
WEGLÄNGE:
180 km
HORIZONTALDISTANZ BOZEN – SANTO STEFANO DI CADORE:
90 km
MITTLERE BEGEHUNGSDAUER:
14 Tage
MITTLERE (MAXIMALE) ETAPPENLÄNGE:
2 ¼ (4) Stunden
MITTLERE (GRÖSSTE) ANSTIEGSHÖHE PRO ETAPPE:
390 (1020) Meter
HÖCHSTER (TIEFSTER) PUNKT DER ROUTE:
3152 (266)Meter
MAXIMALE SCHWIERIGKEIT:
Kletterei im 2. Grad
ZAHL DER BERÜHRTEN GEBIRGSGRUPPEN:
11
ZAHL DER BEWIRTSCHAFTETEN (UNBEWIRTSCHAFTETEN) ETAPPENSTÜTZPUNKTE:
22 (2)
ZAHL DER BERÜHRTEN PÄSSE:
7 (inclusive Misurina)
BESTE BEGEHUNGSZEIT:
Anfang Juli bis Ende September
MITTLERE ÖFFNUNGSZEIT DER SCHUTZHÜTTEN:
1. Juli bis 30. September

BERÜHRTE GEBIRGSGRUPPEN: Rosengartengruppe, Schlern, Langkofelgruppe, Sellagruppe, Settsass mit Pralongia, Fanisgruppe, Tofanagruppe, Pomagagnon, Cristallogruppe, Cadini di Misurina, Sextener Dolomiten (Drei Zinnen, Paternkofelgruppe, Elfer- und Zwölferkofelgruppe, Massiv der Hochbrunner Schneide, Gruppe der C. Bagni – C. d'Ambata – Croda da Campo).

DIE WANDERUNG VON HÜTTE ZU HÜTTE: Bozen – Tiers (Weißlahnbad) – Grasleitenhütte – Tierser-Alpl-Hütte – Plattkofelhütte – Sellajoch⁺ – Boèhütte – Campolungosattel⁺ – Rif. Pralongia – Passo Valparola⁺ – Passo Falzarego^x – Rif. Lagazuoi – Rif. Pomedes – Cortina d'Ampezzo – Rif. Somforca – Passo Tre Croci⁺ – Misurina⁺ – Rif. Col de Varda – Rif. Fonda Savio – Auronzohütte – Biv. De Toni – Carduccihütte – Rif. Berti – Biv. Piovan – Passo Zovo⁺ – Danta – Santo Stefano di Cadore.

BEGEHUNG DER TRANSVERSALE IN GRÖSSEREN TEILSTRECKEN: Bozen – Sellajoch (3–4 Tage), Sellajoch – Passo Falzarego (3 Tage), Passo Falzarego – Cortina d'Ampezzo (1–2 Tage), Cortina d'Ampezzo – Misurina (1–2 Tage), Misurina – Santo Stefano di Cadore (5–6 Tage).

Das malerisch gelegene Bergdorf Danta di Cadore. Im Südosten, jenseits des Piavetales, die Terzagruppe bei Sappada (Pesariner Dolomiten).

Die reizende Bergkapelle am Sellajoch, überragt vom kolossalen Stock des Langkofelecks.

MÖGLICHE GIPFELBESTEIGUNGEN: Nordwestlicher Molignon, Mittlere Grasleitenspitze, Nordöstliche Grasleitenspitze, Kesselkogel, Kl. Valbonkogel, Großer Valbonkogel, Roterdspitze, Großer Roßzahn, Nordwestlicher Molignon, La Palaccia, Plattkofel, Col Rodella, Cima Pisciadù, Zwischenkofel, Piz Boè, Monte Cherz, Pralongia, Stuères, Settsass, C. di Sief, Col di Lana, M. Castello, Piz Ciampai, Sasso di Stria, Punta Gallina, M. Averau, M. Nuvolau, M. Lagazuoi Piccolo, M. Lagazuoi Sud, M. Lagazuoi Nord, C. Fanis Sud, C. Falzarego, C. Bòis, Tofana di Ròzes, Tofana di Mezzo, Tofana di Dentro, Col Drusciè, Pala Peròsego, M. Cristallo, Cristallino d'Ampezzo, Piz Popena, Cresta Bianca, M. Popena, Corno d'Angolo, C. Cadin di Misurina, C. Cadin della Neve, C. Cadin di Nevaio, C. Cadin Nord-Ovest, C. Cadin Nord-Est, C. Cadin di San Lucano, C. Eötvös, C. Cadin di Rinbianco, M. Campedelle, Drei Zinnen, Paternkofel, Paßportenkopf, M. Cengia, Sandebühel, Zwölferkofel, C. d'Auronzo, Punta dell'Agnello, Punta Maria, C. Pezzios, Hochleist, Hochbrunner Schneide, Elferkofel, M. Giralba di Sopra, Sextener Rotwand, Sasso di Selvapiana, Rocca di Campo, Croda di Tacco, C. di Padola, Croda da Campo, Corno Ciapelei, M. Aiàrnola, M. Zovo, Col Caradies.

BEURTEILUNG DER HÖHENROUTE: Einzige West-Ost-Transversale der Zentraldolomiten. Führt fast ausschließlich durch gut erschlossene, stark besuchte Berggebiete. Neben den Wegen Nr. 1, 2 und 8 einfachste Dolomiten-Höhenroute mit kurzen Etappen (zahlreiche Stützpunkte) und – von einer Teilstrecke abgesehen – geringen technischen Schwierigkeiten. Landschaftlich besonders eindrucksvolles, glanzvolles Unternehmen, einer der herrlichsten Weitwanderwege der Südalpen! Seine Begehung in umgekehrter Richtung ist anstrengender und weniger lohnend.

SCHWIERIGKEITEN: Auf der Hauptroute bewegen sich diese etwa auf einer Ebene mit den Wegen Nr. 1, 2 und 8. Allerdings kommen an der Transversale überhaupt nur an einer einzigen Etappe, am berühmten „Alpiniweg", Kletterstellen vor. Bei günstigen Verhältnissen liegen dort die klettertechnischen Schwierigkeiten im 1. Grad. Bedingt durch die häufige Vereisung der Elferkofel-Nordflanke trifft man jedoch meist auf Passagen im Grad II. Diese Teilstrecke kann durch eine völlig problemlose Variante umgangen werden. An verschiedenen Hängen, Rinnen und Schluchten ist im Frühsommer (Altschneereste) besondere Vorsicht geboten (Pickel und Steigeisen oft angenehm)!

ANFORDERUNGEN: Für eine Begehung der Hauptroute sind Trittsicherheit, Schwindelfreiheit und Kletterkenntnisse (Passagen im 2. Grad) erforderlich. Bei Umgehung der „Strada degli Alpini" keine klettertechnischen Schwierigkeiten! Wegen der zahlreich vorhandenen Stützpunkte besitzt die Transversale im Mittel nur sehr kurze Etappen, so daß relativ geringe Anforderungen an das Durchhaltevermögen gestellt werden. Die Bewältigung einer vier- bis fünfstündigen Wegstrecke darf keine Probleme bereiten!

HÖHENWEGFÜHRER: Über Route Nr. 9 gibt es zur Zeit weder ein deutschsprachiges noch ein italienisches Führerwerk. Die Herausgabe eines die Höhenwege Nr. 8 bis 10 umfassenden Führers, im Bergverlag Rudolf Rother, ist geplant.

WANDERFÜHRER (FÜR EINFACHE GIPFELBESTEIGUNGEN): Reihe der „Kleinen Führer" des Bergverlages Rudolf Rother über die Gebiete Grödner Tal, Rosengartengruppe, Marmolada und Fassaner Dolomiten, Ampezzaner und Sextener Dolomiten.

KARTEN: Kompaß-Wanderkarte 1 : 50 000, Blätter 55, 58, 59. Freytag & Berndt-Wanderkarte 1 : 50 000, Blätter S 1, S 5, S 10 (östlichster Höhenwegbereich nicht enthalten!). Tabacco-Wanderkarte 1 : 50 000, Blätter 1, 2, 3. Carta d'Italia 1 : 50 000, Blätter „Bolzano", „Marmolada", „Cortina d'Ampezzo", „Dobbiaco", „Monte Cavallino", „Auronzo di Cadore".
Geografica-Wanderkarte 1 : 25 000, Blätter 1, 2, 6, 7 (östlicher Höhenwegbereich nicht enthalten!).

\+ Unterkünfte vorhanden
x keine Unterkünfte vorhanden

Wegübersicht

Abschnitt	Gebiet	Ausgangspunkt Zielpunkt	Gehzeit Std.	HU	Varianten
1	Schlern- und Rosengartengruppe	Bozen Tiers (Weißlahnbad)	Bus	—	
2	Schlern- und Rosengartengruppe	Tiers (Weißlahnbad) Grasleitenhütte	2½–3	— ↓ 960 ↑	↑ V 1
3	Schlern- und Rosengartengruppe	Grasleitenhütte Tierser-Alpl-Hütte	1½–1¾	160 ↓ 470 ↑	↓
4	Schlern-, Rosengarten- und Langkofelgruppe	Tierser-Alpl-Hütte Plattkofelhütte	1½–1¾	300 ↓ 160 ↑	
5	Langkofelgruppe	Plattkofelhütte Sellajoch	1½–1¾	210 ↓ 120 ↑	
6	Sellagruppe	Sellajoch Boèhütte	3–3½	280 ↓ 940 ↑	V 2
7	Sellagruppe	Boèhütte Campolungosattel	2½–3	1290 ↓ 280 ↑	
8	Settsass mit Pralongia	Campolungosattel Rif. Pralongia	1½	— ↓ 270 ↑	
9	Settsass mit Pralongia	Rif. Pralongia Passo Valparola	2¼–2½	200 ↓ 230 ↑	V 3
10	Fanisgruppe	Passo Valparola Rif. Lagazuoi	2¼–2½	90 ↓ 680 ↑	
11	Fanis- und Tofanagruppe	Rif. Lagazuoi Rif. Pomedes	2¼–2½	600 ↓ 130 ↑	
12	Tofanagruppe	Rif. Pomedes Cortina d'Ampezzo	1¾–2	1180 ↓ 100 ↑	

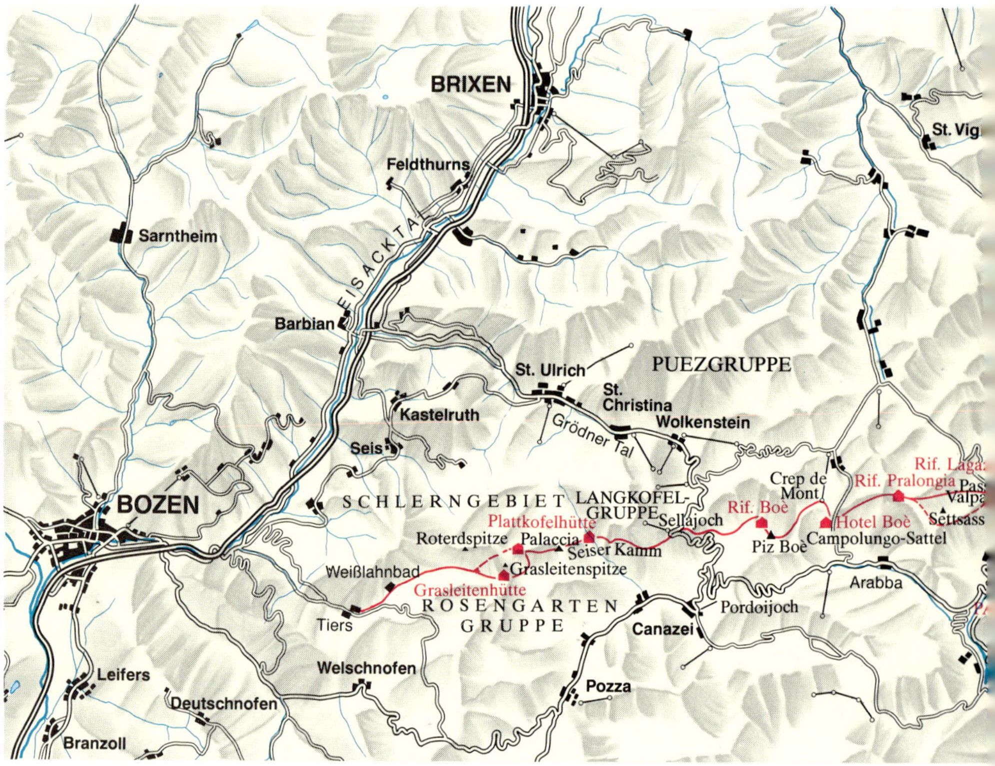

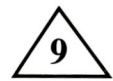

Abschnitt	Gebiet	Ausgangspunkt Zielpunkt	Gehzeit Std.	HU	Varianten
13	Pomagagnon- und Cristallogruppe	Cortina d'Ampezzo Rif. Somforca	3–3½	20 ↓ 1020 ↑	
14	Cristallogruppe und Cadini di Misurina	Rif. Somforca Rif. Col de Varda	3½–4	910 ↓ 810 ↑	
15	Cadini di Misurina	Rif. Col de Varda Rif. Fonda Savio	1¾–2	200 ↓ 460 ↑	
16	Cadini di Misurina	Rif. Fonda Savio Auronzohütte	2–2¼	390 ↓ 340 ↑	
17	Sextener Dolomiten	Auronzohütte Biv. De Toni	2½–3	330 ↓ 570 ↑	V 4
18	Sextener Dolomiten	Biv. De Toni Carduccihütte	1¾–2	440 ↓ 170 ↑	↑
19	Sextener Dolomiten	Carduccihütte Rif. Berti	3½–4	850 ↓ 500 ↑	V 5, V 6
20	Sextener Dolomiten	Rif. Berti Biv. Piovan	1¼–1½	140 ↓ 260 ↑	V 7
21	Sextener Dolomiten	Biv. Piovan Passo Zovo	2¾–3	950 ↓ 360 ↑	↓
22	Sextener Dolomiten	Passo Zovo Danta	¾–1	80 ↓ — ↑	
23	Sextener Dolomiten	Danta Santo Stefano	¾	490 ↓ — ↑	

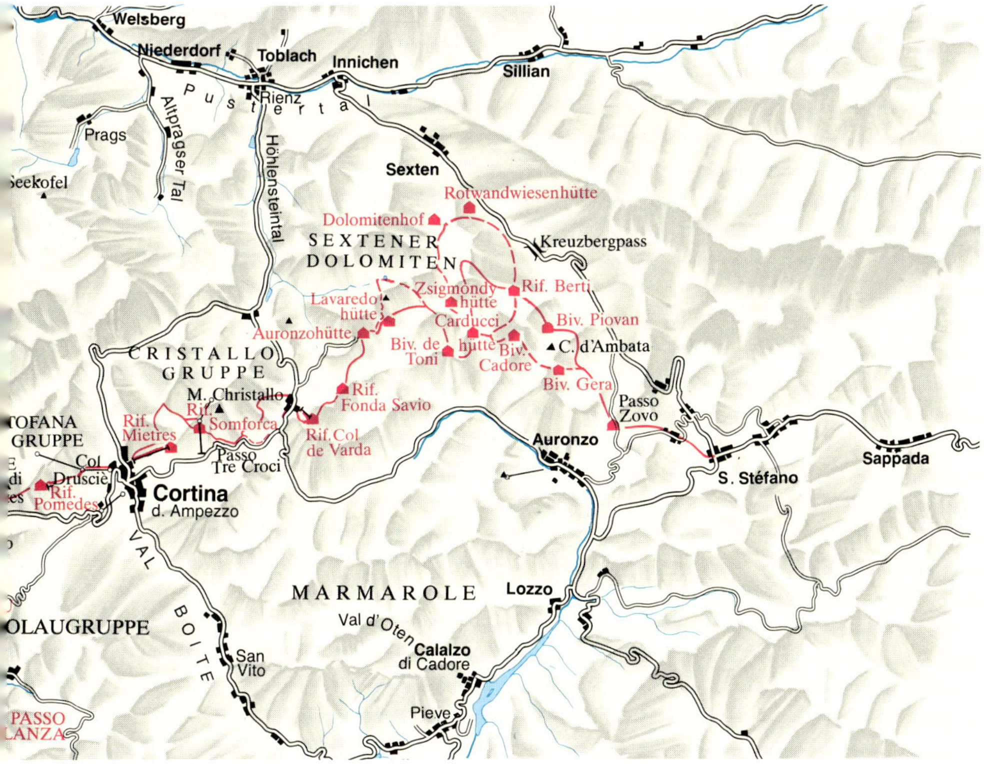

Von Bozen nach Santo Stefano

Auf der „Transversale“ quer durch die Dolomiten

Tourensteckbrief

Bozen, 266 m. Am Vereinigungspunkt von Etsch und Eisack, in einem gewaltigen Talbecken gelegen Hauptstadt der gleichnamigen Provinz. Politischer, wirtschaftlicher und verkehrsgeographischer Mittelpunkt Südtirols. Startplatz für die Dolomiten-Höhenwege Nr. 9 und 10. Zahlreiche Sehenswürdigkeiten. Hotels, Gasthöfe, Pensionen, Verkehrsämter, Banken, Ärzte, Apotheken sowie Läden aller Art. Anreise über die Brennerbahn oder die Brenner-Autobahn.	*Varianten*
A 1 Bozen – Tiers (Weißlahnbad) Auffahrt von Bozen mit Bus (mehrere Linien täglich) oder eigenem Kfz nach Tiers, St. Cyprian und Weißlahnbad, 16 km.	
Tiers, 1014 m. An der orographisch rechten Seite des inneren Tierser Tales gelegener, vielbesuchter Erholungsort. Zahlreiche Hotels, Gasthöfe und Pensionen. Eigentlicher Etappenstützpunkt ist die Fraktion und Hotelsiedlung Weißlahnbad (1173 m, Buszufahrt bis dorthin) am Eingang in das Tschamintal.	
A 2 Tiers (Weißlahnbad) – Grasleitenhütte *Wegverlauf, Gehzeiten:* Weißlahnbad – Tschamintal – Grasleitental – Grasleitenhütte, 2½–3 Std. *Anforderungen:* Herrlicher, wegen des zu bewältigenden Höhenunterschieds aber anstrengender Hüttenanstieg durch eines der schönsten Dolomitentäler. Würdiger Höhenweg-Beginn! Stets gut bezeichnete Wege bzw. Steige. *Höhenunterschiede:* 960 m ↑. *Gipfelbesteigungen:* Keine.	↑
Grasleitenhütte, 2134 m. CAI Bergamo, 32 Betten, 40 Lager; vom 15. Juni bis 30. September bewirtschaftet.	V 1
A 3 Grasleitenhütte – Tierser-Alpl-Hütte *Wegverlauf, Gehzeiten:* Grasleitenhütte – Grasleitenkessel – Südlicher Molignonpaß, 2604 m, 1–1¼ Std. – Nördlicher Molignonpaß, 2598 m – Tierser-Alpl-Hütte, 1½–1¾ Std. *Anforderungen:* Kurzer, unschwieriger Übergang durch die Hochregion der nördlichen Rosengartengruppe. Im Anstieg zum Südlichen Molignonpaß ist im Frühsommer an Hartschneeresten Vorsicht geboten (u.U. Pickel und Steigeisen erforderlich)! *Höhenunterschiede:* 160 m ↓, 470 m ↑. *Gipfelbesteigungen:* Nordwestlicher Molignon, 2781 m, Mittlere Grasleitenspitze, 2705 m, Nordöstliche Grasleitenspitze, 2698 m, Kesselkogel, 3004 m, Kleiner Valbonkogel, 2802 m, Großer Valbonkogel, 2824 m.	↓
Tierser-Alpl-Hütte, 2440 m. Privat, 60 Lager; geöffnet vom 15. Juni bis 5. Oktober.	
A 4 Tierser-Alpl-Hütte – Plattkofelhütte *Wegverlauf, Gehzeiten:* Tierser-Alpl-Hütte – Mahlknechtjoch, 2188 m, 25–30 Min. – Friedrich-August-Weg – Plattkofelhütte, 1½–1¾ Std. *Anforderungen:* Mit A 5 einer der bequemsten und zugleich aussichtsreichsten Übergänge in den Dolomiten, auf dem der begrünte Höhenrücken zwischen Schlern und Langkofel überschritten wird. Stets gut bezeichnete, breite Wege. *Höhenunterschiede:* 300 m ↓, 160 m ↑. *Gipfelbesteigungen:* Roterdspitze, 2655 m, Großer Roßzahn, 2653 m, Nordwestlicher Molignon, 2781 m, La Palaccia, 2351 m.	
Plattkofelhütte, 2301 m. Privat, 37 Lager; bewirtschaftet vom 20. Juni bis 10. Oktober.	
A 5 Plattkofelhütte – Sellajoch *Wegverlauf, Gehzeiten:* Plattkofelhütte – Friedrich-August-Weg – Friedrich-August-Hütte, 2298 m, 1–1¼ Std. – Forc. di Rodella, 2318 m – Grohmannhütte, 2222 m – Sellajoch, 1½–1¾ Std. *Anforderungen:* Mit A 4 einer der einfachsten und zugleich schönsten Höhenwege in den Dolomiten, der von der Plattkofelhütte unter den Südabstürzen des Langkofelmassivs entlang zum Sellajoch führt. Phantastische Landschaftsbilder. Stets gut bezeichnete, breite Wege. *Höhenunterschiede:* 210 m ↓, 120 m ↑. *Gipfelbesteigungen:* Plattkofel, 2958 m, Col Rodella, 2484 m.	
Sellajoch, 2213 m. Bedeutender Dolomitenpaß zwischen Langkofelstock im Westen und Sellagruppe im Osten. Über den Paß führt die vielbefahrene Große Dolomitenstraße. Mehrere Unterkünfte.	

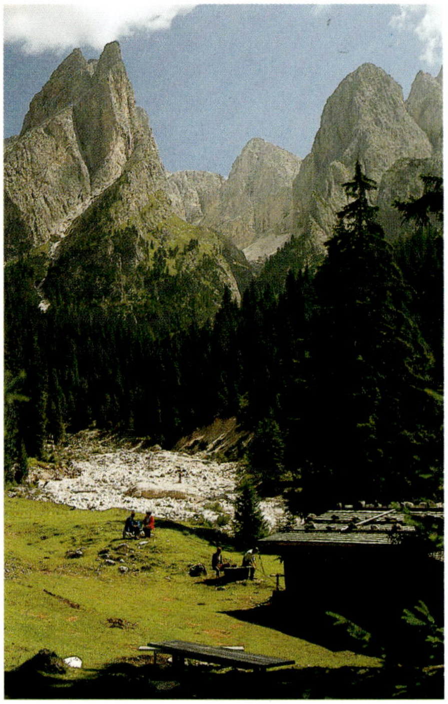

Im Tschamintal (Rosengarten).

Schlern- und Rosengartengruppe

Mit über tausend Meter hohen Wänden beherrscht der gewaltige Schlern weite Strecken des mittleren Etschtales. Das nach ihm benannte Dolomit-Gestein erreicht hier seine größte Mächtigkeit. Die nach fast allen Seiten gerichteten Abstürze tragen eine weite Gipfel-Hochfläche, aus der als bedeutendste Erhebungen Petz, Kranzer und Burgstall hervorragen. Zwei vom Zentralmassiv losgelöste, gegen die Talschulter von Völs-, Seis- und Kastelruth weisende Türme (Santner- und Euringerspitze) geben dem Berg sein charakteristisches Aussehen. Der Tiefblick vom Hochflächenrand („Burgstall“) über diese Türme hinweg zum grünen Mittelgebirge von Seis ist von einzigartigem Reiz!

Der Schlern besaß schon in vorgeschichtlicher Zeit Bedeutung als Brandopferstätte. Verschiedene Funde beweisen dies. Leichte Erreichbarkeit

und umfassende Rundschau machen ihn zu einem der beliebtesten und meistbestiegenen Berge der Südtiroler Dolomiten. Er wird durch ein südlich der höchsten Erhebung (Petz, 2563 m) stehendes Schutzhaus gut erschlossen.
Im starken Gegensatz zu dem durch seine Masse beeindruckenden Schlern entwickelt sich südlich des Tierser-Alpl-Jochs die in zahlreiche Stöcke und Türme aufgelöste Kette des Rosengartens. Wer kennt sie nicht, diese an klaren Abenden in märchenhafter Schönheit durch das Tierser Tal herableuchtende rote Mauer aus Dolomitgestein, das mythische Reich König Laurins! Die unter deutschsprachigen Urlaubern besonders beliebte Gruppe vereint so ziemlich alles, was man unter Dolomiten gewöhnlich versteht: wildes Felsgetürm, gewaltige Wände, tiefe Täler und Schluchten, prächtige Wälder und liebliche Wiesengebiete. Erweist sich der Rosengarten einerseits als Eldorado für den Kletterer, so kommt andererseits auch der Wanderer und Durchschnittsbergsteiger auf seine Rechnung. Die starke Aufspaltung der Gruppe in zahlreiche Kleinbezirke schafft nämlich ideale Voraussetzungen für abwechslungsreiche Übergänge.

Langkofelgruppe

Das Massiv des Langkofels zählt zu den populärsten Dolomitenbezirken. Es bildet nicht nur das vielbewunderte Wahrzeichen von Seiser Alm und Grödner Tal, sondern präsentiert sich überhaupt von allen Seiten als Aushängeschild großartiger dolomitischer Felsarchitektur.

△ Am Fassajoch. Im Westen, über den Wiesenflächen der Seiser Alm, die Roßzähne und das Massiv des Schlern.

▷ Sella, Marmolada und Langkofelstock vom Außerraschötz (Geislergruppe) betrachtet.

A 6 Sellajoch – Boèhütte *Wegverlauf, Gehzeiten:* Sellajoch – Große Dolomitenstraße – Val Lastiès – Zwischenkofel, 2908 m – Boèhütte, 3–3½ Std. *Anforderungen:* Unschwieriger Anstieg durch den großartigen Cañon des Val Lastiès zur Sella-Hochfläche. Wegen des zu bewältigenden Höhenunterschieds ziemlich anstrengend. Eindrucksvolle Felsszenerien! Bei schlechter Sicht (Nebel) abzuraten. *Höhenunterschiede:* 280 m ↓, 940 m ↑. *Gipfelbesteigungen:* C. Pisciadù, 2985 m, Zwischenkofel, 2908 m.	V 2
Boèhütte, 2873 m. CAI-SAT Trento, 60 Lager; bewirtschaftet vom 20. Juni bis 20. September.	
A 7 Boèhütte – Campolungosattel (Hotel Boè) *Wegverlauf, Gehzeiten:* Boèhütte – Piz Boè, 3152 m, ½–¾ Std. – Col de Stagn, 2519 m, 1½–1¾ Std. – Crep de Mont, 2198 m, 2–2¼ Std. – Campolungosattel (Hotel Boè), 2½–3 Std. *Anforderungen:* Prachtvoller hochalpiner Übergang, auf dem die höchste Erhebung der Sellagruppe, der Piz Boè, überschritten und anschließend 1300 Meter zum Campolungosattel abgestiegen wird. Unschwierig, jedoch im Frühsommer bei Altschneeresten u.U. gefährlich (Pickel und Steigeisen dann empfehlenswert). Bei Schlechtwetter, Nebel, Schneefall, Sturm usw. unbedingt abzuraten! *Höhenunterschiede:* 1290 m ↓, 280 ↑. *Gipfelbesteigungen:* Piz Boè, 3152 m.	
Campolungosattel, 1875 m. Langgestreckte Senke zwischen Sellagruppe im Westen und Settsass-Pralongia-Gebiet im Osten, zugleich Trennsattel zwischen den östlichen und westlichen Dolomiten. Verbindungsstraße zwischen Abtei- und Cordevoletal. Höhenwegstützpunkt ist das Hotel Boè fünfhundert Meter nördlich der Paßhöhe.	
A 8 Campolungosattel (Hotel Boè) – Rif. Pralongia *Wegverlauf, Gehzeiten:* Campolungosattel (Hotel Boè) – Incisajoch, 1938 m, 1 Std. – Rif. Pralongia, 1½ Std. *Anforderungen:* Unschwierige Mittelgebirgswanderung zu der am Gipfel der Pralongia stehenden Schutzhütte. *Höhenunterschiede:* 270 m ↑. *Gipfelbesteigungen:* M. Cherz, 2094 m, Pralongia, 2138 m.	
Rifugio Pralongia, 2138 m. Privat, 28 Betten, vom 20. Juni bis 30. September bewirtschaftet.	
A 9 Rif. Pralongia – Passo Valparola *Wegverlauf, Gehzeiten:* Rif. Pralongia – Forc. delle Pizzade, ca. 2200 m, ¾–1 Std. – Fondo di Valparola – Passo Valparola, 2¼–2½ Std. *Anforderungen:* Einfache, landschaftlich überraschend schöne und abwechslungsreiche Strecke an der Nordseite des Settsass entlang. Gut bezeichneter Weg. *Höhenunterschiede:* 200 m ↓, 230 m ↑. *Gipfelbesteigungen:* Stuères, 2181 m, Settsass, 2571 m, C. di Sief, 2424 m, Col di Lana, 2452 m, M. Castello, 2371 m, Piz Ciampai, 2290 m, Sasso di Stria, 2477 m.	V 3
Passo Valparola, 2168 m. Bedeutende Senke zwischen Settsass im Westen und Fanisgruppe (Kleiner Lagazuoi) im Osten. Straße aus dem Abteital zum Falzaregopaß. Schutzhaus.	
A 10 Passo Valparola – Rif. Lagazuoi *Wegverlauf, Gehzeiten:* Passo Valparola – Passo Valparola Alta, 2197 m – Passo Falzarego, 2105 m, ½ Std. – Rif. Lagazuoi, 2¼–2½ Std. *Anforderungen:* Bis zum Passo Falzarego kurze Straßenwanderung, von dort Steilanstieg zu der am M. Lagazuoi Piccolo stehenden, gleichnamigen Hütte. Das Haus kann vom Passo Falzarego auch mit Gondelbahn erreicht werden. *Höhenunterschiede:* 90 m ↓, 680 m ↑. *Gipfelbesteigungen:* Sassi di Stria, 2477 m, Punta Gallina, 2518 m, M. Averau, 2649 m, M. Nuvolau, 2574 m, M. Lagazuoi Piccolo, 2778 m.	
Rifugio Lagazuoi, 2752 m. Privat, 15 Betten, 22 Lager; vom 15. Juni bis zum 1. Sonntag im Oktober geöffnet.	

Die imposanten Südwände des Piz Ciavazes (Sellagruppe) über der Großen Dolomitenstraße.

Die kleine, zwischen Fassajoch im Westen und Sellajoch im Osten gelegene Gruppe hat die Form eines nach Nordwesten, gegen die Seiser Alm geöffneten Hufeisens. Hier reihen sich im engen Halbrund sechs absolut individuell geformte Berggestalten, unter denen der eigenartige, pultförmige Plattkofel, die schrägstehende Zinne des Zahnkofels, die zierliche, mehrfach getürmte Fünffingerspitze sowie die gigantische Mauer des Langkofels die auffallendsten sind.
Mit Ausnahme des Plattkofels sind alle übrigen Gipfel der Langkofelgruppe nur Kletterern zugänglich. Sie finden hier unzählige lohnende Aufgaben in allen Schwierigkeitsbereichen.

Sellagruppe

Zwischen Sellajoch und Campolungosattel ist ein Plateaugebirge von gewaltigen Dimensionen eingebettet, die Sella. Dieser breite Stock wird durch ein umlaufendes Geröllband (Raibler Schichten) in zwei Ebenen geteilt. Ist der Sockel aus kompaktem Schlerndolomit geformt, so läßt das obere Stockwerk an seiner reichen Bänderung den Hauptdolomit (Dachsteinkalk) erkennen. Merkwürdigerweise besteht die höchste Erhebung, der durch seine einzigartige Rundschau berühmte Piz Boè, 3152 m, aus aufgeschobenen jüngeren Schichten des Jura.
Von nur zwei ausgeprägteren Talsystemen durchdrungen, besitzt das Massiv ausgesprochenen burgartigen Charakter. Von landschaftlicher Seite sind nicht so sehr die oft gewaltigen Randmauern dieser Sella-Festung das Besondere als vielmehr die beklemmende Öde der Karrenhochfläche. Wer dieses lebensfeindliche, kahle Plateau entlang der Dolomiten-Transversale überquert, der wird die ersten Wiesen oberhalb des Campolungosattels freudig begrüßen!

A 11 Rif. Lagazuoi – Rif. Pomedes
Wegverlauf, Gehzeiten: Rif. Lagazuoi – Forc. Travenanzes, 2507 m, 20 Min. – Forc. Bòis, 2331 m, ¾ Std. – Vallon Tofana – Sentiero Astaldi – Rif. Pomedes, 2¼–2½ Std.
Anforderungen: Unschwierige Etappe. Am abschließenden, etwas exponierten „Sentiero Astaldi“ sind jedoch Trittsicherheit und Schwindelfreiheit erforderlich. Herrlicher, unter den grandiosen Südwänden der Tofanagruppe entlangführender Höhengang mit überwältigenden Fernblicken auf Ampezzaner und Zoldiner Dolomiten. Eine der glanzvollsten Teilstrecken der Transversale!
Höhenunterschiede: 600 m ↓, 130 m ↑.
Gipfelbesteigungen: M. Lagazuoi Piccolo, 2778 m, M. Lagazuoi Sud, 2835 m, M. Lagazuoi Nord, 2804 m, C. Fanis Sud, 2980 m, C. Falzarego, 2563 m, C. Bòis, 2559 m, Tofana di Ròzes, 3225 m, Tofana di Mezzo, 3244 m, Tofana di Dentro, 3238 m.

Rifugio Pomedes, 2280 m. Privat, 20 Betten, 8 Lager; vom 25. Juni bis 20. September bewirtschaftet.

A 12 Rif. Pomedes – Cortina d'Ampezzo
Wegverlauf, Gehzeiten: Rif. Pomedes – Rif. Duca d'Aosta, 2098 m, 15 Min. – Baita Piè Tofana, 1670 m, ¾–1 Std. – Col Drusciè, 1779 m, 1–1¼ Std. – Cortina d'Ampezzo, 1¾–2 Std.
Anforderungen: Langer, mit beträchtlichem Höhenverlust verbundener Abstieg in das Bekken von Cortina. Die Strecke kann bei Benützung der Tofana-Sesselbahn (Rif. Pomedes – Baita Piè Tofana) sowie der Tofana-Kabinenseilbahn (Col Drusciè – Cortina) erheblich verkürzt werden.
Höhenunterschiede: 1180 m ↓, 100 m ↑.
Gipfelbesteigungen: Col Drusciè, 1779 m.

Cortina d'Ampezzo, 1211 m. Im weiten Becken des oberen Boitetales gelegene Gebirgsstadt. Austragungsort der Olympischen Winterspiele 1956. Zahlreiche Hotels, Gasthöfe und Restaurants, ferner Banken, Reisebüros, Verkehrsamt, Apotheke sowie Läden aller Art. Busverkehr nach allen wichtigen Dolomitenorten und Städten Oberitaliens.

A 13 Cortina – Rif. Somforca
Wegverlauf, Gehzeiten: Cortina d'Ampezzo – Forc. Zumèles, 2072 m, 2¼–2¾ Std. – Passo Somforca, 2110 m, 2¾–3¼ Std. – Rif. Somforca, 3–3½ Std.
Anforderungen: Bis zur Forc. Zumèles leichter, aber mühsamer Steilanstieg, später bequeme Wanderung. Landschaftlich außerordentlich eindrucksvoll. Trittsicherheit erforderlich!
Höhenunterschiede: 20 m ↓, 1020 m ↑.
Gipfelbesteigungen: Pala Peròsego, 2230 m, M. Cristallo (C. Principale, 3221 m, C. di Mezzo, 3154 m) Cristallino d'Ampezzo, 3008 m, Piz Popena, 3152 m, Cresta Bianca, 2932 m.

Rif. Somforca, 2215 m. Privat, 25 Betten; vom 1. Juli bis 30. September geöffnet.

A 14 Rif. Somforca – Rif. Col de Varda
Wegverlauf, Gehzeiten: Rif. Somforca – Passo Tre Croci, 1805 m, 30–40 Min. – Sella di Rudavoi, 1954 m, 1½–2 Std. – Misurina, 1752 m, 2½–3 Std. – Rif. Col de Varda, 3½–4 Std.
Anforderungen: Etwas uneinheitlicher, aber unschwieriger und auch nicht übermäßig anstrengender Übergang aus der Cristallogruppe in das Reich der Cadini di Misurina.
Höhenunterschiede: 910 m ↓, 810 m ↑.
Gipfelbesteigungen: M. Cristallo (C. Principale, 3221 m, C. di Mezzo, 3154 m), Cristallino d'Ampezzo, 3008 m, Piz Popena, 3152 m, Cresta Bianca, 2932 m, M. Popena, 2224 m, Corno d'Angolo, 2430 m.

Rif. Col de Varda, 2115 m. Privat, 20 Betten, 10 Lager; bewirtschaftet vom 1. Juli bis 20. (25.) September.

A 15 Rif. Col de Varda – Rif. Fonda Savio
Wegverlauf, Gehzeiten: Rif. Col de Varda – Sentiero Alberto Bonacossa – Forc. Misurina, 2395 m, 30–40 Min. – Cadin della Neve – Forc. del Diavolo, ca. 2380 m, 1¼–1½ Std. – Rif. Fonda Savio, 1¾–2 Std.
Anforderungen: Erste Teilstrecke der Cadini-Durchquerung mit instruktiven Einblicken in das wilde Felslabyrinth dieser Gruppe. Stellenweise gesicherte, aber unschwierige Route. Trittsicherheit und Schwindelfreiheit erforderlich. Im Frühsommer (Schneereste) Pickel ratsam.
Höhenunterschiede: 200 m ↓, 460 m ↑.
Gipfelbesteigungen: C. Cadin di Misurina, 2674 m, C. Cadin della Neve, 2757 m, C. Cadin di Nevaio, 2680 m, C. Cadin Nord-Ovest, 2726 m.

Settsass mit Pralongia

Die gemäßigte Settsassgruppe stellt ein Bindeglied zwischen den östlichen und den westlichen Dolomiten, zwischen den Riffgebirgen der Fanisgruppe im Osten und der Sella im Westen dar. Der im Zentrum stehende Settsass – ein langer, getürmter Felsgrat mit schönen Südwänden und steilen, rinnenzerfurchten Nordflanken – entsendet nach Süden einen begrünten Kamm, der im berühmten „Blutberg“ Col di Lana kulminiert. Dieser Gipfel war im Dolomitenkrieg 1915–18 Schauplatz erbitterter Kämpfe und wurde am 18. April 1917 von den Italienern gesprengt. Er kann unter anderem von Pieve di Livinallongo über eine fünf Kilometer lange Straße erreicht werden und lohnt den Besuch mit begeisternd schöner Rundschau (am Gipfel Gedenkkapelle). Nordwestlich des Settsass erstreckt sich das ausgedehnte, wiesenreiche Mittelgebirge der Pralongia. Dieses hervorragend schöne Wandergebiet „zwischen den Bergen“ ist durch zahlreiche Liftanlagen für den Skilauf erschlossen worden. Auf den vielen möglichen Streifzügen hat man prächtige Ausblicke auf die umliegenden Dolomitenbezirke Sella, Puezgruppe, Fanesgruppe, Civetta und Marmolada.

Fanis- und Tofanagruppe

Der nord-süd-orientierte Felskamm der Fanisgruppe hat infolge seiner reichen Gliederung in prächtige Felsmassive und wuchtige Türme echt dolomitisches Gepräge. Das südlichste Bollwerk dieses Bezirks, der Kleine Lagazuoi, ist ein berühmter, im Dolomitenkrieg 1915–18 hart umkämpfter Berg. In seiner Südwand (Cengia Martini) standen sich italienische und österreichische Vorposten unmittelbar gegenüber. Zahlreiche Kriegsreste sowie das Vorhandensein eines interessanten

Stollens („Galleria del Lagazuoi", Begehung möglich) erinnern an die Ereignisse dieser Jahre.
Östlich der Fanisgruppe, und von ihr durch die Forcella Bòis getrennt, erhebt sich das gegen Val Boite hinausgerückte Massiv der Tofanen. Dieser dreigipfelige Felsstock stellt an Wucht und Geschlossenheit viele andere Dolomitengruppen in den Schatten. Vor allem die grandiose Südwand der Tofana di Ròzes bildet ein vielbewundertes Schaustück von der Falzaregostraße her.
Die drei Tofanen sind hervorragende Aussichtsberge. Sie können über leichte Führen auch von Durchschnittsbergsteigern erreicht werden. Besondere Erwähnung verdienen einige attraktive, gesicherte Steiganlagen (Via ferrata Lipella, Via ferrata Olivieri, Via ferrata Lamon). Die höchste Erhebung, die Tofana di Mezzo, 3244 m, wird von Cortina her durch die dreiteilige Gondelbahn „Freccio nel Cielo" erschlossen.

Cristallogruppe mit Pomagagnon

Dem gewaltigen Felsenreich des Cristallo kommt im Reigen der vielverzweigten Ampezzaner Dolomiten zentrale Bedeutung zu. Durch die Senke von Cimabanche („Im Gemärk") von den Pragser Dolomiten getrennt, entsendet dieses im Norden über Cortina aufragende Massiv mehrere ostwärts gerichtete Kämme, die sich später zu Dolomitengruppen mit klangvollen Namen entwickeln: Cadinigruppe, Sextener Dolomiten, Sorapis und Marmarole.

△ Zu den schönsten Abschnitten an der Dolomiten-Transversale zählt die lange Querung unter der Südwand der Tofana di Ròzes.

◁ Die charakteristischen Felskulissen des Pomagagnon nördlich über Cortina d'Ampezzo.

Rif. Fonda Savio, 2367 m. CAI Trieste, 24 Betten, 25 Lager; vom 15. Juni bis 30. September bewirtschaftet.	
A 16 Rif. Fonda Savio – Auronzohütte *Wegverlauf, Gehzeiten:* Rif. Fonda Savio – Sentiero Alberto Bonacossa – Forc. di Rinbianco, 2207 m, 20–30 Min. – Forc. Longères, 2235 m – Auronzohütte, 2–2¼ Std. *Anforderungen:* Prächtige, teilweise gesicherte Steiganlage (alter Kriegsweg). Auch Teilstück der Dolomiten-Höhenroute Nr. 4. Trittsicherheit und Schwindelfreiheit erforderlich! *Höhenunterschiede:* 390 m ↓, 340 m ↑. *Gipfelbesteigungen:* C. Cadin Nord-Est, 2788 m (Via ferrata Merlone-Ceria), C. Cadin di San Lucano, 2839 m, C. Eötvös, 2835 m, C. Cadin Nord-Ovest, 2726 m, C. Cadin di Rinbianco, 2402 m, M. Campedelle, 2346 m.	
Auronzohütte, 2330 m. CAI Auronzo, 60 Betten; bewirtschaftet vom 1. Juni bis 30. September.	
A 17 Auronzohütte – Biv. De Toni *Wegverlauf, Gehzeiten:* Auronzohütte – Paternsattel, 2454 m, ½ Std. – Pian di Cengia Basso – Sella di Monte Cengia, 2491 m – Zwölferscharte, 2524 m, 1¾–2 Std. – Biv. De Toni, 2½–3 Std. *Anforderungen:* Prächtiger Höhenweg an den Südseiten der Drei Zinnen, des Patern- und des Zwölferkofels entlang. Phantastische Felsszenerien! Unschwieriger, gut bezeichneter und nicht allzu langer Übergang. *Höhenunterschiede:* 330 m ↓, 570 m ↑. *Gipfelbesteigungen:* Drei Zinnen, 2973 m, 2999 m, 2857 m, Paternkofel, 2744 m, Paßportenkopf, 2719 m, M. Cengia, 2559 m, Sandebühel, 2607 m, Zwölferkofel, 3094 m, C. d'Auronzo, 2914 m, Punta dell'Agnello, 2736 m.	V 4
Biv. De Toni, 2564 m. CAI Padova, 9 Lager; unbewirtschaftete, aber ständig geöffnete Unterkunft.	
A 18 Biv. De Toni – Carduccihütte *Wegverlauf, Gehzeiten:* Biv. De Toni – Forc. Maria, 2351 m, 1¼–1½ Std. – Carduccihütte, 1¾–2 Std. *Anforderungen:* Selten begangener Verbindungsweg durch einen noch wenig bekannten Winkel der Sextener Dolomiten. Besonders wildes, ursprüngliches Bergland! Technisch problemlos, jedoch Trittsicherheit und Schwindelfreiheit unbedingt erforderlich. Im Frühsommer (Schneereste) Pickel und Steigeisen ratsam. *Höhenunterschiede:* 440 m ↓, 170 m ↑. *Gipfelbesteigungen:* C. d'Auronzo, 2914 m, Punta dell'Agnello, 2736 m, Punta Maria, 2659 m, C. Pezzios, 2445 m.	
Carduccihütte, 2297 m. CAI Cadorina (Auronzo), 34 Lager; vom 25. Juni bis 25. September bewirtschaftet.	
A 19 Carduccihütte – Rif. Berti *Wegverlauf, Gehzeiten:* Carduccihütte – Forc. Giralba, 2431 m, 20–25 Min. – Strada degli Alpini (Alpiniweg) – Passo della Sentinella, 2717 m, 2½–3 Std. – Rif. Berti, 3½–4 Std. *Anforderungen:* Überaus großartiger, hochalpiner Übergang. Anspruchsvollste Teilstrecke der Dolomiten-Transversale. Die Begehung des teilweise gesicherten, durch die West- und Nordwände des Elferkofels führenden „Alpiniweges" erfordert geübte Bergsteiger. Absolute Trittsicherheit, Schwindelfreiheit und Kletterkenntnisse (Passagen im 2. Schwierigkeitsgrad) sind nötig. Besondere Vorsicht ist bei Querung der oft den ganzen Sommer über vereisten Nordflanke des Elfers geboten (Pickel und Steigeisen empfehlenswert)! *Höhenunterschiede:* 850 m ↓, 500 m ↑. *Gipfelbesteigungen:* Hochleist, 2413 m, Hochbrunner Schneide, 3046 m, Elferkofel, 3092 m, M. Giralba di Sopra, 2995 m, Sextener Rotwand, 2965 m.	V 5 V 6 V 7
Rif. Berti, 1950 m. CAI Padova, 20 Betten, 28 Lager; vom 25. Juni bis 20. September bewirtschaftet.	
A 20 Rif. Berti – Biv. Piovan *Wegverlauf, Gehzeiten:* Rif. Berti – Forc. dei Camosci, 2102 m, ½–¾ Std. – Cadin dei Bagni – Biv. Piovan, 1¼–1½ Std. *Anforderungen:* Kurzer, nur wenig frequentierter Übergang unter den gewaltigen Ostabstürzen der C. Bagni entlang. Stets gut bezeichnete Steiganlage. *Höhenunterschiede:* 140 m ↓, 260 m ↑. *Gipfelbesteigungen:* Sasso di Selvapiana, 2128 m.	

Der Lago d'Atorno bei Misurina wird im Osten von den Türmen der Cadinigruppe überragt.

Ein prachtvolles Hochgebirgsbild bietet sich dem durch das Höhlensteintal anreisenden Besucher, wenn da in der Nähe des Dürrensees die bis in den Sommer hinein verschneite Nordflanke des Cristallo auftaucht. Aber auch die Südseite, eine gewaltige, kilometerbreite Mauer über dem Becken von Cortina, entzückt den Bewunderer vielgestaltiger Dolomitenwelt. Die Cristallogruppe mit ihren Hauptgipfeln Monte Cristallo, 3221 m, und Piz Popena, 3152 m, ist ein strenges hochalpines Felsgebiet. Hier kommen in erster Linie anspruchsvolle Kletterer auf ihre Rechnung. Dem weniger Geübten ermöglicht die Seilbahn zur Forcella Staunies ein problemloses Eindringen in die Hochregion der Gruppe.

Am südlich gelegenen Passo Somforca löst sich vom Cristallomassiv ein nach Nordwesten gerichteter, das Val Grande südlich flankierender Gratzug, der Pomagagnon. Seine herrlichen schräggebänderten Südwände bilden ein vielbewundertes Schaustück von Cortina. Die Pomagagnongruppe ist ein Kletterparadies mit zahlreichen prächtigen Führen in allen Schwierigkeitsbereichen. Dem Wanderer wird hier vergleichsweise wenig geboten.

Cadini di Misurina

Von den nördlich gelegenen Sextener Dolomiten durch die markante Forcella Longères getrennt, ist die kleinräumige Cadinigruppe, trotz ihrer wunderlichen Felsbildungen und ihrer Nähe zur vielbesuchten Paßwiege von Misurina, ein immer noch einsames, kaum bekanntes Berggebiet. Anziehungspunkt ist da nur die berühmte Via ferrata Merlone-Ceria auf die Cima Cadin Nord-Est – ein kühner Klettersteig, dessen Begehung allerdings Geübten vorbehalten bleibt.

Wie nur selten in den Dolomiten, herrscht hier eine überaus starke Zer-

Rif. Piovan, 2070 m. CAI Padova, 9 Lager; unbewirtschaftete, aber ständig geöffnete Unterkunft.	
A 21 Biv. Piovan – Passo Zovo *Wegverlauf, Gehzeiten:* Biv. Piovan – Selletta della Rocca di Campo, ca. 2220 m, 1–1¼ Std. – Giao Giauzel – Casera Aiàrnola, 1602 m, 1¾–2 Std. – Passo Zovo, 2¾–3 Std. *Anforderungen:* Fortsetzung der mit A 20 begonnenen, langen Querung des gegen das Comelico gerichteten Nordostabhangs der Sextener Dolomiten. Zahlreiche Gegenanstiege. Unschwieriger Übergang; wegen des teilweisen Fehlens von Wegtrassen und Markierung ist jedoch gutes Orientierungsvermögen erforderlich! *Höhenunterschiede:* 950 m ↓, 360 m ↑. *Gipfelbesteigungen:* Rocca di Campo, 2244 m, Croda di Tacco, 2612 m, C. di Padola, 2623 m, Croda da Campo, 2712 m, Corno Ciapelei, 2059 m, M. Aiàrnola, 2456 m, M. Zovo, 1711 m.	V 7 ↓
Passo Zovo (Passo Sant'Antonio), 1476 m. Wenig bedeutsame Einsattelung zwischen den südöstlichen Sextener Dolomiten und dem ihnen vorgelagerten Mittelgebirge des Col Caradies. Zufahrtsstraßen von Padola, Auronzo und Santo Stefano. Unterkunft.	
A 22 Passo Zovo – Danta *Wegverlauf, Gehzeiten:* Passo Zovo – Col Caradies – Forc. Zambei, 1437 m – Danta, ¾–1 Std. *Anforderungen:* Kurze, bequeme Wanderung. Prächtige Schau auf den Bergkranz des inneren Piavetales. *Höhenunterschiede:* 80 m ↓. *Gipfelbesteigungen:* Col Caradies, 1528 m.	
Danta di Cadore, 1398 m. Ungemein aussichtsreich und malerisch hoch über der Talgabel Val Piave/Val Padola gelegener Fremdenverkehrsort, das „Soglio des Comelico"! Zufahrtsstraßen von Padola, Auronzo und Santo Stefano. Mehrere Hotels, Gasthöfe und Pensionen.	
A 23 Danta – Santo Stefano *Wegverlauf, Gehzeiten:* Danta – Col dei Morti – Santo Stefano, ¾ Std. *Anforderungen:* Abschließende Etappe der Höhenroute Nr. 9. 500-Meter-Abstieg in das innere Piavetal. Schlecht bezeichneter, aber stets gut verfolgbarer Weg mit prächtigen Ausblicken zur Brentonigruppe (Nördliche Karnische Alpen). *Höhenunterschiede:* 490 m ↓. *Gipfelbesteigungen:* Keine.	
Santo Stefano di Cadore, 907 m. Am Zusammenfluß von Padola und Piave in einem weiten Talbecken gelegener Hauptort des Comelico. Pfarrkirche aus dem 17. Jahrhundert. Zahlreiche Hotels, Gasthöfe und Pensionen sowie Läden aller Art, Apotheke, Arzt, Bank (Geldwechsel), Verkehrsamt. Endstation der Dolomiten-Höhenroute Nr. 9. Rückreise mit Bus über Sexten, Innichen (ab hier auch Bahnverbindung), Bruneck und Brixen nach Bozen.	

Varianten	Variante zur Hauptroute
V 1 Weißlahnbad – Tierser-Alpl-Hütte *Wegverlauf:* Weißlahnbad – Tschamintal – Bärenloch – Tierser-Alpl-Hütte. *Anforderungen:* Direkter Zugangsweg aus dem Tschamintal zur Tierser-Alpl-Hütte. Der hochalpine Übergang über die Molignonpässe wird dabei ausgelassen. Kürzer, aber bei weitem nicht so eindrucksvoll wie die Hauptroute. Stark frequentiert. Trittsicherheit erforderlich! *Gehzeit:* 2¼–2¾ Std.	A 2/A 3
V 2 Sellajoch – Boèhütte *Wegverlauf:* Sellajoch – Pößneckersteig – Piz Gralba – Zwischenkofel – Boèhütte. *Anforderungen:* Eine der kühnsten und exponiertesten gesicherten Steiganlagen in den Dolomiten. Bedeutend lohnender, aber auch ungleich anspruchsvoller als die Hauptroute. Nur für wirklich trainierte, klettergewandte Bergsteiger. Trittsicherheit, Schwindelfreiheit, gehörige Armkraft sowie Kletterkenntnisse (Stellen im 2. Schwierigkeitsgrad) erforderlich! Bei Nässe, Vereisung oder schlechter Sicht gefährlich! *Gehzeit:* 4½–5 Std.	A 6
V 3 Rif. Pralongia – Passo Valparola *Wegverlauf:* Rif. Pralongia – Siefsattel – Passo Valparola. *Anforderungen:* Landschaftlich der Hauptroute nahezu gleichwertiger Übergang. Prächtige, sehr aussichtsreiche Wanderung südlich um den Settsass herum. Teilweise schlecht bezeichnet. *Gehzeit:* 2½ Std.	A 9

klüftung und Gliederung in zahlreiche Seitenkämme und isoliert stehende Kleinmassive vor. Die Gruppe erweckt dadurch den Eindruck einer gewissen Regellosigkeit. Gerade diese Besonderheit aber macht hier Wanderungen zu wahren Entdeckungsfahrten für Lichtbildner und Ästheten. Wer dieses merkwürdige Gebiet durchstreift, wird erstaunt sein über die sich immer neu darbietenden kulissenhaften Felsszenerien und die wunderbaren Ausblicke zu den umliegenden Dolomitenmassiven. In den „Cadini" kann der Wanderer wochenlang Entlegenes, Vernachlässigtes suchen … und finden!

Sextener Dolomiten

Drei Zinnen, Paternkofelgruppe, Elferkofel, Zwölferkofel, Hochbrunner Schneide, Gruppe der Cima Bagni, Cima d'Ambata, Croda da Campo

Die Sextener Dolomiten sind, was Abwechslungsreichtum und landschaftliche Vielfalt angeht, das faszinierendste Gebiet der „Bleichen Berge". Das beweisen die zahlreich vorhandenen Stützpunkte ebenso wie die hohen Besucherzahlen … und leider auch verschiedene Anzeichen rücksichtsloser Übererschließung.

Dieses Bergland an der Nordostecke der Dolomiten besitzt eine Reihe von Prunkstücken. Da ist die übermächtig zwischen Fischlein- und Innerfeldtal aufragende Drei-Schuster-Spitze, die Turmphalanx des Elfers, die Kathedrale des Zwölfers, der grandiose Felsbezirk um Hochbrunner Schneide und Cima Bagni oder gar die millionenfach bestaunte, in den Alpen ohne Gegenstück dastehende Schöpfung der Drei Zinnen. Sie sind absoluter Glanzpunkt der Sextener Dolomiten. Wer diese in seltener Einheit über dem Plateau der Langen Alpe unvermittelt aufragenden

V 4 Auronzohütte – Biv. De Toni *Wegverlauf:* Auronzohütte – Paternsattel – Gamsscharte (Paternkofel) – Schartenweg (Sentiero delle Forcelle) – Büllelejoch – Sella di Monte Cengia – Zwölferscharte – Biv. De Toni. *Anforderungen:* Landschaftlich hervorragend schöne Variante, auf welcher das Felsmassiv des Paternkofels durchwandert bzw. überschritten wird. In jedem Falle abwechslungsreicher und schöner, aber auch um einiges schwieriger als die Hauptroute. Trittsicherheit, Schwindelfreiheit, Armkraft sowie Kletterkönnen (Passagen im 2. Grad) erforderlich. Wunderbare Nahblicke zu den Drei Zinnen, aber auch auf Zwölferkofel, Elferkofel und Drei-Schuster-Spitze! *Gehzeit:* 4–4½ Std.	A 17
V 5 Carduccihütte – Rif. Berti *Wegverlauf:* Carduccihütte – Forc. Giralba – Zsigmondyhütte – Bacherntal – Talschlußhütte – Rotwandwiesenhütte – Rif. Berti. *Anforderungen:* Fühlt man sich den technischen Anforderungen des Alpiniweges nicht gewachsen oder lassen Schnee- und Wetterverhältnisse eine Begehung nicht ratsam erscheinen, so steht mit dieser Variante die Möglichkeit offen, ohne Schwierigkeiten zur Bertihütte zu gelangen. Der Übergang führt um das Massiv der Sextener Rotwand nördlich herum und ist mit einem Abstieg in das innere Fischleintal verbunden. Landschaftlich mit der Hauptroute nicht vergleichbar! Das Unternehmen kann durch Nächtigung an verschiedenen Stützpunkten auf mehrere Tage aufgeteilt werden. *Gehzeit:* 6½–7 Std.	A 19
V 6 Carduccihütte – Rif. Berti *Wegverlauf:* Carduccihütte – Via ferrata Cengia Gabriella – Forc. delle Guglie – Via ferrata Aldo Roghel – Rif. Berti. *Anforderungen:* Eine großartige Klettersteig–Kombination, die auf direkter Linie einen Übergang von der Caduccihütte zur Bertihütte ermöglicht. Phantastische Felsszenerien! Noch eindrucksvoller, aber auch länger, anstrengender und schwieriger als die Hauptroute. Nur für geübte Kletterer (äußerst exponierte Passagen, mehrere Stellen im 2. Schwierigkeitsgrad). *Gehzeit:* 5½–7 Std.	A 19
V 7 Carduccihütte – Passo Zovo *Wegverlauf:* Carduccihütte – Via ferrata Cengia Gabriella – Biv. Battaglione Cadore – Cadin di Biso – Forc. Pàola – Biv. Gera – Via ferrata Mazzetta – Forc. di Tacco – Casera Aiàrnola – Passo Zovo. *Anforderungen:* Schwierigste Variante von der Carduccihütte weg. Eine der anspruchsvollsten, aber auch großartigsten Überschreitungen in den Südalpen! Für geübte Bergsteiger mit entsprechender Klettererfahrung (zahlreiche Passagen im 2. Schwierigkeitsbereich, zwei Stellen im 3. Grad) die ideale, direkte Transversale. Derzeit sehr schlecht bezeichnete Route. Zwischen Biv. Battaglione Cadore und Biv. Gera keine Sicherungen! Nächtigungsmöglichkeit an den beiden Biwakschachteln. *Gehzeit:* 11½–13 Std.	A 19 – A 21

Felsgestalten zum ersten Mal erblickt, der steht fassungslos. Nicht zu glauben, daß ohne äußeren Eingriff, ohne menschliches Schönheitsempfinden, eine Trias von derart vollendeter Harmonie und Größe völlig natürlich entstanden sein soll! Neben diesen gewaltigen Recken vermag sich das nordöstlich gegenüber aufragende Paternkofelmassiv kaum zu behaupten. Und doch hat diese Gruppe auf kleinstem Raum alle Dolomitenpracht vereint. Einige interessante gesicherte Klettersteige – sie folgen großteils alten Kriegsanlagen – erschließen das Gebiet. Nahe dem Gipfel des Paternkofels fand der berühmte Bergführer und Hüttenwirt Sepp Innerkofler im Jahre 1915 den kriegsbedingten Tod.

An der Ostseite des Fischlein- und des Bacherntales stehen die gewaltigen Massive der Sextener Rotwand und des Elferkofels. Sie sind Hauptanziehungspunkte für die Urlaubsgäste von Sexten. Der um den Zackenkamm des Elferkofels herumführende „Alpiniweg" ist Teilstück der Transversale. Er gilt als einer der schönsten Klettersteige alten Stils in den Dolomiten.

Im Hintergrund des Bacherntales reckt sich der kühne, freistehende Obelisk des Zwölfers gegen den Himmel. Diese neben den Drei Zinnen edelste Berggestalt der Sextener Dolomiten ist allerdings nur geübten Kletterern zugänglich.

Durch die tiefe Kerbe der Forcella Giralba getrennt, entfaltet sich östlich des Zwölferkofels das mächtige Massiv der Hochbrunner Schneide (Monte Popera). An ihm ist nicht wilde Zerklüftung, sondern großartige Kompaktheit vorherrschend. Im gewissen Sinn ähnelt dieser festungsartige Bau, erinnern die weiten Kare und abweisenden Wände an die wuchtigen Strukturen des Sellastockes. Der Gipfel wird von der Zsigmondyhütte her relativ häufig bestiegen und vermittelt eine einzigartige Rundschau.

Südöstlich der Hochbrunner Schneide setzt sich der Hauptkamm der Sextener Dolomiten gegen den Zovopaß fort. Dieser Gebirgszug steht den landschaftlichen Schönheiten der übrigen Gruppe in keiner Weise nach, ist aber bedeutend weniger erschlossen und besucht als der Zentralbereich. Als markanteste Erhebungen sind hier Cima Bagni, Cima d'Ambata, Croda di Ligonto, Croda di Tacco und Croda da Campo zu nennen. All diese Höhen stürzen in hohen Wänden und Pfeilern gegen das Comelico, vor allem aber zu den Talschluchten des Val Giralba und Val d'Ansiei ab und bieten von Süden gesehen einen überwältigenden, urwelthaften Anblick. Hier gibt es noch keine bewirtschafteten Unterkünfte. Die Durchquerung dieses Berggebietes vom Rifugio Carducci über die Bivacchi Battaglioni Cadore und Gera zur Casera Aiàrnola und weiter zum Passo Zovo (Variante zur Transversale) ist außerordentlich anspruchsvoll und muß zu den gewaltigsten Fahrten gezählt werden, die Durchschnittsbergsteiger in den Südalpen unternehmen können!

Dolomiten-Höhenroute 10

JUDIKARIEN-HÖHENWEG

Von Bozen zum Gardasee

Dieser zuletzt konzipierte und erst in jüngster Zeit fertiggestellte Höhenweg verläuft außerhalb des Zentralbereichs der Dolomiten durch die Kalkberge im Westen des Etschtales. Er stellt damit ein westliches Gegenstück zu der die Karnischen Alpen traversierenden Alta Via N. 6 dar. Die Route nimmt in der am Vereinigungspunkt von Etsch und Eisack gelegenen Provinzhauptstadt Bozen ihren Anfang und endet – weiter als alle anderen Höhenwege gegen die Poebene vordringend – an den Ufern des durch sein ausgeglichenes mediterranes Klima und seine einzigartige Flora berühmten Gardasees.

Nummer 10 ist mit etwa 200 Wanderkilometern der längste Höhenweg. Auf ihm werden zwar nur drei, dafür aber sehr ausgedehnte Berggebiete durchquert. Es sind dies der zu den Nonsberger Alpen zählende Mendelkamm, die Brentagruppe sowie die den Gardasee westlich flankierenden Val-di-Ledro-Alpen. Die stark unterschiedlichen Landschaftscharaktere der deutlich voneinander abgesetzten Gruppen bewirken eine auffallende Dreiteilung der Höhenroute. Nach der einleitenden Überschreitung des mittelgebirgsartigen Mendelkammes – ein traumhaft schöner Höhenspaziergang zwischen Etsch- und Nontal – folgt als Höhepunkt die Durchquerung der Brentagruppe, dem vielleicht großartigsten dolomitischen Felsrevier der Alpen. Nicht auf anspruchsvollen gesicherten Anlagen in der Art eines „Sentiero delle Bocchette" wird dieser Bezirk durchstreift, sondern auf meist einfachen Wegen, die eine volle Konzentration auf die grandiose Bergnatur zulassen. Im touristischen Sinne ergibt sich jedoch in den weiter südlich gelegenen Val-di-Ledro-Alpen noch eine Steigerung! Hier werden Gebiete berührt, die zu den einsamsten und am wenigsten bekannten in den Ostalpen gehören und deren dichte unwegsame Laubwald- und Strauchwildnis an Verhältnisse in tropischen Regenurwäldern erinnern. Da diese Hohe Route von der Brenta weg stets parallel zu der Kalk- und Kristallingestein trennenden „Judikarienlinie" – benannt nach den Judikarientälern der Sarca und Chiesa – verläuft, wurde ihr der Beiname „Judicarien-Höhenweg" gegeben.

Trotz im Durchschnitt nicht allzu langer Etappen (zahlreiche Stützpunkte) und meist nur geringer technischer

Der bekannte Urlaubsort Riva am Nordende des Gardasees. Darüber der mächtige Monte Misone.

Die Roènalm (südlicher Mendelkamm) wird am Übergang vom Mendelpaß zur Überetscher Hütte berührt.

Schwierigkeiten gilt Höhenweg Nr. 10 doch als anspruchsvolles Unternehmen. Schuld daran sind einige entweder besonders lange oder durch Felsgelände (gesicherte Steiganlagen) führende Abschnitte. Sie heben die Route, was die gestellten Anforderungen betrifft, etwa auf eine Ebene mit den Nummern 3 und 4. Trittsicherheit, Schwindelfreiheit, Armkraft und Klettererfahrung (Passagen im 2. Schwierigkeitsgrad) sowie günstige Wetterverhältnisse sind für die Bewältigung dieser Teilstrecken unbedingt erforderlich, sofern man es nicht vorzieht, sie auf einfachen Varianten zu umgehen.

Eine kurze Busfahrt bringt von Bozen zum eigentlichen Ausgangspunkt, zu dem in einem ausgedehnten Obstbaugebiet gelegenen Ort Andrian. Nicht gerade zur heißen Mittagszeit, sondern eher an einem lauen Sommerabend wird man die Wanderung beginnen und an der hoch über dem Bozener Talbekken stehenden Ruine Hocheppan vorbei nach Perdonig ansteigen. Dieser in einer Wiesenmulde zu Füßen des mächtigen Gantkofels gelegene Weiler ist Startplatz zur Überschreitung des nördlichen Mendelkammes. Der anstrengende Steilanstieg zur dort eingelagerten Großen Scharte mag bei den noch wenig eingelaufenen Bergwanderern an den Kraftreserven rütteln, doch sind diese Mühen am später erreichten Gantkofel vergessen! Der einzigartige Tiefblick über senkrechte Felsabstürze in das 1500 Meter tiefer gelegene Etschtal läßt auch verwöhnte Gemüter erschauern. Ganz zu schweigen von dem umfassenden Panorama, das sich von dieser überragenden Warte bietet: Neben dem gewaltigen Heer der Dolomiten und den vergletscherten Urgesteinsbergen der Ötztaler Alpen, der Ortleralpen, sowie der Adamello- und Presanellagruppe, grüßen im Südwesten bereits die Kalkklötze der Brenta! Es folgt eine Mittelgebirgswanderung ohne irgendwelche Beschwernisse, ein Schlendern, Träumen, Schauen, wie es einem in den Alpen nur selten so ungetrübt zuteil wird. Entlang der Höhe des Mendelkammes werden dabei abwechselnd prächtige Bergwälder oder liebliche Wiesengebiete durchstreift. So nähert man sich dem Penegal, jenem berühmten, durch Straße und Hotel gut

Am Gipfel des Penegal (nördlicher Mendelkamm). Der Blick fällt nach Südosten gegen den Kalterer See und auf die Fleimstaler Alpen.

erschlossenen Aussichtsbalkon über den Etschtaler Weinorten Eppan und Kaltern. Von dieser vielbesuchten Höhe führt ein schöner Waldweg hinunter zu den noblen Gaststätten und Hotels am Mendelpaß. Dieser schon in vorgeschichtlicher Zeit benutzte Übergang zwischen Etsch- und Nontal ist ein beliebter Sommersitz der Bozener. Als besondere Attraktion ist die 1903 durch den österreichischen Kaiser Franz Joseph I. eröffnete Standseilbahn von Kaltern her zu nennen. Nur wenigen ist wahrscheinlich bekannt, daß man die Paßhöhe zwischen 1909 und 1933 auch aus dem Nontal (Dermulo) per Bahn erreichen konnte, deren Material später nach Äthiopien gelangte.

Noch länger und abwechslungsreicher als die Überschreitung des nördlichen Mendelkammes ist jene der Südhälfte. Zwar läßt der gegen den Monte Roèn ansteigende Waldrücken vorerst noch keine Ausblicke zu, doch ändert sich das an der Roènalm, spätestens jedoch im Bereich der Überetscher Hütte. Dieser auf einer Terrasse an der Ostflanke des Monte Roèn stehende Stützpunkt hat eine unvergleichliche Lage! Von ihm überschaut man wie aus einem Flugzeug die weite Furche des Etschtales mit dem berühmten Weinort Tramin, während sich darüber Dolomiten und Fleimstaler Alpen reihen.

Über einen nicht ganz einfachen und stellenweise ausgesetzten Klettersteig – seine Begehung bildet für geübte Bergsteiger sicherlich einen ersten touristischen Höhepunkt – gelangt man zum Gipfel des pultförmigen, in hohen Steilflanken gegen das Etschtal abfallenden Monte Roèn. Von dieser höchsten Erhebung des Mendelkammes läßt sich an klaren Tagen eine wundervolle, weitreichende Rundschau genießen. Allerdings wird dieses Glück im Hochsommer meist nur Frühaufstehern zuteil, denn später raubt die sich über dem Etschtal bildende Cumulibewölkung (Thermik!) jede Sicht. Wem übrigens der Roèn-Klettersteig zu anspruchsvoll erscheint, der kann ihn auf unschwieriger Variante über die Roènalm umgehen.

Prachtvoll, weil von atemberaubenden Tiefblicken in das Etschtal und ständiger Schau auf Ortler, Brenta und Dolomiten begleitet, ist die nun folgende

△ Die von deutschsprachigen Bergsteigern nur selten besuchte Pellerhütte in der nördlichen Brentagruppe.

◁ Wuchtige Felskolosse und schrägstehende Riesennadeln säumen den Weg zur Tucketthütte.

Überschreitung des teilweise bewaldeten Schönleitenkammes. Diese lange, wundervolle „Wanderung hoch über den Tälern“ wird bei herbstlicher Verfärbung zu einem unvergeßlichen Erlebnis! Erst der Abstieg durch die Wiesengebiete von Predàia nach Sfruz holt uns aus den Träumen und bringt uns wieder in Gegenden „kultivierter Natur“. Eine Busfahrt quer über das Nontal hinüber nach Cles beendet die Mendelkamm-Überschreitung und führt uns gleichzeitig zum Ausgangspunkt der zweiten Großetappe, der Durchquerung des Brenta-Gebirges.

Anspruchslos und etwas einförmig gibt sich der durch ausgedehnte Wald- und Almgebiete führende Zugang zum Rifugio Peller. Zu ihr verlaufen sich nur selten deutschsprachige Bergsteiger. Wie von einem Feldherrnhügel überschaut man dort die weite Talschaft von Nonsberg. Hier beginnt eine der längsten und großzügigsten Etappen des Höhenweges, die Durchquerung der wenig besuchten und erschlossenen nördlichen Brentakette. Gewiß kann dieser Bezirk nicht mit der kolossalen Zentralgruppe verglichen werden, doch entschädigen dafür Eigenart, Wildheit und Ursprünglichkeit der Bergnatur. Eine interessante Steiganlage, der „Sentiero delle Palete“, leitet an den gegen das Val di Tovel gerichteten Ostabstürzen der Gruppe entlang und vermittelt prächtige Einblicke in dieses unberührte Gebiet. Der seiner zahlreichen Gegenanstiege wegen außerordentlich anstrengende Übergang kann für weniger Ausdauernde zu einer harten Bewährungsprobe werden!

An dem durch eine Gondelbahn vom Passo Campo Carlo Magno her erschlossenen Grostèpaß haben wir den Nordrand der zentralen Brentagruppe erreicht. Der Höhenweg wechselt über in die Westseite. Eine überraschende Schau zu den majestätischen Urgesteinsriesen des Adamello und der Presanella tut sich auf! Unter den wuchtigen Felsquadern des Grostèmassivs entlang erreicht man das herrliche Fels- und Gletscherkar um die Tuckett-hütte. Hier würde man am liebsten länger verweilen, um all das Schöne zu genießen, ja zu bewundern. Doch es warten noch großartigere, gewaltigere Zie-

le! Am „Sentiero Bogani“ zum Beispiel, wenn plötzlich die gigantische, tausend Meter hohe Nordkante des Crozzon di Brenta auftaucht und man den von himmelstürmenden Wänden flankierten Kessel um die Brenteihütte betritt. Dieser Bergraum ist geradezu erfüllt von Pracht und Größe dolomitischer Felsenwucht!

Durch das von abweisenden Mauern flankierte Val Brenta Alta steigen wir, an der berühmten Steinsäule des Campanile Basso („Guglia“) vorbei, hinauf zur tiefen Kerbe der Bocca di Brenta. Sie gibt den Weg frei in die sonnendurchleuchtete Südseite der Gruppe. Zunächst wird das durch seine ungeheuren Dimensionen beeindruckende, abflußlose Kar der Pozza Tramontana im weiten Bogen ausgegangen. Dann führt die Route, von prächtiger Schau gegen die Kolosse der zentralen Brentagruppe begleitet, über die etwas abseits gelegene Forcolotta di Noghera in das Val d'Ambiez. Hier steht am Unterrand der Moräne des Ambiezgletschers, umgeben von den Trümmern des 1957 zerborstenen Torre Jandl, die kleine, einladende Agostinihütte. Aus diesem, durch seine Enge fast erdrückenden Felskessel leitet die kühne Anlage der Via ferrata Castiglioni über die hochgelegene Bocchetta dei Due Denti hinüber zum Rif. XII Apostoli. Dieser zwar nicht allzu schwierige, dafür aber enorm ausgesetzte Klettersteig darf nur von absolut trittsicheren, schwindelfreien und klettergewandten Bergsteigern angegangen werden. Weniger Geübte haben die Möglichkeit, auf unschwieriger Variante von der Brenteihütte über die Bocca di Camosci ebenfalls zur Apostelhütte zu gelangen. Welch ein Gegensatz zu den bisher berührten Räumen der Brenta! War es zuletzt die unerbittliche Vertikale, die beeindruckte, so betritt man im Gebiet des Rifugio Apostoli eine weitflächige Karren- und Moränenlandschaft, die den Blick ungehindert in die Ferne schweifen läßt.

Der folgende Abstieg durch das Val Nardis zum Passo Bregn de l'Ors (= Futtertrog des Bären) und weiter über den Mittelgebirgsrücken des Monte Tov nach Larzana und in das Val Giudicarie Superiore stellt den Ausklang der langen Brenta-Durchquerung dar. Er führt durch ein noch völlig unberührtes Gebiet, in dem eine intakte Flora und Fauna den für subtile Naturschönheiten empfänglichen Bergwanderer entzücken.

Ein anstrengender Steilanstieg über fast zweitausend Höhenmeter – er kann durch Nächtigung an den Malghe Stabio angenehm zweigeteilt werden – markiert den Beginn des letzten großen Höhenwegabschnitts, der Traversierung der Val-di-Ledro-Alpen. Einer langgezogenen Kammlinie folgend, beginnt an der Cima Pala ein Höhengang von seltener Großzügigkeit und Schönheit. Begleitet von einer wundervollen Sicht auf die vergletscherten Adamello-

◁ Die Gedenkkapelle neben dem Rifugio Brentei. Im Hintergrund des Val Brenta Alta gewahrt man Bocca di Brenta, Cima Brenta Bassa und Cima Margherita.

△ Das Rifugio Agostini im inneren Val d'Ambiez.

▷ An den senkrechten Eisenleitern der Via ferrata Castiglioni im Übergang zum Rifugio XII Apòstoli.

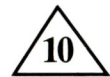

△ Der Gipfel des Dosso della Torta in den nördlichen Val-di-Ledro-Alpen. Links dahinter die Gletscher des Care Alto (Adamellogruppe).

◁ Vom Anstieg zu den Malghe Stabio (Gaverdina-Gebiet) hat man einen beeindruckenden Tiefblick in das Talbecken von Tione und auf Zuclo. Darüber die Höhen der Adamellogruppe.

berge wird eine stattliche Zahl aussichtsreicher Gipfel – Monte Rodola, Monte Gaverdina, Dosso della Torta, Tofino, Corno di Pichea – überschritten. Aus der Tiefe grüßen bereits Gardasee und Lago di Tenno, doch warten auf uns noch ein paar Tage reinsten Wandervergnügens!

Vorübergehend bringt der Abstieg in das wunderschöne Val di Ledro Berührung mit „Zivilisation" und Sommertourismus. Hier sollte man sich ein Bad in den warmen Fluten des Ledrosees nicht entgehen lassen! Aber schon bald danach, im Anstieg zur Bocca Casèt, umgibt uns wieder absolute Bergeinsamkeit. Vorbei an den häßlichen Hotel- und Liftbauten der für den Skilauf erschlossenen Tremalzo-Nordmulde erreichen wir das in aussichtsreicher Lage am Passo di Tremalzo stehende Rifugio Garda. In seiner Umgebung warten eine Reihe leicht erreichbarer, lohnender Gipfelziele.

Über eine alte Kriegsstraße nähern wir uns dem mächtigen Massiv des Monte Caplone. Einen ganz eigenartigen Reiz hat die Landschaft bei der Malga Ca dall'Era. Riesige Buchen stehen auf grünem Almboden malerisch verstreut. In der Nähe stürzt ein imposanter Wasserfall über eine senkrechte Felswand. Mit den von üppiger Vegetation überzogenen Felsklippen rundum eine urwelthafte Szenerie!

Nach Überschreitung des aussichtsreichen Monte Caplone wird das Landschaftsbild gemäßigter, voralpiner. Durch das von unzähligen Talsystemen durchfurchte Mittelgebirge des Val Vestino wandern wir, an den idyllischen Bergdörfern Magasa, Persone, Moerna und Capovalle vorbei, hinauf zum Passo Cavallino della Fobbia. Die folgende Teilstrecke führt durch den undurchdringlichen Strauch- und Waldschungel östlich des Monte Zingla und des Monte Spino. Wie am südlichen Höhenweg Nr. 6 werden hier Eindrükke vermittelt, die an Verhältnisse in tropischen Regenurwäldern erinnern. Mit dem am Passo di Spino gelegenen Rifugio Pirlo ist der letzte echte Bergsteigerstützpunkt an der Hochroute erreicht. Bei günstigen Wetterverhältnissen sollte man von hier eine Besteigung des nahen Monte Pizzoccolo versuchen. Die vielgerühmte Sicht von dieser den Gardasee himmelhoch überragenden Warte reicht bis zu den Walliser Alpen und über die Poebene hinweg zu den Ketten des Appennins.

Was noch folgt, ist der lange Abstieg zu den von sommerlicher Wärme und südlichem Duft durchdrungenen Gefilden des Gardasees. Ein erhebender Augenblick fürwahr, wenn kurz vor Tresnico seine weite Wasserfläche auftaucht und tief unter uns Ziel und Endstation der Gebirgsüberschreitung, der Badeort Gardone Riviera, sichtbar wird. Durch Oliven- und Zypressengärten, an prächtigen Villen vorbei, wandeln wir durch eine wahrhaft paradiesische Landschaft, bis später in Gardone nicht nur die Gestade des Gardasees, sondern auch das Ende der Dolomiten-Höhenroute Nr. 10 erreicht sind.

Entstehungsgeschichte

Das 1966 von dem Belluneser Arzt und Bergsteiger Dr. Mario Brovelli ausgearbeitete Höhenweg-Konzept enthält auch eine Route, die durch die Karnischen Alpen, also durch dolomitenfremdes Gebiet führt. Es handelt sich um den berühmten Höhenweg Nr. 6, den „Weg der Stille". Auch die später fertiggestellte Route Nr. 7 nimmt eine solche Sonderstellung ein. Die Zuteilung dieser beiden Wege zur Reihe der Dolomiten-Alte-Vie ist berechtigt, werden doch an ihnen mehrere aus Dolomitgestein geformte Berggruppen durchwandert, deren Landschaftscharakter dem des Zentralbereichs ebenbürtig ist.

Solche dolomitischen Randgebiete gibt es nun nicht nur im Osten des Piave, sondern ebenso westlich der Etsch oder südlich des Valsugana. Gerade die das Etschtal flankierenden Gebiete, jene der Mendel-, der Gardaseeberge, vor allem aber der felsgewaltigen Brenta, sie werden seit jeher zum Begriff Dolomiten gezählt. Erst die geologisch bedeutsame, noch weiter im Westen verlaufende „Judikarienlinie" trennt diese Kalkgebirge von den kristallinen Gruppen der Presanella und des Adamello.

Pietra Grande und Castelletto Inferiore (Brenta) von Süden betrachtet. Davor das Rifugio Tuckett.

Nachdem durch die Routen Nr. 1 bis 9 der zentrale Dolomitenbereich und sein östliches Randgebiet erfaßt war, konnte auch an einen westlich der Etsch verlaufenden Wanderweg gedacht werden. Pläne für eine solche Hochroute reichen bereits in das Jahr 1973 zurück. Mit den eigentlichen Geländearbeiten wurde allerdings erst 1978 begonnen. Ich hatte einen großzügigen Nord-Süd-Wanderweg im Sinn, der von Bozen bis an die oberitalienische Tiefebene, zu den südlichen Gefilden des Gardasees führen sollte. Die durch Täler voneinander getrennten Gebiete Mendelkamm, Brentagruppe und Gardaseeberge bewirkten zwangsläufig eine Dreiteilung der Höhenroute. Für die Durchwanderung des mittelgebirgsartigen Mendelkammes (Nonsberger Alpen) bot sich eine Überschreitung entlang der Kammhöhe geradezu an. Hier gab es gut markierte Wege und mit Ausnahme des vermeidbaren Roèn-Klettersteiges keine technischen Probleme.

Im Haupt- und Zentralgebiet der Route, der Brentagruppe, lagen die Dinge aber nicht mehr so einfach. Dort wurde zunächst an eine hochalpine Traversierung über die gesicherten Anlagen des Sentiero Costanzi (Nördliche Brentagruppe) und des berühmten Bocchetteweges gedacht. Abgesehen von den bedeutenden, über dem sonstigen Niveau des Hochweges liegenden technischen Schwierigkeiten, wäre eine gefahrlose Begehung dieser Klettersteige erst nach vollständiger Ausaperung des Geländes, also nicht vor Ende Juli, möglich gewesen. Hinzu kam, daß ein noch stärkerer Besuch der gesicherten Brentasteige nicht unbedingt wünschenswert war. So wurde eine Durchquerungsmöglichkeit dieses grandiosen Dolomitenbezirks auf bequemen Wanderwegen angestrebt und gefunden. Sie stellt nach Höhenweg-Kriterien – direkter Verlauf bei geringsten techni-

Üppige Vegetation und wilde Felslandschaften an den Südhängen des Monte Caplone.

schen Schwierigkeiten und größtmöglicher landschaftlicher Schönheit – eine Ideallösung dar.
Die größten Probleme ergaben sich jedoch in den noch weiter südlich gelegenen Gardaseebergen, im Bereich der Cadriagruppe (Nördliche Val-di-Ledro-Alpen). Als ich im Jahre 1982 daranging, eine Verbindungsroute aus dem Sarca- in das Ledrotal zu erkunden, erwies sich der Nordteil dieser Gruppe, das Gebiet um Monte Altissimo und Monte Gaverdina, als völlig vereinsamt und kaum je von Bergsteigern besucht. Die im Dolomitenkrieg 1915–18 hier errichteten Weganlagen waren verfallen, Markierungen gab es keine. Dank der Unterstützung und der Initiative des CAI-SAT Trento, insbesondere seiner Sektion Tione, wurden die alten Kriegswege am Kamm Cima Pala – Monte Altissimo – Monte Gaverdina in den Jahren 1984 und 85 markiert und mit einer eigenen Wegnummer versehen. Damit ist im Bereich der Nördlichen Val-di-Ledro-Alpen eine Kammüberschreitung möglich geworden, die an Großzügigkeit, Länge (10 Kilometer Horizontaldistanz) und landschaftlichem Reiz keinen Wunsch offen läßt und als ein Höhepunkt dieser herrlichen „Haute Route“ angesehen werden muß.
In den Südlichen Val-di-Ledro-Alpen (Caplonegruppe) zeigten sich Militärwege und Steiganlagen in recht gutem Zustand. Eine gründliche Markierung und Beschilderung dieses Höhenwegabschnittes steht jedoch noch aus.
Im Sommer 1984 unternahm ich mit verschiedenen Gefährten die erste vollständige Begehung des neu geschaffenen Weitwanderweges. Über die Dolomiten-Höhenroute Nr. 10 gibt es noch kein Führerwerk. Ihre Aufnahme in die im Bergverlag Rudolf Rother erscheinende Höhenweg-Führerserie des Autors ist vorgesehen.

Val di Ledro

Badefreuden, Pfahlbauten und seltene Pflanzen

Der 600 Meter westlich über dem Gardasee gelegene Lago di Ledro besitzt zwar nicht die wundervolle Anmut und südliche Note seines bekannten Nachbarn, hat aber Schönheiten parat, die in seiner Art einzigartig sind. Aufregend ist schon einmal die Anreise in das aus dem Gardasee-Becken extrem schwer zugängliche Ledrotal. Bei Riva abzweigend, führt die prachtvoll angelegte „Ponale-Straße" – kühner und schöner als die berühmte Westuferstraße „Gardesana" – mitten durch senkrechte Wände dorthin empor, so atemberaubend, daß mancher vor lauter Schaufreude Verkehrschaos, ja Unfälle heraufbeschwört!

Läßt dieser faszinierende Streckenabschnitt auch weiter oben ähnlich alpine Szenerien vermuten, so ist man dann nicht wenig überrascht, wenn nach endlosen Windungen und Kehren schließlich eine von begrünten Höhen flankierte, weite Talmulde auftaucht. Zwischen Molina und dem Fremdenverkehrszentrum Pieve di Ledro bedecken sie die stillen, tiefblauen Wasser des Ledrosees. Dieses in verträumte Wiesen und dunkle Wälder eingebettete alpine Kleinod hat sich in den letzten Jahren zu einer echten Gardasee-Alternative entwickelt, an der man neben unverbauten Ufern noch ruhige, erholsame Badestunden erleben kann. Hier hat auch der bei sommerlicher Hitze und Trockenheit nach Wasser dürstende Höhenwegbegeher die Möglichkeit einer Erfrischung im kühlen Naß.

Doch zurück zum Val di Ledro! Eigentlich handelt es sich um gar kein Tal im herkömmlichen Sinn, vielmehr um eine tief in die Val-di-Ledro-Alpen eingehauene Kerbe, um ein ost-west-verlaufendes „Hängetal", das, ohne eigentliche Paßhöhe, eine Verbindung zwischen dem Gardasee und dem Val Giudicarie Inferiore (Chiesatal) darstellt. Die Entstehung dieser Querfurche erscheint nach orographischen Gesichtspunkten zunächst kaum erklärbar. Und doch sind sich die Geologen darüber einig, daß es sich hier um das alte, mesozoische Flußbett der Sarca handelt. Dem heutigen Rendena- und Chiesatal (Judikarienlinie) folgend, aber durch den „Bondonedamm" blockiert, konnte der Fluß nicht gegen den Idrosee entwässern, sondern wurde durch die Ledroalpen ostwärts gegen das Gardasee-Becken gedrängt. Das Val di Ledro ist somit durch Erosion eines voreiszeitlichen Wasserlaufs entstanden. Die von den eiszeitlichen Gletschern zurückgelassenen Geschiebe- und Geröllmassen schufen später auch den gleichnamigen See. Dabei wurde das Ledrotal im Osten von der gewaltigen Moräne des Etschgletschers abgeriegelt. Durch Rückstau bildete sich eine fast zwölf Kilometer lange, bis zum heutigen Ampolasee reichende Wasserfläche. Lago d'Ampola und Lago di Ledro sind als Reste dieses viel größeren postglazialen Sees anzusehen. Durch Schürftätigkeit der Gletscher wurden die Furchen des Chiesatales und des Gardasee-Bekkens vertieft, so daß schließlich das erhöhte „Hängetal" von Ledro als Relikt des alten Flußbettes der Sarca übrig blieb.

Da die Höhen der Val-di-Ledro-Alpen von den Eismassen des Etschgletschers verschont geblieben waren, konnten sich an ihnen Nachkommen voreiszeitlicher Pflanzen und Tiere weiterentwickeln. Das erklärt den Reichtum vieler nur hier vorkommender, also edler endemischer Arten. Von diesen seltenen Pflanzen seien Felsen-Steinröschen (Daphne petràea), Dubys Stiefmütterchen (Viola dubyana), Spinnwebsteinbrech (Saxifraga arachnoidea), Elisabethnelke (Silena elisabethae), Prächtige Primel (Primula spectabilis) und Zweilappiger Hahnenfuß (Ranunculus bilobus) erwähnt.

Da die abweisenden Steilabstürze des Ledrotales gegen Gardasee und Val Giudicarie Inferiore jeden Zugang verwehrten, wurde das Tal früher ausschließlich über hochgelegene Seitenpässe erreicht. Schon zur Römerzeit führte eine primitive Straße aus dem Sarcatal (Riva) über Campi (Campus = Feld) zur Bocca di Trat (von Tractus = das Ziehen, der Zug). Von dieser markanten Depression südlich des Corno di Pichea – sie wird auch von Höhenroute Nr. 10 erreicht – gelangte man durch das Val dei Morti (= Tal der Toten) hinunter in das Val dei Concèi und weiter über den Monte Plagna (Mons planus = flacher Berg), über Croina und die Bocca Giumelle in das Chiesatal.

Den Einheimischen, vor allem den Fischern der Gegend, war jene dichte Reihe von Pfählen am Ostufer des Lago di Ledro schon immer bekannt gewesen. Man hatte sie für eine Ufer-Befestigungsanlage gehalten. 1929 wurde der See zu einem Speicher des Ponale-Elektrizitätswerkes umfunktioniert. Als man in diesem Jahr den Wasserspiegel erheblich senkte, wurde die von Pfählen versehene Zone erstmals zur Gänze überschaubar. Die in der Folge eingeleiteten, erst 1967 abgeschlossenen, wissenschaftlichen Untersuchungen brachten Klarheit, daß man es hier mit den Resten einer Pfahlbausiedlung aus der Bronzezeit zu tun hatte, deren Entstehung auf etwa 1800 v. Chr. anzusetzen ist. Das im Abflußgebiet des Ponale bei Molina gelegene Ausgrabungs-

Der durch Pfahlbausiedlungen aus der Bronzezeit berühmt gewordene Lago di Ledro in den Gardaseebergen. Im Südwesten der Monte Tremalzo mit dem Val di Pur.

feld sowie das dort entstandene Pfahlbaumuseum sind heute eine vielbesuchte Attraktion des Ledrotales.

Im ereignisreichen Jahr 1866 spielte das Val di Ledro eine für Italien bedeutsame Rolle. Garibaldi und seine Freischaren erfochten hier am Colle di Santo Stefano („Stefanshügel") bei Bezzecca einen Sieg über die Österreicher, die daraufhin das Tal räumen mußten. Doch General La Marmora, der Oberbefehlshaber der italienischen Streitkräfte, befahl Garibaldi die Kampfhandlungen einzustellen und das Trentino zu verlassen. Mit dem historisch gewordenen Ausspruch Garibaldis „Obbedisco" („Ich gehorche") kam das Tal wieder unter österreichische Herrschaft, unter der es bis 1915 verblieb.

Mit seinen Erholungsdörfern Molina, Pieve, Bezzecca und Tiarno entwickelt sich das Ledrotal zu einem immer beliebter werdenden Fremdenverkehrsgebiet in der näheren Umgebung des Gardasees. Dabei erschließen zwei prächtig angelegte Bergstraßen die Hochregion der Gardaseeberge. Sie führen in die durch ihre einzigartige Blumenpracht bekannten Gebiete des Monte Tremalzo und der Bocca di Trat. Dort ermöglichen günstig gelegene Stützpunkte verschiedene Streifzüge und Übergänge in das wundervolle Reich der Val-di-Ledro-Alpen.

10

Charakteristika

GROSSRAUM:
Nonsberger Alpen, Brentagruppe, Gardaseeberge
AUSGANGSPUNKT:
Bozen, 266 m
ENDPUNKT:
Gardone Riviera, 85 m
WEGLÄNGE:
200 km
HORIZONTALDISTANZ BOZEN – GARDONE RIVIERA:
115 km
MITTLERE BEGEHUNGSDAUER:
18 Tage
MITTLERE (MAXIMALE) ETAPPENLÄNGE:
2 ¾ (8 ½) Stunden
MITTLERE (GRÖSSTE) ANSTIEGSHÖHE PRO ETAPPE:
440 (1360) Meter
HÖCHSTER (TIEFSTER) PUNKT DER ROUTE:
2859 (85) Meter
MAXIMALE SCHWIERIGKEIT:
Kletterei im 2. Grad
ZAHL DER BERÜHRTEN GEBIRGSGRUPPEN:
3
ZAHL DER BEWIRTSCHAFTETEN (UNBEWIRTSCHAFTETEN) ETAPPENSTÜTZPUNKTE:
29 (0)
ZAHL DER BERÜHRTEN PÄSSE:
3
BESTE BEGEHUNGSZEIT:
Anfang Juli bis Ende September
MITTLERE ÖFFNUNGSZEIT DER SCHUTZHÜTTEN:
20. Juni bis 20. September

BERÜHRTE GEBIRGSGRUPPEN: Nonsberger Alpen (Mendelkamm), Brentagruppe, Gardaseeberge (Val-di-Ledro-Alpen).
DIE WANDERUNG VON HÜTTE ZU HÜTTE: Bozen⁺ – Andrian⁺ – Perdonig⁺ – Penegal⁺ – Mendelpaß⁺ – Überetscher Hütte – Rif. Predàia – Sfruz⁺ – Cles⁺ – Rif. Peller – Rif. Graffer – Rif. Tuckett – Rif. Brentei – Rif. Pedrotti – Rif. Agostini – Rif. XII Apostoli – Larzana⁺ – Preore⁺ – Zuclo⁺ – Malghe Stabio⁺ – Rif. Pernici – Pieve di Ledro⁺ – Rif. Garda – Magasa⁺ – Capovalle⁺ – Passo Cavallino⁺ – Rif. Pirlo – Trattoria Colomber⁺ – Gardone Riviera⁺ (Gardasee)
BEGEHUNG DER HÖHENROUTE IN GRÖSSEREN TEILSTRECKEN: Bozen – Dermulo (4–5 Tage), Cles – Preore (5–6 Tage), Zuclo – Pieve di Ledro (3 Tage), Pieve di Ledro – Gardone Riviera (5 Tage).
MÖGLICHE GIPFELBESTEIGUNGEN: Gantkofel, Penegal, M. Lira, M. Roèn, Schwarzer Kopf, Schönleiten, Bataillonskopf, Breitkopf, Hirschkopf, Corno di Tres, Dosso del Asino, M. Cles, M. Tassullo, M. Peller, Pallon, Sasso Rosso, C. Rocca, C. Sassara, Sasso Alto, C. di Flavona, Palete, Pietra Grande, C. del Grostè, C. Falkner, Campanile di Vallesinella, C. Sella, C. Brenta, Torre di Brenta, Campanile Alto, Campanile Basso („Guglia“), C. Tosa, Crozzon di Brenta, C. Brenta Alta, C. Brenta Bassa, C. Margherita, Croz del Rifugio, M. Daino, Dos di Dalun, C. Ceda, C. d'Ambiez, C. d'Agola, C. Pratofiorito, C. Padaiola, C. del Vallon, C. dei XII Apostoli, C. Nardis, Dos del Sabbion, M. Tov, C. Sera, C. Pala, M. Altissimo, M. Rodola, M. Gaverdina, Dosso della Torta, Tofino, Corno di Pichea, Mazza di Pichea, Dosso di Seaoi, Dos da Trat, C. Pari, M. Corno, C. Casèt, Col Pasovri, Corno Spezzato, M. Tremalzo, Corno della Marogna, C. del Dil, M. Lavino, C. Avez, C. del Levrer, Dosso della Fame, M. Caplone, C. Tombea, Cortina, C. Cingla, M. Stino, M. Manos, M. Carzen, C. Ganone, M. Zingla, M. Spino, M. Pizzoccolo.

◁ Das Rifugio Tuckett mit Campanile Vallesinella, Castelletto Superiore und Cima Sella von Westen.

▽ Am Weg zur Tucketthütte (Brenta) mit Blick gegen den Care Alto.

BEURTEILUNG DER HÖHENROUTE: Längster Dolomiten-Höhenweg, auf dem ausschließlich Berggebiete westlich der Etsch berührt werden. Ungemein abwechslungsreiche Wanderung durch liebliche Mittelgebirge, großartige Felsbezirke, dichte Sträucherdschungel und südlich-mediterrane Kulturlandschaften. Eine der herrlichsten Gebirgsdurchquerungen der Südalpen! Zahlreiche großzügige Kammüberschreitungen. Wegen einiger besonders langer oder schwieriger Etappen (Felspassagen) anspruchsvoll!
SCHWIERIGKEITEN: Die Hauptroute steht schwierigkeitsmäßig etwa auf einer Ebene mit den Wegen Nr. 3 und 4. Wiederholt leichte Kletterstellen im 1. Grad, zwei Teilstrecken mit gesicherten oder ungesicherten Passagen im 2. Grad (durch einfache Umgehungsvarianten vermeidbar). Im Bereich der Brenta-Hochregion ist besonders im Frühsommer bei Hartschneeresten Vorsicht geboten (Pickel und Steigeisen angeraten)!
ANFORDERUNGEN: Für eine Begehung der Hauptroute sind absolute Trittsicherheit, Schwindelfreiheit, Armkraft, Kletterkenntnisse (Passagen im 2. Schwierigkeitsgrad) sowie guter Orientierungssinn an den unbezeichneten Wegabschnitten erforderlich. Bei Umgehung der Abschnitte A 6 und A 15 nur noch Schwierigkeiten im 1. Grad. Einige besonders lange Teilstrecken erfordern Ausdauer und Durchhaltevermögen. Die Bewältigung einer etwa siebenstündigen Etappe darf keine Probleme bereiten!
HÖHENWEGFÜHRER: Über Route 10 gibt es derzeit weder ein deutschsprachiges noch ein italienisches Führerwerk. Die Herausgabe eines die Höhenwege 8 bis 10 umfassenden Führers im Bergverlag Rudolf Rother ist geplant.
WANDERFÜHRER (FÜR EINFACHE GIPFELBESTEIGUNGEN): Reihe der „Kleinen Führer“ des Bergverlages Rudolf Rother über die Gebiete Nonsberger Alpen und Brenta. Über den Bereich Gardaseeberge liegt keine moderne Führerbearbeitung vor.
KARTEN: Kompaß-Wanderkarte 1 : 50 000, Blätter 54, 71, 73, 74, 101, 102. Freytag & Berndt-Wanderkarte 1 : 50 000, Blätter S 7 und S 11 (Gardaseeberge nicht enthalten!). Tabacco-Wanderkarte 1 : 50 000, Blätter 3, 7, 10 (Gardaseeberge nicht enthalten!) Carta d'Italia 1 : 50 000, Blätter „Appiano“, „Mezzolombardo“, „Male“, „Tione di Trento“, „Riva del Garda“, „Bagolino“, „Salò“.

⁺ Unterkunftsmöglichkeit(en) vorhanden

Wegübersicht

Abschnitt	Gebiet		Ausgangspunkt Zielpunkt	Gehzeit Std.	HU	Varianten
1	Mendelkamm	Nonsberger Alpen	Bozen Andrian	Bus	—	↑
2	Mendelkamm		Andrian Perdonig	1¾–2	— ↓ 530 ↑	V 1 V 2
3	Mendelkamm		Perdonig Penegal	4–5	380 ↓ 1320 ↑	↓
4	Mendelkamm		Penegal Mendelpaß	¾	370 ↓ — ↑	↓
5	Mendelkamm		Mendelpaß Überetscher Hütte	2–2½	30 ↓ 440 ↑	
6	Mendelkamm		Überetscher Hütte Rif. Predàia	3½–4	820 ↓ 450 ↑	V 3
7	Mendelkamm		Rif. Predàia Sfruz	1¼–1½	400 ↓ 15 ↑	
8	Mendelkamm und Brentagruppe		Sfruz Cles	Bus	—	
9	Brentagruppe	Brentagruppe	Cles Rif. Peller	4–4½	— ↓ 1360 ↑	
10	Brentagruppe		Rif. Peller Rif. Graffer	7½–8½	930 ↓ 1150 ↑	V 4
11	Brentagruppe		Rif. Graffer Rif. Tuckett	1½	230 ↓ 230 ↑	
12	Brentagruppe		Rif. Tuckett Rif. Brentei	1¼–1½	220 ↓ 140 ↑	↑ V 5
13	Brentagruppe		Rif. Brentei Rif. Pedrotti	1½–1¾	60 ↓ 370 ↑	↓ ↑
14	Brentagruppe		Rif. Pedrotti Rif. Agostini	2¼–2½	380 ↓ 290 ↑	V 6 V 7
15	Brentagruppe		Rif. Agostini Rif. XII Apostoli	2–2¼	370 ↓ 450 ↑	↓

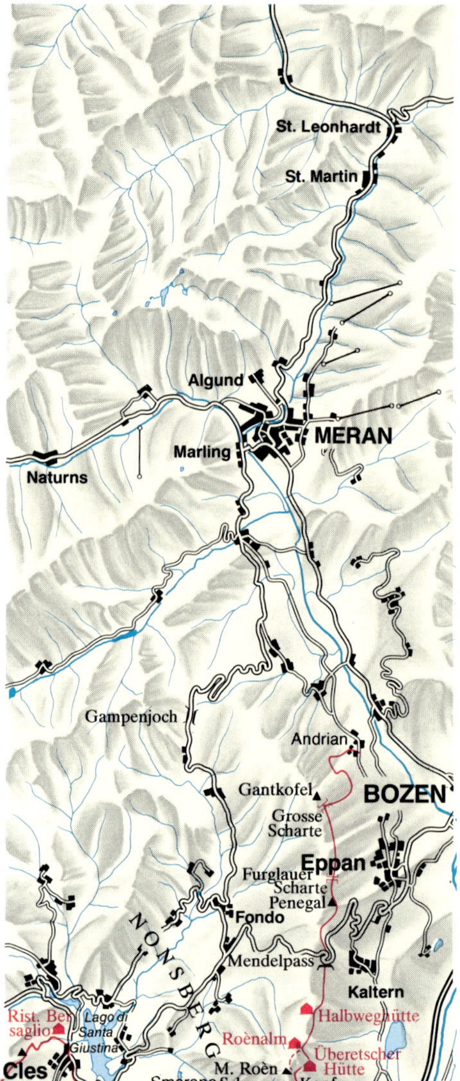

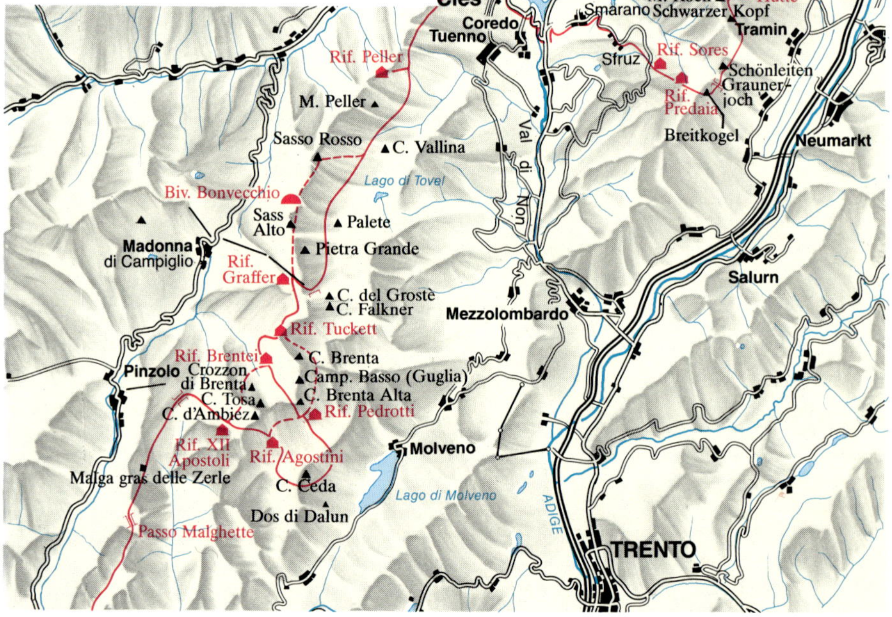

10

Abschnitt	Gebiet			Ausgangspunkt Zielpunkt	Gehzeit Std.	HU	Varianten
16	Brentagruppe		Brenta	Rif. XII Apostoli Larzana	5–5½	1720 ↓ 190 ↑	
17	Brentagruppe			Larzana Preore	¾	430 ↓ — ↑	
18	Brenta- und Cadriagruppe			Preore Zuclo	¾	— ↓ 70 ↑	
19	Cadriagruppe	Nördliche	-Alpen	Zuclo Malghe Stabio	2½–3	— ↓ 860 ↑	
20	Cadriagruppe			Malghe Stabio Rif. Pernici	7½–8½	1090 ↓ 1240 ↑	
21	Cadriagruppe			Rif. Pernici Pieve di Ledro	2¼	1070 ↓ 140 ↑	
22	Caplonegruppe	Südliche	Val-di-Ledro	Pieve di Ledro Rif. Garda	4½–5	130 ↓ 1160 ↑	V 8
23	Caplonegruppe			Rif. Garda Magasa	5¼–6	1340 ↓ 620 ↑	
24	Caplonegruppe			Magasa Capovalle	3½–4	580 ↓ 500 ↑	
25	Caplonegruppe			Capovalle Passo Cavallino	1¾	70 ↓ 250 ↑	
26	Caplonegruppe			Passo Cavallino Rif. Pirlo	3½–4	350 ↓ 420 ↑	
27	Caplonegruppe			Rif. Pirlo Trattoria Colomber	1½–1¾	760 ↓ — ↑	V 9
28	Caplonegruppe			Trattoria Colomber Gardone Riviera	1	320 ↓ — ↑	

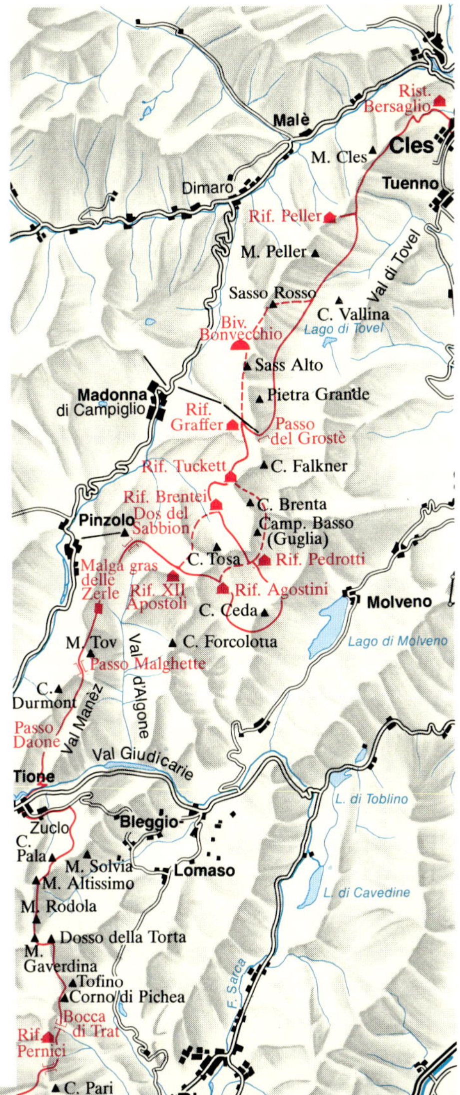
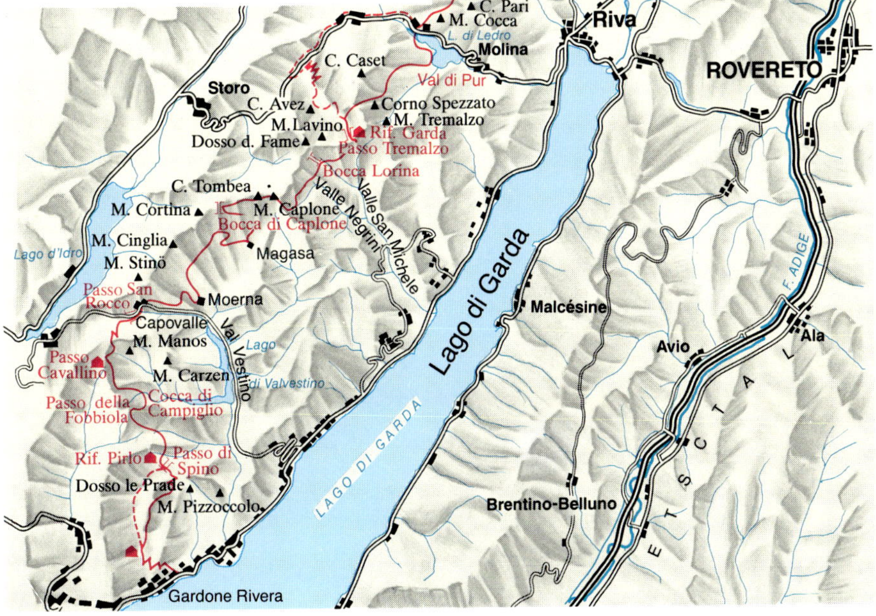

Eine Wanderung von Bozen zum Gardasee

Dolomiten-Höhenroute Nr. 10

Tourensteckbrief

a) Mendelkamm-Überschreitung	Varianten
Bozen, 266 m. Am Vereinigungspunkt von Etsch und Eisack, in einem gewaltigen Talbecken gelegene Hauptstadt der gleichnamigen Provinz. Politischer, wirtschaftlicher und verkehrsgeographischer Mittelpunkt Südtirols. Startplatz für die Dolomiten-Höhenwege Nr. 9 und 10. Zahlreiche Sehenswürdigkeiten. Hotels, Gasthöfe, Pensionen, Verkehrsämter, Banken, Ärzte, Apotheken sowie Läden aller Art. Anreise über die Brennerbahn oder die Brenner-Autobahn.	
A 1 Bozen – Andrian Fahrt von Bozen mit Bus (mehrere Linien täglich) oder eigenem Kfz nach Andrian, 12 km.	↑
Andrian, 274 m. Am Nordostfluß des Mendelkammes, im Etschtal gelegener kleiner Ort. Bekanntes Obst- und Weinbaugebiet. Mehrere Gasthöfe, Pensionen und Privatunterkünfte. Verkehrsamt und Raiffeisenkasse (Geldwechsel). Mehrere Läden. Eigentlicher Ausgangspunkt für die Dolomiten-Höhenroute Nr. 10.	
A 2 Andrian – Perdonig *Wegverlauf, Gehzeiten:* Andrian – Ruine Hocheppan, 636 m, 1¼–1½ Std. – Perdonig, 1¾–2 Std. *Anforderungen:* Einfache, aussichtsreiche Wanderung. *Höhenunterschiede:* 530 m ↑. *Gipfelbesteigungen:* Keine.	↑
Perdonig, 800 m. Auf der Talterrasse des Überetsch, unter dem mächtigen Gantkofel gelegener Weiler. Gasthof mit Nächtigungsmöglichkeit.	V 1 V 2
A 3 Perdonig – Penegal *Wegverlauf, Gehzeiten:* Perdonig – Große Scharte, ca. 1825 m, 2¼–2¾ Std. – Furglauer Scharte, 1496 m, 3¼–4 Std. – Penegal, 4–5 Std. *Anforderungen:* Steilanstieg zur Höhe des Mendelkammes mit nachfolgender Überschreitung bis zum Penegal. Wegen der beträchtlichen Länge und des zu bewältigenden Höhenunterschieds ziemlich anstrengend. Mit dem Besuch des als Aussichtsberg weitum bekannten Gantkofels eine der eindrucksvollsten Abschnitte der gesamten Höhenroute. Prachtvoller Tiefblick in das Bozener Talbecken. Ausdauer, Trittsicherheit und Orientierungsvermögen erforderlich. Nur bei gutem Wetter ratsam und lohnend! *Höhenunterschiede:* 380 m ↓, 1320 m ↑. *Gipfelbesteigungen:* Gantkofel, 1866 m, Penegal, 1737 m.	↓
Penegal, 1737 m. Durch Asphaltstraße erschlossener Berg im Nordteil des Mendelkammes. Eine der hervorragendsten Aussichtswarten der Südalpen. Am Gipfel Aussichtsturm, Restaurant und Hotel.	
A 4 Penegal – Mendelpaß *Wegverlauf, Gehzeiten:* Penegal – Mendelpaß, ¾ Std. *Anforderungen:* Kurzer, problemloser Abstieg durch großteils bewaldetes Gelände. Gut bezeichneter Steig. *Höhenunterschiede:* 370 m ↓. *Gipfelbesteigungen:* Penegal, 1747 m.	↓
Mendelpaß, 1363 m. Weite, bewaldete Einsattelung im Mendelkamm. Bedeutender Übergang aus dem Etschtal (Provinz Bozen) in das Nontal (Provinz Trient). Beliebte Sommerfrische. Standseilbahn von Kaltern her. Zahlreiche Hotels, Gasthöfe und Pensionen. Mehrere Läden.	
A 5 Mendelpaß – Überetscher Hütte *Wegverlauf, Gehzeiten:* Mendelpaß – Enzianhütte, 1421 m, 15 Min. – Halbweghütte, 1594 m, ¾–1 Std. – Roènalm, 1773 m, 1¾–2 Std. – Überetscher Hütte, 2–2½ Std. *Anforderungen:* Mittellanger, bequemer Anstieg entlang der bewaldeten Kammhöhe zu der unter den Ostabstürzen des Monte Roèn gelegenen Überetscher Hütte. Stets gut bezeichneter vielbegangener Weg. Mehrere Einkehrmöglichkeiten. *Höhenunterschiede:* 30 m ↓, 440 m ↑. *Gipfelbesteigungen:* M. Lira, 1611 m, M. Roèn, 2116 m.	

In den Wäldern des nördlichen Mendelkammes.

Nonsberger Alpen

Mendelkamm

Der Mendelkamm ist Teilgebiet der Nonsberger Alpen, jener Kleingruppe, die den Ostrand der Ortlergruppe darstellt. Dieser weit nach Süden, gegen die Talgabel Non/Etsch vordringende Höhenrücken bildet auf lange Strecken die Provinzgrenze Bozen/Trient.

Nach Landschaftscharakter und Position stellt der Mendelkamm in erster Linie ein ideales Wandergebiet in unmittelbarer Nähe der Provinzhauptstadt Bozen dar. Der mittelgebirgsartigen, großteils bewaldeten Kette entragen nur wenige baumfreie Gipfel (Gantkofel, Penegal, Monte Roèn, Corno di Tres). Sie sind alle hervorragende, leicht erreichbare Aussichtswarten. Die Gesamtüberschreitung des Mendelkammes entlang der Dolomiten-Höhenroute Nr. 10 darf als das wohl lohnendste Unternehmen im gesamten Gebiet angesehen werden.

Der Mendelkamm fällt nach Norden und Osten in hohen steilen Flanken ge-

Blick auf den Crozzon di Brenta.

gen das Etschtal bzw. gegen die Talterrasse des Überetsch ab. Sämtliche Anstiege über diese Steilhänge sind anstrengend und werden nur selten unternommen. Nach Westen und Süden entsendet der Höhenrücken ein von wilden Schluchten durchfurchtes, nur ganz allmählich gegen das Nontal absinkendes Plateau, die Talschaft „Nonsberg“. Diese dörferreiche Sonnenterrasse über dem Nontal bildet mit ihren unzähligen Wandermöglichkeiten ein ideales Urlaubs- und Erholungsgebiet an der Tridentiner Seite des Mendelkammes. Ihm steht auf Südtiroler Seite das durch die Weinorte Kaltern-Eppan berühmt gewordene Fremdenverkehrsgebiet „Überetsch“ gegenüber.

Als besondere Sehenswürdigkeit im Bereich des Nonsberg sei die in einem großartige Cañon gelegene Einsiedelei *San Romedio* – ein weithin bekannter Wallfahrtsort – erwähnt. Sie kann, bei Coredo von der Dolomiten-Höhenroute Nr. 10 abzweigend, in schöner bequemer Wanderung erreicht werden.

Überetscher Hütte, 1773 m. CAI Bozen, 17 Betten; vom 20. Mai bis 31. Oktober bewirtschaftet.	
A 6 Überetscher Hütte – Rif. Predàia *Wegverlauf, Gehzeiten:* Überetscher Hütte – Roèn-Klettersteig – M. Roèn, 2116 m, 1 Std. – Schönleitenkamm – Corederjoch, 2–2¼ Std. – Graunerjoch, 1699 m, 2½–2¾ Std. – Malga Rodezza, 1570 m, 3–3½ Std. – Rif. Predàia, 3½–4 Std. *Anforderungen:* Touristischer und landschaftlicher Höhepunkt der Mendelkamm-Überschreitung. Mit A 15 technisch anspruchsvollste Teilstrecke der Höhenroute 10. Der nicht ganz einfache, teilweise exponierte Roèn-Klettersteig (Passagen im Schwierigkeitsgrad II) kann auf unschwieriger Variante umgangen werden. Nach Gantkofel und Penegal wird mit dem M. Roèn ein weiterer wunderbarer Aussichtspunkt erreicht. Wiederholt atemberaubende Tiefblicke in das mehr als 1500 Meter tiefer gelegene Etschtal! *Höhenunterschiede:* 820 m ↓, 450 m ↑. *Gipfelbesteigungen:* M. Roèn, 2116 m, Schwarzer Kopf, 2030 m, Schönleiten, 1811 m, Bataillonskopf, 1699 m, Breitkopf, 1647 m, Hirschkopf, 1695 m, Corno di Tres, 1812 m.	V 3
Rif. Predàia, 1396 m. Privat, 20 Betten; vom 20. Mai bis 30. September bewirtschaftet.	
A 7 Rif. Predàia – Sfruz *Wegverlauf, Gehzeiten:* Rif. Predàia – Rif. Sores, 1203 m, 15–20 Min. – Sfruz, 1¼–1½ Std. *Anforderungen:* Bequemer, aussichtsreicher Abstieg in das Nontal. Wanderung über Straßen oder schlecht bezeichnete Waldwege. Gutes Orientierungsvermögen erforderlich! *Höhenunterschiede:* 400 m ↓, 15 m ↑. *Gipfelbesteigungen:* Keine.	
Sfruz, 1007 m. Malerisch am Westabhang des Mendelkammes gelegenes Dorf. Nächtigungsmöglichkeit.	
A 8 Sfruz – Cles Kurze Busfahrt über Dermulo nach Cles. Mehrere Linien täglich.	
b) Brenta-Durchquerung	
Cles, 658 m. Am Nordostrand der Brentagruppe, über dem Nontal-Stausee gelegener Markt. Mehrere Sehenswürdigkeiten. Bus- und Bahnstation. Zahlreiche Hotels, Gasthöfe, Restaurants, Bars, Postamt, Verkehrsamt, Banken (Geldwechsel), Krankenhaus, Ärzte, Apotheke sowie Läden aller Art.	
A 9 Cles – Rif. Peller *Wegverlauf, Gehzeiten:* Cles – Bersaglio, 830 m, ½ Std. – M. Cles – Passo Le Fraine, 1705 m, 3–3½ Std. – Rif. Peller, 4–4½ Std. *Anforderungen:* Sehr aussichtsreicher, aber langer, anstrengender Hüttenzugang mit beträchtlichem Höhenunterschied. Meist Naturstraße. Prächtige Tiefblicke in das dörferreiche Nontal. *Höhenunterschiede:* 1360 m ↑. *Gipfelbesteigungen:* Dosso del Asino, 1708 m, M. Cles (Dos del Barbustel), 1712 m, M. Tassullo, 1805 m.	
Rif. Peller, 2022 m. CAI-SAT Cles, 50 Betten; bewirtschaftet vom 25. Juni bis 25. September.	
A 10 Rif. Peller – Rif. Graffer *Wegverlauf, Gehzeiten:* Rif. Peller – Malga Tassullo, 2090 m, 1 Std. – Passo della Nana, 2195 m, 1½–1¾ Std. – Sentiero delle Palete – Passo dell'Uomo, ca. 2380 m, 2¼–2½ Std. – Bocchetta delle Palete, 2319 m, 5–5½ Std. – Passo del Grostè, 2442 m, 7–8 Std. – Rif. Graffer, 7½–8½ Std. *Anforderungen:* Mit A 20 längste und anstrengendste Teilstrecke der Dolomiten-Höhenroute Nr. 10 durch die wenig besuchte nördliche Brentagruppe, eines der letzten Rückzugsgebiete des alpinen Braunbären (Naturpark Adamello-Brenta). Die Gegend kann sich zwar mit dem phantastischen Zentralbereich der Brenta nicht messen, entschädigt jedoch durch Eigenart, Wildheit und Ursprünglichkeit der Bergnatur. Der gut bezeichnete, aber anspruchsvolle „Sentiero delle Palete“ führt an der Ostseite der Gruppe entlang, wobei zahlreiche Kämme und Seitentäler überschritten bzw. gequert werden. Große Ausdauer, absolute Trittsicherheit und Schwindelfreiheit sowie Kletterkenntnisse (Passagen im 1. Grad) erforderlich. Nur bei wirklich sicheren Wetterverhältnissen ratsam. Im Frühsommer (Schneereste) Pickel empfehlenswert. *Höhenunterschiede:* 930 m ↓, 1150 m ↑. *Gipfelbesteigungen:* M. Peller, 2320 m, Pallon, 2320 m, Sasso Rosso, 2645 m, C. Rocca, 2831 m, C. Sassara, 2894 m, Sasso Alto, 2897 m, C. di Flavona, 2918 m, Palete, 2385 m, Pietra Grande, 2937 m.	V 4

Rif. Graffer, 2261 m. CAI-SAT Trento, 50 Betten; vom 15. Juni bis 30. September bewirtschaftet.	
A 11 Rif. Graffer – Rif. Tuckett *Wegverlauf, Gehzeiten:* Rif. Graffer – Rif. Tuckett, 1½ Std. *Anforderungen:* Kurze, anspruchslose Wanderung in den durch seine kolossalen Felsbildungen berühmten Zentralbereich der Brentagruppe. *Höhenunterschiede:* 230 m ↓, 230 m ↑. *Gipfelbesteigungen:* Pietra Grande, 2937 m, Sasso Alto, 2897 m, C. di Flavona, 2918 m, C. del Grostè, 2901 m, C. Falkner, 2999 m, Campanile di Vallesinella, 2946 m, C. Sella, 2917 m, C. Brenta, 3150 m.	
Rif. Tuckett, 2272 m. CAI-SAT Trento, 130 Betten; vom 1. Juni bis 26. September bewirtschaftet.	
A 12 Rif. Tuckett – Rif. Brentei *Wegverlauf, Gehzeiten:* Rif. Tuckett – Sella del Freddolin, 2143 m, 15 Min. – Sentiero Bogani – Rif. Brentei, 1¼–1½ Std. *Anforderungen:* Problemloser kurzer Übergang in den grandiosen Bergraum um die Brenteihütte. Einzigartige Landschaftsbilder. Einer der schönsten Wege der Brenta! *Höhenunterschiede:* 220 m ↓, 140 m ↑. *Gipfelbesteigungen:* C. Brenta, 3150 m, Torre di Brenta, 3014 m, Campanile Alto, 2937 m, Campanile Basso („Guglia"), 2883 m, C. Tosa, 3173 m, Crozzon di Brenta, 3155 m.	
Rif. Brentei, 2182 m. CAI Monza, 80 Betten, vom 20. Juni bis 20. September geöffnet.	V 5
A 13 Rif. Brentei – Rif. Pedrotti *Wegverlauf, Gehzeiten:* Rif. Brentei – Val Brenta Alta – Bocca di Brenta, 2552 m, 1¼–1½ Std. – Rif. Pedrotti, 1½–1¾ Std. *Anforderungen:* Relativ kurze Teilstrecke durch die beklemmende, hochalpine Felslandschaft des Val Brenta Alta. Im Steilanstieg zur Bocca di Brenta sind im Frühsommer bei Hartschnee u.U. Pickel und Steigeisen erforderlich! Stark frequentierter Übergang. *Höhenunterschiede:* 60 m ↓, 370 m ↑. *Gipfelbesteigungen:* C. Brenta, 3150 m, Torre di Brenta, 3014 m, Campanile Alto, 2937 m, Campanile Basso („Guglia"), 2883 m, C. Brenta Alta, 2962 m, C. Brenta Bassa, 2803 m, C. Margherita, 2838 m, C. Tosa, 3137 m, Crozzon di Brenta, 3155 m.	
Rif. Pedrotti, 2486 m. CAI-SAT Trento, 150 Betten; vom 20. Juni bis 20. September bewirtschaftet.	
A 14 Rif. Pedrotti – Rif. Agostini *Wegverlauf, Gehzeiten:* Rif. Pedrotti – Sentiero Palmieri – Forcolotta di Noghera, 2415 m, 1½ Std. – Rif. Agostini, 2¼–2½ Std. *Anforderungen:* Hervorragend schöner Übergang mit wenig bekannter Schau gegen die wuchtigen Felsbastionen der zentralen Brentagruppe. Stets gut bezeichneter Steig. *Höhenunterschiede:* 380 m ↓, 290 m ↑. *Gipfelbesteigungen:* C. Brenta Alta, 2962 m, C. Brenta Bassa, 2803 m, Croz del Rifugio, 2615 m, M. Daino, 2698 m, C. Margherita, 2838 m, C. Tosa, 3173 m, Crozzon di Brenta, 3135 m, Dos di Dalun, 2687 m, C. Ceda, 2760 m.	V 6 V 7
Rif. Agostini, 2405 m. CAI-SAT Trento, 60 Betten; bewirtschaftet vom 20. Juni bis 20. September.	
A 15 Rif. Agostini – Rif. XII Apostoli *Wegverlauf, Gehzeiten:* Rif. Agostini – Via ferrata Ettore Castiglioni – Bocchetta dei Due Denti, 2859 m, 1½–1¾ Std. – Rif. XII Apostoli, 2–2¼ Std. *Anforderungen:* Mit A 6 schwierigste Teilstrecke der Höhenroute. Die über eine zweihundert Meter hohe Felswand emporführende „Via ferrata Ettore Castiglioni" erfordert wegen der beträchtlichen Exposition absolute Trittsicherheit und Kaltblütigkeit. Zusätzlich ist Kletterkönnen im 2. Schwierigkeitsgrad erforderlich. Es werden zwei landschaftlich völlig gegensätzliche Bergräume berührt. Überwiegen im Bereich des gewaltigen Ambiezkessels vertikale Felsstrukturen, so steht das Rif. XII Apostoli inmitten einer weiten Moränen- und Karrenlandschaft. *Höhenunterschiede:* 370 m ↓, 450 m ↑. *Gipfelbesteigungen:* C. Tosa, 3173 m, Crozzon di Brenta, 3135 m, C. d'Ambiez, 3096 m, C. d'Agola, 2959 m, C. Pratofiorito, 2900 m, C. Padaiola, 2900 m, C. del Vallon, 2965 m, C. dei XII Apostoli, 2699 m, C. Nardis, 2613 m.	

Brentagruppe

Die Brentagruppe ist, obgleich nicht den Zentraldolomiten angehörend, ein dolomitisches Paradegebiet. Nirgendwo sonst zeigt die Felsarchitektur der Dolomiten derart gewaltige, kolossale Formen! In erster Linie ein Eldorado für den Kletterer, hat die Gruppe aber auch für Wanderer und Durchschnittsbergsteiger einiges zu bieten. Zwischen den zahlreich vorhandenen Stützpunkten erstreckt sich ein dichtes Wegenetz, das zahlreiche Kreuz- und Querverbindungen zuläßt. Eine in den letzten Jahrzehnten entstandene Eisenweg-Transversale, der berühmte „Sentiero delle Bocchette", erschließt das Gebiet auch für den Klettersteig-Liebhaber. Was Wunder, wenn in Anbetracht der

Campanile Basso („Guglia“) und Cima Brenta Alta von der Sella della Tosa gesehen.

landschaftlichen Qualitäten, der touristischen Möglichkeiten, die Brentagruppe zu einem der meistbesuchten Bezirke der Alpen wurde. Doch ist hier eine Einschränkung nötig! Wenn von „Brenta“ die Rede ist, wird im allgemeinen nur der Zentralbezirk, das Gebiet zwischen Grostèpaß und Apostelhütte verstanden. Ein Großteil der Gruppe, der Nordbereich ebenso wie das östlich gelegene Campa-Massiv, ist teilweise noch unerschlossenes, ganz selten besuchtes Bergland ohne irgendwelche Stützpunkte.

Die Brentagruppe ist Teilgebiet des Naturparks Adamello-Brenta. Wegen des großen Reservoirs an einsamen, von Menschen kaum je besuchten Zo-

Rif. XII Apostoli, 2487 m. CAI-SAT Pinzolo, 48 Betten; vom 20. Juni bis 20. September bewirtschaftet.	
A 16 Rif. XII Apostoli – Larzana *Wegverlauf, Gehzeiten:* Rif. XII Apostoli – Val Nardis – Passo Bregn de l'Ors, 1844 m, 1¼ Std. – Malga Movlina, 1803 m, 1¾ Std. – Malga Gras delle Zerle, 1664 m, 2½–2¾ Std. – Passo Malghette, 1723 m, 3¾–4 Std. – Val Manèz – Binio, 1013 m – Larzana, 5–5½ Std. *Anforderungen:* Abstieg aus der Hochregion der Brenta über den zwölf Kilometer langen Seitenkamm des M. Tov zu dem im Val Manèz gelegenen Ort Larzana. Die Route führt durch ein auch guten Brenta-Kennern kaum geläufiges Gebiet mit stellenweise noch völlig unberührter Bergnatur (einzigartige Fauna und Flora!). Trotz fehlender Nahblicke zu den Felsriesen der Brenta landschaftlich ganz hervorragend schöne Wanderung. Ständige Schau gegen die jenseits des Val Rendena grandios aufgereihten, vergletscherten Höhen der Adamello- und Presanellagruppe. Mit Ausnahme kurzer Strecken stets gut bezeichnete Wege. *Höhenunterschiede:* 1720 m ↓, 190 m ↑. *Gipfelbesteigungen:* Dos del Sabbion, 2100 m, M. Tov, 2032 m, 2054 m.	
Larzana, 958 m. An der orographisch rechten Seite des äußeren Val Manèz, hoch über dem oberen Judikarientał gelegener kleiner Ort. Postamt, mehrere Läden. Unterkunft (Albergo).	
A 17 Larzana – Preore *Wegverlauf, Gehzeiten:* Larzana – Cort, 824 m – Preore, ¾ Std. *Anforderungen:* Problemloser Abstieg in das Val Giudicarie Superiore. Bequeme Straßenwanderung. *Höhenunterschiede:* 430 m ↓. *Gipfelbesteigungen:* Keine.	
Preore, 530 m. In der Talsohle des Val Giudicarie Superiore nördlich der Sarca gelegenes, typisch italienisches Gebirgsdorf. Mehrere Läden. Unterkunftsmöglichkeit (zwei Gasthöfe).	
A 18 Preore – Zuclo *Wegverlauf, Gehzeiten:* Preore – Zuclo, ¾ Std. *Anforderungen:* In der Talsohle des Val Giudicarie Superiore verlaufende kurze Wegstrekke, die zum Ausgangspunkt der letzten Großetappe von Route Nr. 10 bringt. Straßenwanderung. *Höhenunterschiede:* 70 m ↑. *Gipfelbesteigung:* Keine.	
c) Traversierung der Val-di-Ledro-Alpen	
Zuclo, 595 m. Auf begrünter Schulter südlich über der Talsohle des Val Giudicarie Superiore aussichtsreich gelegener kleiner Ort. Prächtiger Blick zum vergletscherten Care Alto (Adamellogruppe). Einige Läden. Unterkunftsmöglichkeit (Albergo).	
A 19 Zuclo – Malghe Stabio *Wegverlauf, Gehzeiten:* Zuclo – Malghe Stabio, 2½–3 Std. *Anforderungen:* Trotz des zu bewältigenden Höhenunterschiedes nicht übermäßig anstrengender Anstieg über steile bewaldete Flanken. Wiederholt Durchblicke zu den herrlichen Gletschern der Adamellogruppe. Mit Ausnahme des allerletzten Stücks guter breiter Weg. Zur Zeit noch schlecht markiert, daher Orientierungsvermögen erforderlich! *Höhenunterschiede:* 860 m ↑. *Gipfelbesteigungen:* C. Sera, 1909 m.	
Malghe Stabio, 1453 m. Südwestlich unter der bewaldeten C. Sera auf weiter Wiesenschulter gelegene Almen. Märchenhaft schöne Lage der heeren Gletscherwelt des Adamello und der Presanella gegenüber. Vom Passo Durone her häufiger besucht. An den beiden Wirtschaftsgebäuden besteht das ganze Jahr hindurch Unterstandsrecht. Ständig geöffnete Küchenräume mit Heiz- und Kochgelegenheit, in der unteren Alm auch Wasserleitung. Zur Zeit der Sommerbewirtschaftung können die Betten benützt werden (mit Schlafsack, da keine oder nur wenige Decken vorhanden), sofern man die Sennen darum ersucht. Platz für 10 bis 15 Personen.	

A 20 Malghe Stabio – Rif. Pernici *Wegverlauf, Gehzeiten:* Malghe Stabio – Malga Solvia, 1684 m, 1 Std. – C. Pala, 2005 m, 2–2¼ Std. – Bocca di Val Larga, 1876 m, 2½–3 Std. – M. Rodola, 2027 m, 3½–4 Std. – M. Gaverdina, 2047 m, 4½–5 Std. – Dosso della Torta, 2156 m – Bocchetta di Slavazi, 2048 m – Tofino, 2151 m, 6¼–7 Std. – Corno di Pichea, 2147 m, 6½–7½ Std. – Bocca di Trat, 1581 m – Rif. Pernici, 7½–8½ Std. *Anforderungen:* Abschnitte 20 und 21 bringen die Durchquerung der Berge von Gaverdina (Cadriagruppe). An der vorliegenden Etappe wird von der Malghe Stabio zum Rif. Pernici der etwa zehn Kilometer lange, großteils begrünte Kamm M. Altissimo – M. Gaverdina – Dosso della Torta – Corno di Pichea überschritten. Eine der schönsten und großzügigsten Kammwanderungen in den Ostalpen. Absolut einsames, vor Existenz der Hochroute Nr. 10 so gut wie nie besuchtes Bergland. Anstrengendes Unternehmen. Durchhaltevermögen, Trittsicherheit und Schwindelfreiheit erforderlich. Durchgehend, aber nicht immer ausreichend markiert. Keine technischen Schwierigkeiten. Bei schlechten Wetterverhältnissen abzuraten! *Höhenunterschiede:* 1090 m ↓, 1240 m ↑. *Gipfelbesteigungen:* C. Sera, 1909 m, C. Pala, 2005 m, M. Altissimo, 2128 m, M. Rodola, 2027 m, M. Gaverdina, 2047 m, Dosso della Torta, 2156 m, Tofino, 2151m, Corno di Pichea, 2147 m, Mazza di Pichea, 1879 m.	
Rif. Pernici, 1600 m. CAI-SAT Riva, 25 Lager; vom 1. Juli bis 20. September durchgehend bewirtschaftet.	
A 21 Rif. Pernici – Pieve di Ledro *Wegverlauf, Gehzeiten:* Rif. Pernici – Bocca di Saval, 1740 m, ¾ Std. – Malga Saval, 1692 m – Forc. Cocca, ca. 1355 m, 1¼ Std. – Pieve di Ledro, 2¼ Std. *Anforderungen:* Nach A 20 eine richtige Erholungsstrecke. Von den Besuchern der Pernicihütte relativ häufig frequentierter Übergang und Abstieg in das Val di Ledro. Sehr aussichtsreiche, unschwierige Wanderung. Trittsicherheit erforderlich! *Höhenunterschiede:* 1070 m ↓, 140 m ↑. *Gipfelbesteigungen:* Dosso di Seaoi, 1799 m, Dos da Trat, 1840 m, C. Pari, 1988 m.	
Pieve di Ledro, 668 m. Am Westende des durch seine aus der Bronzezeit stammenden Pfahlbauten (Museum am Ostufer) berühmt gewordenen Lago di Ledro gelegener Fremdenverkehrsort. Wassersport, Tennis; zahlreiche Läden, Geldwechsel, Verkehrsamt. Mehrere Hotels, Restaurants und Pensionen.	
A 22 Pieve di Ledro – Rif. Garda *Wegverlauf, Gehzeiten:* Pieve di Ledro – San Martino, 1226 m, 1¾ Std. – Bocca Spinera, ca. 1265 m – Malga Giu, 1269 m – Bocca Casèt, ca. 1590 m, 3¼–3½ Std. – Passo di Tremalzo, 1665 m – Rif. Garda, 4½–5 Std. *Anforderungen:* Langer, trotz des zu bewältigenden Höhenunterschiedes nicht übermäßig beschwerlicher Anstieg zur Hochregion des Tremalzomassivs. Sehr abwechslungsreiche Teilstrecke mit wiederholten Steilanstiegen, aber auch langen aussichtsreichen Querungen. Voralpin-gemäßigtes Bergland. Wegen südseitiger Exposition früher Aufbruch empfohlen. Meist gut bezeichnete breite Wege. *Höhenunterschiede:* 130 m ↓, 1160 m ↑. *Gipfelbesteigungen:* M. Corno, 1731 m, C. Casèt, 1748 m, Col Pasovri, 1673 m, Corno Spezzato, 1858 m, M. Tremalzo, 1974 m, Corno della Marogna, 1953 m, C. del Dil, 1808 m, M. Lavino, 1837 m, C. Avez, 1895 m.	V 8
Rif. Garda, 1702 m. Privat, 27 Betten, ganzjährig bewirtschaftet.	
A 23 Rif. Garda – Magasa *Wegverlauf, Gehzeiten:* Rif. Garda – Malga Ciapa, 1615 m – Passo della Cocca, 1461 m, ½ Std. – Malga Ca dall'Era, 1330 m – Malga di Lorina, 1384 m, 1½ Std. – Bocca di Lorina, 1431 m, 1¾ Std. – Val di Campo – M. Caplone – Bocca di Campei, 1822 m – Malga Tombea, 1820 m, 3½–4 Std. – Bocca di Caplone, 1755 m, 4–4¾ Std. – Magasa, 5¼–6 Std. *Anforderungen:* Besonders langer, aussichtsreicher Übergang durch die zentrale Caplonegruppe (Südliche Val-di-Ledro-Alpen). Höchst eigenartiges, ungewöhnlich stark gegliedertes, wildromantisches Berggebiet mit einzigartiger Fauna und Flora (zahlreiche Endemismen). Die Route folgt durchwegs alten, z.T. verfallenen Kriegswegen. Keine Markierungen oder Hinweistafeln, trotzdem kaum zu fehlen. Trittsicherheit und Schwindelfreiheit erforderlich. Vorsicht bei Nebel in der Hochregion des M. Caplone! *Höhenunterschiede:* 1340 m ↓, 620 m ↑. *Gipfelbesteigungen:* M. Tremalzo, 1974 m, Corno della Marogna, 1953 m, C. del Dil, 1808 m, M. Lavino, 1837 m, C. Avez, 1895 m, C. del Levrer, 1811 m, Dosso della Fame, 1802 m, M. Caplone, 1976 m, C. Tombea, 1950 m, Cortina, 1772 m.	

Magasa, 981 m. Im inneren Val Vestino, zwischen den Wiesenschultern von Denai und Rest gelegenes, überaus malerisches Bergdörfchen mit schmucken alten Häusern. Lebensmittelhandlungen, Postamt, Bar. Unterkunft (Albergo).	
A 24 Magasa – Capovalle *Wegverlauf, Gehzeiten:* Magasa – Ponte Franato, 903 m, 1 Std. – Persone, 900, 2¼–2½ Std. – Moerna, 978 m, 2¾–3 Std. – Capovalle, 3½–4 Std. *Anforderungen:* Problemlose, durch die stark gemäßigte Mittelgebirgslandschaft des Val Vestino führende Teilstrecke. Die Route folgt einer alten, teilweise auch ausgebauten Kriegsstraße. Keine Markierungen, keine Hinweistafeln! *Höhenunterschiede:* 580 m ↓, 500 m ↑. *Gipfelbesteigungen:* M. Cingla, 1669 m, M. Stino, 1467 m.	
Capovalle, 905 m. Am Südfluß des M. Stino in einer weiten Wiesenmulde gelegener, einladender Luftkurort. Verbindungsstraße Idrosee–Gardasee über den Passo San Rocco. Mehrere Läden, zahlreiche Restaurants, Postamt. Unterkunft.	
A 25 Capovalle – Passo Cavallino *Wegverlauf, Gehzeiten:* Capovalle – Passo San Rocco, 946 m, 15 Min. – Santuario Madonna di Riosecco, 985 m, 1¼ Std. – Passo Cavallino, 1¾ Std. *Anforderungen:* Kurzer, aussichtsreicher Anstieg entlang einer guten Naturstraße zu dem im Westen des M. Manos eingelagerten Passo Cavallino. Wunderbarer Tiefblick gegen den Idrosee (Val Giudicarie Inferiore)! *Höhenunterschiede:* 70 m ↓, 250 m ↑. *Gipfelbesteigungen:* M. Manos, 1517 m.	
Passo Cavallino della Fobbia, 1090 m. Bewaldete Einsattelung westlich des M. Manos. Verschiedene Zufahrtsstraßen. Mehrere Wochenendhäuser. Unterkunft.	
A 26 Passo Cavallino – Rif. Pirlo *Wegverlauf, Gehzeiten:* Passo Cavallino – Cocca Vici, 1183 m, 20 Min. – Cocca di Corpaglione, 1139 m, ¾ Std. – Cocca di Campiglio, 1017 m, 2 Std. – Passo della Fobbiola, 961 m, 2¼ Std. – Sentiero dei Ladroni – Rif. Pirlo, 3½–4 Std. *Anforderungen:* Unschwieriger, nicht übermäßig langer, aber dennoch anstrengender Übergang an den Ostflanken des M. Zingla und M. Spino entlang zum Rif. Pirlo. Trotz des gemäßigten, voralpinen Landschaftscharakters eine der eigenartigsten und abenteuerlichsten Teilstrecken der Höhenroute. Stellenweise absolut unwegsames, dschungelartiges, an tropische Regenwälder erinnerndes Gelände. Stets gut bezeichnete Steige. Vorsicht auf Vipern! *Höhenunterschiede:* 350 m ↓, 420 m ↑. *Gipfelbesteigungen:* M. Manos, 1517 m, M. Carzen, 1507 m, C. Ganone, 1318 m, M. Zingla, 1496 m, M. Spino, 1486 m.	
Rif. Pirlo, 1165 m. CAI Salò, 60 Lager; vom 15. Juli bis 15. September durchgehend, sonst nur an Wochenenden und an Feiertagen bewirtschaftet.	
A 27 Rif. Pirlo – Trattorio Colomber *Wegverlauf, Gehzeiten:* Rif. Pirlo – Passo di Spino, 1160 m, 15 Min. – Dosso Le Prade – Dosso Fraole – Trattoria Colomber, 1½–1¾ Std. *Anforderungen:* Die beiden Teilstrecken 27 und 28 bilden einen großzügigen Abstieg zu den südlich mediterranen Gefilden des Gardasees. Unschwierige Wanderung anfangs über freie Wiesen, später durch dschungelartige Waldgebiete. *Höhenunterschiede:* 760 m ↓. *Gipfelbesteigungen:* M. Pizzoccolo, 1581 m, M. Spino, 1486 m.	V 9
Trattoria Colomber, 405 m. Großes Restaurant mit Nächtigungsmöglichkeit, an der Talgabel Valle di Sur/Valle di Poiano gelegen. Privat, 25 Betten, ganzjährig geöffnet.	
A 28 Trattoria Colomber – Gardone Riviera *Wegverlauf, Gehzeiten:* Trattoria Colomber – Tresnico, 317 m – Gardone Riviera, 1 Std. *Anforderungen:* Schlußetappe der Dolomiten-Höhenroute Nr. 10, die Eilige per Bus, Genießer vorteilhaft zu Fuß bewältigen. Trotz Asphaltstraße ganz hervorragend schöne Wanderung durch Zypressen- und Olivengärten hinunter zu den sonnendurchfluteten Gestade des südlichen Gardasees. *Höhenunterschiede:* 320 m ↓. *Gipfelbesteigungen:* Keine.	

Im Wandergebiet des Monte Tremalzo (Val-di-Ledro-Alpen). Blick von Südwesten zur Malga Ca dall'Era mit Passo della Cocca und Corno della Marogna darüber.

Gardone Riviera, 85 m. Vielbesuchter nobler Badeort am südlichen Westufer des Gardasees, umgeben von üppiger südlicher Vegetation. Viele Sehenswürdigkeiten. Endstation der Dolomiten-Höhenroute Nr. 10. Zahlreiche Hotels, Pensionen und Restaurants, ferner Banken (Geldwechsel), Ärzte, Apotheke, Postamt, Kurverwaltung. Rückreise nach Bozen: Mit Bus oder Schiff(!) nach Riva und weiter mit Bus nach Trient. Von dort mit Bahn oder Bus nach Bozen.	

Varianten	Variante zur Hauptroute
V 1 Bozen – Mendelpaß Der Mendelpaß kann von Bozen auch mit öffentlichen Verkehrsmitteln (Bus, Standseilbahn ab Kaltern) erreicht werden. Man versäumt allerdings dabei die Überschreitung des nördlichen Mendelkammes, eine der Glanzstrecken des Weges. Von einer Gesamtbegehung der Höhenroute Nr. 10 kann dann kaum noch die Rede sein!	A 1 – A 4
V 2 Andrian – Penegal *Wegverlauf:* Andrian – Ruine Festenstein – Gaid – Gaider Scharte (Eisenstatt) – Gantkofel – Große Scharte – Furglauer Scharte – Penegal. *Anforderungen:* Direkte, ursprünglich als Hauptroute gedachte Strecke, die in gerader Linie von Andrian durch das wilde Höllensteintal zum Weiler Gaid und weiter über den Gantkofel auf den Penegal führt. Noch eindrucksvoller und touristisch dankbarer als die Hauptroute. Wegen der enormen Anstiegshöhe (1800 Meter) und der beträchtlichen Länge nur entsprechend trainierten Bergsteigern zu empfehlen. Trittsicherheit und Schwindelfreiheit erforderlich! *Gehzeit:* 6–7½ Std.	A 2/A 3
V 3 Überetscher Hütte – Rif. Predàia *Wegverlauf:* Überetscher Hütte – Roènalm – M. Roèn – Schönleiten – Corederjoch – Graunerjoch – Malga Rodezza – Rif. Predàia. *Anforderungen:* Durch diese Variante wird der schwierige und exponierte Klettersteig auf den M. Roèn vermieden. Der Gipfelanstieg erfolgt in diesem Fall von der nördlich gelegenen Roènalm her über den einfachen Normalweg. Etwa gleich lang wie die Hauptroute. *Gehzeit:* 3¾–4¼ Std.	A 6
V 4 Rif. Peller – Rif. Graffer *Wegverlauf:* Rif. Peller – Malga Tassullo – Sentiero Claudio Costanzi – Biv. Bonvecchio – Sasso Alto – Rif. Graffer. *Anforderungen:* Großartige Variante, auf welcher der gesamte, 12 km lange Hauptkamm der Nördlichen Brentagruppe überschritten wird. Noch lohnender, aber auch anspruchsvoller als die Hauptroute. Wegen der häufig späten Ausaperung der Hochregion dieses Bezirks sind Begehungen meist erst ab Anfang August möglich. Durch Nächtigung am Biv. Bonvecchio kann der Übergang auf zwei Tagesetappen aufgeteilt werden. Kletterkönnen, Trittsicherheit, Schwindelfreiheit und Ausdauer erforderlich. Nur bei gutem Wetter ratsam! *Gehzeit:* 8–9 Std. (bis zum Biv. Bonvecchio 5½–6 Std.).	A 10
V 5 Rif. Tuckett – Rif. Pedrotti *Wegverlauf:* Rif. Tuckett – Bocca di Tuckett – Sentiero Osvaldo Orsi (Orsiweg) – Rif. Pedrotti. *Anforderungen:* Landschaftlich der Hauptroute ebenbürtige Variante. Einer der eindrucksvollsten Übergänge der Brenta, allerdings mit dem Nachteil, daß auf ihm das grandiose Val Brenta Alta nicht berührt wird. Jenen anzuraten, die den phantastischen Bergraum um die Brenteihütte bereits kennen. Wunderbarer, stark frequentierter Wanderweg an der Ostseite der Brentagruppe entlang. Berühmter Guglia-Blick! *Gehzeit:* 3½–4 Std.	A 12/A 13
V 6 Rif. Brentei – Rif. XII Apostoli *Wegverlauf:* Rif. Brentei – Sentiero Daniele Martinazzi – Bocca di Camosci – Rif. XII Apostoli. *Anforderungen:* Abkürzungsvariante, durch welche die anspruchsvolle und sehr exponierte Via ferrata Castiglioni (A 15) vermieden wird. Die herrlichen Bergräume um die Rifugi Pedrotti und Agostini werden an diesem Übergang nicht berührt, so daß es sich dann um keine vollständige Begehung der Höhenroute Nr. 10 handeln kann. Einfache, gut bezeichnete Strecke mit instruktiven Einblicken in den großartigen Zentralbereich der Brentagruppe. *Gehzeit:* 3–3½ Std.	A 13 – A 15

nen haben sich hier Bestände des sonst im Alpenraum weitgehend ausgerotteten alpinen Braunbären erhalten. Die Brentagruppe gilt mit den angrenzenden Randgebieten des Adamello (Val Genova) und der nördlichen Val-di-Ledro-Alpen als letztes Refugialgebiet dieser Tierart.

Noch eine Besonderheit birgt die Gruppe. Es ist der durch seine Rotfärbung berühmte Lago di Tovel im Bereich der nördlichen Brenta. Diese durch eine seltene Algenart hervorgerufene Verfärbung wurde allerdings in den letzten Jahren nicht mehr beobachtet. Schuld daran ist die Grundwasserverschmutzung durch Abwässer der dort errichteten Wochenendhäuser!

Gardaseeberge

Val-di-Ledro-Alpen

Die das langgestreckte Gardaseebecken sowie das südliche Sarcatal begleitenden Gebirgszüge werden allgemein unter dem Begriff „Gardaseeberge" zusammengefaßt. Dabei unterscheidet man Val-di-Ledro-Alpen (im

Westen) und Dos o'Abramo/Monte-Baldo-Zug (im Osten). Die für uns interessanten Val-di-Ledro-Alpen werden zusätzlich in eine Nord- (Cadriagruppe) und in eine Südhälfte (Caplonegruppe) unterteilt.
Die begrünten Kämme der Val-di-Ledro-Alpen bilden angesichts der erdrückenden Nähe von Brenta und Adamello nur untergeordnete Ziele, wenngleich an ihnen wahre Kleinode alpiner Schönheit zu finden sind. Das Gebiet ist unter Bergsteigern und Bergwanderern leider noch so gut wie unbekannt. So wurde die nördlich gelegene Cadriagruppe, insbesondere die Gegend von Gaverdina, vor Errichtung der Dolomiten-Höhenroute Nr. 10 nur äußerst selten besucht. Dabei zählen die dort möglichen Kammüberschreitungen zu den herrlichsten in den Ostalpen!
Kaum weniger abwechslungsreich und interessant geben sich die südlichen Val-di-Ledro-Alpen, die Gebiete um den Monte Caplone. Wegen des Vorhandenseins mehrerer kühner, instandgehaltener Kriegsstraßen wird dieser Bezirk von Gardaseeurlaubern häufig mit Kraftfahrzeugen bereist. Doch auch diese Berge sind von deutschsprachigen Wanderern noch kaum entdeckt worden. Eine Reihe hervorragender Aussichtsberge – Monte Tremalzo, Monte Caplone, Monte Manos, Monte Pizzoccolo – lohnen den Besuch. Und es gibt auch hier Besonderheiten: so die dschungelartigen Waldgebiete an den Osthängen des Monte Zingla und Monte Spino oder einen kaum bekannten roten See – ein Gegenstück zum berühmten Lago di Tovel – im Bereich des Monte Manos!

◁ Am Passo di Tremalzo in den südlichen Val-di-Ledro-Alpen.

▷ Der am Westufer des Gardasees gelegene noble Badeort Gardone Riviera ist Endstation der Dolomiten-Höhenroute Nr. 10.

V 7 Rif. Pedrotti – Rif. Agostini *Wegverlauf:* Rif. Pedrotti – Sella della Tosa – Sentiero Brentari – Vedretta d'Ambiez – Rif. Agostini. *Anforderungen:* Herrlicher Übergang durch eine überwältigend großartige Hochgebirgslandschaft. Die Strecke, vor allem der gesicherte Sentiero Brentari, stellt an bergsteigerischem Können ungleich höhere Ansprüche als die Hauptroute. Trittsicherheit, Schwindelfreiheit und Kletterkönnen (Passagen im 1. Schwierigkeitsgrad) sind erforderlich. Bei Schneelage oder Vereisung (Ausaperung meist erst gegen Ende Juli) sind Pickel, Steigeisen und Seilsicherung nötig! *Gehzeit:* 3–4 Std.	A 14
V 8 Pieve di Ledro – Rif. Garda Bei Wetterpech oder besonderer Eile kann das Rif. Garda von Pieve di Ledro auch per Taxi (asphaltierte Bergstraße) erreicht werden. Man versäumt allerdings dadurch den prachtvollen Anstieg über die Malga Giu.	A 22
V 9 Rif. Pirlo – Trattoria Colomber *Wegverlauf:* Rif. Pirlo – Passo di Spino – Malga di Gemelle – Valle di Sur – Verghere –Trattoria Colomber. *Anforderungen:* Direkter Abstieg vom Passo di Spino durch das Valle di Sur zur Trattoria Colomber. Ab Verghere Straßenwanderung. Etwas kürzer und bequemer, aber auch bedeutend weniger aussichtsreich als die Hauptroute. *Gehzeit:* 1¼–1½ Std.	A 27

Register

Hochjoch
2875
Hochwilde
Ladner-Sp.
3279
Alplerspitz
2752
Tagewaldhorn
2708
Kurzras
Vernagt Stausee
Roteck
3336
Hirzer-Sp.
2781
Radel-Sp.
2422
Liffel-Sp.
2600
Mastaun-Sp.
3199
Gamseck
2910
Kirchbach-Sp.
3079
Dorf Tirol
Tirolo
SARNTALER ALPEN
Meran 2000
Rittner Horn
2260
Naturns
Naturno
Meran
Merano
Kastelbell
Castelbello
Klausen
Chiusa
Sarntheim
Sarentino
Morter
Larchbühel
1824
Vinschgau
Martell
Martello
Hoher Dieb
2728
Gröd̈ner Tal
Ulten
Ultimo
Oberbozen
Soprabolzano
Kastelruth
Castelrotto
Hasenöhrl
3256
Gampen-Paß
1518
Etsch
Lago di Zoccolo
Schlern
2461
Seiser A
Zufritt-Sp.
3438
Ultental
Hochwart
2626
Terlan
Terlano
Bozen
Bolzano
Stübele
2669
Gantkofel
1860
Karspitze
2750
Monte Pin
2419
Lanza
Eppan
Appiano
Eggental
Rosengarten
Cma Zoccolo
2560
Fondo
Penegal
1737
Leifers
Laives
Karerpaß
1745
Rabbi
C. Candel
2200
Deutschnofen
Nova Ponente
Livo
Kaltern
Caldaro
Eggentaler Horn
2800
Val di Rabbi
M. Roen
2116
Revo
Kalterer See
Weißhorn
2316
Cma Valetta
2858
Lago di S. Giustina
Tramin
Termeno
Auer
Ora
Cles
Malè
D
M. Agnello
2358
Monclassico
M. Peller
2319
Neumarkt
Egna
Schwarzhorn
2440
Dimaro
Tuenno
Predazzo
Folgarida
M. Nambino
2678
Cavalese
Fleimstal
Cma di Val Scura
Denno
Monticello
1857
Roverè
Lago di Stramentizzo
Madonna di Campiglio
Sporminore
Salurn
Salorno
Catena dei L
BRENTA GRUPPE
Mularalto
2418
Cimon del Tres
2292
Cma d. Stellune
2605
Cima di Groste
2897
Mezzocorona
Val di Cembra
Cavedago
Cma Brenta
3150
Cma d'Lasteri
2457
Cembra
Andalo
Bedollo
M. Croce
2490
Cma Quarazza
2530
Casto dei Camosci
2422
Cma di Chez
2713
Molveno
Lago di Molveno
Paganella
2125
Lavis
T. Avisio
M. Barco
M. Panarotta
2001
M. Iron
1864
Vezzano
Terlago
Trento
Trient
La Marzola
1738
Pergine
Busa Grande
1500
Telve
Borgo